U0582549

螺洲陳氏五樓見存書目初編

陳寶琛◎原藏　　陳旭東◎主編

人民出版社

《螺洲陳氏五樓見存書目初編》
獲得福建省財政廳專項基金資助

主　編：陳旭東
參　編：（按姓氏筆畫排序）
　　　　李曉花　邱文瑛　黃曦　趙輝　鄭輝

《螺洲陳氏五樓見存書目初編》
獲得福建省財政廳專項基金資助

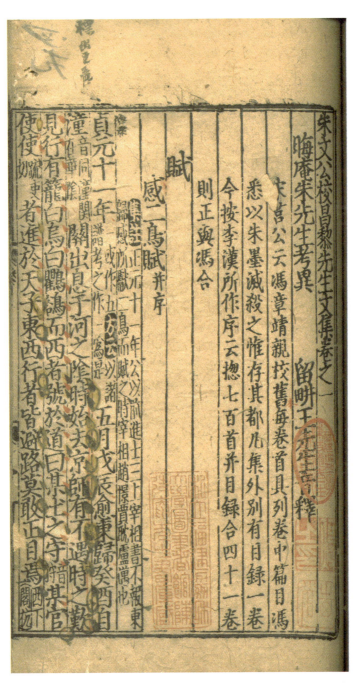

朱文公校昌黎先生文集四十卷外集十卷集傳一卷遺文一卷　唐韓愈撰　宋朱熹考異　宋王
伯大音釋　明正統十三年王宗玉刻本　入選第三批《國家珍貴古籍名錄》
◆邦尚　◆何焯之印　◆福建協和大學陳弢庵先生書庫珍藏　◆私立福建協和大學圖書館
陳弢庵先生書庫藏

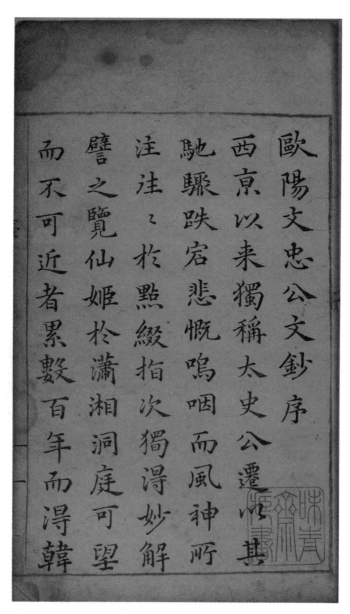

歐陽文忠公文鈔序

西京以来獨稱太史公遷以其
馳驟跌宕悲慨嗚咽而風神所
注注之於點綴指次獨得妙解
譬之覽仙姬於瀟湘洞庭可望
而不可近者累數百年而得韓

歐陽文忠公文抄十卷　宋歐陽修撰　明茅坤評　明吳興閔氏刻朱墨套印本　入選第三批
《國家珍貴古籍名錄》
◆味青齋藏書

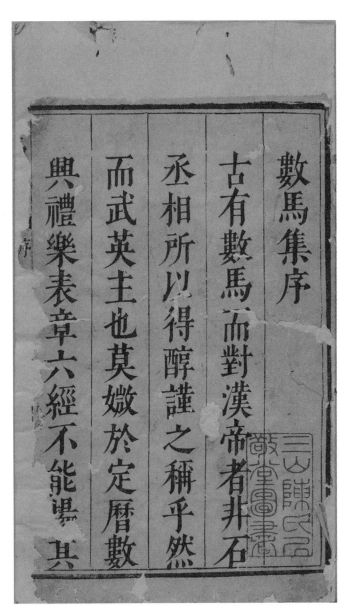

數馬集序

古有數馬而對漢帝者井石

丞相所以得醇謹之稱乎然

而武英主也莫嬺於定曆數

與禮樂表章六經不能選其

數馬集五十一卷　明黃克纘撰　明黃道敬等編　明天啟間刻本　入選第三批《國家珍貴古籍名錄》

◆三山陳氏居敬堂圖書

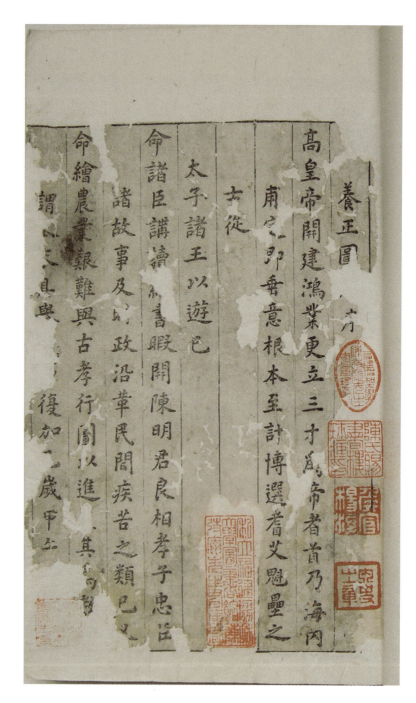

養正圖解不分卷　明焦竑撰　明丁雲鵬繪圖　明吳繼序書解　明萬曆間吳懷讓刻本

◆內史之章　◆佚官楊浚　◆陳氏賜書樓珍藏印　◆福建協和大學陳弢庵先生書庫珍藏

◆私立福建協和大學圖書館陳弢庵先生書庫藏

沖虛至德真經卷第一

列子

天瑞第一 夫有生之分關於蜀川之域者存亡變化自然

張湛處度注

子列子載子於姓上着首章武居鄭圃音圃師四十年人無

識者其非德之所投不與物交不識者矣不知國君卿大夫眎之猶

眾庶也行無軌迹則物莫能知也非國不足譏年將嫁於衛自家而出

謂之弟子曰先生往無發期弟子敢有所謂先生將何以教

先生不聞壺丘子林之言乎壺丘子之師壺列子笑曰壺子何

言哉山丘假於言壺子雖然夫子嘗語伯昏督莫侯反人吾側聞

之試以告女自受教於壺子者列子之謹者也其言曰有生

沖虛至德真經八卷　晉張湛注　明刻六子全書本
◆閩縣陳氏賜書樓藏善本圖書

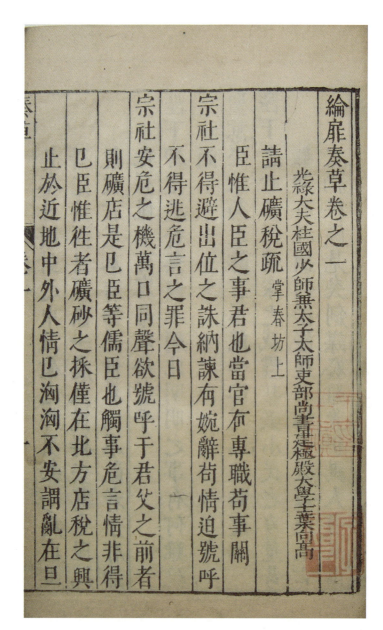

綸扉奏草卷之一

光祿大夫柱國少師兼太子太師吏部尚書建極殿大學士葉向高

請止礦稅疏　掌春坊上

臣惟人臣之事君也當官布專職苟事關

宗社不得避出位之誅納諫有婉辭苟情迫號呼

不得逃危言之罪今日

宗社安危之機萬口同聲欲號呼于君父之前者

則礦店是已臣等儒臣也觸事危言情非得

巳臣惟往者礦砂之採僅在北方店稅之興

止於近地中外人情巳洶洶不安調亂在旦

綸扉奏草三十卷　明葉向高撰　明萬曆至崇禎間遞刻蒼霞草全集本
◆字貽上　◆王士禛印

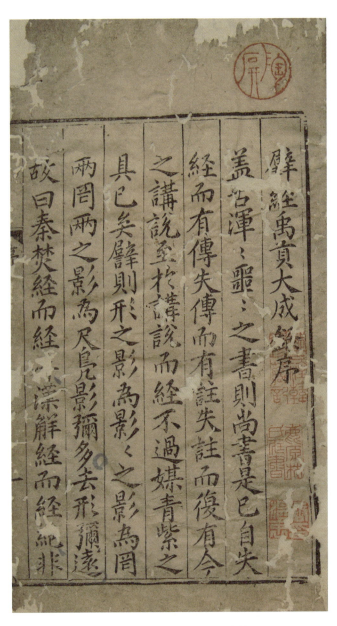

故曰秦焚經而經未嘗亡漢解經而經絀非

兩周兩之影為尺皀凡影彌多去形彌遠

具已矣壁則形之影影之影為圖

之講說至於講說而經不過媒青紫之

經而有傳失傳而有註失註而後有今

蓋名渾噩之書則尚書是已自失

璧經禹貢大成錄序

新刊荊溪吳氏家藏禹貢大成錄不分卷　明吳道泰輯　明末刻本

◆唐湛衷印　◆鹿原林氏藏書　◆鄭氏注韓珍藏記　◆陶研

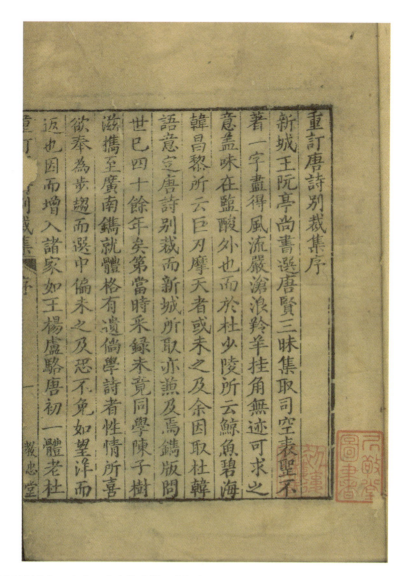

重訂唐詩別裁集序

新城王阮亭尚書選唐賢三昧集取司空表聖不
著一字盡得風流嚴滄浪羚羊挂角無迹可求之
意蓋味在鹽酸外也而於杜少陵所云鯨魚碧海
韓昌黎所云巨刃摩天者或未之及余因取杜韓
語意定唐詩別裁而新城所取亦薰及焉鐫版問
世巳四十餘年矣第當時采錄未竟同學陳子樹
滋攜至廣南鐫就體格有遺倘學詩者性情所喜
欲奉為步趨而選中偏未之及恐不免如望洋而
返也因而增入諸家如王楊盧駱唐初一體老杜

重訂唐詩別裁集二十卷　清沈德潛選　清乾隆二十八年教忠堂刻本
◆居敬堂圖書　◆初復樓珍藏

船山詩草序

爾來作者彫文織采終朝點綴文章殆同書抄體裁
綺密便稱才子但自然英旨罕值其人張公名家子
有殊才仗氣愛奇自致遠大人實貧羸而文采高麗
推其文體不避危仄皆由直尋善自發詩端感蕩心
靈動無虛散固物喻志懷寄不淺甚有悲涼之句又
巧構形似之言無雕蟲之功而韻入歌唱是泉作之
有滋味者也至平吟詠性情羌無故實言在耳月之
內寓目輒書使人忘其鄙近然奇章秀句艮有鑿裁
得景陽之諔詭含茂先之靡漫雖復千篇猶一體耳

船山詩草二十卷　清張問陶撰　清嘉慶二十年石韫玉吳中刻本
◆閩葉與端藏書　◆還讀樓

總序

天下豪傑奇偉之士代不乏人要必有一二鉅儒以為一時
之宗夫奇傑之士材藝角出行能殊別各不相下各不相能
豈其性情之有異歟抑其材力之有偏歟益勤心學問彈精
畢慮而卒專門名家以其業自見于天下固亦卓然自立不
隨流俗之人也而所謂一二鉅儒者包孕富有博大醇懿恢
恢然莫窺其涯涘渾渾然莫窮其底蘊也海內一材一藝之
士欲彷彿其形似而卒不能得即出生平憔悴專一之業以
相較而亦不能遠也是非天生之以為一時之宗歟青浦王
述庵先生自少以通經史工詩文名海內一時才士望風景
和如恐不及而于其學問之遂用心之密則或未之盡知也
先生壯年成進士服官中外歷數十年由中書舍人位至司

春融堂集二種附年譜一種　清王昶撰　清嘉慶間青浦王氏塾南書舍刻本
◆閩縣陳氏賜書樓五傳長物

日月益深良可懼也因仿湖南岳麓城南兩書

分之二是以諸生誦讀膏伙之貲爲若輩利藪

不敷十三年糧道勸捐銀一萬二千兩只收十

損失院產契據半隱沒於書吏之手以致經費

內府本淳化閣帖被人易作陝本而書籍尤多

其舊則□

書院有志而久不修所□書籍經費多非

鼇峯書院紀略不分卷　清吳鑑編　清道光十八年刻本

◆福州冠悔堂楊氏圖書　◆還讀樓藏書記

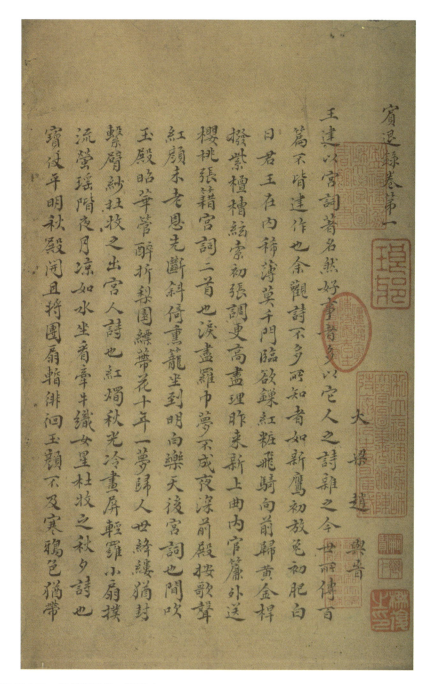

賓退錄十卷　宋趙與旹撰　清抄本
◆繼仁　◆嗣賢　◆琅邪　◆棥復之印　◆私立福建協和大學圖書館陳弢庵先生書庫藏
◆福建協和大學陳弢庵先生書庫珍藏　◆私立福建協和大學圖書館藏書　◆福建協和大學陳弢庵書庫藏

東塘集二十卷　宋袁説友撰　清三山陳氏居敬堂抄本

◆三山陳氏居敬堂圖書　◆私立福建協和大學圖書館陳弢庵先生書庫藏　◆福建協和大學陳弢庵先生書庫珍藏　◆福建協和大學陳弢庵書庫藏

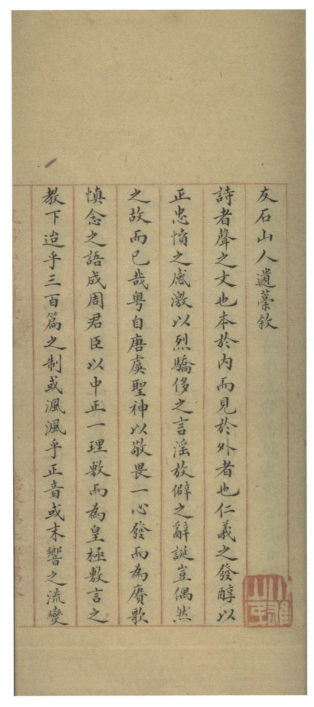

友石山人遺藳敘

詩者聲之文也本於內而見於外者也仁義之發醇以

正忠憤之感激以烈驕侈之言淫放僻之辭誕妄偶然

之故而已哉粤自唐虞聖神以敬畏一心發而為廣歌

慎念之語成周君臣以中正一理敷而為皇極敷言之

教下逮乎三百篇之制或渢渢乎正音或末響之流變

友石山人遺稿一卷　元王翰撰　陳氏聽水第二齋抄本
◆小雄山民

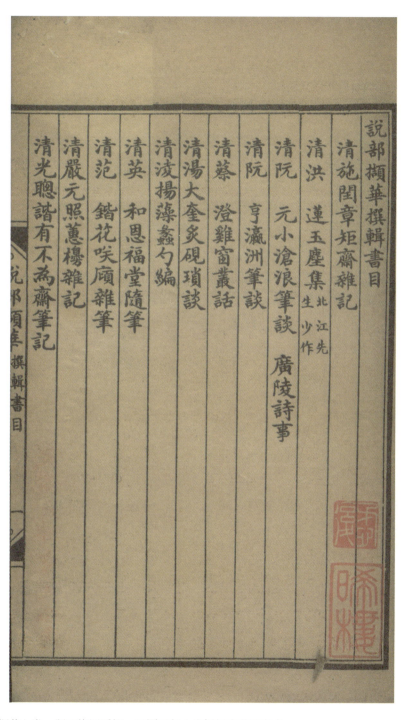

說部擷華六卷　題玉梅詞隱撰　民國元年上海嬛福書莊石印本

◆晞樓　◆悉復

序

古人著述其足以信今而傳後者得於性情者半得於聞見者亦半不有性情則
屬不真不有見聞則語言無味古今來大而謨制誥小而稗官野史胥是賴
焉顧性情人所自有而見聞或恐囿於方隅儻足未嘗出庭戶舉凡天下山川之
瑰異風物之懸殊與夫人事之怪怪奇奇無由開拓心胸即識解亦殊覺淺陋是
性情又實藉聞見以揚厲而發揮之也晉蕭恭不嘗云乎看屋梁而著書千秋萬
世誰與傳者此太史公遊覽遍天下而文章始富東坡居士至海外而文字益奇
後有作者儻出所見所聞以抒寫其憂鬱而見諸詞章安得謂古今人不相及泉
是以讀夢厂先生雜著而深信其以古人自命也夢厂為山陰道上人襟期磊落
吐納雋遠儼然與萬壑千巖爭妍競秀蓋其耳濡目染已極寰宇之奇觀繼復遨
遊於燕趙齊梁吳楚之區範水模山憑弔古今一時聞人學士多樂與之遊今且
官遊粵海矣雖足跡所經曾未周覽天下而山川之瑰異風物之懸殊與夫人事
之怪怪奇奇已畧覘大概故其發為文也得諸心而應諸手令讀者一開卷而心
目了然吁是足以信今而傳後矣且夫夢厂固學有根柢才思贍逸其清詞麗句

夢厂雜著　序

螺洲陳氏五樓見存書目初編

016

夢厂雜著十卷　清俞蛟撰　民國間上海古今書室石印本
◆橘中樂

協和學院書庫記

陳寶琛

昔蘇子瞻爲李公擇記藏書,極道古人得書之難,而以公擇之不藏於家而藏於僧舍,爲仁者之用心。公擇固不以藏書名,然歷來之善於藏書,殆無有如公擇者。

自純廟頒《四庫全書》於江浙,分建三閣,俾承學之士得就鈔讀。今世通都大邑往往有圖書館,學校中亦附設焉,其規則間採諸泰西。公擇生八百年前,所爲乃適與之合,於此歎子瞻爲知言,而人情事理無古今中外,皆不甚相遠也。

協和學院處石鼓山麓,頗得林壑之勝,於讀書爲宜,主圖書館者聽人恣覽觀焉。兒子懋復請舉藏書以贈,院長林子景潤爲別建書庫儲之,且曰願有記,余固不能無言也。

當光緒季年,國家始議興學,士大夫適適然疑之。余時家居,嘗與從事,今三十餘年矣。顧視國內黌序如林,稱大學者凡數十,而異說迭興,波譎雲詭,憂世之士大懼學絕道喪,輒不勝其悲憫之情。然至理之在宇宙,如日月薄蝕,決不終於湮晦。海內豪傑固多以守先待後自任,而聖經賢傳迻譯漸被,咸憬然於道德禮教爲吾國政俗之基源,至有慕羨而來取法者。

閩自昔稱海濱鄒魯,橫舍之間,英年俊造用其聰明才力,温故知新,通今古之郵,尋往哲之緒,發揮而光大之。吾老矣,猶庶幾及見之歟!

歲在甲戌秋七月既望,八十七叟陳寶琛。

陳叔庵先生手書《協和學院書庫記》(《協大藝文》一九三七年第五期)

序　言

陳旭東

陳弢庵（寶琛）先生手書鐫板的《協和書院書庫記》石刻，抗日戰爭期間燬於日寇炮火。螺洲陳氏贈予私立福建協和大學的舊藏書，至今珍藏於福建師範大學圖書館。

縱觀古今中外書陌，歷代典籍或因兵燹水火而損燬，或因子孫不守而散失。如寧波天一閣傳承數百年者，則稀若星鳳。中國近現代百餘年間，藏書尤其是私家藏書之難，更甚於他時。弢庵先生倡導藏於私不如藏於公，將家藏圖籍贈予公藏單位，匪特因其高才遠識，更爲其一生立身宗旨之所繫。當其身處廟堂之上，立朝侃侃，一時號爲清流黨魁；退居鄉里，則大力興辦教育，厚澤深遠。無論出處，不以個人榮辱縈懷，而心憂天下，是即弢庵先生遠高時人之所在。

私立福建協和大學受贈之陳氏舊籍，經林景潤校長多方籌措，建專室庋藏；金雲銘先生組織整理，並撰文介紹。是爲一九三二年至一九三六年間事。七七盧溝橋事變後，抗日戰爭全面爆發，福州時遭日寇侵擾。一九三八年五月，因抗戰形勢嚴峻，學校決定北遷山城邵武縣。金雲銘先生與諸同仁冒著鎗林彈雨，穿越激流險灘，剋服種種艱難險阻，極力維護圖書周全。此後又經數十年滄海桑田。如今我們手持當年造冊登記書簿入庫核查，架上陳氏捐贈圖書大體如昔。仔細思量，這是何等幸運！

回顧福建師範大學圖書館古籍圖書之典藏，實始於陳氏捐贈。此後歷獲舊家授贈，並盡力購藏、抄錄，遂有二十萬冊的規模。以金雲銘先生爲代表諸前輩，經窮年累月之爬梳抉剔，探討搜求，先後整理館藏之陳氏藏書及善本、抄本、拓本等頗具特色之珍貴文獻，撰就《本校陳氏書庫福建人集部著述解題》、《福建協和大學陳氏書庫所藏清代禁書述畧》、《福建師範學院圖書館善本書目》、《福建師範學院圖書館藏抄本簡目》、《福建師範學院圖書館石刻拓本草目》、《福建師範大學圖書館藏叢書目錄》諸作，可謂篳路藍縷，足以啓迪來者。如今，福建師範大學圖書館作爲全國重點古籍保護單位，各級領導勵精圖治，以期保護與合理利用館藏珍貴古籍，永澤後世。陳氏藏書可謂得其所。此又一幸！

宋代李公擇藏書不藏於家而藏於僧舍,蘇子瞻謂其爲仁者之用心,弢庵先生亦感佩公之善藏。弢庵先生之仁心與善藏,實不讓古人。此當爲公論,而非諛詞。

　　承命編纂《螺洲陳氏五樓見存書目初編》,不特爲恢復陳家藏書舊況,亦可爲今後保護與利用之一助云爾。

　　是爲序。

二〇一七年十月八日

編纂說明

　　福州螺洲陳氏,爲閩中望族,世代簪纓。至民國初,有五樓曰賜書樓、還讀樓、滄趣樓、北望樓、晞樓,富藏書。陳氏五樓藏書,弢庵先生及其哲嗣幾士先生曾贈予私立福建學院、私立福建協和大學等單位。今福建師範大學圖書館、福建省圖書館、廈門大學圖書館及北京、上海等多家圖書館均見存陳氏舊藏。倘若能將各家所藏彙編成目,或可恢復陳氏五樓藏書舊況之一二。這正是編纂該書的初衷。限於客觀條件,謹將福建師範大學圖書館所藏,先行編目整理,彙爲《螺洲陳氏五樓見存書目初編》。亦期待不久的將來,尚有二編、三編的問世。

　　以下尚有幾點說明:

　　一、收錄對象。一九三二年陳氏五樓捐贈圖書,私立福建協和大學圖書館曾造册登記,時存有二萬二千五百餘册,凡二千九百餘部。該編即以此登記目錄爲收錄依據,收錄民國以前在中國境內出版的書籍及部分舊抄本,和刻本、朝鮮刻本以及民國時期中國境內出版的圖書暫不收錄(若是由清至民國跨年出版者則予收錄)。計得二千餘部,扣除部分複本,立目一千九百九十九條。

　　二、分類標準。分類參照《中國古籍總目》分類表,分經、史、子、集、叢五部,正文各級類目設置亦如之,偶爾稍作變通。書前目錄中則僅體現三級類目。同類書大體依作者生活年代爲序,同種書依版刻或抄寫年代先後爲序。

　　三、著錄內容。每種書依次著錄書名、作者、版本、存佚、子目、批校題跋、藏家鈐章、册數、財產號、索書號,首冠以書目檢索序號。作者前冠以朝代,凡跨新舊兩代者,依《中國古籍總目》例著錄。其他未及一一說明者,亦依《中國古籍總目》例。惟叢書零種,或先單行而後彙印,孰爲單行本孰爲彙印本,殊難判斷,且爲避免版本著錄項過於冗長,均以單行本著錄,並注明係某某叢書本。藏書鈐章均依原文照錄。

　　四、同種書之複本,以"又一部"附列於該條目之後,並著錄其册數、財產號及索書號,索書號若相同則省闕其一。同種書尤其是叢書,存佚情況各異,子目存目不同,則各自立目。

　　五、正文後附書名及作者索引,按筆畫順序排列,對應每條目的順序號。

　　六、書前附書影。選自部分陳氏舊藏珍品,主要用以展示陳氏五樓藏書印鑒,因而大多僅取鈐章所在葉。見有："三山居敬堂圖書"、"居敬堂圖書"（以上居敬堂），"閩縣陳氏賜書樓藏善本圖書"、"閩縣陳氏賜書樓五傳長物"、"陳氏賜書樓珍藏印"（以上賜書樓）、"還讀樓"、"還讀樓藏書記"（以上還讀樓）、"橘中樂"（滄趣樓）、"晞樓"（晞樓）等。各書影均注明書名、作者及版本，並識讀當前葉鈐印內容，更詳細信息則請參考正文。限於知見，滄趣樓、晞樓藏印，僅見於所藏民國本，亦予收錄。

　　六、書後附《閩縣螺洲陳氏賜書樓書目》。《閩縣螺洲陳氏賜書樓書目》，佚名編，福建省圖書館藏，有民國間抄本及薩家榘積積室抄本二種。民國間抄本已影印出版。今以易得之本整理排印，以供參考。原書多有增删損益，此次整理，原删者在條目前標示"〔删〕"，天頭增補者標示"〔增〕"，行間所補者標示"〔補〕"，各條目增删改易情況，又於相應條目後隨文附注說明。爲省篇幅，亦如正文分欄排版。

目　　錄

經　部

總　類

石經之屬

0001

石經彙函四十五卷

　王秉恩輯

　清光緒九年元尚居校刻本

　　石經考一卷　清顧炎武撰

　　石經考異二卷　清杭世駿撰

　　漢石經殘字考一卷　清翁方綱撰

　　魏三體石經遺字考一卷　清孫星
　　　衍撰

　　唐石經校文十卷　清嚴可均撰

　　後蜀毛詩石經殘本一卷　清王昶撰

　　北宋汴學二體石經記一卷　清丁
　　　晏撰

　　石經考文提要十三卷　清彭元瑞撰

　　石經補考十一卷　清馮登府撰

　　儀禮石經校勘記四卷　清阮元撰

　鈐：私立福建協和大學圖書館陳弢庵
　　先生書庫藏

　十六册　27459–27474

　410.8/Az51

古注之屬

0002

倣宋相臺五經九十七卷附考證

　清□□輯

　清光緒二年江南書局翻刻乾隆四十八
　　年武英殿本

　　周易十卷畧例一卷附考證（缺卷
　　　一、二）　三國魏王弼、晉韓康
　　　伯注　唐陸德明音義　（畧
　　　例）魏王弼撰　唐邢璹注

　　尚書十三卷附考證　漢孔安國傳
　　　唐陸德明音義

　　毛詩二十卷附考證　漢毛亨傳
　　　漢鄭玄箋　唐陸德明音義

　　禮記二十卷附考證　漢鄭玄注
　　　唐陸德明音義

　　春秋經傳集解三十卷附考證又附
　　　春秋年表一卷春秋名號歸一
　　　圖二卷附考證　晉杜預撰
　　　唐陸德明音義　（春秋名號
　　　歸一圖）後蜀馮繼先撰

　鈐：三山陳氏居敬堂圖書

　三十九册　41141–41179

　陳 410.8/Ku25

0003

十三經古注二百九十卷

　明葛鼒、金蟠校

　明崇禎十二年金蟠刻清同治八年浙
　　江書局重修本

　　周易九卷附畧例一卷　三國魏王
　　　弼、晉韓康伯注　唐陸德明

音義（畧例）魏王弼撰
　唐邢璹注

書經二十卷　漢孔安國傳　唐陸
　德明音義

詩經二十卷　漢毛亨傳　漢鄭玄
　箋　唐陸德明音義

儀禮十七卷　漢鄭玄注　唐陸德
　明音義

周禮四十二卷　漢鄭玄注　唐陸
　德明音義

禮記四十九卷　漢鄭玄注　唐陸
　德明音義

春秋左傳三十卷　晉杜預集解
　唐陸德明音義

春秋公羊傳二十八卷　漢何休解
　詁　唐陸德明音義

春秋穀梁傳二十卷　晉范甯集解
　唐陸德明音義

爾雅十一卷　晉郭璞注　□□音

論語二十卷　三國魏何晏集解

孝經九卷　漢鄭玄注

孟子十四卷　漢趙岐注

鈐：私立福建協和大學圖書館陳弢庵
　先生書庫藏

四十九冊　27475-27523

陳 410.8

0004

袖珍十三經註十五種

清萬青銓校

清同治十二年稽古樓刻本

　周易九卷　三國魏王弼、晉韓康
　　伯注

　尚書六卷　漢孔安國傳

毛詩註二十卷詩譜一卷　漢毛亨
　傳　漢鄭玄箋　（詩譜）鄭
　玄撰

周禮六卷首一卷　漢鄭玄注

儀禮十七卷首一卷　漢鄭玄注

禮記十卷首一卷　漢鄭玄注

春秋左傳註六十卷　晉杜預撰

春秋公羊傳不分卷附考一卷　漢何
　休注　明閔齊伋裁注並撰考

春秋穀梁傳不分卷附考一卷　晉
　范甯集解　明閔齊伋裁注並
　撰考

孝經一卷　唐玄宗李隆基注

大學一卷　漢鄭玄注　宋朱熹章句

中庸一卷　漢鄭玄注　宋朱熹章句

論語十卷　三國魏何晏集解　宋
　朱熹集注

孟子七卷　漢趙岐注　宋朱熹集注

爾雅十一卷　晉郭璞注

一百冊　40988-41087

陳 410.8

注疏之屬

0005

重刊宋本十三經注疏四百十六卷附
　十三經注疏校勘記四百十六卷校
　勘記識語四卷

（十三經注疏校勘記）清阮元撰
　　清盧宣旬摘錄　（校勘記識語）
　　清汪文臺撰

清同治十年廣東書局刻本

　周易兼義九卷附音義一卷注疏校
　　勘記九卷釋文校勘記一卷

三國魏王弼、晉韓康伯注　唐
　孔穎達正義　唐陸德明音義

附釋音尚書注疏二十卷附校勘記
　二十卷　漢孔安國傳　唐陸
　德明音義　唐孔穎達疏

附釋音毛詩注疏七十卷附校勘記
　七十卷　漢毛亨傳　漢鄭玄
　箋　唐陸德明音義　唐孔穎
　達疏

附釋音周禮注疏四十二卷附校勘
　記四十二卷　漢鄭玄注　唐
　陸德明音義　唐賈公彥疏

儀禮注疏五十卷附校勘記五十卷
　漢鄭玄注　唐陸德明音義
　唐賈公彥疏

附釋音禮記注疏六十三卷附校勘
　記六十三卷　漢鄭玄注　唐
　陸德明音義　唐孔穎達疏

附釋音春秋左傳注疏六十卷附校
　勘記六十卷　晉杜預注　唐
　陸德明音義　唐孔穎達疏

監本附釋音春秋公羊注疏二十八
　卷附校勘記二十八卷　漢何
　休撰　唐陸德明音義　唐徐
　彥疏

監本附音春秋穀梁注疏二十卷附校
　勘記二十卷　晉范甯集解
　唐陸德明音義　唐楊士勛疏

論語注疏解經二十卷附校勘記
　二十卷　三國魏何晏集解
　宋邢昺疏

孝經注疏九卷附校勘記九卷　唐
　玄宗李隆基注　宋邢昺校

爾雅注疏十卷附校勘記十卷　晉

郭璞注　宋邢昺校定　□□
　音義

孟子注疏解經十四卷附校勘記
　十四卷　漢趙岐注　宋孫奭
　疏並音義

附
　十三經注疏校勘記識語四卷
　清汪文臺撰
一百二十册　41196-41315
陳 410.3/A3

傳說之屬

孔子弟子目錄一卷

駁五經異義十卷　清袁堯年補輯

六藝論一卷

鄭志八卷　三國魏鄭小同編

鄭記一卷

鄭君紀年一卷　清陳鱣撰　清袁
　　鈞訂正

鈐：私立福建協和大學圖書館陳斅庵
　　先生書庫藏

十冊　27426-27435

410.8/Ax77

0007

鄭學十八種七十二卷

漢鄭玄撰　清孔廣林輯

清抄本

清趙在翰、趙在林等批校　熊德基跋

存十四種三十卷

六藝論一卷

毛詩譜一卷

三禮目錄一卷

答臨孝存周禮難一卷

魯禮禘祫義一卷

喪服變除一卷

箴左氏膏肓一卷

發公羊墨守一卷

釋穀梁廢疾一卷

論語篇目弟子一卷

駁五經異義十卷

附

鄭志八卷　三國魏鄭小同等撰

孝經解一卷

叙錄一卷　清孔廣林撰

鈐：小積石山房　小積石山房藝文之

章　努力作諸生學問　臣在林

在林私印　鹿園　謝客　閩南

黃熵肖嵒圖籍　黃熵之印　肖

嵒圖書　孫學守習　少蒙義方

訓涉典文　陳懋復　福建協和

大學陳斅庵先生書庫珍藏　私

立福建協和大學圖書館陳斅庵

先生書庫藏　福建協和大學陳

斅庵書庫藏　私立福建協和大

學圖書館藏書

六冊　27383-27388

善 410.8/Du33

0008

萬充宗先生經學五書十九卷

清萬斯大撰

清乾隆間萬福辨志堂刻嘉慶元年印本

學禮質疑二卷　清乾隆二十四年刻

禮記偶箋三卷　清乾隆二十四年刻

儀禮商二卷附錄一卷　清乾隆
　　二十六年刻

周官辨非一卷　清乾隆二十六年刻

學春秋隨筆十卷　清乾隆二十六
　　年刻

鈐：棩復之印

四冊　27371-27374

410.8/Gs26

0009

皇清經解一千四百八卷

清阮元輯

清道光九年廣東學海堂刻咸豐十一
　　年補刻本

左傳杜解補正三卷　清顧炎武撰

音論一卷　清顧炎武撰

易音三卷　清顧炎武撰

詩本音十卷　清顧炎武撰

日知錄二卷　清顧炎武撰

四書釋地一卷續一卷又續一卷三
　　續一卷　清閻若璩撰

孟子生卒年月考一卷　清閻若璩撰

潛邱劄記二卷　清閻若璩撰

禹貢錐指二十卷例畧圖一卷　清
　　胡渭撰

學禮質疑二卷　清萬斯大撰

學春秋隨筆十卷　清萬斯大撰

毛詩稽古編三十卷　清陳啓源撰

仲氏易三十卷　清毛奇齡撰

春秋毛氏傳三十六卷　清毛奇齡撰

春秋簡書刊誤二卷　清毛奇齡撰

春秋屬辭比事記四卷　清毛奇齡撰

經問十四卷補一卷　清毛奇齡撰

論語稽求編七卷　清毛奇齡撰

四書賸言四卷補二卷　清毛奇齡撰

詩說三卷附錄一卷　清惠周惕撰

湛園札記一卷　清姜宸英撰

經義雜記十卷　清臧琳撰

解春集二卷　清馮景撰

尚書地理今釋一卷　清蔣廷錫撰

易說六卷　清惠士奇撰

禮說十四卷　清惠士奇撰

春秋說十五卷　清惠士奇撰

白田草堂存稿一卷　清王懋竑撰

周禮疑義舉要七卷　清江永撰

深衣考誤一卷　清江永撰

春秋地理考實四卷　清江永撰

羣經補義五卷　清江永撰

鄉黨圖考十卷　清江永撰

儀禮章句十七卷　清吳廷華撰

觀象授時十四卷　清秦蕙田撰

經史問答七卷　清全祖望撰

質疑一卷　清杭世駿撰

注疏考證六卷　清齊召南撰

　　尚書注疏考證一卷

　　禮記注疏考證一卷

　　春秋左傳注疏考證二卷

　　春秋公羊傳注疏考證一卷

　　春秋穀梁傳注疏考證一卷

周官祿田考三卷　清沈彤撰

尚書小疏一卷　清沈彤撰

儀禮小疏八卷　清沈彤撰

春秋左傳小疏一卷　清沈彤撰

果堂集一卷　清沈彤撰

周易述二十一卷　清惠棟撰

古文尚書考二卷　清惠棟撰

春秋左傳補注六卷　清惠棟撰

九經古義十六卷　清惠棟撰

春秋正辭十一卷春秋舉例一卷春
　　秋要指一卷　清莊存與撰

鍾山札記一卷　清盧文弨撰

龍城札記一卷　清盧文弨撰

尚書集注音疏十三卷尚書經師系
　　表一卷　清江聲撰

尚書後案三十一卷　清王鳴盛撰

周禮軍賦說四卷　清王鳴盛撰

十駕齋養新錄三卷餘錄一卷　清
　　錢大昕撰

潛研堂文集六卷　清錢大昕撰

四書考異三十六卷　清翟灝撰

尚書釋天六卷　清盛百二撰

讀書脞錄二卷續編二卷　清孫志
　　祖撰

弁服釋例八卷　清任大椿撰

釋繒一卷　清任大椿撰

爾雅正義二十卷　清邵晉涵撰

宗法小記一卷　清程瑤田撰

儀禮喪服足徵記十卷　清程瑤田撰

釋宮小記一卷　清程瑤田撰

考工創物小記四卷　清程瑤田撰

磬折古義一卷　清程瑤田撰

溝洫疆理小記一卷　清程瑤田撰

禹貢三江考三卷　清程瑤田撰

水地小記一卷　清程瑤田撰

解字小記一卷　清程瑤田撰

聲律小記一卷　清程瑤田撰

九穀考四卷　清程瑤田撰

釋草小記一卷　清程瑤田撰

釋蟲小記一卷　清程瑤田撰

禮箋三卷　清金榜撰

毛鄭詩考證四卷　清戴震撰

杲溪詩經補注二卷　清戴震撰

考工記圖二卷　清戴震撰

戴東原集二卷　清戴震撰

古文尚書撰異三十三卷　清段玉裁撰

毛詩故訓傳三十卷　清段玉裁撰

詩經小學四卷　清段玉裁撰

周禮漢讀考六卷　清段玉裁撰

儀禮漢讀考一卷　清段玉裁撰

說文解字注十五卷　清段玉裁撰

六書音均表五卷　清段玉裁撰

經韻樓集六卷　清段玉裁撰

廣雅疏證十卷　清王念孫撰　清王引之述

讀書雜誌二卷　清王念孫撰

春秋公羊通義十二卷叙一卷　清

孔廣森撰

禮學卮言六卷　清孔廣森撰

大戴禮記補注十三卷　清孔廣森撰

經學卮言六卷　清孔廣森撰

溉亭述古錄二卷　清錢塘撰

羣經識小八卷　清李惇撰

經讀考異八卷　清武億撰

尚書今古文注疏三十九卷　清孫星衍撰

問字堂集一卷　清孫星衍撰

儀禮釋官九卷　清胡匡衷撰

禮經釋例十三卷　清凌廷堪撰

校禮堂文集一卷　清凌廷堪撰

劉氏遺書一卷　清劉台拱撰

述學二卷　清汪中撰

經義知新錄一卷　清汪中撰

大戴禮正誤一卷　清汪中撰

曾子注釋四卷　清阮元撰

十三經注疏校勘記二百四十八卷　清阮元撰

周易校勘記九卷署例校勘記一卷釋文校勘記一卷

尚書校勘記二十卷釋文校勘記二卷

毛詩校勘記七卷釋文校勘記三卷

周禮校勘記十二卷釋文校勘記二卷

儀禮校勘記十七卷釋文校勘記一卷

禮記校勘記六十三卷釋文校勘記四卷

春秋左氏傳校勘記三十六卷釋文校勘記六卷

春秋公羊傳校勘記十一卷釋文
　　校勘記一卷

春秋穀梁傳校勘記十二卷釋文
　　校勘記一卷

論語校勘記十卷釋文校勘記
　　一卷

孝經校勘記三卷釋文校勘記
　　一卷

爾雅校勘記六卷釋文校勘記
　　二卷

孟子校勘記十四卷音義校勘記
　　二卷

考工記車制圖解二卷　清阮元撰

積古齋鐘鼎彝器款識二卷　清阮
　　元撰

疇人傳九卷　清阮元撰

揅經室集七卷　清阮元撰

撫本禮記鄭注考異二卷　清張敦
　　仁撰

易章句十二卷　清焦循撰

易通釋二十卷　清焦循撰

易圖畧八卷　清焦循撰

孟子正義三十卷　清焦循撰

周易補疏二卷　清焦循撰

尚書補疏二卷　清焦循撰

毛詩補疏五卷　清焦循撰

禮記補疏三卷　清焦循撰

春秋左傳補疏五卷　清焦循撰

論語補疏二卷　清焦循撰

周易述補四卷　清江藩撰

拜經日記八卷　清臧庸撰

拜經文集一卷　清臧庸撰

瞥記一卷　清梁玉繩撰

經義述聞二十八卷　清王引之撰

經傳釋詞十卷　清王引之撰

周易虞氏義九卷　清張惠言撰

周易虞氏消息二卷　清張惠言撰

虞氏易禮二卷　清張惠言撰

周易鄭氏義二卷　清張惠言撰

周易荀氏九家義一卷　清張惠言撰

易義別錄十四卷　清張惠言撰

五經異義疏證三卷　清陳壽祺撰

左海經辨二卷　清陳壽祺撰

左海文集二卷　清陳壽祺撰

鑑止水齋集二卷　清許宗彥撰

爾雅義疏十九卷　清郝懿行撰

春秋左傳補注三卷　清馬宗璉撰

春秋公羊經何氏釋例十卷　清劉
　　逢祿撰

公羊春秋何氏解詁箋一卷　清劉
　　逢祿撰

發墨守評一卷　清劉逢祿撰

穀梁廢疾申何二卷　清劉逢祿撰

左氏春秋考證二卷　清劉逢祿撰

箴膏肓評一卷　清劉逢祿撰

論語述何二卷　清劉逢祿撰

燕寢考三卷　清胡培翬撰

研六室雜著一卷　清胡培翬撰

春秋異文箋十三卷　清趙坦撰

寶甓齋札記一卷　清趙坦撰

寶甓齋文集一卷　清趙坦撰

夏小正疏義四卷異字記一卷釋音
　　一卷　清洪震煊撰

秋槎雜記一卷　清劉履恂撰

吾亦廬稿四卷　清崔應榴撰

論語偶記一卷　清方觀旭撰

經書算學天文考一卷　清陳懋齡撰

四書釋地辨證二卷　清宋翔鳳撰

毛詩紺義二十四卷　清李黼平撰

公羊禮說一卷　清淩曙撰

禮說四卷　清淩曙撰

孝經義疏一卷　清阮福撰

經傳考證八卷　清朱彬撰

甕齋遺稿一卷　清劉玉麐撰

說緯一卷　清王崧撰

經義叢鈔三十卷　清嚴傑撰

石經考異六卷　清馮登府撰

　國朝石經考異一卷

　漢石經考異一卷

　魏石經考異一卷

　唐石經考異一卷

　蜀石經考異一卷

　北宋石經考異一卷

　三家詩異文疏證二卷　清馮登

　　府撰

三百六十冊　48132-48491

陳 410.3/Lz11

0010

錢氏四種八卷

清錢坫撰

清抄本

　詩音表一卷

　車制考一卷

　爾雅釋地四篇注一卷

　論語後錄五卷

四冊　27731-27734

410.8/Hw22

0011

省吾堂四種二十五卷

清蔣光彌輯

清常熟蔣氏省吾堂刻本

　石經考一卷　清萬斯同撰

　五經同異三卷　清顧炎武撰

　九經古義十六卷　清惠棟撰

　周易本義辯證五卷　清惠棟撰

鈐:矦官楊浚

六冊　27451-27456

410.8/Gs50

0012

續經苑三種十二卷

□□編

清末刻本

　春秋通論四卷　清方苞撰

　春秋比事四卷　清方苞撰

　禮經會元四卷　宋葉時撰

八冊　27389-27396

410.8/Cw60

易　類

叢編之屬

0013

周易函書四種

清胡煦撰

清雍正七年至乾隆五十九年河南胡

　氏葆璞堂刻本

　周易函書約存十五卷首三卷

　周易函書約注十八卷

　周易函書別集十六卷

　卜法詳考四卷

鈐:雪滄所得善本　矦官楊雪滄藏

　陳氏賜書樓珍藏印

十四册　26770-26783

善 411.8/BP64

0014

漢魏二十一家易注二十一種三十二卷

清孫堂輯

清嘉慶四年平湖孫氏映雪草堂刻本

　　子夏易傳一卷　春秋卜商撰

　　京房周易章句一卷　漢京房撰

　　孟喜周易章句一卷　漢孟喜撰

　　馬融周易傳一卷　漢馬融撰

　　荀爽周易注一卷　漢荀爽撰

　　鄭康成周易注三卷補遺一卷　漢

　　　　鄭玄撰　宋王應麟輯　清惠

　　　　棟增補　清孫堂校並補遺

　　劉表周易章句一卷　漢劉表撰

　　宋衷周易注一卷　漢宋衷撰

　　陸績周易述一卷　三國吳陸績撰

　　　　明姚士麟輯　清孫堂增補

　　董遇周易章句一卷　三國魏董遇撰

　　虞翻周易注十卷　三國吳虞翻撰

　　王肅周易注一卷　三國魏王肅撰

　　姚信周易注一卷　三國吳姚信撰

　　王廙周易注一卷　晉王廙撰

　　張璠周易集解一卷　晉張璠撰

　　向秀周易義一卷　晉向秀撰

　　干寶周易注一卷　晉干寶撰

　　蜀才周易注一卷　三國蜀范長生撰

　　翟元周易義一卷　題翟元撰

　　九家周易集注一卷

　　劉瓛周易義疏一卷　南朝齊劉瓛撰

　十册　26812-26821

　陳 411.08/Ls51

傳說之屬

0015

費氏古易訂文十二卷

　漢費直撰　王樹枬輯

　清光緒十七年新城王氏四川青神刻

　　本（陶廬叢刻本）

　鈐:私立福建協和大學圖書館陳弢庵

　　先生書庫藏

　四册　26766-26769

　411.8/Ao24

0016

誠齋易傳二十卷

　宋楊萬里撰

　清光緒二十一年湖北官書處刻本

　鈐:私立福建協和大學圖書館陳弢庵

　　先生書庫藏

　八册　26822-26829

　411.5/Bw64-2

0017

周易本義經二卷傳十卷易圖一卷五贊

　　一卷筮儀一卷

　宋朱熹撰

　清康熙雍正間内府影刻宋咸淳間吳

　　革本

　四册　26804-26811

　411.03/Hx14

0018

周易本義十二卷

　宋朱熹撰

　清宣統三年貴池劉氏影宋刻本（玉

海堂景宋元叢書本）

钤:私立福建協和大學圖書館陳弢庵
　　先生書庫藏

四册　26711-26714

411.03/Hx15

0019

周易集傳八卷補遺一卷考證一卷校正
　　一卷

元龍仁夫撰　清尹繼美錄

清同治七年刻本（鼎吉堂全集本）

钤:私立福建協和大學圖書館陳弢庵
　　先生書庫藏

二册　26738-26739（卡片目錄作
　　26718-26719）

411.6/DP72

0020

周易去疑十一卷首一卷末一卷

明舒弘諤撰　清蔣先庚參增　清李
　　龍吟重訂

清光緒八年江右養雲書屋刻本

十二册　26752-26763

陳 411.8/Ht34

0021

梁山來知德先生易經集註十六卷上下
　　經篇義、易經字義、易學六十四卦
　　啓蒙說

明來知德撰　清崔華重訂

清康熙二十七年崔華刻本

钤:栐復之印　私立福建協和大學圖
　　書館陳弢庵先生書庫藏

六册　26715-26720

善 411.7/Ax72

0022

古周易訂詁十六卷附一卷

明何楷撰

清乾隆十六年郭文焱刻荆園余氏印本

八册　26830-26837

411.7/Ht22

0023

易測四卷易測繫辭二卷易測說卦傳一卷

清鄭郊撰

清康熙間刻本

佚名批校

钤:陳文□印　起元　栐復之印

六册　26740-26745

善 411.8/Du26

0024

象數論六卷

清黃宗羲撰

清光緒間廣雅書局刻本（廣雅書局
　　叢書本）

二册　47611-47612

411.8/As34

0025

易經衷論二卷

清張英撰

清光緒二十三年桐城張氏刻本（張
　　文端集本）

一册　34386

411.8/Lx64

0026

周易述四十卷（卷八、二一、二六、二九
　　至三十原缺，卷二四至二五、二七
　　至二八、三十至四十未刻）

　　清惠棟集注並疏

　　清乾隆二十五年德州盧氏雅雨堂刻本

　　鈐:私立福建協和大學圖書館陳弢庵
　　　先生書庫藏

　　八冊　26838–26845

　　善 411.8/As28

0027

周易虞氏義九卷

　　清張惠言撰

　　清嘉慶八年阮氏琅嬛僊館揚州刻本
　　　（張臯文箋易詮全集本）

　　鈐:福疇　越屏　家學淵源　陳氏賜
　　　書樓珍藏印

　　三冊　26731–26733

　　411.8/Lx14

0028

周易虞氏消息二卷

　　清張惠言撰

　　清嘉慶八年阮氏琅嬛僊館揚州刻本
　　　（張臯文箋易詮全集本）

　　鈐:家學淵源

　　一冊　26734

　　411.8/Lx14

0029

周易指三十八卷易例一卷易圖五卷易
　　斷辭一卷附錄一卷

　　清端木國瑚撰

清道光間刻本

　　鈐:私立福建協和大學圖書館陳弢庵
　　　先生書庫藏

　　二十冊　26784–26803

　　陳 411.8/Du18

0030

周易釋十二卷

　　清鍾晉撰

　　清光緒三年永康胡氏退補齋刻本
　　　（金華叢書本）

　　鈐:私立福建協和大學圖書館陳弢庵
　　　先生書庫藏

　　二冊　26856–26857

　　411.8/HP11

0031

周易窺十一卷

　　清陳心傳撰

　　清同治九年鑑堂破花軒刻本

　　鈐:私立福建協和大學圖書館陳弢庵
　　　先生書庫藏

　　六冊　26746–26751

　　411.8/Lx48

0032

讀易通解十二卷

　　清丁叙忠撰

　　清同治十年白芙堂刻本

　　十冊　26846–26855

　　411.8/At78

0033

周易舊注十二卷

清徐鼒撰

清光緒十二年徐承祖東京使署刻本

鈐:私立福建協和大學圖書館陳弢庵
先生書庫藏

七冊　26724–26730

411.8/Hs19

0034

周易明報三卷首一卷末一卷

清陳懋侯撰

清光緒八年閩侯陳氏刻本

三冊　26735–26737

411.8/Lx24

0035

周易從周十卷述正一卷三易三統辨證
二卷

清郭籛齡撰

清同治光緒間刻文在堂印本

七冊　26858–28864

411.02/Du77

附　易占

0036

易林釋文二卷

清丁晏撰

清光緒十六年廣雅書局刻本（廣雅
書局叢書本）

一冊　47612

411.8/At61

書　類

傳說之屬

0037

尚書注疏二十卷

漢孔安國撰　唐陸德明音義　唐孔
穎達疏

明崇禎五年古虞毛氏汲古閣刻本
（十三經注疏本）

八冊　26879–26886

412.3/Lz64

0038

書集傳六卷

宋蔡沈撰

清光緒六年公善堂影宋刻本

四冊　26906–26909

412.5/Hx14

0039

尚書古文疏證九卷（原缺卷三）附朱
子古文書疑一卷

清閻若璩撰　（朱子古文書疑）清閻
詠輯

清乾隆十年眷西堂刻本

鈐:私立福建協和大學圖書館陳弢庵
先生書庫藏

十冊　26896–26905

412.5/Lo62

0040

書經衷論四卷

清張英撰

清光緒二十三年桐城張氏刻本（張
　文端集本）

一冊　34387

412.8/Lx64

0041

尚書後案三十卷附後辨一卷

　清王鳴盛撰

　清乾隆四十五年禮堂刻本

　鈐：長毋相忘　私立福建協和大學圖
　　　書館陳弢庵先生書庫藏

　八冊　26910–26917

412.8/Ao64

0042

尚書伸孔篇一卷

　清焦廷琥撰

　清光緒十七年廣雅書局刻本（廣雅
　　　書局叢書本）

　按與毛詩天文考、爾雅補註合冊

　一冊　47613

412.8/Hs88

0043

書傳補商十七卷

　清戴鈞衡撰

　清道光咸豐間刻同治七年印本

　三冊　26887–26889

412.8/Bw77

0044

欽定書經圖說五十卷繪圖五百七十幅

　清孫家鼐等撰　清詹秀林、詹步魁

繪圖

清光緒三十一年石印本

十六冊　41180–41195

陳 412.08/Ls38

分篇之屬

0045

新刊荊溪吳氏家藏禹貢大成錄不分卷

　明吳道泰輯

　明末刻本

　佚名批校

　鈐：唐湛袞印　湛一父　唐伯子　禪
　　　一　唐中　瑞室圖書　東粵何
　　　氏　鹿原林氏藏書　鄭氏注韓
　　　珍藏記　陶研

　四冊　26932–26935

善 412.1/Gs48

0046

禹貢錐指二十卷圖一卷

　清胡渭撰

　清康熙四十四年漱六軒刻雍正間印本

　鈐：保三所披　劉　知然書屋

　十二冊　26920–26931

善 412.1/Bp42

0047

禹貢班義述三卷附漢氂水入尚龍溪考
　一卷

　清成蓉鏡撰

　清光緒十四年廣雅書局刻本（廣雅
　　　書局叢書本）

　一冊　47614

412.1/Aw61

0048
禹貢正解一卷圖表一卷
　清朱鎮撰
　清光緒三十年刻知止軒家塾印本
　一冊　26936
412.1/Hx74

文字音義之屬

0049
尚書集注音疏十二卷末一卷外編一卷
　清江聲撰
　清乾隆五十八年江氏近市居刻篆文本
　六冊　26890–26895
412.8/DP26

詩　類

正文之屬

0050
毛詩四卷
　明秦鑐訂正
　明崇禎十三年錫山秦鑐求古齋刻本
　　（九經本）
　一冊　26947
413/As74

傳說之屬

0051
詩緝三十六卷

宋嚴粲撰
明嘉靖間趙府味經堂刻本
鈐：莔林珍藏　長樂梁氏　陳氏賜書
　　樓珍藏
十冊　27069–27078
善 413.1/Gx68

0052
詩經世本古義二十八卷首一卷末一卷
　明何楷撰
　清嘉慶十九年嘉興周秉仁書三味齋
　　刻本（書三味樓叢書本）
　十六冊　26987–27002
413/Ht22

0053
詩說三卷附錄一卷
　清惠周惕撰
　清嘉慶十七年璜川吳氏真意堂刻本
　一冊　27013
413.04/As71

0054
詩經比義述八卷首一卷
　清王千仞撰
　清乾隆五十七年刻嘉德堂印本
　鈐：楘復之印
　四冊　26948–26951
善 413.04/Ao85

0055
詩瀋二十卷
　清范家相撰
　清乾隆三十九年會稽范氏古趣亭刻本

二册　26952-26953

善 410.04/Gz38

0056

毛詩天文考一卷

清洪亮吉撰

清咸豐間廣州刻本

一册　33127

413.05/Ds30

0057

毛詩天文考一卷

清洪亮吉撰

清光緒十七年廣雅書局刻本（廣雅
書局叢書本）

與爾雅補註、尚書伸孔合册

一册　47613

412.8/Hs88

0058

詩問七卷

清郝懿行撰

清光緒八年東路廳署刻本（郝氏遺
書本）

鈐:私立福建協和大學圖書館陳弢庵
先生書庫藏

六册　27055-27060

413.03/Bu24

0059

詩說二卷

清郝懿行撰

清光緒八年東路廳署刻本（郝氏遺
書本）

鈐:陳氏賜書樓珍藏印　私立福建協
和大學圖書館陳弢庵先生書庫藏

二册　27015-27016

413.04/Bu24

0060

詩經拾遺一卷

清郝懿行撰

清光緒八年東路廳署刻本（郝氏遺
書本）

一册　27014

413.04/Bu24

0061

毛詩後箋三十卷

清胡承珙撰　清陳奐補

清光緒十六年廣雅書局刻本（廣雅
書局叢書本）

十二册　47631-47642

413.1/Bp98

0062

詩經廣詁三十卷

清徐璈撰

清道光十年刻本

八册　26954-26961

413.03/Hs28

0063

毛詩傳箋通釋三十二卷

清馬瑞辰撰

清光緒十四年廣雅書局刻本（廣雅
書局叢書本）

鈐:陳氏賜書樓珍藏印

十二册　47619-47630

陳 413.1/As26

又一部十二册　27017-27028

413.1/As26

0064

毛詩補正二十五卷首一卷

　清龍起濤撰

　清光緒二十五年刻鵠軒刻本

　鈐:秌復之印

　十二册　27043-27054

　陳 413.1/Dp20

三家詩之屬

0065

魯詩遺說考六卷叙錄一卷

　清陳壽祺撰　清陳喬樅述並撰叙錄

　清道光同治間刻左海續集本（侯官
　　陳氏遺書本）

　六册　27003-27008

　413.2/Lx14

0066

詩古微上編三卷中編十卷下編二卷首
　　一卷

　清魏源撰

　清光緒十一年飛青閣楊守敬黃岡學
　　署刻梁溪浦氏印本

　十册　26962-26971

　413.04/Ks44

0067

詩經四家異文考五卷

清陳喬樅撰

清道光二十三年刻左海續集本（侯
　官陳氏遺書本）

五册　26972-26976

413.03/Lx81

文字音義之屬

0068

詩音十五卷

　清高澍然撰

　清嘉慶十七年木活字印本

　八册　27061-27068

　460.3/Co44

禮　類

周　禮

傳說之屬

0069

禮經會元四卷

　宋葉時撰

　清康熙十九年通志堂刻本（通志堂
　　經解本）

　二册　27098-27099

　414/Gs64

0070

禮說十四卷

　清惠士奇撰

　清嘉慶間蘭陔書屋刻本

　鈐:仲山　秌復之印

　六册　27092-27097

414.04/As11

0071
周禮注疏小箋五卷
　清曾釗撰
　清光緒十二年刻本（學海堂叢刻本）
　鈐：私立福建協和大學圖書館陳弢庵
　　先生書庫藏
　二冊　27102–27103
　414.1/Do75

0072
周禮政要二卷
　清孫詒讓撰
　清光緒二十八年瑞安普通學堂刻本
　鈐：小雄山民
　二冊　27100–27101
　414.1/Ls63

0073
周禮正義八十六卷
　清孫詒讓撰
　清光緒三十一年瑞安孫氏玉海樓
　　鉛印本
　二十冊　27080–27091
　414.13/Ls31

0074
九旗古義述一卷
　清孫詒讓撰
　清光緒二十八年瑞安孫氏刻本
　一冊　27248
　414.5/Ls62

分篇之屬

0075
輪輿私箋二卷附圖一卷
　清鄭珍撰　清鄭知同繪圖
　清光緒十七年廣雅書局刻本（廣雅
　　書局叢書本）
　一冊　47618
　414.7/Du27

儀　禮

傳說之屬

0076
儀禮疏五十卷
　唐賈公彥疏
　清道光十年汪士鐘藝芸書舍影宋刻本
　鈐：棥復之印
　八冊　27134–27141
　陳 414.2/As74

0077
儀禮集說十七卷
　元敖繼公撰
　清同治十二年粵東書局刻本（通志
　　堂經解本）
　八冊　27162–27169
　陳 414.2/Bx02

0078
儀禮鄭注句讀十七卷監本正誤一卷石
　　本誤字一卷
　清張爾岐撰

清乾隆八年高氏和衷堂刻本

佚名批校

三册　27107–27109

善 414.2/Lx14

0079

儀禮集編十七卷首一卷附錄一卷

清盛世佐撰

清嘉慶九年馮氏貯雲居刻本

二十册　27110–27129

陳 414.2/Ao10

0080

儀禮釋官九卷首一卷

清胡匡衷撰

清同治八年胡肇智刻本

四册　27130–27133

陳 414.2/BP11

0081

儀禮蠡測十七卷

清韋協夢撰

清道光二十五年韋氏帶草軒刻本

二册　27105–27106

414.2/Lt27

0082

禮經釋例十三卷首一卷

清凌廷堪撰

清嘉慶十四年阮氏文選樓刻本（文選
　　樓叢書本）

鈐:陳氏賜書樓珍藏印　私立福建
　　協和大學圖書館陳弢庵先生書
　　庫藏

七册　27375–27381

陳 414.4/Dx88

0083

儀禮私箋八卷

清鄭珍撰

清光緒十七年廣雅書局刻本（廣雅
　　書局叢書本）

二册　47616–47617

414.2/Du27

分篇之屬

0084

喪禮輯畧一卷

清孟超然撰

清嘉慶二十年刻本（亦園亭全集本）

一册　29680

414.5/Lo22

0085

五服異同彙考三卷

清崔述撰

清光緒五年定州王氏謙德堂刻本
　　（畿輔叢書本）

一册　27245

414.5/FP18

0086

讀禮小事記一卷

清唐鑑撰

清咸豐五年湘西黃氏刻本

鈐:林復之印

二册　27238–27239

414.5/Co72

文字音義之屬

0087

儀禮古今文異同疏證五卷

　清徐養原撰

　清光緒十七年廣雅書局刻本（廣雅

　　書局叢書本）

　一冊　47615

414.2/Hs48

禮　記

傳說之屬

0088

黃氏讀禮記日抄十六卷

　宋黃震撰

　清光緒三十四年問經精舍刻本

　八冊　27214-27221

414.3/As18

0089

新刊京本禮記纂言三十六卷

　元吳澄撰

　明崇禎二年張養刻本

　鈐：佚官林勿村鑒藏之印　陳氏賜書

　　樓珍藏印

　十二冊　27150-27161

　善 414.3/GS42

0090

禮記天算釋一卷

清孔廣牧撰

清光緒十五年廣雅書局刻本（廣雅

　書局叢書本）

與大戴禮記解詁合函

一冊　47645

414.32/Ao29

附　大戴記之屬

0091

大戴禮記十三卷

　漢戴德撰　北周盧辯注

　清宣統三年至民國元年貴池劉氏玉

　　海堂影刻本（玉海堂景宋元叢

　　書本）

　二冊　27180-27181

414.32/Bw74

0092

大戴禮記補注十三卷序錄一卷

　清孔廣森撰

　清光緒九年定州王氏謙德堂刻本（畿

　　輔叢書本）

　二冊　27174-27175

414.32/Lz34

0093

校正孔氏大戴禮記補注十三卷

　王樹枏撰

　清光緒九年定州王氏謙德堂刻本（畿

　　輔叢書本）

　二冊　27176-27177

414.32/Ao24

0094

大戴禮記集注十三卷敘錄一卷

　清戴禮撰

　清宣統三年溫州戴氏石印本

　鈐:陳氏賜書樓珍藏

　四册　27146–27149

　414.32/Bw42

0095

大戴禮記解詁十三卷目錄一卷

　清王聘珍撰

　清道光三十年至咸豐元年王嘉會刻本

　二册　27178–27179

　414.32/Ao29–1

0096

大戴禮記解詁十三卷目錄一卷

　清王聘珍撰

　清光緒十三年廣雅書局刻本（廣雅
　　書局叢書本）

　與禮記天算釋合函

　二册　47643–47644

　414.32/Ao29

附　夏小正之屬

0097

夏小正戴氏傳四卷考異一卷別錄一卷

　宋傅崧卿校注（考異、別錄）清傅
　　以禮輯

　清同治八年傅氏長恩閣刻本（傅氏
　　先世遺書本）

　鈐:私立福建協和大學圖書館陳弢庵
　　先生書庫藏

　一册　27142

　414.6/Hs54

三禮總義

論說之屬

0098

禮書通故五十篇一百卷

　清黃以周撰

　清光緒十九年黃氏試館刻本

　鈐:私立福建協和大學圖書館陳弢庵
　　先生書庫藏

　三十二册　27182–27213

　陳 414.4/As64

名物制度之屬

0099

明堂大道錄八卷

　清惠棟撰

　清乾隆間鎮洋畢氏經訓堂刻本（經
　　訓堂叢書本）

　二册　27236–27237

　414.5/As28

0100

儀院古明堂說一卷

　陳焯纂

　清宣統二年京師京華印書局鉛印本

　一册　47234

　960.88/Lx46

0101

古經服緯三卷附釋問一卷

清雷鐏撰　（釋問）清雷學淇撰

清道光九年刻本

三册　27242–27244

414.5/Ao74

三禮圖之屬

0102

韓氏三禮圖說二卷

元韓信同撰

清嘉慶十八年福鼎王氏麟後山房刻本

二册　27222–27223

414.4/Bu72

通禮之屬

0103

禮書綱目八十五卷首三卷

清江永撰

清光緒二十一年廣雅書局刻本（廣
　雅書局叢書本）

二十册　47646–47665

414.4/DP38

雜禮之屬

0104

泰泉鄉禮七卷首一卷

明黃佐撰

清道光二十三年芸香堂刻本

鈐：葉德輝煥彬甫藏閱書

二册 27246–27247

414.5/As72

叢編之屬

0105

讀禮叢鈔十六種十七卷

清李輔燿輯

清光緒十七年湘西李氏鞠園刻本

約喪禮經傳一卷　清吳卓信撰

喪服或問一卷　清汪琬撰

喪服翼注一卷　清閻若璩撰

讀禮問一卷　清吳肅公撰

經咫摘錄一卷　清陳祖范撰

喪葬雜錄一卷　清張履祥輯

喪祭雜說一卷　清張履祥輯

喪禮雜說一卷附常禮雜說一卷
　　清毛先舒撰　（常禮雜說）清
　　毛先舒撰

三年服制考一卷　清毛奇齡撰

家禮喪祭拾遺一卷　清李文炤撰

讀禮小事記一卷　清唐鑑撰

喪服今制表一卷　清張華理撰

喪服雜說一卷　清張華理撰

制服表一卷　清周保珪撰

制服成誦篇一卷　清周保珪撰

喪服通釋一卷　清周保珪撰

鈐：私立福建協和大學圖書館陳敱庵
　先生書庫藏

六册　27365–27370

414.5/Ao24

樂　類
樂理之屬

0106

古樂經傳五卷

清李光地撰

清道光九年刻本（榕村全書本）

三册　27740–27742

417.7/Ao50（27740–42）

律呂之屬

0107

瑟譜六卷

　元熊朋來撰

　清道光二十七年刻本

　二册　38907–38908

　787.4/Ms72

春秋類

左　傳

傳說之屬

0108

春秋大事表五十卷讀春秋偶筆一卷輿

　圖一卷附錄一卷

　清顧棟高輯

　清乾隆十三年錫山顧氏萬卷樓刻本

　鈐:雪滄　佚官楊浚　閩縣陳氏賜書

　　樓藏善本圖書　私立福建協和

　　大學圖書館陳弢庵先生書庫藏

　二十册　27256–27275

　　善 960.91/Ds28

0109

春秋左氏傳賈服注輯述二十卷

　清李貽德撰

　清同治五年餘姚朱蘭金陵書局刻本

六册　27309–27314

415.2/Ao62

0110

春秋左傳精義不分卷

　清黃見三撰

　清抄本

　八册　27315–27322

　415.2/As60

0111

春秋述義拾遺八卷首一卷末一卷

　清陳熙晉撰

　清光緒十七年廣雅書局刻本（廣雅

　　書局叢書本）

　二册　48823–48824

　415.1/Lx24

公羊傳

傳說之屬

0112

春秋公羊經傳解詁十二卷

　漢何休撰　唐陸德明音義

　清道光四年揚州汪氏問禮堂影刻宋

　　紹熙本同治二年印本

　二册　27408–27409

　415.3/Ht78

0113

春秋公羊注疏質疑二卷

　清何若瑤撰

　清光緒二十年廣雅書局刻本（廣雅

書局叢書本）

　　一册　48825

　　415.3/Ht61

0114

讀公羊注記疑三卷

　　清張憲和撰

　　清光緒間平湖張氏刻本（張氏公羊

　　　二種本）

　　二册　27329–27330

　　415.3/Lx34

0115

公羊臆三卷

　　清張憲和撰

　　清光緒間平湖張氏刻本（張氏公羊

　　　二種本）

　　二册　27327–27328

　　415.3/Lx34

0116

春秋董氏學八卷附傳一卷

　　康有爲撰

　　清光緒二十四年上海大同譯書局刻

　　　本（萬木草堂叢書本）

　　六册　27291–27296

　　415.04/Cx11

穀梁傳

傳說之屬

0117

春秋穀梁傳十二卷附考異一卷

晉范甯集解　唐陸德明音義　（考異）

　　清楊守敬撰

　　清光緒九年遵義黎氏日本東京使署

　　　刻本（古逸叢書本）

　　二册　27410–27411

　　陳 415.4/Gz35

0118

春秋穀梁傳注疏二十卷

　　晉范甯集解　唐陸德明音義　唐楊

　　　士勛疏

　　明崇禎八年毛氏汲古閣刻本（十三

　　　經注疏本）

　　按疑爲清翻刻汲古閣本

　　六册　27412–27417

　　415.4/Bw11

0119

春秋穀梁經傳補注二十四卷附律句一卷

　　清鍾文烝補注

　　清光緒二年嘉善鍾氏信美室刻本

　　鈐:大興傅氏收藏印　陳氏賜書樓珍

　　　藏印

　　八册　27418–27425

　　陳 415.4/HP38

春秋總義

傳說之屬

0120

春秋傳十五卷

　　宋劉敞撰

　　清康熙十九年通志堂刻本（通志堂

經解本）

二冊　27399–27400

415.1/Kt68

0121

春秋尊王發微十二卷

　宋孫復撰

　清康熙十九年通志堂刻本（通志堂
　　經解本）

　二冊　27397–27398

　415.1/Ls78

0122

西疇居士春秋本例二十卷

　宋崔子方撰

　清康熙十九年通志堂刻本（通志堂
　　經解本）

　二冊　27401–27402

　415.1/FP91

0123

止齋先生春秋後傳十二卷

　宋陳傅良撰

　清康熙十九年通志堂刻本（通志堂
　　經解本）

　二冊　27403–27404

　415.1/Lx74

0124

春秋會義二十六卷

　宋杜諤撰

　清光緒十八年孫氏問經精舍刻本
　　（孫氏山淵閣叢刊本）

　十二冊　27297–27308

陳 415.1/BP40

0125

半農先生春秋說十五卷

　清惠士奇撰

　清嘉慶十五年刻本

　鈐：葉德輝煥彬甫藏閱書　觀古堂
　　私立福建協和大學圖書館陳弢
　　庵先生書庫藏

　六冊　27249–27254

　陳 415.1/As11

0126

春秋釋經十二卷

　清高澍然撰

　清道光七年光澤高氏刻本

　四冊　27276–27279

　415.1/Co44

附　春秋繁露之屬

0127

春秋繁露義證十七卷首一卷

　清蘇輿撰

　清宣統二年王先謙長沙刻本

　四冊　27323–27326

　陳 415.04/Go76

孝經類

正文之屬

0128

［篆文］孝經一卷

清吳大澂書

清光緒十一年上海同文書局石印本

一冊　27640

416/Gs18

傳說之屬

0129

御定孝經衍義一百卷首二卷

　　清聖祖玄燁敕撰　清葉方藹、張英監

　　　修　清韓菼編纂

　　清康熙三十年江蘇布政使覆內府刻本

　　三十二冊　41508–41539

　　陳 416/Lx64

四書類

中　庸

傳說之屬

0130

中庸輯畧二卷

　　宋石㦤編　宋朱熹刪定

　　清康熙十四年石佩玉等刻本

　　三冊　27606–27608

　　善 417.12/Ao46

0131

中庸註一卷

　　康有爲撰

　　清光緒二十七年康有爲鉛印本（中國

　　　圖書公司代印）（演孔叢書本）

　　一冊　27347

　　417.12/Cx11

論　語

正文之屬

0132

［大篆］論語二卷附錄許氏說文引論語

　　　三十六條

　　清吳大澂書

　　清光緒十一年上海同文書局石印本

　　二冊　27641–27642

　　417.2/Gs18

傳說之屬

0133

國朝諸老先生論語精義十卷

　　宋朱熹輯

　　清同治十三年金陵公善堂倣石門呂

　　　氏刻本（洪氏唐石經館叢書本，

　　　論孟精義）

　　六冊　27623–27628

　　417.2/Hx14

0134

論語後案二十卷

　　清黃式三撰

　　清光緒九年浙江書局刻本（儆居遺

　　　書本）

　　鈐：看雲館珍藏　私立福建協和大學

　　　圖書館陳弢庵先生書庫藏

　　十冊　27647–27656

　　陳 417.2/As14

0135

論語經正錄二十卷附王篠泉先生年譜

一卷

清王肇晉撰　清王用誥輯　（王篠泉
　　先生年譜）清王孝箴、王用誥
　　編述

清光緒二十年刻本

缺年譜一卷

十册　36554–36563

417.2/Ao85

孟　子

傳說之屬

0136

國朝諸老先生孟子精義十四卷

　宋朱熹輯

　　清同治十三年金陵公善堂倣石門呂
　　　氏刻本（洪氏唐石經館叢書本，
　　　論孟精義）

　　二册　27629–27630

　　417.3/Hx14

0137

孟子章指一卷附論一卷

　清薩玉衡編

　　清宣統三年福州薩嘉曦蒔花吟館刻本

　　一册　31928

　　417.3GP14

0138

孟子趙注補正六卷孟子劉注一卷

　清宋翔鳳撰　（孟子劉注）清宋翔
　　鳳輯

　　清光緒十七年廣雅書局刻本（廣雅
　　　書局叢書本）

一册　48826

417.3/Cx47

四書總義

傳說之屬

0139

四書或問三十九卷（大學或問二卷中
　庸或問三卷論語或問二十卷孟子
　或問十四卷）考異一卷

　宋朱熹撰　（考異）清劉啓發等撰

　　清同治十二年霍山劉啓發五忠堂倣
　　　白鹿洞刻本（洪氏唐石經館叢
　　　書本）

　　六册　27600–27605

　　417.04/Hx14

0140

松陽講義十二卷

　清陸隴其撰

　　清同治十年公善堂刻本（洪氏唐石
　　　經館叢書本）

　　四册　27631–27634

　　417.04/LP92

0141

四書釋地補一卷續補一卷又續補一卷
　三續補一卷

　清閻若璩撰　清樊廷枚校補

　　清嘉慶二十一年梅陽海涵堂刻本

　　六册　27588–27593

　　417.05/Lo61

0142

四書古人典林十二卷

　清江永撰

　清咸豐四年福省靈蘭堂刻本

　三册　27637-27639

　921.1/DP38

0143

四書考輯要二十卷地圖一卷

　清陳弘謀輯　清陳蘭森編校

　清乾隆五十三年培遠堂刻本

　鈐:陳氏賜書樓珍藏印

　六册　27594-27599

　善 417.03/Lx34

0144

四書翼註論文十二卷

　清鄭獻甫撰

　清光緒五年黔南節署刻本（鄭小谷

　　先生全集本）

　十二册　27611-27622

　陳 417.04/Du64

爾雅類

注解之屬

0145

爾雅疏十卷

　宋邢昺撰

　清光緒四年吳興陸氏十萬卷樓刻本

　二册　27998-27999

　882.213/Bu64

0146

爾雅補註（殘本）一卷

　清劉玉麐撰

　清光緒十七年廣雅書局刻本（廣雅

　　書局叢書本）

　與毛詩天文考、尚書伸孔合册

　一册　47613

　412.8/Hs88

0147

爾雅漢注三卷

　清臧鏞堂輯

　清嘉慶七年成德孫氏刻本（問經堂

　　叢書本）

　鈐:古閩葉氏苐南珍藏　苐南　葉滋

　　棠印

　一册　28005

　882.213/Mw76

0148

爾雅匡名二十卷爾雅補注（殘本）一卷

　清嚴元照撰　（爾雅補注）清劉玉麐撰

　清光緒十六年刻爾雅補注光緒十四

　　年廣雅書局刻本（廣雅書局叢

　　書本）

　四册　48827-48830

　882.215/Gx10

0149

爾雅正郭三卷

　清潘衍桐撰

　清光緒十七年潘氏刻本

　一册　28000

　882.213/DP75

0150
讀爾雅日記一卷
　清王仁俊撰
　清光緒間刻本（學古堂日記本）
　一冊　33131
　882.213/Ao72

0151
爾雅郭注佚存補訂二十卷
　王樹柟撰
　清光緒十八年資陽文莫室刻本（陶
　　廬叢刻本）
　六冊　28012-28017
　882.213/GP24

文字音義之屬

0152
爾雅音圖三卷
　晉郭璞注　清姚之麟摹圖
　清嘉慶六年南城曾燠藝學軒影宋刻本
　三冊　27988-27990
　882.214/Du24

羣經總義類

石經經義之屬

0153
歷代石經畧二卷
　清桂馥撰
　清光緒九年海豐吳氏陳州郡齋刻本
　鈐：秫復之印
　一冊　30400

736.107/BP78

傳說之屬

0154
匏瓜錄十卷附校勘記一卷
　清芮長恤撰
　清光緒十三年刻本
　十冊　33265-33274
　049.8/Gs18

0155
稽古日鈔八卷
　清張方湛、郁文等輯
　清乾隆二十九年秋曉山房刻本
　鈐：備後藤江岡本藏書印
　四冊　29868-29871
　410.4/Lx39

0156
經傳考證八卷
　清朱彬撰
　清道光二年朱氏游道堂刻本
　鈐：季蘭鑒賞　季蘭　秫復之印
　二冊　29905-29906
　410.5/Hx27

0157
經義述聞三十二卷
　清王引之撰
　清道光七年京師壽藤書屋刻本
　十六冊　27331-27346
　陳 410.3/Ao96

0158
然後知齋四書五經答問二十卷
　清梅沖撰
　清嘉慶二十一年承學堂刻本
　鈐：某（梅）巢所藏　來旟　苇南
　　　葉滋棠印　古閩葉氏苇南珍藏
　　　苇南氏手校　苇南寓公
　三冊　27436–27438
　049.8/BP49

0159
經學文鈔十五卷首三卷
　清梁鼎芬輯　曹元弼校補
　清光緒三十四年江蘇存古學堂木活
　　　字印本
　存卷一至六
　十二冊　41088–41099
　陳 410.4/Ds60

0160
御纂七經綱領不分卷
　清潘任錄
　清江楚書局刻本
　鈐：私立福建協和大學圖書館陳弢庵
　　　先生書庫藏
　二冊　27457–27458
　410.2/Bz92

圖說之屬

0161
六經圖六卷
　宋楊甲撰　宋毛邦翰補
　清康熙六十一年潘氏禮耕堂刻本

六冊　27348–27353
善 410.2/Bw66

別編之屬

0162
溉亭述古錄二卷
　清錢塘撰
　清嘉慶三年儀徵阮氏刻本（小琅嬛
　　　僊館叙錄書本）
　鈐：侯廷主人　聽松濤館珍藏　看到
　　　子孫能幾家
　一冊　36774
　960.88/Hw22

0163
述學二卷
　清汪中撰
　清嘉慶三年儀徵阮氏刻本（小琅嬛
　　　僊館叙錄書本）
　鈐：侯廷主人　聽松濤館珍藏　看到
　　　子孫能幾家
　一冊　36775
　458.8/DP65

沿革之屬

0164
經學歷史一卷
　清皮錫瑞撰
　清光緒三十二年思賢書局刻本（皮
　　　氏經學叢書本）
　一冊　27355
　410.9/Lx77

0165

經學通論五卷

　　清皮錫瑞撰

　　清光緒三十三年思賢書局刻本（皮

　　　氏經學叢書本）

　　五冊　27356–27360

　　410.1/Lx78

目錄之屬

0166

經典釋文考證三十卷

　　清盧文弨撰

　　清同治十三年成都尊經書院刻本

　　十二冊　27439–27450

　　陳 410.3/LP74

文字音義之屬

0167

經籍纂詁並補遺一百六卷首一卷

　　清阮元撰

　　清嘉慶十七年揚州阮氏琅嬛僊館刻

　　　同治十二年淮南書局補刻本

　　64 冊　27524–27587

　　884.1/Lz10

小學類

叢編之屬

0168

小學鉤沈三十九種附六種合十九卷

　　清任大椿輯　清王念孫校

清光緒十年江都李氏半畝園刻本（小

　學類編本）

　卷一至二

　　倉頡篇二卷附倉頡訓詁

　　倉頡解詁

　卷三至四

　　三倉二卷附三倉訓詁

　　三倉解詁

　卷五

　　凡將篇　漢司馬相如撰

　　古文官書附古文奇字　漢衛宏

　　　撰

　　郭訓古文奇字

　　勸學篇　漢蔡邕撰

　　聖皇篇　漢蔡邕撰

　卷六至卷七

　　通俗文二卷　漢服虔撰

　卷八至九

　　埤倉二卷　三國魏張揖撰

　卷十

　　古今字詁　三國魏張揖撰

　　雜字　三國魏張揖撰

　卷十一

　　聲類一卷　三國魏李登撰

　卷十二

　　辨釋名　三國吳韋昭撰

　　韻集　晉呂靜撰

　卷十三

　　雜字解詁　三國魏周成撰

　　周成難字　三國魏周成撰

　　小學篇　晉王羲撰

　　字苑　晉葛洪撰

　　字指　晉李彤撰

　　音譜　南朝宋李概撰

說文之屬

二徐之本

善 883.2/Du44

0171

說文解字十五卷標目一卷
　漢許慎撰　宋徐鉉等校定
　清乾隆三十八年朱筠椒華吟舫刻本
　鈐:味青齋藏書
　六册　27929–27934
　善 883.31/Hs74

0172

說文解字十五卷標目一卷
　漢許慎撰　宋徐鉉等校定
　清同治十三年東吳浦氏翻刻孫氏平
　　津館仿宋小字本
　鈐:雪滄所得善本　姪官楊雪滄金石
　　圖書印　小雄山民
　二册　27773–27774
　883.31/Hs70

0173

說文解字十五卷
　漢許慎撰
　清光緒七年淮南書局翻刻汲古閣第
　　四次校本
　十册　27763–27772
　883.31/Hs74

0174

說文校議十五卷
　清姚文田、嚴可均撰
　清末覆刻同治十三年歸安姚氏本
　四册　27935–27938
　883.8/Ms38

0175

說文解字繫傳四十卷附校勘記三卷
　南唐徐鍇撰　南唐朱翱反切　清苗
　　夔等校勘
　清道光十九年祁寯藻影刻影宋抄本
　鈐:味青齋藏書
　八册　27941–27948
　883.32/Hs72

注　解

0176

傚唐寫本說文解字木部一卷唐寫本說
　　文解字木部箋異一卷
　唐人書篆　(箋異) 清莫友芝撰
　清同治二年莫氏金陵刻本
　鈐:曼殊盦
　一册　27918
　883.8/Gs18

0177

說文引經考二卷補遺一卷
　清吳玉搢撰
　清光緒二年撫州饒玉成雙峯書屋刻本
　二册　27815–27816
　883.81/Gs14

0178

潛研堂說文答問疏證六卷
　清薛傳均撰
　清光緒間廣雅書局刻本（廣雅書局
　　叢書本）
　一册　47566
　883.8/Gu24

0179
廣潛研堂說文答問疏證八卷
　清承培元撰
　清光緒間廣雅書局刻本（廣雅書局
　　叢書本）
　一冊　47567
　883.8/Gu25

0180
說文段注訂補十四卷
　清王紹蘭撰
　清光緒十四年胡燏棻刻本
　八冊　27787–27794
　883.8/Ao02

0181
段氏說文注訂八卷附札記一卷
　清鈕樹玉撰　（札記）張炳翔撰
　清同治十三年崇文書局刻本
　二冊　27909–27910
　883.8/Hp24

0182
說文解字注箋十四卷附說文檢字三卷
　清段玉裁注　清徐灝箋　（說文檢字）
　　清徐樾編
　清光緒二十年刻本
　三十二冊　27851–27882
　883.8/Hs44

0183
說文解字義證五十卷附一卷
　清桂馥撰
　清同治九年湖北崇文書局刻本

鈐：閩縣陳氏賜書樓藏善本圖書　林
　　復之印
三十二冊　41622–41653
陳 883.8/BP88

0184
說文新附考六卷續考一卷
　清鈕樹玉撰
　清同治十三年湖北崇文書局刻本
　鈐：私立福建協和大學圖書館陳弢庵
　　先生書庫藏
　二冊　30537–30538
　883.8/HP24

0185
說文辨疑一卷
　清顧廣圻撰
　清光緒三年湖北崇文書局刻本
　一冊　27908
　883.8/Ds34

0186
說文引經考異十六卷
　清柳榮宗撰
　清咸豐二年刻同治六年柳森霖印本
　四冊　27795–27798
　883.81/Bu44

0187
說文引經考證七卷說文引經互異說一卷
　清陳瑑撰
　清同治十三年湖北崇文書局重刻本
　二冊　27912–27913
　883.81/Lx28

0188

說文分韻易知錄五卷附說文重文標目
　　五卷說文分畫易知一卷
　清許巽行撰
　清光緒五年華亭許嘉德刻本
　鈐:雪澲所得善本　私立福建協和大
　　學圖書館陳弢庵先生書庫藏
　十冊　28180–28189
　883.85/Du94

0189

說文字辨十四卷
　清林慶炳輯
　清同治四年刻本
　四冊　27783–27786
　883.8/Bx38

0190

說文引經證例二十四卷
　清承培元撰
　清光緒二十一年廣雅書局刻本（廣
　　雅書局叢書本）
　六冊　47568–47573
　883.81/Lx22

音　釋

0191

說文韻譜校五卷
　清王筠撰
　清光緒十六年濰縣劉氏素心琴室刻本
　舊題王貫山說文五種之一
　鈐:味青齋藏書
　二冊　27847–27848
　883.8/Ao77

0192

說文閩音通一卷附錄一卷
　清謝章鋌撰
　清光緒三十年陳寶璐刻本（賭棋山
　　莊全集本）
　鈐:私立福建協和大學圖書館陳弢庵
　　先生書庫藏　私立福建協和大
　　學圖書館藏書
　一冊　27850
　891.91/Ds35

六　書

0193

六書正譌五卷
　元周伯琦撰
　清乾隆間平湖陸氏古香閣覆明胡氏
　　十竹齋刻本
　鈐:味青齋藏書
　四冊　27984–27987
　善 882.1/Ho72

0194

六書通十卷
　明閔齊伋輯　清畢弘述篆訂
　清光緒四年繡谷留耕堂刻本
　鈐:陳氏賜書樓珍藏印　私立福建協
　　和大學圖書館陳弢庵先生書庫藏
　五冊　28034–28038
　882.1/Ls36

部　目

0195

說文解字部目一卷
　清胡澍書

清同治五年溧陽王晉玉刻本

鈐:楙復之印　私立福建協和大學圖

　　書館陳弢庵先生書庫藏

　一冊　27997

　883

0196

說文楬原二卷

　清張行孚撰

　清光緒十一年懷寧余澍維揚識小居

　　刻本

　二冊　27781–27782

　883.8/Lx75

總　義

0197

說文五翼八卷

　清王煦撰

　清嘉慶十三年上虞王氏芮鞠山莊刻本

　二冊　27916–27917

　883.8/Ao64

0198

讀說文雜識一卷

　清許槤撰

　清光緒七年刻本

　一冊　27911

　883.8/Du27

叢　刻

0199

說文解字句讀三十卷補正三十卷

　清王筠撰

　清道光三十年刻補正清咸豐九年刻

本（王氏說文三種本）

舊題王貫山說文五種之一

　鈐:味青齋藏書

　十六冊　27818–27833

　883.8/Ao77

0200

說文釋例二十卷補正二十卷

　清王筠撰

　清道光十七年刻本（王氏說文三

　　種本）

　舊題王貫山說文五種之一

　鈐:味青齋藏書

　十冊　27834–27843

　883.8/Ao77

0201

說文繫傳校錄三十卷

　清王筠撰

　清咸豐七年刻本（王氏說文三種本）

　舊題王貫山說文五種之一

　鈐:味青齋藏書

　三冊　27844–27846

　883.8/Ao77

文字之屬

字　典

0202

龍龕手鑑四卷

　遼釋行均撰

　清張丹鳴虛竹齋刻本

　鈐:自得齋藏書　三山陳氏居敬堂

　　圖書

六册　27883–27888

883.5/Ku75

0203

六書故三十三卷六書通釋一卷

　宋戴侗撰

　清乾隆四十九年李鼎元師竹齋刻本

　鈐:鞠園藏書　長毋相忘　溫陵張氏

　　藏書

　十六册　28018–28033

　　善 882.1/Bw72

0204

御定康熙字典十二集三十六卷總目一

　　卷檢字一卷辨似一卷等韻一卷補

　　遺一卷備考一卷

　清張玉書等纂修

　清光緒元年湖北崇文書局刻本

　鈐:陳氏賜書樓珍藏印

　四十册　41714–41753

　　陳 883.8/Cx24

0205

經韻集字析解二卷拾遺補注一卷附編

　　一卷

　清熊守謙撰　清彭良敞集注

　清道光二年天津分司署刻本

　鈐:庣官楊雪滄金石圖書印

　二册　28052–28053

　　885.8/Bw38

0206

字典考證不分卷

　清王引之等撰

清光緒二年湖北崇文書局刻本

　六册　27743–27748

　　884.1/Ao96

0207

班馬字類二卷

　宋婁機撰

　清康熙間揚州馬氏叢書樓刻本

　鈐:三山陳氏居敬堂圖書

　二册　28347–28348

　　882.4/Go24

0208

班馬字類五卷

　宋婁機撰

　清揚州馬氏小玲瓏山館刻吳興倪氏

　　經鉏堂印本

　二册　28327–28328

　　882.4/Go24

字　體

0209

汗簡三卷目錄叙畧一卷

　南朝宋郭忠恕撰

　清光緒十一年吳縣朱記榮槐盧家塾

　　刻本

　二册　27925–27926

　　882.84/Du64

0210

汗簡箋正七卷書目箋正一卷

　南朝宋郭忠恕撰　清鄭珍箋正

　清光緒十五年廣雅書局刻本（廣雅

　　書局叢書本）

四册　49199–49201

882.84/Du67

0211

隸篇十五卷續十五卷再續十五卷金石
　　目一卷部目一卷字目一卷

　　清翟雲升撰

　　清道光十七年至十八年五經歲徧齋
　　　刻本

　　八册　27976–27983

886.5/LP14

0212

古籀餘論三卷

　　清孫詒讓撰

　　清光緒二十九年籀經樓刻本

　　二册　30404–30405

886.2/Ls42

訓　蒙

0213

倉頡篇輯補斠證三卷說文解字引漢律
　　全考二卷說文解字載漢律考附錄
　　二卷附漢律考證一卷

　　清王仁俊撰

　　清光緒三十二年吳縣王氏籀鄦誃刻本

　　一册　28054

883.1/Ao72

0214

急就章考異一卷

　　清莊世驥撰

　　清光緒十七年廣雅書局刻本（廣雅
　　　書局叢書本）

一册　49198

887.9/Gp10

0215

宜畧識字二卷識字續編一卷

　　清林春溥撰

　　清嘉慶至咸豐間竹柏山房刻本（竹
　　　柏山房家刻十五種附刻本）

　　一册　33905–33906

884.4/Bx11

0216

文字蒙求四卷

　　清王筠撰

　　清光緒十三年梁谿浦氏刻本

　　舊題王貫山說文五種之一

　　鈐：味青齋藏書

　　一册　27849

883.8/Ao77

音韻之屬

韻　書

0217

韻補五卷韻補正一卷

　　宋吳棫撰　（韻補正）清顧炎武撰

　　清光緒九年刻本（邵武徐氏叢書本）

　　二册　28061–28062

885/Gs27

0218

古今韻會舉要三十卷

　　元黃公紹撰　元熊忠舉要

　　清光緒九年淮南書局刻本

十册 28042-28051

885.3/Ms64

0219

古今韻畧五卷

　清邵長蘅撰

　清康熙三十五年宋犖刻本

　五册 28064-28068

885.3/Lu18

0220

欽定音韻闡微十八卷韻譜一卷

　清李光地等撰

　清雍正六年武英殿刻本

　鈐：杏林　郭毓之印　三山陳氏居敬

　　　堂圖書　私立福建協和大學圖

　　　書館陳弢庵先生書庫藏

　五册 28055-28059

　善 885.8/Ao50

0221

韻徵十六卷

　清安吉撰

　清道光十七年親仁堂蘇州刻本

　鈐：族官許氏味青齋藏書

　四册 27991-27996

882.1/Co11

0222

古音複字五卷古音駢字五卷五音拾遺

　　五卷古音餘五卷古音畧例一卷

　明楊慎撰　明楊宗吾輯

　明萬曆間刻本

　鈐：三山陳氏居敬堂圖書

二册 27799-27800

善 885.7/Bw44

音　說

0223

韻府鉤沈五卷

　清雷浚撰

　清光緒間吳縣雷氏刻本（雷刻八種本）

　二册 27775-27780

883.8/Ao48

等　韻

0224

切韻指掌圖一卷

　宋司馬光撰

　清宣統二年豐城熊氏舊補史堂刻本

　一册 28062

885.2/Lo14

0225

李氏音鑑六卷首一卷

　清李汝珍撰

　清嘉慶十五年寶善堂刻本

　鈐：章鋌弌字枚如　苣川經眼　肖岩

　　　讀過

　四册 28069-28072

885.8/Ao42

訓詁之屬

羣　雅

0226

小爾雅疏八卷

　漢孔鮒撰　清王煦疏

清光緒間刻本（邵武徐氏叢書本）

二冊　28001-28002

882.22/Ao64

0227

小爾雅訓纂六卷

　　清宋翔鳳撰

　　清光緒十六年廣雅書局刻本（廣雅

　　　　書局叢書本）

　　一冊　47565

882.22/Cx47

0228

釋名疏證八卷續釋名一卷補遺一卷附

　　校議一卷

　　清畢沅撰　（校議）清吳翊寅撰

　　清光緒二十年廣雅書局刻本（廣雅

　　　　書局叢書本）

　　二冊　49203-49204

882.23/Gt40

0229

爾雅翼三十二卷附校記一卷

　　宋羅願撰　元洪焱祖音釋　（校記）

　　　　清洪汝奎撰

　　清光緒十年刻本（洪氏晦木齋叢書本）

　　六冊　28006-28011

882.213/GP24

0230

駢雅七卷

　　明朱謀㙔撰

　　舊抄本

　　一冊　27927

882.32/Hx44

0231

釋穀四卷

　　清劉寶楠撰

　　清光緒十三年廣雅書局刻本（廣雅

　　　　書局叢書本）

　　一冊　49211

630.41/Kt34

字　詁

0232

親屬記二卷

　　清鄭珍撰　清陳榘補

　　清光緒十八年廣雅書局刻本（廣雅

　　　　書局叢書本）

　　一冊　49181

038.2/Du27

方　言

0233

輶軒使者絕代語釋別國方言箋疏十三

　　卷附校勘記一卷

　　漢揚雄撰　清錢繹箋疏　（校勘記）

　　　　清何翰章撰

　　清光緒十六年廣雅書局刻本（廣雅

　　　　書局叢書本）

　　四冊　49207-49210

891.01/Hw06

史　部

紀傳類

叢編之屬

0234

七家後漢書七種附一種

　清汪文臺輯

　清光緒八年太平崔國榜等刻本

　　謝承後漢書八卷　吳謝承撰

　　薛瑩後漢書一卷　晉薛瑩撰

　　司馬彪續漢書五卷　晉司馬彪撰

　　華嶠後漢書二卷　晉華嶠撰

　　謝沈後漢書一卷　晉謝沈撰

　　袁山松後漢書一卷　晉袁山松撰

　　張璠漢記一卷　晉張璠撰

　　附失名氏後漢書一卷　□□撰

　鈐：味青齋藏書

　六册　28190–28195

　962.2/DP38

0235

晉書輯本十種

　清湯球輯

　清光緒間廣雅書局刻本（廣雅書局

　　叢書本）

　　舊題九家舊晉書 存九種 晉諸公別

　　　傳一卷另編

　　晉書十七卷補遺一卷　南齊臧榮

　　　緒撰

　　晉書十一卷　晉王隱撰

　　晉書一卷　晉朱鳳撰

　　晉書一卷　劉宋謝靈運撰

　　晉書一卷　梁蕭子雲撰

　　晉史草一卷　梁蕭子顯撰

　　晉書一卷　梁沈約撰

　　晉中興書七卷　劉宋何法盛撰

　六册　49092–49097

　963.18/Dw24

通代之屬

0236

史記一百三十卷

　漢司馬遷撰　劉宋裴駰集解　唐司

　　馬貞索隱　唐張守節正義

　明嘉靖四年至六年王延喆刻本（有

　　配補）

　鈐（有僞章）：開山第一家藏書畫印

　　脫脫　鄞姚安道師德靜學齋

　　廉夫　何喬　王偉　景濂　太

　　上皇帝之寶　八徵耄念之寶

　　五福五代堂寶　私立福建協和

　　大學圖書館陳弢庵先生書庫藏

　　福建協和大學陳弢庵先生書庫

　　珍藏

　六十册　40854–40913

　善 961/A1

0237
史記索隱三十卷
　唐司馬貞撰
　清光緒十八年廣雅書局刻本（廣雅
　　書局叢書本）
　四册　49176-49179
　961.4/Lo14

0238
史記注補正一卷
　清方苞撰
　清光緒二十年廣雅書局刻本（廣雅
　　書局叢書本）
　一册　49159
　961.8/Cy60

0239
史記志疑三十六卷
　清梁玉繩撰
　清乾隆間刻本
　鈐：三山陳氏居敬堂圖書　私立福建
　　協和大學圖書館陳弢庵先生書
　　庫藏
　十册　28130-28139
　善 961.8/Ds14

0240
史記志疑三十六卷附錄三卷
　清梁玉繩撰
　清光緒十三年廣雅書局刻本（廣雅
　　書局叢書本）
　十四册　49162-49175
　961.8/Ds15

0241
史記月表正譌一卷
　清王元啓撰
　清光緒二十年廣雅書局刻本（廣雅
　　書局叢書本）
　一册　49161
　961.02/Ao10

0242
史表功比說一卷
　清張錫瑜撰
　清光緒十四年廣雅書局刻本（廣雅
　　書局叢書本）
　一册　49160
　912.02/Lx77

0243
南北史補志十四卷
　清汪士鐸撰
　清光緒四年淮南書局刻本
　八册　28122-28129
　963.2/DP11

0244
五代史記七十四卷
　宋歐陽修撰　宋徐無黨注
　清宣統三年貴池劉氏玉海堂影宋
　　刻本
　十二册　40788-40799
　964.5/Bx96

0245
尚史七十二卷
　清李鍇撰

清乾隆三十八年悅道樓刻本

缺世家卷十三

二十四册　28824–28847

960.9/Ao72

0246

弘簡錄二百五十四卷續弘簡錄元史類

編四十二卷

清邵經邦撰　（續弘簡錄元史類編）

清邵遠平撰

清康熙二十七年仁和邵氏繼善堂

刻本

九十六册　41754–41849

陳 921/Lu02

斷代之屬

0247

姚惜抱先生前漢書評點一卷

清姚鼐撰

清光緒十六年天津石印本

鈐:棫復之印

一册　28713

961.8/Ms90

0248

漢書人表考九卷補一卷附錄一卷校補

一卷

清梁玉繩撰　（校補）清蔡雲撰

清光緒十四年廣雅書局刻本（廣雅

書局叢書本）

四册　49137–49140

962.06/Ds14

0249

新斠注地理志十六卷

清錢坫撰　清徐松集釋

清同治十三年會稽章氏刻本

八册　31370–31377

913/Hw22

0250

漢書地理志校本二卷

清汪遠孫撰

清道光二十八年汪氏振綺堂刻本（振

綺堂遺書本）

二册　28716–28717

962.09/DP18

0251

漢書地理志校注二卷

清王紹蘭撰

清光緒二十二年陳氏遺經樓刻二十

三年印本

一册　28687

962.09/Ao02

0252

漢志水道疏證四卷

清洪頤煊撰

清光緒十八年廣雅書局刻本（廣雅

書局叢書本）

一册　49142

962.09/Ds24

0253

漢書西域傳補注二卷

清徐松撰

清道光九年陽湖張琦刻本

一册　28715

962.1/Hs24

0254

漢書西域傳補注二卷

清徐松撰

清光緒二十年廣雅書局刻本（廣雅

　書局叢書本）

一册　49141

陳 962.1/Hs24

0255

漢書辨疑二十二卷

清錢大昭撰

清光緒十三年廣雅書局刻本（廣雅

　書局叢書本）

五册　49153–49157

962.05/Hw18

0256

前漢書注考證一卷後漢書注考證一卷

清何若瑤撰

清光緒二十年廣雅書局刻本（廣雅

　書局叢書本）

一册　49114

962.04/Ht61

0257

漢書疏證三十六卷

清沈欽韓撰

清光緒二十六年浙江官書局刻本

　（前後漢書疏證本）

鈐:味青齋藏書　私立福建協和大學

圖書館陳弢庵先生書庫藏

二十四册　28140–28163

陳 962.1/Dx78

0258

漢書注校補五十六卷

清周壽昌撰

清光緒十七年廣雅書局刻本（廣雅

　書局叢書本）

十册　49143–49152

962.03/Ho14

0259

班馬異同三十五卷

宋倪思輯　宋劉辰翁評

明末刻本

八册　28202–28209

961.5/Hz64

0260

東觀漢記二十四卷

漢劉珍等撰

清乾隆六十年掃葉山房刻本

六册　28434–28439

陳 962.1/Kt27

0261

後漢書補逸二十一卷

清姚之駰輯

清康熙間刻本

鈐:三山陳氏居敬堂圖書（殘損）

六册　28196–28201

962.2/Ms38

0262

後漢郡國令長考一卷
　　清錢大昭撰
　　清光緒十七年廣雅書局刻本（廣雅
　　　書局叢書本）
　　一冊　49133
　　962.2/Hw18

0263

後漢書補表八卷
　　清錢大昭撰
　　清光緒十七年廣雅書局刻本（廣雅
　　　書局叢書本）
　　三冊　49136
　　962.2/Hw18

0264

補後漢書藝文志四卷
　　清侯康撰
　　清光緒十七年廣雅書局刻本（廣雅
　　　書局叢書本）
　　一冊　49134
　　013.2/Hs38

0265

補續漢書藝文志一卷
　　清錢大昭撰
　　清光緒十四年廣雅書局刻本（廣雅
　　　書局叢書本）
　　一冊　49135
　　013.2/Hw18

0266

後漢書補注二十四卷

　　清惠棟撰
　　清嘉慶九年德裕堂刻本
　　鈐：私立福建協和大學圖書館陳弢庵
　　　先生書庫藏
　　八冊　28218–28225
　　962.2/As28

0267

後漢書補注二十四卷
　　清惠棟撰
　　清光緒二十年廣雅書局刻本（廣雅
　　　書局叢書本）
　　十二冊　49121–49132
　　962.2/As28

0268

後漢書補注續一卷
　　清侯康撰
　　清光緒十七年廣雅書局刻本（廣雅
　　　書局叢書本）
　　一冊　49115
　　962.2/Hs38

0269

後漢書辨疑十一卷
　　清錢大昭撰
　　清光緒十四年廣雅書局刻本（廣雅
　　　書局叢書本）
　　二冊　49119–49120
　　962.2/Hw18

0270

後漢書注又補一卷
　　清沈銘彝撰

清光緒十四年廣雅書局刻本（廣雅
　　書局叢書本）
　　一冊　49116
　　962.2/Dz72

0271
後漢書注補正八卷
　清周壽昌撰
　清光緒十七年廣雅書局刻本（廣雅
　　書局叢書本）
　　一冊　49117
　　962.2/Ho14

0272
後漢書疏證三十卷
　清沈欽韓撰
　清光緒二十六年浙江官書局刻本
　　（前後漢書疏證本）
　鈐:味青齋藏書
　　十六冊　28164–28179
　　962.2/Dz78

0273
續漢書辨疑九卷
　清錢大昭撰
　清光緒十四年廣雅書局刻本（廣雅
　　書局叢書本）
　　一冊　49118
　　962.2/Hw18

0274
兩漢刊誤補遺十卷
　宋吳仁傑撰
　清同治七年金陵書局木活字印本

　　二冊　28711–28712
　　962.02/Gs72

0275
三史拾遺五卷
　清錢大昕撰
　清光緒十七年廣雅書局刻本
　　一冊　48916
　　960.45/Hw18

0276
補三國疆域志二卷
　清洪亮吉撰
　清光緒十七年廣雅書局刻本（廣雅
　　書局叢書本）
　　一冊　49113
　　962.39/Ds30

0277
補三國藝文志四卷
　清侯康撰
　清光緒十三年廣雅書局刻本（廣雅
　　書局叢書本）
　　一冊　49112
　　962.35/Hs38

0278
三國志補注續一卷
　清侯康撰
　清光緒十七年廣雅書局刻本（廣雅
　　書局叢書本）
　　一冊　49099
　　962.3/Hs38

0279
三國志辨疑三卷
　清錢大昭撰
　清光緒十五年廣雅書局刻本（廣雅
　　書局叢書本）
　一冊　49108
　962.3/Hw18

0280
三國志證聞三卷
　清錢儀吉撰
　清光緒十一年江蘇書局刻本
　鈐:私立福建協和大學圖書館陳弢庵
　　先生書庫藏
　二冊　28239-28240
　962.35/Hw77

0281
三國志考證八卷
　清潘眉撰
　清光緒十五年廣雅書局刻本（廣雅
　　書局叢書本）
　二冊　49106-49107
　962.37/DP91

0282
三國志旁證三十卷
　清梁章鉅撰
　清道光三十年梁氏致曲山館刻本
　鈐:閩陳彬復
　八冊　28263-28270
　962.3/Ds35

0283
三國志旁證三十卷

清梁章鉅撰
清光緒十六年廣雅書局刻本（廣雅
　書局叢書本）
六冊　49100-49105
962.3/Ds36

0284
三國志注證遺四卷
　清周壽昌撰
　清光緒十七年廣雅書局刻本（廣雅
　　書局叢書本）
　一冊　49098
　962.3/Ho14

0285
晉諸公別傳一卷
　清湯球輯
　清光緒間廣雅書局刻本（廣雅書局
　　叢書本）
　一冊　49090
　921.3/Dw24

0286
新校晉書地理志一卷
　清方愷撰
　清光緒二十一年廣雅書局刻本（廣
　　雅書局叢書本）
　與補晉兵志合冊
　一冊　49088
　963.15/Cy42

0287
晉書地理志新補正五卷
　清畢沅撰

清乾隆四十九年畢氏刻本（經訓堂
　叢書本）
與晉太康三年地記　晉書地道記合函
　　一冊　28688
　　962.09/Gt40

0288
晉書地理志新補正五卷
　清畢沅撰
　清光緒二十年廣雅書局刻本（廣雅
　　書局叢書本）
　　一冊　49089
　　963.15/Gx40

0289
晉書地道記一卷
　晉王隱撰　清畢沅輯
　清乾隆四十九年畢氏刻本（經訓堂
　　叢書本）
　與晉太康三年地記合冊　與晉書地理
　　志新補正合函
　　一冊　28689
　　962.09/Gt40

0290
晉書地道記一卷
　晉王隱撰　清畢沅輯
　清光緒二十年刻本（廣雅書局叢書本）
　與晉太康三年地記合冊
　　一冊　49091
　　963.16/Gx40

0291
晉太康三年地記一卷

晉□□撰　清畢沅輯
清乾隆四十九年畢氏刻本（經訓堂
　叢書本）
與晉書地道記合冊　與晉書地理志
　新補正合函
　　一冊　28689
　　962.09/Gt40

0292
晉太康三年地記一卷
　晉□□撰　清畢沅輯
　清光緒二十一年刻本（廣雅書局叢
　　書本）
　與晉書地道記合冊
　　一冊　49091
　　963.16/Gx40

0293
補晉書兵志一卷
　清錢儀吉撰
　清光緒二十一年廣雅書局刻本（廣
　　雅書局叢書本）
　與新校晉書地理志合冊
　　一冊　49088
　　963.15/Cy45

0294
補晉書經籍志四卷
　清吳士鑑纂
　清光緒二十一年刻本（含嘉室舊著
　　本）
　　二冊　30939–30940
　　013.3/Gs11

0295

晉書校勘記五卷

　清周家祿撰

　清光緒十四年廣雅書局刻十六年補
　　刻本（廣雅書局叢書本）

　一冊　49070

　963.106/Ho38

0296

晉書校勘記三卷

　清勞格撰

　清光緒十八年廣雅書局刻本（廣雅
　　書局叢書本）

　一冊　49069

　963.106/Dw22

0297

宋州郡志校勘記一卷

　清成孺（蓉鏡）撰

　清光緒十四年刻本（廣雅書局叢書本）

　按與補宋書刑法志　補宋書食貨志
　　合冊

　一冊　49067

　963.214/Bu24

0298

補宋書刑法志一卷

　清郝懿行撰

　清光緒十七年廣雅書局刻本（廣雅
　　書局叢書本）

　按與宋州郡志校勘記　補宋書食貨志
　　合冊

　一冊　49067

　963.214/Bu24

0299

補宋書食貨志一卷

　清郝懿行撰

　清光緒十七年廣雅書局刻本（廣雅
　　書局叢書本）

　按與宋州郡志校勘記　補宋書刑法志
　　合冊

　一冊　49067

　963.214/Bu24

0300

補梁疆域志四卷

　清洪齮孫撰

　清光緒十七年廣雅書局刻本（廣雅
　　書局叢書本）

　二冊　49065－49066

　963.23/Ds65

0301

魏書校勘記一卷

　清王先謙撰

　清光緒十七年廣雅書局刻本（廣雅
　　書局叢書本）

　一冊　49060

　963.31/Ho70

0302

西魏書二十四卷附錄一卷

　清謝啓昆撰

　清光緒年間廣雅書局刻本（廣雅書
　　局叢書本）

　六冊　49054－49059

　963.34/Ds48

0303

隋書地理志考證九卷

　清楊守敬撰

　清光緒二十二年宜都楊氏刻本

　　六冊　31364–31369

　　964.15/Bw33

0304

新舊唐書互證二十卷

　清趙紹祖撰

　清光緒十七年廣雅書局刻本（廣雅

　　書局叢書本）

　　四冊　49050–49053

　　964.25/BP02

0305

東都事畧一百三十卷

　宋王稱撰

　清光緒九年淮南書局刻本

　　鈐:私立福建師範大學圖書館陳弢庵

　　先生書庫藏

　　八冊　28381–28388

　　965.1/Ao82

0306

金史詳校十卷首一卷附史論五答一卷

　清施國祁撰

　清光緒二十年廣雅書局刻本（廣雅

　　書局叢書本）

　　十冊　49030–49039

　　965.55/Dz61

0307

元史藝文志四卷

清錢大昕撰　清黃丕烈校

清嘉慶五年黃丕烈刻本

　　一冊　30945

　　013.6/Hw18

0308

補元史藝文志四卷

　清錢大昕撰

　清光緒十九年廣雅書局刻本（廣雅

　　書局叢書本）

　　一冊　49029

　　013.6/Hw18

0309

元史譯文證補三十卷（原缺卷七至八、

　　十三、十六至十七、十九至二十一、

　　二十五、二十八）

　清洪鈞撰

　清光緒二十三年上海文瑞樓石印光

　　緒二十九年金匱浦氏靜寄東軒

　　彙印本（皇朝藩屬輿地叢書本）

　　四冊　28849–28852

　　966/Ds76

0310

補遼金元藝文志一卷

　清倪燦撰　清盧文弨錄

　清光緒十七年廣雅書局刻本（廣雅

　　書局叢書本）

　　一冊　49040

　　013.6/Hz44

0311

補三史藝文志一卷

清金門詔撰

清光緒十一年廣雅書局刻本（廣雅
　書局叢書本）

一冊　49041

013.6/Ho99

0312

遼金元三史語解四十六卷

　清高宗弘曆敕撰

　清道光四年內府刻本

　　欽定遼史語解十卷

　　欽定金史語解十二卷

　　欽定元史語解二十四卷

十六冊　28418-28433

965.403/Bz92

0313

宋遼金元四史朔閏考二卷

　清錢大昕撰　清錢侗增補

　清光緒十七年廣雅書局刻本（廣雅
　　書局叢書本）

　與補五代史藝文志合冊

一冊　49043

964.505/Ds28

0314

補五代史藝文志一卷

　清顧懷三撰

　清光緒十七年廣雅書局刻本（廣雅
　　書局叢書本）

　與宋遼金元四史朔閏考合冊

一冊　49043

964.505/Ds28

0315

南天痕二十六卷附錄一卷

　清凌雪纂修

　清宣統二年復古社鉛印本

六冊　29510-29515

967.9/Ao35

0316

諸史拾遺五卷

　清錢大昕撰

　清光緒十七年廣雅書局刻本

一冊　48981

960.45/Hw18

0317

貳臣傳十二卷

　清國史館編

　清刻本

八冊　29490-29497

921.7

0318

逆臣傳四卷

　清國史館編

　清木活字印本

四冊　29498-29501

921.8

編年類

叢編之屬

0319

校刊資治通鑑全書八種

清胡元常輯

清光緒十七年長沙楊氏刻本

　　新校資治通鑑敘錄三卷　清胡元
　　　常輯

　　資治通鑑二百九十四卷　宋司馬
　　　光撰　元胡三省音注

　　資治通鑑目錄三十卷　宋司馬光撰

　　資治通鑑考異三十卷　宋司馬光撰

　　資治通鑑釋例一卷　宋司馬光撰

　　資治通鑑問疑一卷　宋劉羲仲撰

　　資治通鑑釋文三十卷　宋史炤撰

　　資治通鑑釋文辯誤十二卷　元胡
　　　三省撰

　鈐:疾官許氏味青齋藏書

　一百三冊　40374-40476

　960.2/Lo12

通代之屬

0320

資治通鑑二百九十四卷通鑑釋文辯誤
　十二卷

　宋司馬光撰　元胡三省音注　（通鑑
　　釋文辯誤）元胡三省撰

　清嘉慶二十一年胡克家影元刻同治
　　八年江蘇書局重修本（資治通
　　鑑彙刻本）

　一百冊　46659-46758

　960.2/Lo14

0321

資治通鑑考異三十卷

　宋司馬光撰

　清光緒十九年廣雅書局刻本

十冊　48859-48868

陳 960.2/Lo04

0322

資治通鑑目錄三十卷

　宋司馬光撰

　清同治八年江蘇書局刻本（資治通
　　鑑彙刻本）

　十冊　46819-46828

　960.21/Lo12

0323

通鑑釋文辯誤十二卷

　元胡三省撰

　明天啓五年陳仁錫刻本（資治通鑑
　　本）

　鈐:棩復之印

　四冊　28365-28368

　善 960.25/BP11

0324

司馬温公稽古錄二十卷

　宋司馬光撰

　清同治十一年湖北崇文書局刻本

　四冊　28311-28314

　960.9/Lo14

0325

資治通鑑外紀十卷目錄五卷

　宋劉恕撰

　清吳氏璜川書塾刻本

　鈐:陳氏賜書樓珍藏　私立福建協和
　　大學圖書館陳弢庵先生書庫藏

　八冊　28357-28364

0326
資治通鑑外紀十卷目錄五卷
　宋劉恕編集　清胡克家注補
　清同治十年江蘇書局刻本（資治通
　　鑑彙刻本）
　十冊　46829–46838
　陳 960.2/Kt04

0327
御批資治通鑑綱目前編十八卷舉要三
　　卷外紀一卷
　宋金履祥撰　清聖祖玄燁批
　清康熙間刻雍正間印本（御批資治
　　通鑑綱目全書本）
　十冊　40477–40486
　960.2/Lx80

0328
資治通鑑綱目發明五十九卷
　宋尹起莘撰
　清雍正八年至十一年刻嘉慶重修同
　　治十三年補刻本
　鈐:陳氏賜書樓珍藏印
　六冊　28351–28356
　960.2/Lx75

0329
御批資治通鑑綱目五十九卷首一卷
　宋朱熹撰　清聖祖玄燁批
　清康熙間刻雍正間印本（御批資治
　　通鑑綱目全書本）
　五十冊　40487–40536

0330
資治通鑑綱目凡例釋疑二卷
　清劉希孟撰
　清乾隆三十年劉氏刻本
　二冊　28349–28350
　960.28/Kt75

0331
讀通鑑綱目劄記二十卷
　清章邦元撰
　清光緒十六年銅陵章氏刻本
　鈐:陳氏賜書樓珍藏印
　八冊　28389–28396
　960.28/Ct86

0332
御批續資治通鑑綱目二十七卷
　明商輅等撰　清聖祖玄燁批
　清康熙間刻雍正間印本（御批資治
　　通鑑綱目全書本）
　二十冊　40537–40556
　960.2/Lx82

0333
續資治通鑑二百二十卷
　清畢沅撰
　清乾隆間鎮洋畢氏刻嘉慶六年桐鄉
　　馮氏德裕堂續刻同治六年永康
　　應氏蘇松太道署補刻同治八年
　　江蘇書局重修本（資治通鑑彙
　　刻本）
　六十冊　46759–46818

陳 960.22/Gt39

0334
大事記十二卷通釋三卷解題十二卷
　宋呂祖謙撰
　清同治十二年永康胡氏退補齋刻本
　　（金華叢書本）
　鈐：歐齋庪致用堂
　十二冊　29714-29725
　960.21/Go42

0335
御批歷代通鑑輯覽一百二十卷
　清傅恒等撰
　清同治十年浙江書局刻本
　四十八冊　41975-42022
　陳 960.28/Hs42

斷代之屬

0336
皇朝編年備要三十卷
　宋陳均撰
　清抄本
　鈐：秦獻廷父　臣嘉謨　三山陳氏居
　　敬堂圖書　枞復之印　私立福
　　建協和大學圖書館陳弢庵先生
　　書庫藏
　二十冊　28458-284477
　善 965.1Lx27

0337
建炎以來繫年要錄二百卷
　宋李心傳撰

清光緒間仁壽蕭氏刻本
　四十冊　28496-284535
　965.2/Ao44

0338
中興小紀四十卷
　宋熊克撰
　清光緒十七年廣雅書局刻本（廣雅
　　書局叢書本）
　六冊　48849-48854
　965.2/Ms10

0339
明紀六十卷
　清陳鶴撰
　清同治十年江蘇書局刻本
　二十冊　28691-28710
　967/Lx43

0340
明大政纂要六十三卷
　明譚希思撰
　清光緒二十一年湖南思賢書局刻本
　二十八冊　41562-41589
　陳 967.02/Du75

0341
明通鑑九十卷目錄二十卷前編四卷附
　　編六卷首一卷
　清夏燮撰
　清同治十二年宜黃官廨刻本（資治
　　通鑑彙刻本）
　鈐：私立福建協和大學圖書館陳弢庵
　　先生書庫藏

四十八册　28639-28686

陳 967.02/Ax38

0342

御撰資治通鑑綱目三編四十卷

　　清舒赫德等奉敕重撰

　　清同治十一年江西書局刻本

　　鈐:陳氏賜書樓珍藏印

　　十二册　41963-41974

　　陳 960.2/Lx83

0343

十朝東華錄五百二十五卷同治朝東華

　　續錄一百卷

　　清王先謙、潘頤福編

　　清光緒二十五年石印本

　　缺第八十八册

　　八十七册　42303-42390

　　陳 968.02/Ao70

0344

東華續錄（光緒朝）二百二十卷

　　清朱壽朋編

　　清宣統元年上海集成圖書公司鉛印本

　　六十四册　42239-42302

　　陳 968.02/Ao70

紀事本末類

通代之屬

0345

通鑑長編紀事本末一百五十卷（原缺卷

　　五至七、卷一百十四至一百十九）

宋楊仲良撰

清光緒十九年廣雅書局刻本（紀事

　　本末彙刻八種本）

二十四册　48869-48892

965.1/Bw76

斷代之屬

0346

宋史紀事本末一百九卷

　　明馮琦撰　明陳邦瞻補　明張溥

　　　論正

　　清光緒十四年廣雅書局刻本（紀事

　　　本末彙刻本）

　　十六册　47594-47609

　　965.03/Ds25

0347

三朝北盟會編二百五十卷附校勘記

　　宋徐夢莘撰　清許涵度校勘

　　清光緒三十四年清苑許涵度刻本

　　鈐:君耆　許珩之印　蒼玉堪

　　四十册　29054-29093

　　965.2/Hs63

0348

元史紀事本末二十七卷

　　明陳邦瞻撰　明臧懋循補　明張溥

　　　論正

　　清光緒十四年廣雅書局刻本（紀事

　　　本末彙刻本）

　　四册　47590-47593

　　966.03/Lx26

0349
明史紀事本末八十卷
　清谷應泰撰
　清光緒十四年廣雅書局刻本（紀事
　　本末彙刻本）
　十六册　47574-47589
　967.03/Ho34

0350
綏寇紀畧十二卷補遺三卷
　清吳偉業撰
　清嘉慶間虞山張氏照曠閣刻本（學
　　津討原本）
　鈐:陳氏賜書樓珍藏印
　八册　28589-28596
　967.91/Gs76

0351
皇朝武功紀盛四卷
　清趙翼撰
　清乾隆五十七年湛貽堂刻本（甌北
　　全集本）
　鈐:楸復之印
　一册　28949
　968.2/BP94

0352
皇清開國方畧三十二卷首一卷
　清阿桂等輯
　清乾隆五十一年武英殿刻本
　十六册　33094-33109
　陳 968.1/Lt22

0353
欽定剿平粵匪方畧四百二十卷首一卷

附設立長江水師章程六卷
　清奕訢等撰
　清光緒間內府鉛印本
　一百四十册　47992-48131
　968.61/Hx81

0354
欽定剿平捻匪方畧三百二十卷
　清奕訢等撰
　清同治十一年鉛印本
　缺卷一百六十四至一百六十七一册
　九十九册　47892-47991
　968.618/Kx81

0355
欽定平定陝甘新疆回匪方畧三百二十
　　卷首一卷
　清奕訢等撰
　清光緒二十二年鉛印本
　八十册　47812-47891
　968.75/Cs46

0356
欽定平定雲南回匪方畧五十卷
　清奕訢等撰
　清光緒二十二年鉛印本
　十二册　47800-47811
　陳 968.75/Cs46

0357
欽定平定貴州苗匪紀畧四十卷
　清奕訢等撰
　清光緒二十二年鉛印本

雜史類

叢編之屬

0358

荊駝逸史五十一種附一種

清陳湖逸士輯

清宣統三年中國圖書館石印本

存四十九種

　　三朝野紀七卷　明李遜之撰

　　啓禎兩朝剝復錄三卷　明吳應箕撰

　　聖安本紀六卷　清顧炎武撰

　　所知錄三卷　清錢澄之撰

　　懿安事畧一卷　清賀宿撰

　　熹朝忠節死臣列傳一卷　明吳應
　　　箕撰

　　恩恤諸公志畧二卷　明孫慎行撰

　　東林事畧三卷　明吳應箕撰

　　念陽徐公定蜀記一卷　明文震孟撰

　　平蜀記事一卷　題清虞山逸民（錢
　　　謙益）撰

　　攻渝紀事一卷　明徐如珂撰

　　全吳紀畧一卷　明楊廷樞撰

　　袁督師計斬毛文龍始末一卷　清
　　　李清撰

　　孫高陽前後督師畧跋一卷　明蔡
　　　鼎撰

　　孫愷陽先生殉城論一卷　明蔡鼎撰

　　荊溪盧司馬殉忠實錄一卷　明許
　　　德士撰

　　汴園濕襟錄一卷　明白愚撰

　　甲申忠佞紀事一卷　明錢邦芑撰

　　甲申紀變實錄一卷　明錢邦芑撰

　　遇變紀畧一卷　明聾道人（徐應
　　　芬）撰

　　滄洲紀事一卷　清程正揆撰

　　偽官據城記一卷　清王度撰

　　歷年守城記一卷　清王度撰

　　北使紀畧一卷　明陳洪範撰

　　揚州十日記一卷　清王秀楚撰

　　東塘日劄二卷　清朱子素撰

　　江陰城守紀二卷　清韓菼撰

　　開國平吳事畧一卷　題清南園嘯
　　　客撰

　　甲行日注八卷　明釋木拂（葉紹
　　　袁）撰

　　傲指南錄一卷　明范康生撰

　　閩遊月記二卷　明華廷獻撰

　　劉公旦先生死義記一卷　明吳下
　　　逸民撰

　　航澥遺聞一卷　明汪光復撰

　　風倒梧桐記二卷　明何是非撰

　　江變紀畧二卷　清徐世溥撰

　　兩粵夢遊記一卷　明馬光撰

　　粵中偶記一卷　明華復蠡撰

　　庚寅十一月初五日始安事畧一卷
　　　清瞿玄錫撰

　　入長沙記一卷　清丁大任撰

　　錢氏家變錄一卷　清錢孫愛撰

　　平定耿逆記一卷　清李之芳撰

　　四王合傳一卷　清□□撰

　　明亡述畧二卷　清鎖綠山人撰

　　甲申紀事一卷　清程正揆撰

　　李仲達被逮紀畧一卷　明蔡士順撰

　　平回記畧一卷　清□□撰

人變述畧一卷　明黃煜撰

江陵紀事一卷　明□□撰

永曆紀事一卷　明丁大任撰

鈐:味青齋藏書　私立福建協和大學
　圖書館陳弢庵先生書庫藏

三十二冊　28607-28638

陳 967.9/Lx42

事實之屬

0359

逸周書（汲冢周書）十卷校正補遺一卷
　晉孔晁注　清盧文弨校
　清乾隆五十一年餘姚盧氏刻本（抱
　　經堂叢書本）
　鈐:私立福建協和大學圖書館陳弢庵
　　先生書庫藏
　二冊 28074-28075
　960.9/Lz64

0360

國語二十一卷校刊明道本韋氏解國語
　札記一卷
　三國吳韋昭注 （札記）清黃丕烈撰
　清嘉慶五年吳門黃氏讀未見書齋刻
　　本（士禮居黃氏叢書本）
　三冊　28210-28212
　960.92/Lt62

0361

國語翼解六卷
　清陳瑑撰
　清光緒十八年廣雅書局刻本（廣雅
　　書局叢書本）

二冊　49205-49206

960.92/Lx28

0362

國語校注三種
　清汪遠孫撰
　清道光二十六年振綺堂刻本（振綺
　　堂遺書本）
　國語明道本考異四卷
　國語三君注輯存四卷
　國語發正二十一卷
　五冊 28275-28279
　960.92/DP18

0363

戰國策三十三卷
　漢高誘注　宋姚宏校正
　清乾隆二十一年德州盧氏刻本（雅
　　雨堂藏書本）
　鈐:臣廷楓印　㮚復之印
　四冊　28271-28274
　善 960.94Co49

0364

戰國策三十三卷札記三卷
　漢高誘注 （札記）清黃丕烈撰
　清嘉慶八年吳門黃氏讀未見書齋刻
　　本（士禮居黃氏叢書本）
　鈐:陳氏賜書樓珍藏印
　五冊　28213-28217
　960.94/Co47

0365

十六國春秋一百卷

北魏崔鴻撰

清乾隆三十九年仁和汪氏欣託山房
　　刻四十一年印本

十八冊　28478-284495

963.19/FP44

0366

十六國春秋纂錄十卷附校勘一卷

　清湯球輯　清吳翊寅校勘

　清光緒二十一年廣雅書局刻本（廣
　　雅書局叢書本）

　一冊　49071

963.19/Gs47

0367

十六國春秋輯補一百卷年表一卷

　清湯球輯

　清光緒二十一年廣雅書局刻本（廣
　　雅書局叢書本）

　十冊　49072-49081

963.79/Dw24

0368

貞觀政要十卷

　唐吳競撰　元戈直集論

　清南沙席世臣掃葉山房刻本

　鈐:巢湖程氏守箴堂藏書印　孟青金
　　石文字

　四冊　31608-31611

964.08/Gs21

0369

續唐書七十卷

　清陳鱣撰

清光緒二十一年廣雅書局刻本（廣
　　雅書局叢書本）

　六冊　49044-49049

964.52/Lx74

0370

十國春秋一百一十四卷附拾遺一卷備
　　考一卷拾遺備考補一卷

　清吳任臣撰　（拾遺、備考、拾遺備
　　考）清周昂輯

　清乾隆五十八年昭文周氏此宜閣刻
　　嘉慶四年補刻本

　鈐:味青齋藏書　私立福建師範大學
　　圖書館陳弢庵先生書庫藏

　十八冊　28536-28553

964.8/Gs72

0371

隆平集二十卷

　宋曾鞏撰

　清康熙四十年彭期七業堂刻本

　鈐:萁園藏書

　六冊　33872-33877

　善 965.1/Do25

0372

靖康傳信錄三卷

　宋李綱撰

　清光緒十年邵武徐氏刻李忠定公別
　　集本（邵武徐氏叢書本）

　一冊　33293

965.19/Ao05

0373

建炎進退志四卷建炎時政記三卷

宋李綱撰

清光緒十年邵武徐氏刻李忠定公別
　　集本（邵武徐氏叢書本）

　　一冊　33294

　　965.19/Ao06

0374

建炎筆錄三卷

　　宋趙鼎撰

　　清乾隆間綿州李氏萬卷樓刻本（函
　　　海本）

　　一冊　28718

　　965.2/BP60

0375

南渡錄四卷

　　題宋辛棄疾撰　鄧實校錄

　　清光緒三十二年國學保存會鉛印本
　　　（國學叢書本）

　　一冊　47065

　　965.18/Cx34

0376

松漠紀聞一卷續一卷補遺一卷考異一卷

　　宋洪皓撰　（考異）清洪佩聲撰

　　清同治十二年涇縣洪氏三瑞堂刻本
　　　（洪氏晦木齋叢書本）

　　一冊　33611

　　966.9/Ds72

0377

弇山堂別集一百卷

　　明王世貞撰

清光緒間廣雅書局刻本

　　二十册　28853-28872

　　967.08/Ao11

0378

洪武聖政記二卷

　　明宋濂撰

　　清同治八年胡氏退補齋刻本（金華
　　　叢書本）

　　一冊　28900

　　967.1/Cx44

0379

建文書法儗前編一卷正編二卷附編二卷

　　明朱鷺撰

　　明萬曆間刻本

　　鈐：澹生堂藏書印　弌日思君十二
　　　　　　家承賜書　棟復之印　私
　　　立福建協和大學圖書館陳弢庵
　　　先生書庫藏　福建協和大學陳
　　　弢庵先生書庫珍藏

　　四册　28597-28600

　　善 967.19/Hx64

0380

東林本末三卷

　　明吳應箕撰　清劉世珩校

　　清光緒間貴池劉氏唐石簃刻本（貴
　　　池先哲遺書本）

　　一冊　30984

　　967.81/Kt10

0381

小腆紀傳六十五卷補遺六卷

清徐鼒撰 （補遺）清徐承禮撰

清光緒十三年至十四年六合徐氏金
　　陵刻本

十八冊　28289–28306

陳 921.7/Hs10

0382

海東逸史十八卷

　題翁洲老民撰

　清光緒間邵武徐氏刻本（邵武徐氏
　　叢書本）

　二冊　33295–33296

　967.9/Hw46

0383

明季北畧二十四卷南畧十八卷

　清計六奇撰

　清都城琉璃廠半松居士木活字印本

　鈐:陳氏賜書樓珍藏印

　十二冊　28562–28573

　967.9/Du34

0384

東瀛紀事二卷

　清林豪撰

　清光緒六年小巢居閣刻本

　二冊　31641–31642

　968.71/Bx38

0385

金鄉紀事四卷首一卷

　清吳堦撰

　清嘉慶間刻本

　鈐:仁和高氏所藏

一冊　31644

968.42/Gs22

0386

盾鼻隨聞錄八卷

　清汪堃（樗園退叟）撰

　清光緒元年不懼無悶齋刻本

　鈐:私立福建協和大學圖書館陳弢庵
　　先生書庫藏

　一冊　33573

　968.615/By61

0387

湘軍記二十卷

　清王定安撰

　清光緒十五年江南書局刻本

　鈐:棪復之印

　八冊　31404–31411

　968.62/Ao38

瑣記之屬

0388

霜猨集一卷

　明周同谷撰

　舊抄本

　鈐:懋復　棪復之印

　一冊　32732

　437.99/Ho61

0389

嶺上紀行二卷

　清彭孫貽撰

　清光緒三十二年國學保存會鉛印本

（國粹叢書本）

一冊　47059

967.92/Bw94

0390

熙朝新語十六卷

　清余金輯

　清嘉慶二十三年鳴盛堂刻本

　六冊　28939–28944

490.3/Hs71

史表類

叢編之屬

0391

南北史表七卷

　清周嘉猷撰

　清光緒十八年廣雅書局刻本（廣雅

　　書局叢書本）

　南北史年表一卷

　南北史世系表五卷

　南北史帝王世系表一卷

　四冊　49061–49064

960.21/Ho12

通代之屬

0392

歷代史表五十九卷

　清萬斯同撰

　清嘉慶元年留香閣刻本

　八冊　28114–28121

960.21/As26

0393

歷代史表五十九卷首一卷末一卷

　清萬斯同撰

　清光緒十五年廣雅書局刻本（廣雅

　　書局叢書本）

　六冊　49021–49026

960.21/As25

0394

廿一史四譜五十四卷

　清沈炳震撰

　清同治十年武林吳氏清來堂刻本

　十六冊　28096–28111

960.21/Dz44

0395

廿一史四譜五十四卷

　清沈炳震撰

　清光緒二十二年廣雅書局刻本（廣

　　雅書局叢書本）

　十六冊　48917–48932

960.21/Dz45

0396

歷代帝王年表不分卷

　清齊召南編　清阮福續編

　清同治二年武林葉敦怡堂刻本

　二冊　28308–28309

960.21/Co91

0397

歷代帝王年表一卷紀元同異考畧一卷

　黃大華撰

　清光緒二十六年夢紅豆邨刻本

一册　28310

960.21/Gs18

0398

歷代統紀表十三卷歷代疆域表三卷歷
　　代沿革表三卷

清段長基撰　清段揩書編注

清嘉慶二十二年小酉山房刻本

鈐：三山陳氏居敬堂圖書

二十四册　42215-42238

陳 960.2/Kt18

斷代之屬

0399

三國職官表三卷

清洪飴孫撰

清光緒十七年廣雅書局刻本（廣雅
　　書局叢書本）

三册　49109-49111

962.36/Ds72

0400

五代紀年表一卷

清周嘉猷撰

清光緒十七年廣雅書局刻本（廣雅
　　書局叢書本）

一册　48982

964.502/Ho12

0401

元史氏族表三卷

清錢大昕撰

清光緒二十年廣雅書局刻本（廣雅

書局叢書本）

二册　49027-49028

966/Hw18

史鈔類

0402

路史節讀十卷

宋羅泌纂　清廖文錦節訂

清光緒二十七年嘉定廖氏刻本

二册　28076-28077

960.9/Gp44

0403

太史華句八卷

明淩迪知輯

明萬曆四至五年吳興淩氏桂芝館刻
　　本（文林綺繡本）

鈐：山陰劉氏石夫家藏印記　私立福
　　建協和大學圖書館陳弢庵先生
　　書庫藏　福建協和大學陳弢庵
　　先生書庫珍藏　福建協和大學
　　陳弢庵書庫藏

四册　33578-33581

善 961.7/Dx68

0404

南史識小錄十四卷北史識小錄十四卷

清沈名蓀、朱昆田輯　清張應昌補正

清同治十年武林吳氏清來堂刻本

六册　28818-28823

陳 963.02/Dz71

0405

南北史捃華八卷

　清周嘉猷輯

　清光緒二年退補齋刻本

　四冊　28444-28447

　963.04/Ho12

史評類

叢編之屬

0406

史論五種

　清李祖陶撰

　清同治十年敖陽李氏尚友樓刻本

　　前漢書細讀四卷

　　後漢書贅語三卷

　　讀三國志書後一卷

　　讀明史雜著一卷

　　補尚史論贊二卷

　鈐：私立福建協和大學圖書館陳弢庵

　　先生書庫藏

　五冊　28234-28238

　960.42/Ao42

義法之屬

0407

讀史糾謬十五卷

　清牛運震撰

　清嘉慶二十三年刻本（空山堂全集

　　本）

　六冊　37013-37018

　960.45/Ht48

議論之屬

0408

歷代史論二十二卷

　明張溥等撰

　清光緒五年西江裴氏刻本

　　歷代史論十二卷　明張溥撰

　　宋史論三卷　明張溥撰

　　元史論一卷　明張溥撰

　　左傳史論二卷　清高士奇撰

　　明史論四卷　清谷應泰撰

　十冊　28078-28087

　960.42/Lx44

0409

通鑑觸緒十三卷

　清易佩紳撰

　清光緒二十年龍陽易氏刻本

　四冊　28397-28400

　960.28/Gw76

0410

歷代史畧六卷

　柳詒徵撰

　清光緒二十八年江楚書局刻本

　八冊　28088-28095

　960.44-2

0411

陳純齋點定史漢文鈔（擬）

　清陳純齋評點

　稿本

　清陳昱跋

　存

茅鹿門先生批評史記抄（卷七至八、十三至十六、二十一至二十二、二十四至二十六、二十八至二十九、三十二至四十二、四十四至四十九、五十一至五十九、六十一至六十七、六十九至七十五、七十七至九十、九十五至一百四）　原明天啓元年茅兆海刻　又抄補卷一至六、二十七

鹿門先生漢書鈔（卷一、四至六、八至十一、十三至二十三、二十九、三十二至三十三、三十七至四十二、四十四至四十七、四十九至五十三、五十五至六十三）　原明崇禎八年茅琛徵刻　又抄補卷九十一至九十三

漢書二十七卷（卷四十一至六十七）　原明萬曆間刻

東漢史刪三十三卷　原明萬曆三十一年刻

鈐：異撰

十二冊　32469-32480

陳 960.44/Lx00

0412

東萊先生音注唐鑑二十四卷

宋范祖禹撰　宋呂祖謙音注

清光緒十八年浙江書局影刻本

四冊　28440-284443

964.02/Gz42

0413

類編皇朝大事記講義二十三卷

宋呂中撰

清抄本

鈐：三山陳氏居敬堂圖書

六冊　28452-284457

善 965.1Go65

0414

讀史舉正八卷

清張熷撰

清光緒十七年廣雅書局刻本

二冊　48893-48894

960.45/Lx42

0415

十七史商榷一百卷

清王鳴盛撰

清乾隆五十二年洞涇草堂刻本

鈐：楸復之印

二十冊　28241-28260

960.4/Ao55

0416

十七史商榷一百卷

清王鳴盛撰

清光緒十九年廣雅書局刻本（廣雅書局叢書本）

十四冊　48967-48980

陳 960.4/Ao54

0417

廿二史劄記三十六卷補遺一卷

清趙翼撰

清光緒二十年廣雅書局刻本（廣雅
　書局叢書本）
十六冊　48933–48948
960.4/BP95

0418
廿二史考異一百卷
　清錢大昕撰
　清光緒二十年廣雅書局刻本（廣雅
　　書局叢書本）
　十八冊　48949–48966
　陳 960.45/Hw18

0419
諸史考異十八卷
　清洪頤煊撰
　清光緒十五年廣雅書局刻本（廣雅
　　書局叢書本）
　三冊　48895–48897
　960.45/Ds24

0420
晉宋書故一卷
　清郝懿行撰
　清光緒十七年廣雅書局刻本（廣雅
　　書局叢書本）
　一冊　49068
　963.03/Bu24

詠史之屬

0421
青墅讀史雜感十三卷
　清鄭大謨撰

清嘉慶二十三年桑蕁古園刻本
三冊　32166–32168
478/Du18

0422
十國宮詞一百首一卷
　清吳省蘭撰
　清同治十二年淮南書局刻本
　一冊　39070
　460.2/Gs51

0423
南唐雜事詩一卷
　清孫榕撰
　清光緒二十二年鉛印本
　一冊　32734
　478.9/Ls22

0424
明宮詞一卷
　清程嗣章撰
　清宣統三年上海掃葉山房石印本
　一冊　39079
　460.2/KP62

傳記類

總傳之屬

0425
宋名臣言行錄
　宋□□輯
　清道光元年洪氏刻道光二十二年包氏
　　重修同治七年臨川桂氏遞修本

宋朱晦庵先生名臣言行錄前集十
　　卷　宋朱熹撰
宋朱晦庵先生名臣言行錄後集十
　　四卷　宋朱熹撰
宋名臣言行錄續集八卷　宋李幼
　　武撰
宋名臣言行錄別集二十六卷　宋
　　李幼武撰
宋名臣言行錄外集十七卷　宋李
　　幼武撰
　十二冊　29308-29319
　陳 923.5/Hx14

0426
宋名臣言行錄補編八卷
　清蔡伯澄撰
　清道光十九年強望泰刻本
　二冊　29524-29525
　923.5/Hx41

0427
高安三傳合編
　清朱軾、蔡世遠輯
　清光緒二十一年江蘇書局刻本
　　歷代名儒傳八卷
　　歷代名臣傳三十五卷續編五卷
　　歷代循吏傳八卷
　二十六冊　29320-29345
　921/Hx24

0428
列女傳七卷續一卷
　漢劉向撰　（續）□□撰　清梁端注
　清道光十七年汪氏振綺堂刻同治

十三年補板印本
　二冊　29392-29393
　925/Kt71

0429
列女傳集注八卷補遺一卷
　清蕭道管撰
　清光緒至民國間陳氏刻本（石遺室
　　叢書本）
　二冊　29394-29395
　925/Gt48

0430
廣列女傳二十卷附錄一卷
　清劉開纂
　清光緒十年皖城刻本
　六冊　29386-29391
　925/Kt96

0431
賢母錄一卷
　清黃彭年輯
　清同治三年刻本（楓林黃氏家乘本）
　一冊　29305
　925.8/As27

0432
歷代壽考名臣錄不分卷
　清洪梧撰
　清抄本
　鈐：私立福建協和大學圖書館陳弢庵
　　先生書庫藏　福建協和大學陳
　　弢庵先生書庫珍藏　福建協和
　　大學陳弢庵書庫藏　私立福建

協和大學圖書館藏書
　四册　29346-29349
　善 921/Ds22

0433
人壽金鑑二十二卷
　清程得齡輯
　清嘉慶二十四年至二十五年刻清末
　　印本
　六册　29350-29355
　921/KP74

0434
古今明堂記六卷
　明黃景昉撰
　清初湘隱堂刻本
　鈐:古閩黃肖畠書籍印　楙復之印
　三册　29578-29580
　善 960.87/As64

0435
洛學編六卷
　清湯斌輯　清尹會一續輯　清郭程
　　先補輯
　清道光三十年浚儀田倣刻本
　二册　29671-29672
　922/Dw44

0436
金石學錄補四卷
　清陸心源編
　清光緒十二年歸安陸氏刻本（潛園
　　總集本）
　一册　30399

736.092/LP44

0437
疇人傳四十六卷
　清阮元撰
　清嘉慶間揚州阮氏琅嬛仙館刻本
　　（文選樓叢書本）
　鈐:疢廷主人　聽松濤館珍藏　看到
　　子孫能幾家
　八册　29396-29403
　921/Lz10

0438
宋元以來畫人姓氏錄三十六卷首一卷
　清魯駿輯
　清道光十年會稽魯氏刻本
　鈐:味青齋藏書
　二十册　30248-30267
　741.2/Ho28

0439
東萊呂紫微師友雜志一卷
　宋呂本中撰
　清光緒三年歸安陸氏十萬卷樓刻本
　　（十萬卷樓叢書本）
　一册　33285
　922.5/Go11

0440
南宋院畫錄八卷
　清厲鶚撰
　清光緒十年錢唐丁氏竹書堂刻本
　　（武林掌故叢編本）
　四册　30281-30284

741.25/Ay64

0441

蘭臺法鑒錄二十卷

　明何出光、陳登雲等撰

　明萬曆二十五年刻本

　鈐：粵皋（漫漶存疑）　三山陳氏居敬

　　堂圖書

　十六册　31191–31206

　善 923.7/Ht50

0442

史外八卷

　清汪有典撰

　清光緒三年謝維藩刻本

　八册　28226–28233

　923.7/DP11

0443

嘉靖以來首輔傳八卷

　明王世貞撰

　清光緒間順德龍氏刻本（螺樹山房

　　叢書本）

　鈐：棣復之印

　三册　28405–28407

　923.7/Ao10

0444

續表忠記八卷

　清趙吉士纂　清盧宜輯

　清康熙三十七年寄園刻本

　鈐：文章千古事忠孝一生心　櫟園

　八册　29516–29523

　善 923.7/BP11

0445

聖諭像解二十卷

　清梁延年撰

　清光緒二十八年江蘇撫署石印本

　十册　29376–29385

　172/Ds88

0446

本朝名家詩鈔小傳二卷

　清鄭方坤撰

　清乾隆間鄭氏杞菊軒刻後印本

　鈐：棣復之印

　二册　32738–32739

　460.8/Du37

0447

國朝名家詩鈔小傳四卷

　清鄭方坤撰

　清光緒十二年萬山草堂刻本

　二册　32736–32737

　460.8/Du39

0448

熙朝宰輔錄一卷

　清潘世恩輯　清沈桂芬增補　清顧

　　泲香續補　清陸午莊續補

　清光緒三十一年王文韶刻本

　按書後又有油印本補充内容至光緒

　　三十三年

　二册　28945–289446

　960.848/DP10

0449

國朝先正事署六十卷

清李元度纂

清同治五年循陔草堂刻本

二十四册　29446–29469

922.8/Ao11

0450

國朝詩人徵畧六十卷

清張維屏輯

清道光十年刻本（張南山全集本）

十六册　32537–32552

460.8Lx02

0451

文獻徵存錄十卷

清錢林撰

清咸豐八年有嘉樹軒刻本

十册　43466–43475

陳 922.8/Hw28

0452

忠義紀聞錄三十卷續錄十卷

清陳繼聰撰

清光緒八年刻九年續刻十六年印本

八册　29502–29509

921.8/Lx02

0453

思舊錄一卷

清黃宗羲撰

清光緒五年餘姚黃氏五桂樓刻本

二册　37950–37951（32950–32951）

922.7/As34

0454

復社姓氏二卷補錄一卷

明吳應箕輯　清吳銘道補錄

清末民國間貴池劉氏刻本

一册　30985

922.7/Gs34

0455

國朝書人輯畧十一卷首一卷

震鈞輯

清光緒三十四年金陵刻本

八册　30202–30209

741.28/As18

0456

國朝畫徵錄三卷續錄二卷明人附錄一卷

清張庚撰

清光緒十九年上海積山書局石印本

二册　30210–30212

741.28/Lx34

0457

廣陵詩事十卷

清阮元撰

清光緒十六年京師刻本

二册　32441–32442

460.1/Lz10

0458

錫金四喆事實彙存一卷

清楊模輯

清宣統二年鉛印本

一册　37983

926.21/Bw24

0459

姑蘇名賢小記二卷

　明文震孟撰

　清光緒九年長洲蔣氏心矩齋刻本（心
　　矩齋叢書本）

　一册　31183

　926.21/Cx18

0460

壬癸志稿二十八卷

　清錢寶琛撰

　清光緒六年錢鼎銘存素堂刻本（錢
　　頤壽中丞全集本）

　四册　29474–29477

　926.21/Hw34

0461

兩浙令長考三卷

　清董沛撰

　清光緒七年刻本

　一册　29290

　926.23/Go46

0462

醪河陳氏誦芬錄一卷

　清陳錦撰

　清光緒間山陰陳氏橘蔭軒刻本（橘
　　蔭軒全集本）

　一册　31634

　929.5/Lx76

0463

浦陽人物記二卷

　明宋濂撰

清同治八年永康胡鳳丹退補齋刻本
　　（金華叢書本）

　一册　31182

　926.33/Cx44

0464

桐城耆舊傳十二卷

　馬其昶撰

　清宣統三年刻本

　六册　29298–29303

　926.22/As14

0465

東越文苑六卷

　明陳鳴鶴撰　清郭柏蔚增訂

　清同治十二年侯官郭元昌刻本

　鈐：陳氏賜書樓珍藏印

　四册　29294–29297

　926.31/Lx64

0466

豫章十代文獻畧五十卷補遺二卷首一卷

　清王謨撰

　清乾隆間刻本

　十六册　29356–29371

　善 926.24/Ao44

0467

輶軒博紀四卷

　清邵松年撰

　清光緒間刻本

　四册　34026–34029

　049.8/Lu24

別傳之屬

0468
晏子春秋八卷
　周齊晏嬰撰
　清嘉慶二十一年全椒吳氏景元刻本
　　（韓晏合編本）
　六冊　29989–29994
　187.5/Ls61

0469
晏子春秋七卷音義二卷
　周齊晏嬰撰　（音義）清孫星衍撰
　清乾隆五十三年陽湖孫氏刻本（經
　　訓堂叢書本）
　鈐：盧邨藏本
　二冊　29825–29826
　187.5/Go61

0470
晏子春秋七卷
　周齊晏嬰撰　清蘇輿校注
　清光緒十八年思賢講舍刻本
　二冊　29774–29775
　187.5/Go61

0471
先聖生卒年月日考二卷
　清孔廣牧撰
　清光緒十五年廣雅書局刻本（廣雅
　　書局叢書本）
　一冊　49180
　922.1/Lz34

0472
先聖生卒年月日考二卷
　清孔廣牧撰
　清光緒十九年浙江書局刻本
　一冊　30994
　922.1/Lz34

0473
洪廬江（矩）祀典徵實二卷
　清章世溶等輯
　清同治八年長沙涇縣鄉賢祠刻本
　　（洪氏晦木齋叢書本）
　一冊　33610
　923.2/Ds72

0474
魏鄭公（徵）諫錄五卷魏鄭公諫續錄
　　二卷
　唐王方慶輯　（魏鄭公諫續錄）元翟
　　思忠輯　清王先恭校注
　清光緒九年長沙王氏刻本（王益吾
　　所刻書本）
　六冊　38790–38795
　923.4/Ao39

0475
天后顯聖錄二卷
　清丘人龍輯
　清雍正間刻本
　鈐：榕園收藏　游思竹素園　雪滄
　一冊　31649
　245/Ko78

0476

忠獻韓魏王（琦）家傳十卷別錄三卷
　　遺事一卷
　　宋王巖叟撰　（遺事）強至撰
　　明崇禎元年刻本
　　鈐：葉德輝煥彬甫藏閱書
　　二冊　32888-32889
　　善 923.5/Bw25

0477

蔡福州外紀十卷附錄一卷
　　明徐熥輯　清陳甫伸訂補
　　清同治二年蔡學蘇石經山房刻本
　　一冊　30138
　　922.5/Gs38

0478

鄂國金佗稡編二十八卷續編三十卷
　　宋岳珂編
　　清光緒九年浙江書局刻本
　　十二冊　29478-29489
　　924.5/Bu26

0479

敦孝先生（薩琅）事實一卷
　　薩嘉曦輯
　　清宣統元年福州敦孝堂刻本
　　一冊　31927
　　923.8/GP28

0480

奕武先生（葉景先）守城紀一卷
　　清葉應震撰
　　清咸豐三年吳中晚晴閣刻本

一冊　33625
960.863/Gs64

0481

皇清歲貢生例誥封通奉大夫江寧布政
　　使顯考暘谷府君（林賓日）行狀
　　一卷
　　清林則徐撰
　　清道光間刻本
　　一冊　31023
　　923.8/Bx34

0482

皇清誥授建威將軍贈太子少保記名提
　　督廣西右江鎮總兵勇烈張公（樹
　　珊）墓表一卷
　　清陳澧撰
　　清宣統元年刻本
　　鈐：曰敬毋怠
　　一冊　47114
　　924.8/Lx24

0483

敕封河神大王將軍傳一卷
　　清李鶴年撰
　　清光緒七年刻本
　　一冊　47186
　　246/Ao44

0484

花甲閒談十六卷
　　清張維屏撰
　　清道光十九年廣東富文齋承刻本（張
　　南山全集本）

四册　30146-30149

438.66/Lx02

0485

皇清誥授榮祿大夫二品銜總理各國事務

　　大臣太常寺卿顯考爽秋府君（袁

　　昶）行畧一卷

　　清袁允欁等撰

　　清光緒三十一年石印本

　　一册　31016

　　923.8/Ax42

0486

曾文正公事畧四卷附曾文正公祠雅集

　　圖記一卷

　　清王定安輯

　　清光緒元年都門刻本

　　四册　31078-31081

　　923.8/Do60

0487

求闕齋弟子記三十二卷

　　清王定安撰

　　清光緒二年都門刻本

　　十六册　29950-29965

　　923.8/Do61

0488

岑襄勤公（毓英）行狀一卷

　　岑春榮等撰

　　清光緒間刻本

　　一册　31015

　　923.8/Fy70

0489

銅官感舊集（章壽麟）四卷

　　章同、章華輯

　　清宣統二年長沙章氏蓋山舊館石印本

　　二册　33128-33130

　　968.15/Gt14

0490

浙江辦理女匪秋瑾全案一卷

　　清□□輯

　　清光緒間石印本

　　一册　31628

　　968.99

年譜之屬

0491

歷代名人年譜十卷附存疑及生卒年月

　　無考一卷

　　清吳榮光撰

　　清光緒元年南海念初思滿齋刻本

　　十册　31001-31010

　　921/Gs44

0492

孔孟編年

　　清狄子奇編

　　清光緒十三年浙江書局刻本

　　　孔子編年四卷　清狄子奇撰

　　　孔子年譜輯注一卷　清江永撰

　　　　清黃定宜輯注

　　　孟子編年四卷　清狄子奇撰

　　二册　30995-30996

　　922.1/Lz81

0493

吳聘君（與弼）年譜一卷胡文敬公
　　（居仁）年譜一卷
　　清楊希閔編
　　清光緒四年刻本（豫章先賢九家年
　　　譜本）
　　一冊　31033
　　922.7/Gs84

0494

漢諸葛忠武侯（亮）年譜一卷唐李鄴
　　侯（泌）年譜一卷
　　清楊希閔編
　　清稿本
　　一冊　31025
　　善 924.2/DP62

0495

宋本韓柳二先生年譜
　　清馬曰璐編
　　清光緒元年隸釋齋刻本
　　　韓文（愈）類譜七卷　宋魏仲舉輯
　　　韓吏部文公（愈）集年譜一卷
　　　　宋呂大防編
　　　韓文公歷官記一卷　宋程俱撰
　　　韓子（愈）年譜五卷　宋洪興
　　　　祖撰
　　　柳先生（宗元）年譜一卷　宋文
　　　　安禮撰
　　　黏附一西域臘丁金榘文拓紙，鈐“瘦
　　　　碧閣所得金石文字”“叔問”
　　　　二印
　　一冊　31068
　　922.4/Bu74

0496

四洪年譜四卷
　　清洪汝奎輯
　　清宣統元年刻本（洪氏晦木齋叢
　　　書本）
　　　洪忠宣公（皓）年譜一卷　清洪
　　　　汝奎撰
　　　洪文惠公（适）年譜一卷　清錢
　　　　大昕撰　清洪汝奎增訂
　　　洪文安公（遵）年譜一卷　清洪
　　　　汝奎撰
　　　洪文敏公（邁）年譜一卷　清錢
　　　　大昕撰　清洪汝奎增訂
　　四冊　31064–31067
　　923.5/Ds42

0497

如皋冒氏年譜三種（擬）
　　冒廣生輯
　　清光緒至民國間如皋冒氏刻本（如
　　　皋冒氏叢書本）
　　　冒得庵（鸞）參議年譜一卷　冒
　　　　廣生撰
　　　冒嵩少（起宗）憲副年譜三卷　冒
　　　　廣生撰
　　　冒巢民（襄）徵君年譜一卷補一
　　　　卷　冒廣生撰　民國十二年
　　　　刻
　　三冊　31072–31074
　　923.7/Go34

0498

唐李鄴侯（泌）年譜一卷
　　清楊希閔編

清光緒四年福州刻本（四朝先賢六
家年譜本）

一冊　31034

922.4/Ao47

0499

唐陸宣公（贄）年譜一卷

清楊希閔編

清光緒四年福州刻本（四朝先賢六
家年譜本）

一冊　31028

922.4/LP24

0500

唐柳柳州（宗元）年譜一卷

清楊希閔編

清稿本

一冊　31030

善 922.4/Bu34

0501

宋韓忠獻公（琦）年譜一卷

清楊希閔編

清光緒四年福州刻本（四朝先賢六
家年譜本）

一冊　31027

932.5/Bu26

0502

曾文定公（鞏）年譜一卷

清楊希閔編

清光緒四年刻本（豫章先賢九家年
譜本）

一冊　31026

923.5/Do25

0503

王文公（安石）年譜考畧節要四卷附
存二卷

清蔡上翔撰　清楊希閔節錄並輯附存

清光緒四年刻本（豫章先賢九家年
譜本）

五冊　31036–31040

923.5/Ao32

0504

黃文節公（庭堅）年譜一卷附詩派圖
一卷

清楊希閔編

清光緒四年福州刻本（豫章先賢九
家年譜本）

一冊　31031

922.5/As38

0505

李忠定公（綱）年譜一卷

清楊希閔編

清同治五年刻光緒三年重訂本

一冊　31032

923.5/Ao06

0506

朱子（熹）年譜四卷考異四卷附錄朱
子論學切要語二卷

清王懋竑撰　（朱子論學切要語）清
王懋竑輯

清乾隆十七年王氏白田草堂刻清末
浙江書局補刻本

四册　31045-31048

922.5/Hx14

0507

陸文安公（九淵）年譜二卷附補一卷

　清楊希閔編

　清光緒四年福州刻本（豫章先賢九

　　家年譜本）

　一册　31029

922.5/LP70

0508

王深寧先生（應麟）年譜一卷附錄一卷

　清陳僅撰　清張恕編

　清道光二十五年四明繼雅堂刻本

　一册　31071

922.5/Ao34

0509

明李文正公（東陽）年譜七卷

　清法式善編　清唐仲冕增補

　清嘉慶十四年李宗瀚刻本

　二册　31043-31044

923.7/Ao18

0510

明王文成公（守仁）年譜節鈔二卷

　明錢德洪編　清楊希閔節抄

　清光緒四年福州刻本（四朝先賢六

　　家年譜本）

　二册　31041-31042

922.7/Ao33

0511

戚少保（繼光）年譜耆編十二卷首一卷

　明戚祚國彙纂　明戚昌國集錄

　清道光二十七年刻光緒四年仙遊崇

　　勳祠補刻本

　十二册　31207-31218

924/Ax32

0512

黃子（道周）年譜一卷

　清洪思編

　清同治十年漳南多藝齋刻本

　一册　31077

922.8/As48

0513

顧亭林先生（炎武）年譜一卷

　清張穆編

　清道光二十四年刻本

　一册　31062

922.8/Ds48

0514

閻潛丘先生（若璩）年譜一卷

　清張穆編

　清道光二十七年祁氏刻後印本

　一册　31063

922.8/Lo61

0515

露桐先生（李殿圖）年譜前編四卷續

　　編二卷

　清錢景星編　清李轍通續編

　清嘉慶八年高陽李氏刻本

存前編四卷

鈐:何則賢印　虛復私印

四册　30990-30993

923.8/Ao98

0516

皇清誥授光祿大夫振威將軍刑部尚書
　　賞戴花翎紫禁城騎馬恩予致仕諭
　　賜祭葬顯考望坡府君（陳若霖）
　　年譜一卷

清陳景亮等編

清道光間閩縣陳氏刻本

一册　31011

923.8/Lx61

0517

雷塘庵主弟子記八卷

清張鑑撰　清阮常生等續編

清道光二十一年甘泉羅士琳刻咸豐
　　間儀徵阮氏琅嬛仙館補刻本

四册　30997-31000

922.8/Lz10

0518

皇清誥授榮祿大夫太子少保兵部尚書都
　　察院右都御史閩浙總督賞戴花翎
　　晉贈太子太師諭賜祭葬予謚文靖
　　特旨入祀福建名宦祠崇祀鄉賢祠
　　顯考平叔（爾準）府君年譜一卷

清孫慧惇、孫慧翼編

清光緒二十八年木活字印本

一册　31060

923.8/Ls14

0519

定盦先生（龔自珍）年譜一卷附後記
　　一卷

吳昌綬編

清光緒三十四年吳氏雙照樓朱印本

一册　30989

922.8/Ds71

0520

曾文正公（國藩）年譜十二卷

清黎庶昌編

清光緒二年刻本（曾文正公全集本）

六册　31100-31105

923.8/Do61

0521

左文襄公（宗棠）年譜十卷

清羅正鈞編

清光緒二十三年湘陰左氏刻本

十册　31090-31099

923.8/AP34

0522

丁文誠公（寶楨）年譜一卷

清唐炯編

清光緒間刻成山廬稿本

一册　31022

923.8/At34

0523

裴光祿（蔭森）年譜四卷

清裴士騏等輯　清徐嘉編

清光緒二十五年刻本

二册　31082-31083

923.8/Hx64

0524
章午峯先生（邦元）年譜一卷
　清章家祚編
　清光緒十八年刻本
　一册　31088
　923.8/Ct86

0525
成山老人（唐炯）自撰年譜六卷附錄
　　一卷
　清唐炯撰　（附錄）清唐堅撰
　清宣統二年鉛印本
　三册　31085-31087
　923.8/Co42

日記之屬

0526
陸清獻公日記十卷（清康熙五年至六年、
　　八年至九年、十一年、十四年、十六
　　年至十七年、十九年至三十一年）
　清陸隴其撰
　清道光二十一年勝溪草堂刻本
　鈐:秀水陸氏鬱林山館收藏之印
　四册　33183-33186
　449/Bu24

0527
請纓日記十卷（清光緒八至十一年）
　清唐景崧撰
　清光緒十九年臺灣布政使署刻本
　鈐:陳氏賜書樓珍藏印

四册　28762-28765
968.82/Co64

姓氏之屬

0528
風俗通姓氏篇二卷
　漢應劭撰　清張澍輯並注
　清光緒間順德龍氏刻本（知服齋叢
　　書本）
　一册　29835
　921/Cs97

0529
姓氏急就篇二卷踐阼篇集解一卷
　宋王應麟撰
　明萬曆間刻清康熙間遞修本
　鈐:曾在李鹿山處
　二册　29907-29908
　善 035.2/Ao34

0530
史姓韻編六十四卷
　清汪輝祖撰
　清乾隆五十五年刻本
　二十四册　41674-41697
　陳 920/DP56

0531
九史同姓名畧七十二卷補遺四卷
　清汪輝祖撰
　清光緒二十三年廣雅書局刻本（廣
　　雅書局叢書本）
　十二册　48898-48909

921.03/DP66

0532
三史同名錄四十卷
　清汪輝祖撰　清汪繼培補
　清光緒間廣雅書局刻本（廣雅書局
　　叢書本）
　六冊　48910–48915
　921.03/DP66

0533
青樓小名錄八卷補錄一卷
　清趙慶楨輯
　清宣統二年國學扶輪社鉛印本
　四冊　33471–33474
　490/BP38

0534
異號類編二十卷
　清史夢蘭輯
　清同治四年刻本（止園叢書本）
　鈐：私立福建協和大學圖書館陳弢庵
　　先生書庫藏
　四冊　28448–284451
　929.6/Gx63

譜牒類

0535
［北京］宛平查氏家乘□卷
　清□□編
　清刻本
　鈐：抱經樓
　二冊　32117–32118

善 925.7/GP46

0536
［福建福州］螺江陳氏家譜不分卷
　陳寶琛修
　民國二十一年鉛印本
　二十四冊　46884–46907
　929.4/Lx34

0537
［江蘇儀徵］楊氏先德錄二卷
　清楊希閔纂修
　清光緒七年刻本
　鈐：棣復之印
　一冊　31184
　929.5/Bw75

0538
［江蘇無錫］賜書堂楊氏家譜不分卷
　清楊遂甫纂修
　清光緒十四年賜書堂木活字印本
　四冊　31110–31113
　929.4/Bw34

政書類

叢編之屬

0539
爲政忠告三種
　元張養浩撰
　清道光十一年歷城尹濟源碧鮮齋影
　　刻元抄本
　牧民忠告二卷
　經進風憲忠告一卷

廟堂忠告一卷
　鈐:許振榮　楸復之印
　二冊　29677–29678
　172.2/Lx48

通制之屬

0540
西漢會要七十卷東漢會要四十卷
　宋徐天麟撰
　清道光八年木活字印本
　鈐:味青齋藏書
　十四冊　28767–28780
　陳 960.852/Hs18

0541
三國會要二十二卷首一卷
　清楊晨撰
　清光緒二十六年江蘇書局刻本
　鈐:味青齋藏書
　六冊　28782–28787
　陳 960.8523/Bw68

0542
唐會要一百卷
　宋王溥撰
　清光緒十年江蘇書局刻本
　鈐:味青齋藏書
　二十四冊　28788–28811
　陳 960.854/Ao43

0543
五代會要三十卷
　宋王溥撰

清光緒十二年江蘇書局刻本
　鈐:味青齋藏書
　六冊　28812–28817
　960.854/Ao45

0544
建炎以來朝野襍記甲集二十卷乙集
　　二十卷
　宋李心傳撰
　清乾隆四十二年福建刻本（武英殿
　　聚珍版書本）
　鈐:四明黃氏怡善堂之藏書　楸復之
　　印　私立福建師範大學圖書館
　　陳弢庵先生書庫藏
　十冊　28408–28417
　965.2/Ao44

0545
大元聖政國朝典章六十卷附新集至治
　　條例不分卷
　元□□撰
　清光緒三十四年修訂法律館刻本
　二十四冊　41540–41561
　陳 960.816

0546
大明令一卷
　清□□輯
　清刻陸庵叢書本
　一冊　28781
　343.2

0547
會典簡明錄一卷

清張祥河輯

清光緒二十三年漸西村舍刻本（漸
　　西村舍彙刊本）

一册　28960

960.848/Lx46

0548

實錄畫一書法一卷

清□□撰

清光緒間京師京華印書局鉛印本

一册　29576

960.861

儀制之屬

典　禮

0549

大唐開元禮一百五十卷

唐蕭嵩等撰

清光緒十二年洪氏公善堂刻本（洪
　　氏唐石經館叢書本）

十六册　28331-28346

陳 960.867/Gt51

0550

大金集禮四十卷

金張暐等撰

清抄本

六册　28885-28890

960.867/Lx25

0551

大金集禮四十卷校刊識語一卷校勘記
　　一卷

金張暐等撰　（校刊識語）清廖廷相
　　撰　（校勘記）繆荃孫撰

清光緒二十一年廣雅書局刻本（廣
　　雅書局叢書本）

四册　48855-48858

960.867/Lx26

0552

幸魯盛典四十卷

清孔毓圻等纂修

清康熙五十年刻本

十二册　28961-28972

善 960.867Lz70

0553

萬壽盛典初集一百二十卷

清王原祁等纂修

清康熙五十四年至五十五年內府刻本

四十册　41364-41403

陳 960.867/Lz14

0554

南巡盛典一百二十卷

清高晉等纂

清乾隆三十六年武英殿刻本

四十八册　41316-41363

陳 960.867/Lz31

科舉學校之屬

0555

皇朝謚法表十卷

清楊樹編

清光緒二十八年刻本

存卷一至九
二册　28947-28948
929.7/Bw24

職官之屬

官　制

0556
歷代職官表七十二卷首一卷
　清紀昀等纂修
　清光緒二十二年廣雅書局刻本（廣
　　雅書局叢書本）
　二十二册　48983-49005
　960.84/Cx22

0557
玉堂雜記三卷
　宋周必大撰
　明崇禎虞山毛氏汲古閣刻本（津逮
　　祕書本）
　二册　30158-30159
　善 960.84/Ho49

0558
詞林典故八卷
　清張廷玉等撰
　清乾隆十三年武英殿刻本
　十册　43820-43829
　陳 960.84/Lx88

0559
中興館閣錄十卷續錄十卷
　宋陳騤等撰　（續錄）宋□□撰
　舊抄本

鈐：三山陳氏居敬堂圖書　私立福建
　　協和大學圖書館陳弢庵先生書
　　庫藏　私立福建協和大學圖書
　　館藏書　福建協和大學陳弢庵
　　書庫藏　福建協和大學陳弢庵
　　先生書庫珍藏
　八册　28574-28581
　善 960.845/Lx24

官　箴

0560
實政錄七卷
　明呂坤撰
　清同治十一年浙江書局刻本
　六册　28401-28404
　172.2/Go26

政　紀

0561
于清端公政書八卷附首編一卷外集一
　卷續集一卷
　清于成龍撰　（首編、外集）清蔡方
　　炳輯
　清康熙四十六年于準刻乾隆二十六
　　年于大梴續刻本
　鈐：陳氏賜書樓珍藏印
　六册　29274-29279
　善 960.828/At17

邦計之屬

財　政

0562
理財考鏡十卷

孫德全撰

清宣統二年鉛印本

存卷一至五

二册　47416-47417

332/Ls74

邦交之屬

0563

金軺籌筆四卷附合約二卷陸路通商章

　　程一卷鄂商前往中國貿易過界卡

　　倫單一卷

清□□編

清光緒二十三年上海文成堂石印本

二册　33490-33491

327.14/Do00

軍政之屬

兵　制

0564

德國陸軍紀畧四卷

　　清許景澄撰

　　清光緒三十一年刻本（精衛庵叢書本）

　　二册　31417-31418

　　356.094/Du64

刑法之屬

律　例

0565

朔方備乘六十八卷首十二卷

　　清何秋濤撰

　　清咸豐十年刻本

二十四册　31474-31497

陳 914.7/At88

0566

大清光緒新法令十三類附錄一卷

　　商務印書館輯

　　清宣統元年上海商務印書館鉛印本

　　二十册　47545-47564

　　351.02

0567

大清光緒新法令十三類附錄一卷

　　商務印書館輯

　　清宣統間上海商務印書館鉛印本

　　二十册　29002-29021

　　351.02

0568

大清宣統新法令不分卷

　　商務印書館輯

　　清宣統元年上海商務印書館鉛印本

　　二十册　29022-29041

　　351.02

0569

大清現行刑律三十六卷首一卷附禁煙

　　條例一卷秋審條例一卷

　　沈家本等修訂

　　清宣統二年鉛印本

　　十二册　29042-29053

　　343.2/Dz30

0570

新刑律修正案彙錄一卷

勞乃宣輯

清宣統二年京師京華印書局鉛印本

一册　47233

343.2/Dw97

檢　驗

0571

重刊補注洗冤錄集證五卷附檢骨圖格
　　一卷寶鑑編一卷急救方一卷石香
　　秘錄一卷

清王又槐增輯　清李觀瀾補輯　清
　　阮其新補注　清張錫蕃重訂

清道光間刻三色套印本

四册　33617–33620

349.6/Ao98

治　獄

0572

棠陰比事不分卷

宋桂萬榮撰

清道光二十九年上元朱氏影宋刻本

鈐:味菘散人

一册　30583

343.3/BP64

水利之屬

0573

北河紀八卷紀餘四卷

明謝肇淛撰

明萬曆四十二年刻本

缺北河紀卷一至四

鈐:四明黄氏怡善堂之藏書　棷復
　　之印

四册　33613–33616

善 913.921/Ds45

0574

畿輔水利議一卷

清林則徐撰

清光緒二年三山林氏刻本（林文忠
　　公遺集本）

二册　31605–31607

631.7/Bx65

公牘之屬

0575

合肥李勤恪公政書十卷首一卷

清李瀚章撰

清光緒間合肥李氏石印本

十册　29280–29289

陳 960.828/Ao47

0576

卞制軍政書四卷

清卞寶第撰

清光緒間刻本

四册　29270–29273

960.828/Cs34

0577

撫吳公牘五十卷

清丁日昌撰

清光緒三年鉛印本

鈐:陳氏賜書樓珍藏印

十册　32763–32772

446.2/At84

雜錄之屬

0578
校邠廬抗議二卷
　清馮桂芬撰
　清光緒十年馮芳植豫章刻本
　二册　35399-35400
　320.4/Ds22

詔令奏議類

0579
銅政鈔案不分卷
　□□輯
　清抄本
　四册　28997-29000
　善 332.49

0580
江楚會奏變法摺三卷
　清劉坤一、張之洞撰
　清光緒二十七年兩湖書院刻本
　一册　47250
　960.828/Kt26

0581
孝肅奏議十卷
　宋包拯撰
　清同治二年李瀚章省心閣刻本
　二册　29098-29099
　960.825/Lx61

0582
石林奏議十五卷

宋葉夢得撰
　清光緒十一年吳興陸心源䀉宋樓影
　　宋刻本
　鈐:陳氏賜書樓珍藏印
　二册　29106-29107
　960.825/Gs63

0583
傅獻簡公奏議四卷首一卷末一卷
　宋傅堯俞撰　清傅以禮輯
　清光緒二十三年至二十五年演慎齋
　　刻本（傅氏續錄本）
　三册　38740-38742
　960.825/Hs10

0584
趙忠定奏議四卷宋忠定趙周王別錄八
　　卷附刻一卷
　宋趙汝愚撰　葉德輝輯（宋忠定趙
　　周王別錄、附刻）葉德輝輯
　清宣統二年葉氏觀古堂刻本（郋園
　　先生全書本）
　四册　38570-38573
　960.825/BP42

0585
硃批鄂爾泰奏摺八卷
　清鄂爾泰撰　清世宗胤禛批
　清抄本
　鈐:銀　玉友　陳氏賜書樓珍藏印
　　　私立福建協和大學圖書館陳弢
　　　庵先生書庫藏
　八册　29128-29135
　善 960.828/Gu14

0586

林文忠公政書三集三十七卷蒐遺一卷

　　清林則徐撰

　　清光緒十一年刻本（林文忠公遺集本）

　　十五冊　29255-29269

　　960.828/Bx66

0587

駱文忠公奏議湘中稿十六卷四川奏議

　　　十一卷附錄一卷

　　清駱秉章撰

　　清同治間花縣駱氏家刻光緒間增刻本

　　二十六冊　29229-29254

　　960.828/BP88

0588

駱文忠公奏稿十卷

　　清駱秉章撰

　　清光緒十七年刻本（左文襄公全集本）

　　十冊　36199-36208

　　960.828/BP88

0589

張大司馬奏稿四卷

　　清張亮基撰

　　清光緒十七年刻本（左文襄公全集本）

　　四冊　29094-29097

　　又一部四冊　36195-36198

　　960.828/Lx30

0590

曾文正公奏議十卷首一卷末一卷補編

　　　四卷

　　清曾國藩撰　清薛福成輯

清同治十二年至十三年常熟張瑛蘇

　　郡刻本

　　鈐:陳氏賜書樓珍藏印

　　十二冊　34259-34270

　　960.828/Do61

0591

劉中丞奏議二十卷

　　清劉蓉撰

　　清光緒十一年思賢講舍刻本

　　十冊　29154-29163

　　960.828/Kt61

0592

彭剛直公奏稿八卷

　　清彭玉麟撰　清俞樾輯

　　清光緒十七年吳下刻本

　　六冊　29100-29105

　　960.828/Bw14

0593

劉壯肅公奏議序一卷

　　清劉銘傳撰　陳澹然輯

　　清宣統元年京華印書局鉛印本

　　一冊　47236

　　923.8/Kt72

時令類

0594

歲時廣記四十卷首一卷末一卷

　　宋陳元靚編

　　清光緒五年至八年間歸安陸氏十萬

　　　卷樓刻本（十萬卷樓叢書本）

八册　33275–33284

394.2/Lx10

0595

七十二候表一卷

　清羅以智撰

　清光緒八年海昌羊氏刻本

　一册　28714

960.83/GP64

地理類

叢編之屬

0596

李氏五種

　清李兆洛撰

　清同治九年至十一年李鴻章刻本

　　歷代地理志韻編今釋二十卷

　　皇朝輿地韻編二卷

　　歷代地理沿革圖一卷　清六嚴撰

　　　清馬徵麐增輯

　　皇朝一統輿圖一卷

　　紀元編三卷末一卷　清六承如錄

　鈐：私立福建協和大學圖書館陳弢庵

　　先生書庫藏

　十二册　28315–28326

913.08/Ao40

總志之屬

0597

歷代地理沿革表四十七卷

　清陳芳績撰

清光緒二十一年廣雅書局刻本（廣

　　雅書局叢書本）

　十五册　49006–49020

913.09/Lx69

0598

楚漢諸侯疆域志三卷

　清劉文淇撰

　清光緒十五年廣雅書局刻本（廣雅

　　書局叢書本）

　一册　49158

961.8/Kt38

0599

東晉疆域志四卷

　清洪亮吉撰

　清光緒十七年廣雅書局刻本（廣雅

　　書局叢書本）

　二册　49086–49087

963.12/Ds30

0600

十六國疆域志十六卷

　清洪亮吉撰

　清光緒十七年廣雅書局刻本（廣雅

　　書局叢書本）

　四册　49082–49085

963.191/Ds30

0601

太平寰宇記二百卷目錄二卷（原缺卷

　　一百十三至一百十九）補闕七卷

　清樂史撰　清陳蘭森補

　清同治光緒間金谿趙氏紅杏山房刻

本（趙氏藏書本）

四十冊　42165–42204

陳 913/Hs68

0602

廣志繹五卷

　明王士性撰

　清嘉慶二十二年臨海宋氏刻本（台

　　州叢書本）

　鈐:桬復之印

　二冊　31305–31306

　915.1/Ao11

0603

天下郡國利病書一百二十卷

　清顧炎武撰

　清道光間敷文閣木活字印本

　四十冊　41850–41889

　陳 913/Ds48

0604

一統志案說十六卷

　清顧炎武撰

　清道光七年邗江張青選清芬閣木活

　　字印本

　鈐:桬復之印

　十冊　31354–31363

　913/Hs20

0605

讀史方輿紀要一百三十卷輿圖要覽四卷

　清顧祖禹撰

　清道光間敷文閣木活字印本

　五十九冊　41890–41948

陳 913/Ds42

0606

大清一統志表不分卷附紀元表一卷

　清和珅等纂修

　清同治光緒間金谿趙氏紅杏山房刻

　　本（趙氏藏書本）

　十冊　42205–42214

　陳 913/Ho28

雜志之屬

0607

日下舊聞四十二卷補遺一卷

　清朱彝尊輯　清朱昆田補遺

　清康熙二十七年刻六峯閣後印本

　鈐:閩縣陳氏賜書樓藏善本圖書

　十二冊　31114–31125

　善 913.111/Hx74

0608

蒙古游牧記十六卷

　清張穆撰　清何秋濤補

　清同治六年壽陽祁氏刻本

　鈐:陳氏賜書樓珍藏

　四冊　31470–31473

　951.7/Lx87

0609

欽定滿洲源流考二十卷

　清阿桂等撰

　清乾隆四十二年內府刻本

　八冊　31454–31461

　陳 951.8/Lt22

0610
六朝事迹編類十四卷
　宋張敦頤撰
　清光緒十三年李濱寶章閣刻本
　鈐:黃氏借竹宧藏書　私立福建協和
　　大學圖書館陳弢庵先生書庫藏
　二冊　28261-28262
　913.218/Lx4

0611
廣陵通典十卷
　清汪中撰
　清同治八年揚州書局刻本
　鈐:㭉復之印
　一冊　31598
　951.21/DP65

0612
啓東錄六卷
　清林壽圖撰
　清光緒五年歐齋刻本
　一冊　28996
　951.8/Bx14

0613
湖隱外史一卷
　明葉紹袁撰
　清光緒三十三年上海國學保存會鉛
　　印本（國粹叢書本）
　一冊　47048
　490.3/Gs02

0614
武林舊事六卷後集四卷

宋周密撰
清乾隆四十二年汪日葵夙夜齋刻本
　鈐:儼山籨寫詩人　楊　靜德齋　㭉
　　復之印
　六冊　30163-30168
　善 913.238/Bz46

0615
北隅掌錄二卷
　清黃士珣撰
　清道光二十五年錢塘汪氏振綺堂刻
　　本（振綺堂叢書本）
　四冊　31349-31352
　913.238/As11

0616
吳興掌故集十七卷
　明徐獻忠輯
　明萬曆四十三年茅獻徵刻本
　鈐:閩縣陳氏賜書樓藏善本圖書
　四冊　31301-31304
　善 913.234/Gs84

0617
明州繫年錄七卷
　清董沛撰
　清光緒四年刻本
　三冊　29291-29293
　951.23/Go46

0618
永嘉聞見錄二卷
　清孫同元撰
　清光緒十四年瑞安孫氏刻本

一册　33262

490.3/Ls61

0619

閩中摭聞十二卷

　清陳雲程撰

　清乾隆五十二年刻本

　鈐：陳氏賜書樓珍藏印

　二册　33785–33786

　善 490/Dz32

0620

閩嶠輶軒錄二卷

　清卜寶第撰

　清光緒間刻本

　一册　33716

　913.31/Cs34

0621

方嶽采風錄二卷

　清卜寶第撰

　清光緒間刻本

　一册　30142

　913.13/Cs34

0622

宋東京考二十卷

　清周城輯

　清乾隆間刻本

　鈐：弌桂藏書　孟英　應瑞印

　四册　31126–31129

　善 913.131/Ho27

0623

荊州記三卷

南朝宋盛弘之撰　曹元忠輯

清光緒十九年曹氏箋經室刻本（箋

　　經室叢書刻本）

　一册　31330

　913.252/Gt46

0624

嶺外雜言一卷

　清黄桐孫撰

　清光緒十七年黄氏補不足齋刻古于

　　亭集附（黄氏家集初編本）

　一册　33626

　478.6/As22

0625

黔書二卷

　清田雯撰

　清光緒二十三年貴陽書局刻本

　一册　34415

　913.35/Lo18

0626

海東札記四卷

　清朱景英撰

　清乾隆三十八年刻本

　二册　31249–31250

　913.36/Hx64

0627

臺灣雜記一卷

　清黄逢昶輯

　清光緒十一年福州吳玉田刻本

　一册　31643

915.19/As78

專志之屬

古　蹟

0628
平山堂圖志十卷首一卷
　清趙之壁纂
　清乾隆三十年刻本
　　四冊　31283-31286
　　善 913.218/BP38

宮　殿

0629
三輔黃圖六卷補遺一卷
　漢□□撰　清畢沅校
　清乾隆四十九年靈巖山館刻本（經
　　訓堂叢書本）
　　一冊　31353
　　913.158/Gt40

寺　觀

0630
支提寺志（寧德支提寺圖志）六卷
　明謝肇淛等原纂　清崔嵸纂修　清
　　釋照微增補
　清同治十一年刻本
　　二冊　31291-31292
　　913.318/Ds85

0631
洛陽伽藍記五卷
　北魏楊衒之撰
　明萬曆刻本（古今逸史本）

鈐:陳氏賜書樓珍藏印
　　一冊　31597
　　善 915.138Bw76

書　院

0632
鼇峯書院志十六卷首一卷
　清游光繹等纂
　清嘉慶十一年正誼堂刻本
　　六冊　31271-31276
　　913.319/DP50

0633
鼇峯書院紀畧不分卷
　清吳鑑編
　清道光十八年刻本
　鈐:福州冠悔堂楊氏圖書　正誼書
　　　局　還讀樓藏書記
　　一冊　31261
　　913.318/BP55

山水志之屬

山

0634
虎阜志十卷首卷一卷
　清陸肇域、任兆麟纂
　清乾隆五十七年西溪別墅刻本
　　十冊　32248-32257
　　善 913.216/LP45

0635
鼓山志十四卷首一卷
　清黃任纂

清乾隆二十六年鼓山湧泉寺刻本

六册　32238–32243

913.316/Gs72

0636

烏石山志九卷首一卷

　清郭柏蒼、劉永松纂

　清道光二十二年于麓古天開圖書樓

　　刻本

　四册　47115–47118

　913.316/Dy23

0637

武夷志畧四卷

　明徐表然纂

　明萬曆四十七年孫世昌刻本

　四册　32244–32247

　善 913.316/Hs18

0638

武夷山志二十四卷首一卷

　清董天工編

　清道光二十六年五夫尺木軒刻本

　鈐：私立福建協和大學圖書館陳敍庵

　　先生書庫藏　私立福建協和大

　　學圖書館藏書

　八册　32081–32088

　又一部八册　31307–31314

　913.316/Go18

0639

泰山道里記一卷

　清聶鈫撰

清同治五年刻本

一册　30139

913.126/As56

水

0640

水經注四十卷首一卷附錄二卷

　北魏酈道元撰　王先謙校　（附錄）

　　清趙一清輯

　清光緒二十三年新化三昧書室刻本

　十二册　31130–31141

　913.96/Bu49

　又一部十二册　31158–31169

　913.96/Bw48

0641

水經注釋四十卷首一卷附錄二卷水經

　　注箋刊誤十二卷

　清趙一清撰

　清乾隆五十一年趙氏小山堂刻五十

　　九年重修本

　鈐：三山陳氏居敬堂圖書　陳氏賜書

　　樓珍藏印

　十六册　31142–31157

　陳 913.96/BP14

0642

水經注匯校四十卷首一卷附錄二卷

　北魏酈道元撰　清楊希閔校　（附

　　錄）清趙一清輯

　清光緒七年福州刻本

　十册　31170–31179

　913.96/Bw75

遊記之屬

紀　勝

0643
鳳臺祇謁筆記一卷
　清董恂撰
　清同治九年刻本
　與永寧祇謁筆記合冊
　一冊　30145
　915.111/Go42

0644
永寧祇謁筆記一卷
　清董恂撰
　清同治十一年刻本
　與鳳臺祇謁筆記合冊
　一冊　30145
　915.111/Go42

紀　行

0645
蜀輶日記四卷
　清陶澍撰
　清道光五年刻本
　二冊　30140-30141
　915.127/Lu44

0646
轉漕日記四卷
　清李鈞撰
　清道光十七年河南糧鹽道署刻本
　二冊　33631-33632
　449/Ao77

0647
度隴記四卷
　清董醇撰
　清咸豐元年刻本（隨軺載筆叢書本）
　四冊　33627-33630
　915.11/Go22

0648
乘槎筆記一卷附天外歸帆草一卷海國
　　勝遊草一卷
　清斌椿撰
　清同治七年善成堂刻本
　存乘槎筆記
　一冊　33572
　914/Ds22

0649
出使美日祕國日記十六卷
　清崔國因撰
　清光緒二十年鉛印本（小方壺齋輿
　　地叢鈔本）
　鈐：曾在董仲容處
　十二冊　31434-31445
　917.3/FP61

中外雜記之屬

0650
皇清職貢圖九卷
　清傅恒等纂
　清乾隆間武英殿刻本
　六冊　42023-42028
　陳 930/Hs42

0651
西國近事彙編
　美國金楷理口譯
　清光緒年間上海機器製造局鉛印本
　四冊　48494–48597
　059/Mo22

0652
日本雜事詩二卷
　清黃遵憲撰
　清光緒五年鉛印本
　二冊　32330–32333
　478.9/As48

0653
東隅瑣記一卷
　清李濬之撰
　清末鉛印本
　一冊　33633
　490.3/Ao42

0654
歐洲族類源流署五卷
　王樹枏撰
　清光緒二十八年中衛縣署刻本（陶
　　廬叢刻本）
　二冊　31414–31415
　陳 936/Ao24

0655
歐洲列國戰事本末二十二卷
　王樹枏撰
　清光緒二十八年中衛縣署刻本（陶
　　廬叢刻本）

六冊　31421–31426
940/Ao24

方志類

0656
［同治］深州風土記二十二卷附圖表
　　五卷
　清吳汝綸纂
　清光緒二十六年文瑞書院刻本
　八冊　31388–31395
　913.113/Ds46

0657
［光緒］黑龍江述畧六卷
　清徐宗亮纂
　清光緒十七年石埭徐氏刻本（觀自
　　得齋叢書本）
　二冊　31632–31633
　913.43/Hs34

0658
［咸豐］邳州志二十卷首一卷
　清董用威、馬軼羣修　清魯一同纂
　清咸豐元年刻本
　六冊　31262–31267
　913.213/Bu46

0659
［嘉定］鎮江志二十二卷首一卷附錄一
　　卷校勘記二卷
　宋盧憲纂　清劉文淇、劉毓崧校勘
　清宣統二年丹徒陳氏金陵刻本（橫
　　山草堂叢書本）

八册　31614-31621
913.212/Hs40

0660
［嘉定］剡録十卷
　　宋史安之修　宋高似孫纂
　　清光緒間邵武徐氏刻本（邵武徐氏
　　　叢書本）
　　二册　31269-31270
　　913.234Gx63

0661
［嘉慶］台州外書二十卷
　　清戚學標纂修
　　清嘉慶四年刻本（戚鶴泉所著書本）
　　六册　31225-31230
　　913.232/Mo46

0662
［光緒］貴池縣沿革表一卷
　　劉世珩撰
　　清光緒二十八年刻本（聖廎叢書本）
　　鈐:癸卯
　　一册　31629
　　913.224/Gs40

0663
［淳熙］三山志四十二卷
　　宋梁克家纂修
　　清抄本
　　鈐:陳氏賜書樓珍藏印　栬復之印
　　　私立福建協和大學圖書館陳弢
　　　庵先生書庫藏　福建協和大學
　　　陳弢庵先生書庫珍藏　福建協

和大學陳弢庵書庫藏　私立福
建協和大學圖書館藏書
　　十六册　31315-31329
　　善 913.311DS10

0664
［萬曆］閩都記三十三卷
　　明王應山纂輯
　　清道光十一年求放心齋刻本
　　六册　31343-31348
　　913.312/Ao22

0665
［道光］重纂光澤縣誌三十卷首一卷
　　清盛朝輔等修　清高澍然等纂
　　清道光二十年刻本
　　八册　31293-31300
　　913.3149/Fz46

0666
［咸豐］同州府志三十四卷首二卷附文
　　徵錄三卷
　　清李恩繼、文廉修　清蔣湘南纂
　　清咸豐二年刻本
　　二十五册　31929-31953
　　913.152/Go46

0667
［咸豐初］朝邑縣志三卷附志例一卷志
　　例後錄一卷
　　清李元春纂
　　清咸豐元年華原書院刻本
　　二册　31624-31625
　　913.154/BP60

0668

[正德] 武功縣志三卷首一卷
　明康海纂　清孫景烈評注
　清光緒十三年刻本
　一冊　31645
　913.154/Bs27

金石考古類

叢編之屬

0669

小蓬萊閣金石文字十種
　清黃易輯
　清道光十四年石墨軒刻本
　　石經殘碑一卷
　　漢故涼州刺史魏君之碑一卷
　　漢幽州刺史朱君之碑一卷
　　成陽靈臺碑一卷
　　漢故小黃門譙君之碑一卷
　　王稚子二闕一卷
　　故廬江太守范府君之碑一卷附殘石
　　三公山碑一卷
　　武梁祠像唐搨本一卷
　　漢故圉令趙君之碑一卷
　五冊　31524—31528
　736.06/As67

總志之屬

0670

集古錄十卷
　宋歐陽修撰
　清順治間謝氏刻本

鈐:古杭何元錫藏　自得齋藏書
　　夢華館印　三山陳氏居敬堂圖
　　書　棫復之印
　四冊　30406—30409
　736.04/Bx97

0671

來齋金石刻考畧三卷
　清林侗撰
　清嘉慶二十一年馮緇陶舫刻本
　鈐:蔗邨
　三冊　30455—30457
　736.07/Bx72

0672

曝書亭金石文字跋尾六卷
　清朱彝尊撰
　清光緒九年至十年吳縣朱記榮槐廬
　　刻本
　一冊　30648
　736.07/Hx76

0673

金石存十五卷
　清吳玉搢纂
　清嘉慶二十四年山陽李氏聞妙香室
　　刻本
　鈐:陳戀復印
　四冊　29552—9555
　736.04/Bp22

0674

金石萃編一百六十卷
　清王昶撰

清嘉慶十年刻本

六十四册　30326-30389

736/Ao42

0675

金石萃編校字記

　羅振玉撰

　清光緒十一年上虞羅氏刻本

　一册　30514

736/GP28

0676

金石萃編補畧二卷

　清王言撰

　清光緒八年刻本

　鈐:味青齋藏書

　二册　30324-30325

736/Ao43

0677

兩漢金石記二十二卷

　清翁方綱撰

　清乾隆五十四年南昌使院刻本（蘇

　　齋叢書本）

　八册　31579-31586

　善 736.07/Hw37

0678

金石契不分卷

　清張燕昌撰

　清乾隆間刻本

　四册　30474-30477

　善 736.06/Lx14

0679

宜祿堂收藏金石記六卷補編一卷

　清朱士端撰

　清同治二年寶應朱氏刻本（春雨樓

　　叢書本）

　三册　30449-30451

736.07/Hx11

0680

求古精舍金石圖初集四卷

　清陳經撰

　清嘉慶二十二年烏程陳氏說劍樓刻本

　鈐:三山陳氏居敬堂圖書

　三册　31500-31502

736.06/Lw02

0681

香南精舍金石契不分卷

　清崇恩撰

　清光緒二十六年石印本

　二册　30453-30454

741.8/Hz62

0682

金石屑四卷

　清鮑昌熙撰

　清光緒二至三年嘉興鮑氏刻本

　二册　30489-30490

736.06/Hz61

郡邑之屬

0683

再續寰宇訪碑錄二卷

羅振玉编撰

清光緒十九年上虞羅振玉面城精舍
　石印本

一冊　30513

736.1/Ls62

0684

山右石刻叢編四十卷

清胡聘之撰

清光緒二十五年至二十七年刻本

二十四冊　30008-30031

736.091/BP30

0685

兩浙金石志十八卷補遺一卷

清阮元撰　（補遺）阮福撰

清光緒十六年至十七年浙江書局刻本

十二冊　30563-30574

736.0911/Lz10

0686

東甌金石志十二卷

清戴咸弼撰　清孫詒讓校補

清光緒九年瑞安孫氏刻本

鈐：棫復之印

四冊　30499-30502

736.0923/Bw14

0687

莆陽金石初編二卷

清劉尚文輯

清光緒二十六年福州刻本

一冊　30458

736.1/Kt41

0688

中州金石目四卷補遺一卷

清姚晏撰

清光緒九年歸安姚氏刻本（咫進齋
　叢書本）

鈐：時霖收藏校對考訂纂疏題跋書畫
　箋答記

一冊　30452

736.0911/Gt40

0689

湖北金石志十四卷

楊守敬撰

清光緒間湖北通志局刻朱印本

十四冊　30549-30562

736.0925

0690

荊南萃古編一卷續一卷

清周懋琦、劉瀚輯

清光緒二十年錢塘周氏鴻寶署齋刻本

二冊　30519-30520

736.0911/Ho24

0691

蜀碑記十卷蜀碑記補十卷

宋王象之撰　（補）清李調元撰

清乾隆間綿州李氏萬卷樓刻本（函
　海本）

二冊　30646-30647

736.1911/Ao78

0692

唐昭陵石蹟考畧五卷附謁唐昭陵記

一卷

清林侗撰

清嘉慶二十一年馮緗陶舫刻本

一冊　31600

736.174/Bx72

0693

海東金石苑四卷首一卷

　清劉喜海撰

　清光緒七年張德容二銘草堂刻本

　鈐:味青齋藏書

　四冊　30617-30620

　736.0912/Ht11

金之屬

0694

續考古圖五卷釋文一卷

　宋□□輯　（釋文）宋趙九成撰

　清光緒十三年歸安陸氏刻本（十萬
　　卷樓叢書本）

　二冊　30435-30436

　739.06/Go18

0695

歷代鐘鼎彝器款識法帖二十卷

　宋薛尚功撰

　清嘉慶二年儀徵阮元小琅嬛僊館刻本

　鈐:戀復

　四冊　30467-30470

　886.2/Gu50

　又一部八冊　27970-27973

　739.07/Gu51

0696

宋王復齋鐘鼎款識一卷

　宋王厚之輯

　清嘉慶七年揚州阮氏積古齋影刻宋
　　拓本

　鈐:閩戴成芬芷農圖籍　羲皇上人
　　馬氏二子　棽復之印

　一冊　30578

　739.04/Ao78

0697

西清續鑑甲編二十卷附錄一卷

　清王杰等纂修

　清宣統二年上海商務印書館石印本

　四十二冊　42655-42674

　736/Ds45（卡片目錄作 736/Ds33）

0698

積古齋鐘鼎款識稿本四卷附錄一卷

　清阮元、朱爲弼輯

　清光緒三十二年朱之榛影印本

　三冊　30464-30466

　739.07/Lz10

0699

筠清館金石文字五卷

　清吳榮光撰

　清道光二十二年南海吳榮光筠清館
　　刻本

　五冊　31574-31578

　736.06/Gs44

0700

從古堂款識學十六卷

清徐同柏撰　清徐士燕輯

清光緒三十二年蒙學報館石印本

　八册　30529-30536

739.04/Hs61

0701

敬吾心室彝器款識不分卷

　清朱善旂撰

　清光緒三十四年平湖朱氏影印本

　二册　30521-30522

739.06/Hx98

0702

齊陳氏韶舞樂疊通釋二篇

　清陳慶鏞撰

　清道光二十六年光澤何秋濤一鐙書

　　舍刻本

　二册　30396-30397

739.3/Lx38

0703

攈古錄金文三卷

　清吳式芬撰

　清光緒二十一年吳重憙刻本（遞盦

　　金石叢書本）

　鈐：楙復之印

　九册　31511-31519

739.04/Gs14

0704

攀古廔彝器款識二卷

　清潘祖蔭撰

　清同治十一年潘氏滂喜齋刻本

　二册　31498-31499

739.07/DP42

0705

恒軒所見所藏吉金錄不分卷

　清吳大澂輯

　清光緒十一年刻本

　二册　31531-31532

739.04/Gs18

0706

陶齋吉金錄八卷

　清端方輯

　清光緒三十四年有正書局石印本

　鈐：其見室藏書印

　八册　31587-31594

739.04/Du37

0707

毛公鼎釋文一卷

　清吳大澂撰

　清光緒十三年上海同文書局石印本

　一册　31530

736.04/Gs18

0708

長安獲古編二卷補編一卷

　清劉喜海編

　清同治間丹徒劉鶚刻光緒三十一年

　　補刻本

　鈐：譚立

　二册　31564-31565

736.0915/Kt14

石之屬

0709

隸釋二十七卷隸續二十一卷附汪本隸
　　釋刊誤一卷

　　宋洪适撰　（汪本隸釋刊誤）清黃丕
　　　　烈撰

　　清同治十年至十一年刻本（洪氏晦
　　　　木齋叢書本）

　　八冊　27962-27969

　　736.04/Ds88

0710

古誌石華三十卷

　　清黃本驥撰

　　清道光二十六年寧鄉黃氏刻本（三
　　　　長物齋叢書本）

　　八冊　30503-30510

　　736.1/As11

0711

續語堂碑錄不分卷

　　清魏錫曾撰

　　清光緒九年刻本（魏稼孫全集本）

　　四冊　30424-30427

　　736.1/Ks77

0712

奇觚室樂石文述二卷

　　清劉心源撰

　　清光緒二十五年刻本

　　二冊　30526-30527

　　736.04/Kt44

0713

語石十卷

　　葉昌熾撰

　　清宣統元年刻本

　　四冊　31506-31509

　　736.17/Gs61

0714

讀碑小箋一卷

　　羅振玉撰

　　清光緒間上虞羅氏唐風樓刻本

　　一冊　30515

　　736.107/GP28

0715

唐風樓金石文字跋尾不分卷

　　羅振玉撰

　　清光緒三十三年鉛印本

　　鈐:楙復之印

　　一冊　30516

　　736.07/GP28

0716

石鼓文釋存一卷補注一卷

　　清張燕昌撰

　　清光緒二十八年貴池劉氏刻本

　　一冊　30459

　　886.3/Lx14

0717

宋徐鼎臣臨秦碣石頌一卷

　　宋徐鉉臨

　　清同治六年海虞楊氏刻本

　　一冊　31510

736.1/Hs70

0718

思古齋雙鉤漢碑篆額不分卷

　清何澂輯

　清光緒九年刻本

　鈐:趙之謙　徙官林勿村鑒藏之印

　三册　31520–31522

　736.1/Ht48

0719

漢碑徵經一卷

　清朱百度撰

　清光緒十五年廣雅書局刻本（廣雅

　　　書局叢書本）

　一册　49197

　736.107/Hx11

0720

瘞鶴銘考補一卷校勘記一卷附山樵書

　　　外紀一卷

　清翁方綱撰　（山樵書外紀）張開福撰

　清光緒三十四年端方刻朱印本

　一册　38050

　736.173/Hw37

0721

天一閣碑目一卷

　清錢大昕編

　清嘉慶十三年阮氏文選樓刻本（原

　　　附天一閣書目後）

　鈐:陳氏賜書樓珍藏印

　一册　30708

　36.11/Lo14

0722

藝風堂金石文字目十八卷

　繆荃孫撰

　清光緒三十二年長沙王先謙湖南刻本

　八册　30491–30498

　736.01/Mw61

錢幣之屬

0723

古金待問錄四卷錄餘一卷補遺一卷續

　　　錄一卷

　清朱楓輯

　清光緒十六年常熟鮑氏刻本（後知

　　　不足齋叢書本）

　一册　31563

　737.2/Hx24

璽印之屬

0724

雙虞壺齋印存不分卷

　清吳式芬輯

　清刻鈐印本

　八册　30756–30763

　736.5/Gs13

0725

封泥考畧十卷

　清吳式芬、陳介祺藏並輯

　清光緒三十年石印本

　十册　30746–30755

　736.509/Gs14

甲骨之屬

0726

殷商貞卜文字考一卷

　羅振玉撰

　清宣統二年玉簡齋石印本（蟬隱廬
　　叢書本）

　一冊　30591

　886.13/GP28

陶之屬

0727

浙江磚錄四卷

　清馮登府撰

　清道光十六年鄞縣鄭淳校刻本

　四冊　30479-30482

　736.29/Ds91

0728

千甓亭甎錄六卷續錄四卷

　清陸心源輯

　清光緒七年刻十四年續刻本（潛園
　　總集本）

　三冊　31553-31555

　736.21/LP44

目錄類

叢編之屬

0729

江刻書目三種

　清江標輯

　清光緒十四年至二十三年元和江氏

靈鶼閣刻蘇州振新書社印本

　鐵琴銅劍樓藏宋元本書目四卷
　　清瞿鏞撰

　豐順丁氏持靜齋書目五卷　清丁
　　日昌撰

　海源閣藏書目一卷　清楊紹和撰

　鈐：小雄山民

　四冊　30863-30866

　016.3/DP24

0730

八史經籍志十種三十卷

　日本□□輯

　清光緒八年鎮海張壽榮刻本

　　前漢書藝文志一卷　漢班固撰
　　　唐顏師古注

　　隋書經籍志四卷　唐魏徵、長孫無
　　　忌等撰

　　唐書藝文志四卷　宋歐陽修撰

　　舊唐書經籍志二卷　五代劉昫等撰

　　宋史藝文志八卷　元脫脫等撰

　　宋史藝文志補一卷　清黃虞稷、倪
　　　燦撰　清盧文弨校補

　　補遼金元藝文志一卷　清倪燦撰
　　　清盧文弨校補

　　補三史藝文志一卷　清金門詔撰

　　元史藝文志四卷　清錢大昕撰

　　明史藝文志四卷　清張廷玉等撰

　十六冊　29607-29622

　陳 013/Ls14

通論之屬

0731

宋元本行格表二卷附錄一卷補遺一卷

清江標輯　清劉肇隅編校
清光緒二十三年劉肇隅刻本
鈐：小雄山民　桊復之印
一冊30927
016.65/DP24

0732
皕宋樓藏書源流考一卷
日本島田翰撰
清光緒三十三年董氏京師刻朱印本
一冊　30930
010.9/Hu61

總錄之屬

知　見

0733
四庫未收書目提要五卷
清阮元撰
清光緒四年上海淞隱閣鉛印本
一冊　29540
012/Lz10

0734
揅經室經進書錄四卷
清阮元撰　清阮福編　清傅以禮重編
清光緒八年大興傅以禮七林書堂刻本
鈐：陳氏賜書樓珍藏印
二冊　29848-29849
011.8/Hs64

0735
華延年室題跋二卷殘明大統曆一卷殘
　　明宰輔表一卷

清傅以禮撰
清宣統元年俞人蔚鉛印本
三冊　28928-28930
016.2/Ho64

公　藏

0736
崇文總目五卷補遺一卷附錄一卷
宋王堯臣等撰　清錢東垣等輯釋
　　（補遺、附錄）清錢侗輯
清嘉慶三年至四年嘉定秦氏刻本
　　（汗筠齋叢書本）
五冊　29662-29666
012.5/Ao10

0737
欽定四庫全書考證一百卷
清王太岳等撰
清乾隆四十二年福建刻道光同治間
　　遞修光緒二十一年增刻本（武
　　英殿聚珍版書本）
一百冊　45010-45109
陳011/Ao13

0738
浙江採集遺書總錄十卷閏集一卷
清沈初等編
清乾隆三十九年刻本
鈐：桊復之印
十冊　30867-30876
011.8/HP31

0739
惜抱軒書錄四卷

清姚鼐撰

清光緒五年徐宗亮刻本（惜抱軒遺

　　書本）

一册　29655

012.8/Ms42

0740

欽定天祿琳琅書目十卷後編二十卷

　清于敏中等撰　（後編）清彭元瑞等撰

清光緒十年長沙王氏刻本

鈐:陳氏賜書樓珍藏印

十六册　29591-29606

陳 016.6/At78

0741

古越藏書樓書目二十卷首一卷

　清徐樹蘭撰

清光緒三十年崇實書局石印本

八册　29544-29551

019-2

私　藏

0742

昭德先生郡齋讀書志二十卷附志二卷

　考證一卷考異一卷校補一卷

　宋晁公武撰　（附志）宋趙希弁撰

　（考證、考異、校補）王先謙撰

清光緒十年長沙王氏刻本

十册　30917-30926

陳 012.4/Hs30

0743

直齋書錄解題二十二卷

　宋陳振孫撰

清光緒九年江蘇書局刻本

鈐:棥復之印

六册　30911-30916

012.4/Ls28

0744

天一閣見存書目四卷首一卷末一卷

　清薛福成編

清光緒十五年薛福成甬上刻本

四册　29651-29654

012.7/Gu42

0745

紅雨樓題跋二卷

　明徐𤊹撰　清鄭杰輯

清嘉慶三年鄭杰注韓居刻本

鈐:陳氏賜書樓珍藏印

二册　30411-30412

016.2/Hs46

0746

絳雲樓書目四卷

　清錢謙益藏並撰

清抄本

鈐:小醞舫主　侯官林如玉鑒藏　私

　立福建協和大學圖書館陳弢庵

　先生書庫藏　福建協和大學陳

　弢庵書庫藏　福建協和大學陳

　弢庵先生書庫珍藏

二册　30818-30819

012.8/Hw44

0747

愛日精廬藏書志三十六卷續志四卷

清張金吾藏並撰

清光緒十三年吳縣徐氏靈芬閣木活
　　字印本

　　十冊　30792–30801

　　陳 012.8/Kx61

0748

開有益齋讀書志六卷續志一卷金石文
　　字記一卷

　清朱緒曾撰

　清光緒六年金陵翁氏茹古閣刻本

　鈐：栞復之印

　　六冊　29880–29885

　　012.8/Hx02

0749

鐵琴銅劍樓藏書目錄二十四卷

　清瞿鏞撰

　清光緒二十四年常熟瞿氏刻本（鐵
　　琴銅劍樓叢書本）

　　十冊　30853–30862

　　陳 012.8/GP76

0750

楹書隅錄五卷續編四卷

　清楊紹和藏並撰

　清光緒二十年聊城楊氏海源閣刻宣
　　統三年董康補版印本

　　八冊　29581–29588

　　016.6/Bw02

0751

善本書室藏書志四十卷附錄一卷

　清丁丙撰

清光緒二十七年錢塘丁氏刻本

　　十六冊　30802–30817

　　陳 016.6/At14

0752

皕宋樓藏書志一百二十卷續志四卷

　清陸心源、李宗蓮撰

　清光緒八年歸安陸氏十萬卷樓刻本

　鈐：小雄山民

　　三十二冊　30821–30852

　　陳 012.8/LP44

郡　邑

0753

淮安藝文志十卷

　清□□輯

　清同治十二年刻本

　　八冊　29556–29563

　　420.9/Gs62

專錄之屬

0754

經義考三百卷目錄二卷

　清朱彝尊撰　清李濤校

　清康熙間秀水朱氏曝書亭刻乾隆二
　　十年盧見曾續刻本

　缺二百九十九至三百

　鈐：蔭坪許氏家藏　栞復之印

　　四十冊　41100–41139

　　陳 410.5/Hs75

0755

小學考五十卷

清謝啟昆撰

清咸豐二年南康謝氏樹經堂刻本

鈐:陳氏賜書樓珍藏印

二十冊　41654–41673

陳 882.02/Ds48

0756

史畧六卷

宋高似孫撰

清光緒十年遵義黎氏日本東京使署

　　影刻本（古逸叢書本）

鈐:私立福建協和大學圖書館陳弢庵

　　先生書庫藏

二冊　28112–28113

960.46/Co74

0757

宋遺民類集序例總目一卷

黃允中編

清宣統二年京師京華印書局鉛印本

一冊　30935

016.2/As00

子　部

儒家類

儒學之屬

先　秦

0758
孔子家語十卷附札記一卷
　　題魏王肅注　（札記）清劉世珩撰
　　清光緒二十四年貴池劉世珩武昌景
　　　　刻宋蜀本（玉海堂景宋元本叢
　　　　書本）
　　鈐：菽敦軒　棟復之印
　　四册　30579-30582
　　181.1/Ao96

0759
孔子集語補遺一卷
　　清王仁俊撰
　　清光緒三十二年王氏正學堂刻本
　　一册　29710
　　181.1/Gu72

0760
荀子二十卷
　　周荀況撰　唐楊倞注
　　明刻本
　　鈐：彊其骨
　　四册　29807-29810

善 181.3/Bw73

0761
荀子二十卷
　　周荀況撰　唐楊倞注　明孫鑛評
　　明天啓刻本
　　佚名圈點　薛炳批校
　　鈐：其見室藏書印
　　四册　29745-29748
　　善 181.3/Bw74

0762
荀子二十卷首一卷
　　周荀況撰　唐楊倞注　清王先謙集解
　　清光緒十七年長沙思賢講舍刻本
　　六册　29819-29824
　　181.3/Ao70

0763
刪定荀子一卷
　　周荀況撰　清方苞刪定
　　清刻本
　　一册　29733
　　181.3/Cy60

兩漢至唐

0764
新書十卷

漢賈誼撰　清盧文弨校

清乾隆嘉慶間餘姚盧氏刻本（抱經
　　堂叢書本）

鈐：莫繩孫印　莫有芝圖書印

二冊　29782-29783

188.22/As41

0765

新書十卷

　漢賈誼撰

　清抄本

　清楊希閔批校

　四冊　29776-29779

　188.22/As40

0766

鹽鐵論十二卷

　漢桓寬撰　明張之象注

　清刻本

　鈐：孝海後人

　二冊　29772-29773

　188.2/Bp29

0767

傅子五卷

　晉傅玄撰　清傅以禮輯

　清光緒二十二傅氏演慎齋刻本

　鈐：楙復之印

　二冊　29769-29770

　188.33/Hs30

　　　　宋　元

0768

周子通書講義一卷

清方宗誠撰

清光緒九年刻本

　一冊　47231

189.11/Ho48

0769

張子全書十五卷

　宋張載撰

　清光緒三年夏州李氏刻本

　四冊　38245-38248

　189.13/Lx27

0770

上蔡謝先生語錄三卷考證一卷

　宋謝良佐撰　宋朱熹輯

　清同治二年上蔡學署刻本

　一冊　47349

　189.15/Ds38

0771

淵鑒齋御纂朱子全書六十六卷

　宋朱熹撰　清李光地等輯

　清康熙五十三年武英殿刻本

　二十五冊　42757-42781

　善 189.16/Ms67

0772

近思錄集注十四卷考訂朱子世家一卷
　　附校勘記一卷

　清江永撰　（校勘記）清王炳撰

　清同治八年江蘇書局刻本

　鈐：陳氏賜書樓珍藏印

　四冊　29917-29920

　189.1/DP38

子
部

109

0773
北溪先生字義二卷補遺一卷
　宋陳淳撰
　清光緒九年學海堂刻本
　二冊　29668–29669
　189.16/Lx42

0774
潛室陳先生木鐘集十一卷
　宋陳埴撰
　清同治六年東歐郡齋刻本
　鈐：結弌廬藏書印　陳氏賜書樓珍
　　　藏印
　二冊　35687–35688
　189.16/Lx22

0775
大學衍義四十三卷
　宋真德秀撰
　清乾隆間刻本
　十冊　41590–41599
　陳 417.11/As74

0776
大學衍義四十三卷大學衍義補一百六
　　十卷補前書一卷
　宋真德秀撰　（大學衍義補）明邱濬撰
　清道光十七年芸香堂刻本
　五十冊　41612–41621
　陳 417.11/As74

明
0777
薛文清公讀書全錄類編二十卷

明薛瑄撰　明侯鶴齡輯
明萬曆間刻本
佚名朱墨圈點
　鈐：陳幾士
　八冊　29930–29937
　善 189.32/Bw23

0778
薛子條貫篇十三卷續十三卷
　明薛瑄撰　清戴楫輯
　清光緒十九年廣州刻本
　鈐：桺復之印
　二冊　29707–29708
　陳 189.32/Bw22

0779
中庸衍義十七卷
　明夏良勝撰
　清同治十年江西書局刻本
　十二冊　41600–41611
　陳 417.12/Ax38

0780
呻吟語六卷
　明呂坤撰
　清同治十三年木犀山房刻本
　四冊　37672–37675
　189.39/Go27

0781
呂子節錄二卷補遺二卷續補二卷
　明呂坤撰　清陳弘謀評輯
　清同治九年桂陽何氏家廟刻本
　鈐：陳氏賜書樓珍藏印

二册　29711-29712

189.39/Go28

0782

恥言二卷

　明徐禎稷撰

　清光緒三十二年南扶山房刻本

　一册　29701

189.49/Hs44

清

0783

跋南雷文定一卷

　清方東樹撰

　清宣統元年江浦陳氏刻本（房山山

　　房叢書本）

　一册　37949

016.2/Cy18

0784

臆說一卷

　清松廷撰

　清光緒二十九年鉛印本

　一册　47380

173/Bs88

0785

仁書二卷

　清易佩紳撰

　清光緒十年刻本

　一册　47224

189.49/Gw76

0786

止齋遺書十六卷

清黃俊苑撰

　清光緒元年南平黃氏家塾福州刻本

　八册　29687-29694

189.49/As78

0787

曾文正公雜著四卷

　清曾國藩撰

　清同治十三年傳忠書局刻本

　四册　33177-33180

458.7/Do61

禮教之屬

鑒　戒

0788

聖祖仁皇帝庭訓格言一卷

　清世宗胤禛撰

　清同治十年潘霨福州刻本

　一册　29307

170.8/CP11

0789

聖祖仁皇帝庭訓格言一卷

　清世宗胤禛撰

　清光緒二十三年唐寶鑑福建刻本

　鈐:枨復之印

　一册　29306

170.8/CP11

0790

聖諭廣訓一卷

　清世宗胤禛撰

　清光緒間三山吳玉田刻本

一冊　29001

善 960.818CP11

家　訓

0791

澄懷園語四卷

　清張廷玉撰

　清光緒二年仁和葛氏刻本（嘯園叢
　　書本）

　一冊　33355

490.3/Lx88

0792

澄懷園語四卷

　清張廷玉撰

　清光緒六年張紹文龐山刻本

　一冊　29670

490.3/Lx89

勸　學

0793

國朝先正學規彙鈔不分卷

　清黃舒昺輯

　清光緒十九年閩汀怡雲書屋刻本

　二冊　29699–29700

372.51/As75

0794

勸學篇二卷

　清張之洞撰

　清光緒二十四年兩湖書院刻本

　一冊　47226

174.6/Lx38

0795

勸學淺語一卷

　清沈源深撰

　清光緒二十五年福州致用書院刻本

　二冊　33359–33360

174.6 /Dz35

　又一部一冊　29709

174.6Dz44

蒙　學

0796

小學六卷附文公朱夫子年譜一卷

　宋朱熹撰　清高愈注

　清同治十一年浙江書局刻本

　二冊　27954–27955

170/Co74

0797

養正圖解不分卷

　明焦竑撰　明丁雲鵬繪圖　明吳繼
　　序書解

　明萬曆間吳懷讓刻本

　鈐：內史之章　簇官楊浚　閩楊浚雪
　　滄冠悔堂藏本　陳氏賜書樓珍
　　藏印　福建協和大學陳弢庵先
　　生書庫珍藏　私立福建協和大
　　學圖書館陳弢庵先生書庫藏

　二冊　28989–28990

　善 179/Dz10

0798

人範六卷

　清蔣元輯

　清光緒二十七年廣雅書局刻本（廣

雅書局叢書本）

　　鈐：陳氏賜書樓珍藏印

　　一册　49187

　　170.8/Gs10

0799

廸幼錄三卷

　　明程基輯撰

　　清光緒二十八年翰元齋北京刻本

　　三册　29702-29704

　　173/KP11

兵家類

0800

乾坤大畧十卷補遺一卷

　　清王餘佑撰

　　清光緒五年定州王氏謙德堂刻本（畿

　　　輔叢書本）

　　二册　35107-35108

　　355.09/Ao74

0801

讀史兵畧四十六卷

　　清胡林翼撰

　　清咸豐十一年武昌節署刻本

　　十六册　41698-41712

　　陳 960.863/BP28

法家類

0802

管子二十四卷

　　周管仲撰　唐房玄齡注　明劉績

　　補注

　　明萬曆十年趙用賢刻本（管韓合刻

　　　本）

　　鈐：味青齋藏書

　　六册　30002-30007

　　善 183.1/Cy31

0803

管子二十四卷

　　周管仲撰　唐房玄齡注　明劉績補

　　　注　明張榜等評

　　明天啓五年朱養純花齋刻本

　　佚名批點

　　四册　29985-29988

　　善 183.1/Kt04

0804

管子二十四卷

　　周管仲撰　唐房玄齡注　明劉績、明

　　　朱長春補注

　　明末刻本

　　鈐：譚獻　杭州譚儀中儀父　子高

　　　復堂藏書　小雄山民

　　六册　29979-29984

　　183.1/Cw34

0805

管子地員篇注四卷

　　清王紹蘭撰

　　清光緒十七年蕭山胡燏棻寄虹山館

　　　刻本

　　四册　29966-29969

　　183.14/Ao02

0806

韓非子二十卷附識誤三卷

　周韓非撰　（識誤）清顧廣圻撰

　清嘉慶二十三年吳鼒刻本

　四册　29995-29998

　陳 183.3/Gs19

農家類

0807

泰西水法六卷

　意大利熊三拔撰　明徐光啓筆錄

　清嘉慶五年席世臣掃葉山房刻本

　鈐:冠悔閨集

　一册　31427

　630.32/Mt11

醫家類

0808

鼠疫約編八篇

　清鄭奮揚訂　清羅汝蘭增輯

　清光緒二十八年雙江袖海廬刻本

　一册　48778

　616.923/Gs31

0809

老老恒言五卷

　清曹庭棟撰

　清同治九年寶善堂刻本

　二册　33139-33140

　613.04/Ao38

天文算法類

叢編之屬

0810

李氏遺書十一種

　清李銳撰

　清道光三年儀徵阮元刻本

　存十種

　　召誥日名考一卷

　　漢三統術三卷

　　漢四分術三卷

　　漢乾象術二卷

　　補修宋奉元術一卷

　　補修宋占天術一卷

　　日法朔餘彊弱考一卷

　　方程新術草一卷

　　弧矢算術細草一卷

　　開方說三卷　□□撰　（下卷）清

　　　黎應南補

　四册　35277-35280

　510.98/Ao79

0811

董方立遺書八種

　清董祐誠撰

　清同治八年董貽清成都刻本

　　割圜連比例術圖解三卷

　　橢圜求周術一卷

　　斜弧三邊求角補術一卷

　　堆垛求積術一卷

　　三統術衍補一卷

　　水經注圖說殘稿四卷

文甲集二卷文乙集二卷

蘭石詞一卷

鈐：觀古堂

四册　39208-39211

048/Go42

0812

算學五種（擬題）

清光緒間江南製造局刻本

董方立遺書五種　清董祐誠撰

割圜連比例術圖解三卷

橢圜求周術一卷

斜弧三邊求角補術一卷

堆垛求積術一卷

三統術衍補一卷

九數外錄一卷　清顧觀光撰

勾股六術一卷勾股附表附弧角拾

遺一卷　清項名達撰

開方表說一卷　清賈步緯撰

謝穀堂算學三種　清謝家禾撰

衍元要義一卷

弧田問率一卷

直積回求一卷

五册　48749-48753

511/Go42

算書之屬

算　法

0813

測圓海鏡細草十二卷

元李冶撰

清光緒二年同文館鉛印本

四册　33141-33144

513.14/Ao42

0814

數學精詳十一卷首一卷末一卷

清屈曾發撰

清同治十年廣東學海堂刻富文齋印本

五册　47173-47177

510.2/Fz02

0815

御製數理精蘊上編五卷下編四十卷表

八卷

清聖祖玄燁敕撰　清張樹聲等纂

清光緒八年廣東藩司刻本

存上編卷一至五、下編卷三至十六、

表八卷

十九册　47154-47172

510.2/Lx24

0816

御製數理精蘊上編五卷下編四十卷表

八卷

清聖祖玄燁敕撰　清張樹聲等纂

清光緒十九年江南製造總局刻本

存上編卷一至四

三册　48601-48603

513/Hs50

0817

對數表一卷

清賈步緯校述

清光緒二十四年江南製造總局鉛印本

四册　48812-48815

510.8/As57

0818
八線對數表一卷
　　清賈步緯校述
　　清末江南製造總局刻本
　　一冊　48811
　　510.8/As57

0819
割圜密率捷法四卷
　　清明安圖撰　清陳際新續撰
　　清道光十九年石渠岑氏刻本
　　三冊　48598-48600
　　513.21/GP25

0820
藝游錄二卷
　　清駱騰鳳撰
　　清道光二十三年刻本
　　二冊　47411-47412
　　511.9/BP74

0821
開方釋例四卷
　　清駱騰鳳撰
　　清道光二十三年刻本
　　二冊　47410
　　511.7/BP74

0822
簡易菴算稿四卷
　　清劉彝程撰
　　清光緒二十六年江南製造局刻本
　　四冊　48745-48748
　　514/Kt76

0823
繙譯弦切對數表八卷
　　清賈步緯譯
　　清光緒二十六年江南製造局鉛印本
　　存卷一至七
　　七冊　48816-48822
　　510.8/As57

術數類

0824
董公選要覽一卷
　　明董潛撰
　　清光緒二十三年彊恕齋刻本
　　一冊　31602
　　226/Go42

藝術類

書畫之屬

書畫論

0825
畫禪室隨筆四卷
　　明董其昌撰
　　清宣統三年掃葉山房石印本
　　三冊　30217-30219
　　741.3/Go14

0826
南薰殿圖像考二卷
　　清胡敬撰
　　清嘉慶二十一年刻本（胡氏書畫考
　　　三種本）

一册　33212

741.1/BP68

0827

國朝院畫錄二卷

　　清胡敬撰

　　清嘉慶二十一年刻本（胡氏書畫考
　　　　三種本）

　　一册　33211

741.28/BP68

0828

西清劄記四卷

　　清胡敬撰

　　清嘉慶二十一年刻本（胡氏書畫考
　　　　三種本）

　　一册　33213

741.3/BP68

著　錄

0829

清河書畫舫十二卷鑒古百一詩一卷

　　明張丑輯

　　清乾隆間池北草堂刻本

　　十二册　30038-30049

741.1/Lx91

0830

庚子銷夏記八卷

　　清孫承澤撰

　　清宣統三年掃葉山房石印本

　　四册　30213-30216

741.3/Ls98

0831

佩文齋書畫譜一百卷

　　清孫岳頒等輯

　　清光緒九年上海同文書局石印本

　　鈐:閩縣陳氏賜書樓藏善本圖書

　　十六册　30186-30201

740.3/Ls86

0832

須靜齋雲煙過眼錄一卷

　　清潘世璜撰

　　清宣統三年吳縣潘氏刻本

　　一册　30290

741.3/DP10

0833

辛丑銷夏記五卷

　　清吳榮光撰

　　清光緒三十一年長沙葉氏郎園刻本

　　五册　33162-33166

741.3/Gs44

0834

紅豆樹館書畫記八卷

　　清陶樑輯

　　清光緒八年吳縣潘霨韠園刻本

　　六册　30050-30055

741.1/Lu24

0835

嶽雪樓書畫錄五卷

　　清孔廣陶編

　　清光緒十五年三十有三萬卷堂廣州
　　　　刻本

鈐:味青齋藏書

　　五册　　33215-33219

　　741.1/Lz34

0836

甌鉢羅室書畫過目考四卷首一卷附一卷

　　清李玉棻輯

　　清光緒二十三年通州李氏北京刻本

　　四册　　30274-30277

　　741.28/Ao14

0837

澄蘭室古緣萃錄十八卷

　　邵松年輯

　　清光緒三十年上海鴻文書局石印本

　　六册　　30268-30273

　　741.3/Lu24

0838

愛日吟廬書畫錄四卷補錄一卷續錄八

　　卷別錄四卷

　　清葛金烺編纂　（補錄）清葛嗣浵纂

　　清宣統二年至民國二年葛氏上海刻本

　　六册　　30056-30061

　　741.1/Go61

書

0839

書法正傳十卷

　　清馮武輯

　　清世豸堂刻本

　　四册　　27950-27953

　　741.4/Ds24

0840

廣藝舟雙楫六卷

　　康有爲撰

　　清光緒十九年南海康氏萬木草堂刻本

　　鈐:陳氏賜書樓珍藏印

　　二册　　30285-30286

　　741/Cs11

0841

敦煌石室真蹟錄五卷

　　清王仁俊輯

　　清宣統元年王氏石印本

　　鈐:幾士印信

　　一册　　30642

　　016.2/Ao72

畫

0842

松壺畫贅二卷松壺畫憶二卷

　　清錢杜撰

　　清光緒六年吳縣潘祖蔭八囍齋刻本

　　一册　　33172

　　438.69/Kx22

0843

桐陰論畫二卷首一卷附錄一卷桐陰畫

　　訣一卷續桐陰論畫一卷二編二卷

　　三編二卷

　　清秦祖永撰

　　清同治三年至光緒八年刻朱墨套印本

　　八册　　30220-30227

　　741.2/As42

0844
習苦齋畫絮十卷
　清戴熙撰
　清光緒十九年刻本
　六冊　30032-30037
　741.3/Bs24

篆刻之屬

0845
紅樓夢人名西廂記詞句印玩不分卷
　清趙穆篆刻　清葉爲銘續　清季悲
　　盫輯
　清光緒三十年鈐印本
　四冊　30742-30745
　736.58/DP74

遊藝之屬

聯　語

0846
楹聯集錦八卷
　清胡鳳丹輯
　清光緒五年刻本
　二冊　33059-33060
　444.3

博　戲

0847
漢官儀三卷
　宋劉攽撰
　清道光四年影刻宋紹興九年臨安府
　　刻本
　鈐:秌復之印

　一冊　28766
　960.842/Kt78

譜錄類

0848
金玉瑣碎二卷
　清謝堃撰
　道光二十年曲邑奎文齋刻二十五年
　　印本（春草堂集本）
　與雨窗記所記合函
　一冊　33488
　736.3/Ds41

0849
石畫記五卷
　清阮元撰
　清光緒三年廣東學海堂刻本（學海
　　堂叢刻本）
　二冊　30279-30280
　749.8/Lz10

雜家類

雜學雜說之屬

0850
墨子十五卷目一卷篇目考一卷
　周墨翟撰　清畢沅校注並撰（篇目
　　考）
　清乾隆四十九年靈巖山館刻本（經
　　訓堂叢書本）
　四冊　29831-29834
　185.1/Gt40

0851

墨子閒詁十五卷目錄一卷附錄一卷後
　　語二卷
　　清孫詒讓撰
　　清光緒二十一年蘇州毛上珍木活字
　　　印本
　　八册　29760–29767
　　陳 185.3/Ls42

0852

墨子注七卷佚文一卷
　　清王闓運撰　（佚文）清畢沅輯
　　清光緒三十年江西官書局刻本（湘
　　　綺樓全書本）
　　四册　29827–29830
　　185.1/Ao91

0853

墨子經說解二卷
　　清張惠言撰
　　清宣統元年國學保存會影印手稿本
　　鈐:天地心
　　一册　29759
　　185.2/Lx14

0854

子華子十卷
　　明金之俊評
　　清雍正間刻本
　　鈐:棷復之印
　　二册　29726–29727
　　187.6/KP11

0855

公孫龍子注一卷校勘記一卷附錄一卷

清陳澧撰
清同治四年澳門汪兆鏞刻本
　　一册　29728
　　184.3/Lx42

0856

淮南子二十一卷
　　漢劉安撰　漢高誘注　清莊逵吉校
　　清乾隆五十三年莊逵吉刻本
　　鈐:足吾所好玩而老焉　曾經何則賢
　　　丹墨　一桂私印　鈍邨　林一
　　　桂　臣一桂　鈍邨藏書　林一
　　　桂印　棷復之印
　　六册　29784–29789
　　188.23/Co47

0857

淮南鴻烈解二十一卷
　　漢劉安撰　漢高誘注
　　清乾隆五十六年金谿王氏刻本（增
　　　訂漢魏叢書本）
　　六册　29792–29797
　　188.23/Co47

0858

淮南許注異同詁四卷補遺一卷續補一卷
　　清陶方琦撰
　　清光緒七年刻本（漢孳室著書本）
　　三册　29804–29806
　　188.23/Lu47

0859

淮南天文訓補注二卷

清錢塘撰

清光緒三年湖北崇文書局刻本（崇
　　文書局彙刻書本）

二册　29790-29791

188.23/Hw22

0860

顏氏家訓七卷補遺（注補並重校）一
　　卷注補正一卷附北齊書文苑傳顏
　　之推傳一卷

北齊顏之推撰　清趙曦明注　清盧
　　文弨補注重校　清錢大昕補正

清乾隆五十四年抱經堂刻本（抱經
　　堂叢書本）

鈐：楙復之印

四册　29734-29737

170/Ds23

0861

讒書五卷

唐羅隱撰

清光緒間刻本

鈐：陳氏賜書樓珍藏印

一册　38531

454.9/GP94

0862

丞相魏公譚訓十卷附宋史本傳一卷

宋蘇象先撰

清道光十年蘇廷玉刻本

鈐：葉德輝煥彬甫藏閱書

二册　38243-38244

923.5/Gx74

0863

東萊呂紫微雜說一卷

宋呂本中撰

光緒二年歸安陸氏十萬卷樓刻本（十
　　萬卷樓叢書本）

一册　33286

410.4/Go11

0864

猗覺寮雜記二卷

宋朱翌撰

清乾隆四十二年福建刻道光同治間
　　遞修光緒十八年補刻本（武英
　　殿聚珍版書本）

鈐：陳氏賜書樓珍藏印

二册　33287-33288

490.4/Kw91

0865

學林十卷

宋王觀國撰

清乾隆四十二年福建刻道光十年重
　　修本（武英殿聚珍版書本）

鈐：陳氏賜書樓珍藏印

十册　33232-33241

035/Ao60

0866

賓退錄十卷

宋趙與旹撰

清抄本

鈐：繼仁　嗣賢　琅邪　楙復之印
　　私立福建協和大學圖書館陳弢
　　庵先生書庫藏　福建協和大學

陳弢庵先生書庫珍藏　私立福
建協和大學圖書館藏書　福建
協和大學陳弢庵書庫藏
二冊　33207-33208
490.4/BP84

0867
志雅堂雜鈔二卷
　宋周密撰
　清道光十年長白榮氏刻本（得月簃
　　叢書本）
　一冊　30160
　490/Ho36

0868
來瞿唐先生日錄內篇六卷外篇七卷
　明來知德撰
　清道光十一年刻本
　八冊　37856-37863
　048.8/Ax61

0869
四友齋叢說三十八卷
　明何良俊撰
　舊抄本
　十二冊　33401-33412
　049.7/Ht38

0870
菜根談一卷
　明洪應明撰
　清宣統三年福州鼓山涌泉寺刻本
　一冊　47098
　179/Ds34

0871
池北偶談二十六卷
　清王士禎撰
　清汀州張氏勵志齋刻本
　八冊　33475-33482
　490/Ao11

0872
嗇庵隨筆六卷末一卷
　清陸文衡撰
　清光緒二十三年刻本
　鈐:陳楙復
　一冊　33221
　490.3/Lp38

0873
教經堂談藪六卷
　清徐書受撰
　清光緒間武進盛氏刻本（常州先哲
　　遺書本）
　鈐:楙復之印
　二冊　33260-33261
　490.5/Hs91

0874
論世約編六卷外編一卷
　清林春溥撰
　清嘉慶十八年竹柏山房刻本（竹柏
　　山房家刻十五種附刻四種本）
　三冊　33907-33909
　960.42/Bx11

0875
閒居雜錄二卷

清林春溥撰

清咸豐四年竹柏山房刻本（竹柏山
　　房十五家刻種附刻四種本）

二冊　33910–33911

490.4/Gy87

0876

何氏學四卷

　清何治運撰

　清嘉慶二十四年刻本

二冊　32402–32403

458.5/Ht42

0877

說儲一卷

　清包世臣撰　鄧實校錄

　清光緒三十二年國學保存會鉛印本

　　（國粹叢書本）

一冊　34367

351.04/Hz10

0878

冷廬雜識八卷

　清陸以湉撰

　清咸豐六年刻本

四冊　33320–33323

490.4/LP64

0879

交翠軒筆記四卷

　清沈濤撰

　清光緒間貴池劉氏刻本（聚學軒叢

　　書本）

二冊　33601–33602

049.8/Dz44

0880

斯未信齋語錄三卷

　清徐宗幹撰

　清同治元年福州吳玉田承刻本（斯

　　未信齋集本）

一冊　37222–37223

189.49/Hs34

0881

實存四卷

　清胡式鈺撰

　清道光二十一年刻本

二冊　33081–33082

490/BP14

0882

浮邱子十二卷

　清湯鵬撰

　清同治四年李繡堂刻本

鈐：成都胡延鈾經室藏書

二冊　35316–35317

189.48/Dw74

0883

碧聲吟館談麈四卷硯辨一卷

　清許善長撰

　清末民國初西泠印社吳氏木活字印本

二冊　33201–33202

490.4/Du41

0884

東山草堂邇言六卷

清邱嘉穗撰

清光緒七年漢陽邱氏耕餘堂刻本

鈐:氣昋陰館主人

四冊　29749-29752

049.8/Ku12

0885

五百石洞天揮麈十二卷

　清邱煒菱撰

　清光緒二十五年閩漳邱氏廣州觀天

　　演齋刻本

　鈐:陳召　陳氏賜書樓珍藏印

　六冊　33566-33571

　490.4/Ku46

0886

有不爲齋隨筆十卷

　清光聰諧撰

　清光緒十四年蘇州藩署刻本（稼墨

　　軒集三種本）

　二冊　30156-30157

　049.8/Fz24

0887

西雲札記四卷

　清李枝青撰

　清光緒間刻本

　一冊　33132

　049.8/Ao28

0888

谷盈子十二篇一卷

　清龔易圖撰

　清光緒五年刻本

一冊　34504

189.48/Ds67

0889

翼教叢編六卷

　清蘇輿編

　清光緒二十四年武昌刻本

　三冊　47111-47113

　458.9/Gx84

0890

借箸雜俎四卷

　清沈清旭撰

　清光緒十二年會稽沈氏刻本（沈氏

　　三代家言本）

　四冊　32069-32072

　446.2/Dz42

0891

陳司業遺書三卷

　清陳祖范撰

　清光緒十七年廣雅書局刻本（廣雅

　　書局叢書本）

　二冊　49190-49191

　049.8/Lx42

0892

粟香隨筆八卷二筆八卷三筆八卷四筆

　　八卷五筆八卷

　金武祥撰

　清光緒七年至二十四年廣州刻彙印本

　鈐:陳氏賜書樓珍藏印

　二十冊　33434-33453

　490.4/Ho14

雜考之屬

0893
東觀餘論二卷附錄一卷
　宋黃伯思撰
　清光緒間邵武徐氏刻本（邵武徐氏
　　叢書本）
　二冊　30287-30288
　736.07/As82

0894
雲谷雜紀四卷首一卷末一卷
　宋張淏撰
　清乾隆四十二年福建刻道光同治間
　　遞修光緒十九年補刻本（武英
　　殿聚珍版書本）
　鈐:陳氏賜書樓珍藏印
　二冊　33291-33292
　490.4/Lx44

0895
甕牖閒評八卷
　宋袁文撰
　清乾隆四十二年福建刻道光同治間
　　遞修光緒十九年補刻本（武英
　　殿聚珍版書本）
　鈐:陳氏賜書樓珍藏印
　二冊　33289-33290
　490.4/Ax38

0896
困學紀聞五箋集證二十卷
　宋王應麟撰　清閻若璩箋　清何焯
　　箋　清全祖望箋　清方樸大箋

　　清程瑤田箋　清錢大昕箋　清
　　萬希槐集證
　清嘉慶二十四年胡氏山壽齋刻本
　八冊　29893-29900
　陳 049.5/Ao24

0897
升菴新語四卷
　明楊慎撰　明王宇輯
　明刻本
　鈐:棐復之印
　二冊　33297-33298
　善 049.7/Bw44

0898
日知錄集釋三十二卷刊誤二卷續刊誤
　　二卷
　清顧炎武撰　清黃汝成集釋
　清同治八年廣州述古堂刻本
　十六冊　46988-47003
　049.8/Ds48

0899
全謝山先生經史問答十卷
　清全祖望撰
　清刻本
　四冊　33574-33577
　049.8/Ho44

0900
開卷偶得十卷
　清林春溥撰
　清道光二十九年竹柏山房刻本（竹
　　柏山房家刻十五種本）

四册　29938–29941

049.8/Bx11

0901

讀書記疑十六卷

清王懋竑撰

清同治十一年福建撫署刻本

八册　29942–29949

陳 049.8/Ao24

0902

松崖筆記三卷

清惠棟撰

清光緒間貴池劉氏刻本（聚學軒叢
書本）

一册　33605

049.8/As28

0903

九曜齋筆記三卷

清惠棟撰

清光緒間貴池劉氏刻本（聚學軒叢
書本）

二册　33603–33604

049.8/As28

0904

羣書拾補不分卷

清盧文弨撰

清光緒十三年上海蜚英館影印清乾
隆抱經堂刻本

八册　29531–29538

049.8/Fo38

0905

十駕齋養新錄二十卷餘錄三卷

清錢大昕撰

清光緒十年長沙龍氏家塾刻本（嘉
定錢氏潛研堂全書本）

鈐:棨復之印

九册　29921–29929

陳 016.1/Hw18

0906

西齋偶得三卷附錄一卷

清博明撰　（附錄）楊鍾羲撰

清光緒二十六年杭州刻本（留垞叢
刻本）

一册　47215

049.8/Bs62

0907

讀書雜誌八十二卷餘編二卷

清王念孫撰

清道光間刻本

二十四册　43476–43499

陳 049.8/Ao74

0908

乙卯劄記一卷丙辰劄記一卷（章實齋
劄記）

清章學誠撰

清宣統間順德鄧氏鉛印本（風雨樓
叢書本）

鈐:棨復之印　福建協和大學陳弢庵
先生書庫珍藏

二册　33079–33080

049.8/Ct81

0909
娛親雅言六卷
　清嚴元照撰
　清光緒十一年弢園王氏木活字印本
　　四册　33090－33093
　　049.8/Gx10

0910
讀書叢錄七卷
　清洪頤煊撰
　清光緒十五年廣雅書局刻本（廣雅
　　書局叢書本）
　　一册　48841
　　049.8/Ds24

0911
讀書雜識十二卷
　清勞格撰
　清光緒四年苕溪丁氏刻本（月河精
　　舍叢鈔本）
　　四册　29872－29875
　　049.8/Dw22

0912
潘瀾筆記二卷
　清彭兆蓀撰
　清光緒二十四年刻本（東倉書庫叢
　　刻初編本）
　　一册　34839
　　049.8/Bw74

0913
癸巳類稿十五卷
　清俞正燮撰

清道光十三年求日益齋刻本
　鈐：味青齋藏書
　　八册　40800－40807
　　960.88/Kt11

0914
癸巳存稿十五卷
　清俞正燮撰
　清光緒十年刻本
　鈐：味青齋藏書
　　六册　40808－40813
　　960.88/Kt11

0915
硯耕緒錄十六卷
　清林昌彝撰
　清同治五年廣州刻本
　鈐：棩復之印
　　八册　29852－29859
　　049.8/Bx61

0916
蘿摩亭札記八卷
　清喬松年撰
　清同治十二年刻本
　　四册　33341－33344
　　049.8/Ko24

0917
三冬識餘二卷
　清劉希向撰
　清咸豐八年山陽劉氏刻本
　鈐：棩復之印
　　二册　29705－29706

049.8/Kt75

0918

讀書雜釋十四卷
　清徐鼒撰
　清咸豐十一年福寧郡齋刻本
　四冊　29876–29879
　049.8/Ks19

0919

老學葊讀書記四卷
　清彭蘊章撰
　清同治五年刻本（彭文敬公集本）
　一冊　33065
　049.8/Bw52

0920

札迻十二卷
　清孫詒讓撰
　清光緒二十年籀膏刻光緒二十一年
　　重修本
　四冊　29901–29904
　049.8/Ls42

0921

無邪堂答問五卷
　清朱一新撰
　清光緒二十一年廣雅書局刻本（廣
　　雅書局叢書本）
　五冊　49182–49186
　049.8/Kx10

0922

榕陰日課十卷

清楊希閔撰
清光緒二年福州刻本
二冊　29891–29892
049.8/Bw75

0923

鄭齋漢學文編六卷
　孫雄撰
　清光緒三十四年鉛印本（師鄭叢書本）
　二冊　47400–47401
　458.9/Ls22

雜記之屬

0924

世說新語補二十卷附釋名一卷
　南朝宋劉義慶撰　梁劉孝標注　明
　　何良俊增補　明王世貞刪定
　　明王世懋批釋　明張文柱校注
　清乾隆二十七年黃汝琳茂清書屋刻本
　四冊　33145–33148
　490/Kt47

0925

湘山野錄三卷續錄一卷
　宋釋文瑩撰
　清抄本
　二冊　33362–33363
　490.3/Cx41

0926

桯史十五卷
　宋岳珂撰
　清康熙間振鷺堂據明商氏刊板重編

螺洲陳氏五樓見存書目初編

128

補刻本（稗海本）

鈐:善化□□（漫漶）迴龍鋪文家壠
　　文氏家廟藏書　陳氏賜書樓珍
　　藏印

八册　33224-33231

陳 490.3/Ku25

0927

水東日記一卷

　明葉盛撰

　明嘉靖間吳郡袁氏嘉趣堂刻本（金
　　聲玉振集本）

　鈐:曾在李鹿山處　陳氏賜書樓珍
　　藏印

　一册　33263

　490.3/Gs11

0928

寓圃雜記一卷附續書筆記一卷

　明王錡撰

　明嘉靖吳郡袁氏嘉趣堂刻本（金聲
　　玉振集本）

　鈐:曾在李鹿山處　陳氏賜書樓珍
　　藏印

　一册　33264

　490.3/Ao76

0929

九朝野記四卷

　明祝允明撰

　清宣統三年時中書局鉛印本

　鈐:慎靜

　一册　33926

　490/Dz00

0930

縣笥瑣探一卷

　明劉昌撰

　清抄本

　卡片目錄作國朝典故

　鈐:三山陳氏居敬堂圖書

　一册　33332

　047/Kt61

0931

嘯亭雜錄十卷續錄三卷

　清昭槤撰

　清宣統元年中國圖書公司鉛印本

　四册　33149-33152

　490.3/Kz62

0932

遊藝錄二卷別錄一卷

　清蔣湘南撰

　清咸豐二年刻本

　鈐:棫復之印

　二册　36846-36847

　520.4/Gs91

0933

點勘記二卷省堂筆記一卷

　清歐陽泉撰

　清光緒四年江蘇書局刻本

　二册　33084-33085

　049.8/Bx97

0934

前塵夢影錄二卷

　清徐康撰

清光緒間元和江氏湖南使院刻本（靈
　鶼閣叢書本）
　鈐：枺復之印
　二冊　33209-33210
　741.3/Hs38

0935
州乘餘聞一卷
　清宋弼纂
　清光緒十四年養知堂刻本
　一冊　33640
　490.3/Cx99

0936
癭鷗戲墨
　□□撰
　舊抄本
　鈐：枺復之印
　二冊　32674-32675
　448/CP24

雜纂之屬

0937
清異錄二卷
　宋陶穀撰
　清康熙間漱六閣刻本
　鈐：薦舉通經　枺復之印
　二冊　30154-30155
　善 490.45/Lu28

0938
皇宋事實類苑六十三卷目錄五卷
　宋江少虞輯

清抄本
　存卷一至五、十五至十六、十八至
　　二十五、三十至三十一、三十九
　　至四十一、四十五至四十七、
　　五十五至六十三
　錄存清陸烜、清黃丕烈跋
　鈐：陸烜子章之印　昏雨樓校藏書籍
　　印　梅谷　私立福建協和大學
　　圖書館陳弢庵先生書庫藏　福
　　建協和大學陳弢庵先生書庫珍
　　藏　福建協和大學陳弢庵書庫
　　藏　私立福建協和大學圖書館
　　藏書
　四冊　33203-33206
　善 965.087/DP57

0939
名句文身表異錄二十卷
　明王志堅輯
　清康熙間漱六閣刻本
　鈐：趙在田印　小積石山房藝文之章
　　（漫漶）　閩縣陳氏賜書樓藏善
　　本圖書　枺復之印
　二冊　30161-30162
　善 490.45/Ao14

0940
康熙幾暇格物編上篇三卷下篇三卷
　清盛昱錄
　清光緒間石印本
　鈐：枺復之印
　二冊　28901-28902
　570.7/Cx24

0941
述記二卷
　清任兆麟輯
　清乾隆五十三年任氏忠敏家塾刻映
　　雪草堂印本
　三冊　33181-33182
　049.8/HP74

0942
片玉山房花箋錄二十卷
　清孫兆溎輯
　清同治四年景福堂刻本
　十冊　33912-33921
　490.4/Ls74

類書類

類編之屬

通　編

0943
藝文類聚一百卷
　唐歐陽詢輯
　明刻本
　鈐:三山陳氏居敬堂圖書
　十四冊　33585-33598
　善 034/Bx97

0944
北堂書鈔一百六十卷首一卷
　唐虞世南纂　清孔廣陶校注
　清光緒十四年南海孔氏三十有三萬
　　卷堂刻本
　鈐:味青齋藏書

二十冊　42972-42991
陳 034/Fs10

0945
事類賦三十卷
　宋吳淑撰並注
　清乾隆二十九年劍光閣刻本
　鈐:劍光閣
　四冊　33336-33339
　035/Gs48

0946
唐類函二百卷目錄二卷
　明俞安期輯
　明萬曆三十一年刻德聚堂重修本
　鈐:潛谿　思報國恩惟有文章　子子
　　孫孫□用之印（殘損）
　六十冊　43266-43325
　陳 037/Ht31

0947
小知錄十二卷
　清陸鳳藻輯
　清同治十二年淮南書局刻本
　四冊　33397-33400
　038/LP74

0948
古事比五十二卷
　清方中德輯
　清康熙四十五年書種齋刻本
　鈐:聖傳　平印氏貫　味青齋藏書
　二十六冊　30086-30111
　善 038.1/Cy65

子部

131

0949

恒言錄六卷

　　清錢大昕纂

　　清光緒十年長沙龍氏家塾刻本（嘉
　　　　定錢氏潛研堂全書本）

　　鈐：楙復之印

　　三冊　29888–29890

　　049.8/Hw18

0950

讀書紀數畧五十四卷

　　清宮夢仁輯

　　清光緒十二年山陰宋澤元懺花盦刻
　　　　本（懺花盦叢書本）

　　鈐：柏香艸堂

　　十二冊　33066–33077

　　038/Co63

0951

匯史粹十二卷拾遺一卷

　　清王初桐輯　清楊浚選

　　清侯官楊氏冠悔堂抄本

　　鈐：楊浚審定　楊浚私印　雪滄　閩
　　　　楊浚雪滄冠悔堂藏本

　　四冊　30112–30115

　　490.4/Ao47

0952

喻林一葉二十四卷

　　明徐元太原輯　清王蘇删纂

　　清乾隆五十九年刻本

　　六冊　33544–33549

　　038.1/Ao68

專　類

0953

春秋經傳類對賦一卷

　　宋徐晉卿撰

　　清抄本

　　鈐：陳氏賜書樓珍藏印　私立福建協
　　　　和大學圖書館陳弢庵先生書庫藏

　　一冊　27405

　　415.1/Hs11

0954

古儷府十八卷

　　明王志慶輯

　　清抄本

　　鈐：三山陳氏居敬堂圖書　私立福建
　　　　協和大學圖書館陳弢庵先生書
　　　　庫藏　私立福建協和大學圖書
　　　　館藏書　福建協和大學陳弢庵
　　　　先生書庫珍藏

　　十二冊　38872–38883

　　善 037/Ao14

0955

事物異名錄四十卷

　　清厲荃輯　清關槐增輯

　　清乾隆五十三年廣東刻本

　　佚名批點

　　鈐：濂江東岡林氏曾閱　見客惟求轉
　　　　借書

　　八冊　29909–29916

　　善 038.2/As61

0956

皇朝駢文類苑十四卷首一卷

清姚燮輯

清光緒七年刻本

十六冊　31660-31675

445.1/Ms38

0957

原始一卷

　清秦粵生撰

　清光緒三十一年刻本

　一冊　47670

　960.21/As70

韻編之屬

0958

佩文詩韻五卷

　□□輯

　清刻本

　一冊　28073

　885.8

0959

御定駢字類編二百四十卷

　清吳士玉、沈宗敬等奉敕輯

　清雍正四年內府刻本

　鈐:三山陳氏居敬堂圖書

　二百四十冊　39958-40197

　善 038/Cx24

小說家類

筆　記

雜　事

0960

三水小牘二卷

唐皇甫枚撰

　清乾隆五十七年盧文弨抱經堂刻本

　　（抱經堂叢書本）

　鈐:閩縣陳氏賜書樓藏善本圖書

　一冊　29861

　490.5/Ho14

0961

開元天寶遺事二卷

　五代王仁裕撰

　清末民國初西泠印社木活字印本

　一冊　33612

　490.5/Ao72

0962

涑水紀聞十六卷補遺一卷

　宋司馬光撰

　清光緒三年湖北崇文書局刻本

　四冊　33061-33064

　965.09/Lo14

0963

寄園寄所寄十二卷

　清趙吉士輯

　清康熙間三十五年趙氏寄園刻本

　八冊　33423-33430

　490/BP01

0964

漁磯漫鈔十卷

　清雷琳等輯

　清同治十年刻本

　鈐:陳鑑鈔

　六冊　33314-33319

490.3/Ao28

0965
春泉聞見錄不分卷
　清劉壽眉撰
　清抄本
　一册　33157
　490.7/Kt14

0966
雨窗記所記四卷
　清謝堃撰
　道光二十年曲邑奎文齋刻二十五年
　　印本（春草堂集本）
　與金玉瑣碎合函
　一册　33489
　490.5/Ds41

0967
金壺七墨六種
　清黃鈞宰撰
　清同治十二年刻本
　　金壺浪墨八卷
　　金壺遯墨四卷
　　金壺逸墨二卷
　　金壺戲墨一卷
　　金壺醉墨一卷
　　心影（原名金壺淚墨）二卷
　四册　33562-33565
　490.5/As78

0968
淞濱瑣話十二卷
　清王韜撰

清光緒十九年淞隱廬鉛印本
　四册　33456-33459
　490.5/Ao92

0969
堅瓠集六十六卷
　清褚人穫撰
　清康熙間四雪草堂刻本
　三十三册　33495-33517
　善 490.5/Dp78

0970
譚史志奇八卷
　清姚彥臣輯
　清光緒十四年五知堂刻本
　四册　33483-33486
　490.4/Ms52

異　聞
0971
山海經十八卷
　晉郭璞撰
　明萬曆十三年吳琯刻山海經水經合
　　刻本
　鈐：晉安程氏藝文之章　私立福建協
　　和大學圖書館陳弢庵先生書庫
　　藏　福建協和大學陳弢庵書庫
　　藏　福建協和大學陳弢庵先生
　　書庫珍藏
　二册　30116-30117
　善 490/Da24

0972
耳食錄十二卷二編八卷

清樂鈞撰

清同治十年刻本

八册　33526-33533

490.5/Hs78

0973

翼駉稗編八卷

清湯用中撰

清道光二十九年刻本

鈐:夢鶴樓藏書印

四册　33324-33327

490.7/Dw75

0974

妄妄錄十二卷

清朱海撰

清道光十年刻本

六册　33308-33313

490.7/Hx42

0975

閒談消夏錄十二卷

清朱翊清撰

清同治十三年翠筠山房刻本

五册　33787-33791

490.7/Hx47

0976

勸戒近錄三卷續錄六卷三錄六卷四錄

　　六卷五錄六卷

清梁恭辰撰

清同治六年至十一年龍溪楊鳳來刻本

鈐:陳氏賜書樓珍藏印

九册　33550-33558

490.4/Ds68

0977

蕉軒摭錄十二卷

清俞夢蕉撰

清道光十九年雙桂樓刻本

三册　33559-33561

490.5/Ht63

0978

對山書屋墨餘錄十六卷

清毛祥麟撰

清同治九年上海亦可居毛氏刻本

鈐:對山書屋　崔女（鶴如）　華鶴

　　如書畫印

四册33328-33331

490.3/Kz46

瑣　語

0979

六合内外瑣言二十卷

清屠紳輯

清宣統三年上海國學扶輪社石印本

鈐:幾士所藏

三册　33299-33301

490.5/Lo87

0980

客窗閒話八卷續八卷

清吳熾昌撰

清光緒元年刻本

六册　33798-33803

490.7/Gs37

0981

鐵槎山房見聞錄十二卷

　清于克襄撰

　清道光二十九年鐵槎山房刻本

　六册　33792-33797

　490.3/At10

短　篇

0982

劇談錄二卷逸文一卷

　唐康駢撰

　清光緒三十年貴池劉氏唐石簃刻本

　　（貴池先哲遺書本）

　一册　33361

　490.3/Cx26

道家類

0983

南華真經正義三十三卷識餘一卷

　清陳壽昌輯

　清光緒十九年怡顏齋刻本

　六册　2975-29758

　陳 186.4/Lx14

0984

沖虛至德真經八卷

　晉張湛注

　明刻本（六子全書本）

　佚名圈點

　鈐：閩縣陳氏賜書樓藏善本圖書　林
　　　復之印

　二册　29731-29732

　善 186.3/Lx40

釋家類

0985

報恩論二卷首一卷附一卷

　清沈善登撰

　清光緒二十四年至二十八年豫恕堂
　　刻本

　四册　47493-47496

　270.4/Dz41

0986

佛爾雅八卷

　清周春撰

　清宣統二年上海國學扶輪社鉛印本

　二册　28003-28004

　270.3/Ho10

新學類

史志之屬

0987

世界近世史二卷

　日本松平康國撰　中國國民叢書社譯

　清光緒二十八年上海商務印書館鉛
　　印本（歷史叢書本）

　一册　47128

　909.3/Bs15

0988

大東紀年五卷

　□□編

　清光緒二十九年上海美華書館鉛印本

五册　47671–47675

951.9

0989

俄國新志八卷

　英國陝勒低撰　英國傅蘭雅、清潘松譯

　清光緒二十四年上海製造總局刻本

　三册　47676–47678

914.7/Hs64

0990

安南史四卷

　日本引田利章撰　毛乃庸譯

　清光緒二十九年教育世界社石印本

　一册　31636

959.7/Lu61

0991

日本維新三十年史不分卷附三十年間
　　國勢進步表一卷

　日本東京博文館輯　清上海廣智書
　　局譯

　清光緒二十八年上海廣智書局鉛印本

　六册　47032–47037

952.5/GP11

政治法律之屬

政　治

0992

列國政要一百三十二卷首一卷譯文對
　　照表一卷

　清戴鴻慈、端方輯

　清光緒三十三年上海商務印書館石
　　印本

三十二册　48754–48777

354/Bw44

律　例

0993

日本帝國憲法義解不分卷附皇室典範
　　義解不分卷

　日本伊藤博文撰　清沈紘譯

　清光緒三十一年上海商務印書館鉛
　　印本

　一册　47237

342.5/Hw64

刑　法

0994

德意志刑法論七十八章

　德國里斯脫撰　清何蔚譯

　清宣統三年北京豐源印書館鉛印本

　四册　47130–47133

348.3/Ht64

0995

德意志帝國新刑律草案總則一卷

　德國司法院原本　清魏理慈譯

　清宣統二年青島德華特別高等專門
　　學堂鉛印本

　一册　47230

348.3/Ks22

交涉之屬

公　法

0996

各國交涉公法論初集四卷二集四卷三

集八卷附錄中西年表一卷

英國費利摩羅巴德撰　英國傅蘭雅

　口譯　清俞世爵筆述

清光緒二十四年江南製造總局鉛印本

十六冊　47768–47783

341.2/Hs64

外　交

0997

各國交涉便法論六卷

英國費利摩羅巴德撰　英國傅蘭雅

　譯　清錢國祥校

清光緒間江南製造總局刻本

六冊　47784–47789

341/Hs64

兵制之屬

陸　軍

0998

前敵須知四卷

英國克利賴撰　清舒高第、鄭昌棪譯

清光緒間江南製造總局鉛印本

一冊　48697

355.4/Az85

0999

列國陸軍制一卷

美國歐潑登撰　美國林樂知、清瞿昂

　來譯

清末江南機器製造總局刻本

三冊　48787–48789

356/Bx74

營　壘

1000

營工要覽四卷

英國武備工程課原本　英國傅蘭雅、

　清汪振聲譯

清末江南製造總局鉛印本

存卷三、四

一冊　48692

355.7/Hs68

海　軍

1001

防海新論十八卷

德國希理哈撰　英國傅蘭雅口譯

　清華蘅芳筆述

清同治十二年江南製造總局刻本

六冊　48609–48614

355.7/Hs64

1002

俄國水師考一卷

英國百拉西撰　英國傅少蘭、清李嶽

　蘅譯

清光緒十二年上海機器製造局鉛印本

一冊　48806

359.94/Hs50

1003

海軍調度要言三卷附圖一卷

英國拏核甫撰　清舒高第、鄭昌棪譯

清末江南機器製造總局刻本

二冊　48693–48694

359/Ht31

1004

水師操練十八卷首一卷附一卷
　英國戰船部撰　英國傅蘭雅口譯
　　清徐建寅筆述
　清末江南機器製造總局刻本
　三冊　48606–48608
　359/Hs64

1005

水師章程十四卷續編六卷
　英國水師兵部撰　美國林樂知口譯
　　清鄭昌棪筆述
　清光緒間江南製造總局刻本
　十六冊　48790–48805
　359.02/Bx74

1006

法國水師考一卷
　美國杜默能撰　美國羅亨利、清瞿昂
　　來譯
　清光緒十二年上海機器製造局鉛印本
　一冊　48807
　359.09/Gp35

船　艦

1007

輪船布陣十二卷首一卷圖一卷
　英國賈密倫撰　英國傅蘭雅口譯
　　清徐建寅筆述
　清末江南製造總局刻本
　二冊　48604–48605
　359.2/As36

1008

鐵甲叢譚五卷附圖一卷

英國黎特撰　清舒高第、鄭昌棪譯
清末江南製造總局鉛印本
　二冊　48695–48696
　623.825/Ks84

槍　炮

1009

礮乘新法三卷首一卷圖一卷
　英國製造官局編　清舒高第口譯
　　清鄭昌棪筆述
　清末江南製造總局鉛印本
　六冊　48709–48714
　694/Ht31

1010

水雷秘要五卷圖一卷
　英國史理孟撰　清舒高第口譯　清
　　鄭昌棪筆述
　清光緒六年江南製造總局刻本
　六冊　48715–48720
　359.6/Ht31

1011

兵船礮法六卷附圖一卷
　美國水師書院編　美國金楷理口譯
　　清朱恩錫筆述
　清末江南製造總局刻本
　四冊　48738–48740
　694/Ho22

子　藥

1012

開地道轟藥法三卷附圖一卷
　英國武備工程學堂編　英國傅蘭雅

口譯　清汪振聲筆述

清末江南製造總局刻本

二冊　48625–48626

623.2/Hs68

礦務之屬

礦　學

1013

寶藏興焉十二卷

　英國費而奔撰　英國傅蘭雅口譯

　　清徐壽筆述

清光緒間江南製造局刻本

十六冊　47679–47694

669.2/Hs68

1014

開礦器法圖說十卷

　美國俺特累撰　英國傅蘭雅口譯

　　清王樹善筆述

清光緒二十五年江南製造局石印本

六冊　48674–48679

622.2/Hs68

礦　工

1015

鍊金新語不分卷附圖一卷

　英國奧斯吞撰　清舒高第、鄭昌棪譯

清末江南製造總局鉛印本

三冊　48698–48700

669/Hx84

1016

鍊石編三卷附圖一卷

英國亨利黎特撰　清舒高第、鄭昌
　棪譯

清光緒間石印本

二冊　48701–48702

666.9/Ct85

工藝之屬

工　學

1017

海塘輯要十卷附釋一卷

　英國韋更斯撰　英國傅蘭雅口譯

　　清趙元益筆述　（附釋）英國

　　馬立德撰

清末江南機器製造總局刻本

二冊　48689–48690

627.5/Hs68

汽　機

1018

兵船汽機六卷附卷一卷

　英國息尼德撰　英國傅蘭雅口譯

　　清華備鈺筆述

清光緒十一年江南製造局刻本

八冊　48680–48687

621.12/Hs68

1019

汽機必以十二卷附卷一卷

　英國蒲而捝撰　英國傅蘭雅口譯

　　清徐建寅筆述

清末江南製造總局刻本

六冊　48629–48634

621.1/Hs68

1020

汽機發軔九卷附表一卷

　　英國美以納白勞那撰　英國偉烈亞

　　　力口譯　清徐壽筆述

　　清末江南製造總局刻本

　　四册　48781-48784

　　621.1/HP24

1021

汽機新製八卷

　　英國白爾格撰　英國傅蘭雅口譯

　　　清徐建寅筆述

　　清末江南製造總局刻本

　　二册　48627-48628

　　621.11/Hs68

1022

汽機中西名目表不分卷

　　清江南機器製造總局編譯

　　清光緒十五年江南製造總局鉛印本

　　一册　48786

　　621.102

雜　藝

1023

製氇金法二卷

　　日本橋本奇策撰　王季點譯

　　清光緒二十七年上海製造總局刻本

　　二册　48779-48780

　　669.6/BP18

1024

西藝知新初集十卷續集十二卷

　　英國諾格德撰　英國傅蘭雅口譯

　　清徐壽筆述

　　清末江南機器製造總局刻本

　　十三册　47701-47713

　　660.8/Hs68

1025

製機理法八卷

　　英國覺顯祿斯撰　英國傅蘭雅口譯

　　　清華備鈺筆述

　　清光緒二十五年江南製造局刻本

　　四册　48667-48670

　　621.9/Hs68

船政之屬

1026

行船免撞章程一卷附卷一卷

　　英國傅蘭雅、清鍾天緯譯　清華備鈺

　　校勘

　　清光緒二十一年江南機器製造總局

　　刻本

　　一册　48691

　　623.89/Hs64

1027

行海要術四卷

　　美國金楷理口譯　清李鳳苞筆述

　　清末江南製造總局刻本

　　三册　48735-48737

　　527/Ho22

1028

船塢論畧一卷附圖一卷

　　英國傅蘭雅輯譯　清鍾天緯筆述

清光緒間江南製造總局鉛印本

一冊　48688

027.4/Hs68

算學之屬

數　學

1029

數學理九卷附卷一卷

　英國棣麼甘撰　英國傅蘭雅口譯

　　　清趙元益筆述

　清末江南製造總局刻本

　三冊　47763–47765

　511.1/Hs64

代　數

1030

代數難題解法十六卷

　英國倫德編譯　英國傅蘭雅口譯

　　　清華蘅芳筆述

　清末江南製造總局刻本

　六冊　47743–47748

　512.9/Hs64

1031

代數術二十五卷首一卷

　英國華里司輯　英國傅蘭雅口譯

　　　清華蘅芳筆述

　清末江南製造總局刻本

　六冊　47757–47762

　512/Hs64

微　積

1032

微積溯原八卷

　英國華里司輯　英國傅蘭雅口譯

　　　清華蘅芳筆述

　清末江南機器製造局刻本

　六冊　47749–47754

　517.1/Hs68

算　器

1033

算式集要四卷

　英國哈司韋輯　英國傅蘭雅口譯

　　　清江衡筆述

　清末江南製造總局刻本

　二冊　47755–47756

　513.18/Hs64

電學之屬

1034

電學綱目一卷

　英國田大里輯　英國傅蘭雅口譯

　　　清周郇筆述

　清末江南機器製造總局刻本

　一冊　48673

　537/Go18

化學之屬

1035

化學考質八卷附表一卷

　德國富里西尼烏司撰　英國傅蘭雅

　　　口譯　清徐壽筆述

　清光緒九年江南機器製造總局刻本

　六冊　47728–47733

　546/Hs68

1036

化學求數十五卷附表一卷

　德國富里西尼烏司撰　英國傅蘭雅
　　口譯　清徐壽筆述

　清末江南製造總局刻本

　十四冊　47714–47727

　547.9/Hs68

1037

化學材料中西名目表一卷

　清光緒十年江南製造總局鉛印本

　一冊　48492

　540.2

1038

化學分原八卷

　英國蒲陸山撰　英國傅蘭雅口譯
　　清徐建寅筆述　清曹鍾秀繪

　清末江南製造總局刻本

　二冊　47766–47767

　542/Hs68

1039

化學鑑原六卷

　英國韋而司撰　英國傅蘭雅口譯
　　清徐壽筆述

　清末江南製造總局刻本

　三冊　47740–47742

　540.8/Hs68

1040

化學鑑原補編六卷附一卷

　英國傅蘭雅口譯　清徐建寅筆述

　清末江南製造總局刻本

　六冊　47695–47700

　540.8/Hs68

1041

化學鑑原續編二十四卷

　英國蒲陸山撰　英國傅蘭雅口譯
　　清徐建寅筆述

　清末江南製造總局刻本

　六冊　47734–47739

　540.8/Hs68

聲學之屬

1042

聲學八卷

　英國田大里撰　英國傅蘭雅口譯
　　清徐建寅筆述

　清末江南製造總局刻本

　二冊　48671–48672

　534/Go18

光學之屬

1043

光學二卷視學諸器圖說一卷

　英國田大里輯　美國金楷理口譯
　　清趙元益筆述

　清末江南機器製造局刻本

　二冊　48741–48742

　535/Go18

天學之屬

1044

測候叢談四卷

美國金楷理口譯　清華蘅芳筆述

清末江南製造總局刻本

二冊　48743-48744

551.5/Ho22

地學之屬

地理學

1045

金石表一卷

　美國代那撰　美國瑪高溫譯

　清光緒九年江南製造總局鉛印本

　一冊　48785

　549.02/Bs31

地志學

1046

海道圖說十五卷長江圖說一卷

　英國金約翰輯　英國傅蘭雅口譯

　　　清王德均筆述

　清光緒間江南製造總局刻本

　十冊　48615-48624

　526.97/Hs68

醫學之屬

診療

1047

法律醫學二十四卷首一卷附一卷

　英國該惠連、弗里愛撰　英國傅蘭雅

　　　口譯　清趙元益、徐壽筆述

　清光緒二十五年江南製造局刻本

　十冊　48641-48650

349.6/Hs64

1048

御風要術三卷

　英國白爾特撰　美國金楷理口譯

　　　清華蘅芳筆述

　清末江南製造總局刻本

　二冊　48733-48734

　551.55/Ho22

1049

內科理法前編六卷後編十六卷附卷一卷

　英國虎伯撰　清舒高第口譯　清趙

　　　元益筆述

　清末江南製造總局刻本

　十二冊　48721-48732

　616/Ht31

1050

婦科五十二章附圖一章索引表一章

　美國湯麥斯撰　清舒高第、鄭昌棪譯

　清光緒二十六年江南製造局鉛印本

　六冊　48703-48708

　618.1/H31

方　藥

1051

西藥大成十卷首一卷

　英國來拉海得蘭撰　英國傅蘭雅口

　　　譯　清趙元益筆述

　清光緒十年江南製造總局刻本

　十六冊　48651-48666

　615.2/Ax22

圖學之屬

1052

測繪海圖全法八卷附卷一卷

  英國華爾敦撰　英國傅蘭雅口譯

    清趙元益筆述

  清光緒二十五年江南製造局刻本

  六冊　48635–48640

  528.1/Hs68

議論之屬

通　論

1053

東方時局論畧三章

  泰西鄧鏴撰

  清光緒十五年上海機器製造局鉛印

    本

  一冊　48493

  327.5/Lu72

論　政

1054

歐美政治要義十八章

  清戴鴻慈、端方輯

  清光緒三十三年石印本

  四冊　47666–47669

  354/Bw44

雜纂之屬

小　說

1055

布匿第二次戰紀五卷續編一卷

  英國阿納樂德撰　林紓、魏易譯

  清光緒二十九年北京大學堂官書局

    鉛印本

  二冊　31419–31420

  940.14/Bx05

1056

拿破侖本紀四卷四十二章

  英國洛加德撰　林紓、魏易譯

  清光緒三十一年京師學務處官書局

    鉛印本

  四冊　31428–31431

  928.3/Ht28

集　部

楚辭類

1057
楚詞七卷首一卷末一卷
　　戰國屈原等撰
　　清光緒二年黎陽端木氏刻本
　　二册　34628–34629
　　441/Lu14

1058
楚辭十七卷附錄一卷
　　漢王逸注　宋洪興祖、明劉鳳補注
　　　　明陳深批點
　　明萬曆吳興凌毓枬刻朱墨套印本
　　鈐：四明盧氏抱經樓藏書印　私立福
　　　　建協和大學圖書館藏書　福建
　　　　協和大學陳弢庵書庫藏　福建
　　　　協和大學陳弢庵先生書庫珍藏
　　四册　31806–31809
　　善 441/Ao78

1059
楚辭八卷九歌圖一卷
　　清丁澎彙評　（九歌圖）明陳洪綬繪
　　清初古潭鄭象玄刻本
　　鈐：陳氏賜書樓珍藏印　福建協和大
　　　　學陳弢庵先生書庫珍藏　私立
　　　　福建師範大學陳弢庵先生書庫

藏　私立福建協和大學圖書館
　　藏書
　　二册　31815–31816
　　441.8/HP42

1060
離騷注一卷
　　王樹枬撰
　　清光緒至民國間新城王氏文莫室刻
　　　　本（陶廬叢刻本）
　　一册　31810
　　441.18/Ao24

1061
楚辭天問箋一卷
　　清丁晏撰
　　清光緒間廣雅書局刻本（廣雅書局
　　　　叢書本）
　　一册　48846
　　441.38/At61

1062
屈原賦注七卷通釋二卷音義三卷
　　清戴震撰　（音義）清汪梧鳳撰
　　清光緒十七年廣雅書局刻本（廣雅
　　　　書局叢書本）
　　一册　48847
　　441.08/Bw18

別集類

漢魏六朝之屬

1063
曹集詮評十卷附逸文一卷魏陳思王年
　　譜一卷
　　三國魏曹植撰　清丁晏詮評
　　清同治十一年金陵書局刻本
　　二册　38028-38029
　　432.7/At61

1064
陶淵明文集十卷
　　晉陶潛撰
　　清光緒二年刻本
　　二册　34630-34631
　　433.18/Lu41

1065
陶淵明文集十卷
　　晉陶潛撰
　　清光緒五年俞秀山刻本
　　二册　38052-38053
　　433.18/Lu42

1066
傅光祿集二卷首一卷末一卷
　　南朝宋傅亮撰
　　清光緒十九年演慎齋刻本（傅氏家
　　書本）
　　一册　38394
　　433.23/Hs30

1067
謝康樂集拾遺一卷附謝康樂集校勘記
　　一卷和謝康樂詩一卷
　　南朝宋謝靈運撰　冒廣生輯　（謝
　　康樂集校勘記　和謝康樂詩）
　　冒廣生撰
　　清光緒至民國間如皋冒氏刻本（如
　　皋冒氏叢書本）
　　一册　38164
　　433.21/Go34

1068
庾子山集十六卷總釋一卷附年譜一卷
　　北周庾信撰　清倪璠注　（年譜）清
　　倪璠撰
　　清光緒二十年雅儒堂刻本
　　鈐:林復之印
　　十二册　38134-38145
　　433.31/Hz22

唐五代之屬

1069
王無功集三卷補遺二卷附校勘記一卷
　　唐王績撰　（校勘記）羅振玉撰
　　清光緒三十二年上虞羅氏唐風樓刻本
　　一册　38739
　　434.12/Ao27

1070
寒山子詩集一卷豐干拾得詩一卷
　　唐釋寒山子撰　（豐干拾得詩）唐釋
　　豐干、釋拾得撰
　　明萬曆間刻本

一冊　38785

474/Cn56

1071

唐丞相曲江張文獻公集十二卷附錄一
　　卷千秋金鑑錄五卷
　唐張九齡撰
　清雍正十三年張世緯張世績張世綱
　　刻本
　六冊　37991-37996
　善 434.24/Mx79

1072

王右丞集二十八卷首一卷末一卷
　唐王維撰　清趙殿成箋注
　清乾隆間刻本
　鈐:有文堂□珍藏
　十冊　38269-38278
　善 434/Ao02

1073

李翰林集十卷
　唐李白撰
　清光緒二十五年吳昌綬補讀舊書樓
　　刻本
　鈐:味青齋藏書
　一冊　38687
　434.25/Ao71

1074

分類補註李太白詩二十五卷附年譜一卷
　唐李白撰　宋楊齊賢集注　元蕭士
　　贇補注　（年譜）宋薛仲邕撰
　明嘉靖二十五年玉几山人刻本

鈐:閩縣陳氏賜書樓藏善本圖書
　十二冊　38673-38684
　善 474.27/Bw36

1075

李翰林集三十卷
　唐李白撰
　清光緒三十二年吳隱刻本
　六冊　37802-37807
　陳 434.25/Bw36

1076

杜工部集二十卷首一卷附唱酬題詠一
　　卷諸家詩話一卷
　唐杜甫撰　清鄭澐校
　清乾隆五十年鄭澐玉勾草堂刻本
　鈐:其見室藏書印
　十冊　38744-38753
　434.26/Ao48

1077

杜工部草堂詩箋四十卷目錄二卷外集
　　一卷傳序碑銘一卷詩話二卷補遺
　　十卷年譜二卷
　唐杜甫撰　宋魯訔編　宋蔡夢弼箋
　　（目錄、傳序碑銘、詩話）宋蔡夢
　　弼輯並箋　（補遺）宋黃鶴集
　　注　（年譜）宋趙子櫟、魯訔撰
　清光緒十年遵義黎氏日本東京使署
　　刻本（古逸叢書本）
　鈐:棴復之印
　八冊　37808-37815
　474.28/Ho51

1078

杜詩註釋二十四卷首一卷

　唐杜甫撰　清許寶善輯

　清嘉慶七年自怡軒刻光緒三年吳縣

　　朱氏補刻本

　十二册　38714–38725

　474.26/Du34

1079

制詔集二十卷

　唐常袞撰

　清光緒七年閩郭柏蒼沁泉山館刻本

　四册　38019–38022

　434.29/Ft38

1080

唐陸宣公翰苑集二十二卷

　唐陸贄撰

　清咸豐十一年崇仁謝氏刻本

　四册　38778–38781

　454.2/LP24

1081

韓昌黎詩集編年箋注十二卷

　唐韓愈撰　清方世舉考訂　清盧見

　　曾删定

　清乾隆二十三年德州盧氏雅雨堂刻本

　鈐:侯官林如玉鑒藏　陳氏賜書樓珍

　　藏印

　六册　38866–38871

　474.36/Lz10

1082

新刊五百家註音辯昌黎先生文集四十卷

　唐韓愈撰　宋魏仲舉輯注

　清乾隆間刻本

　鈐:陳氏賜書樓珍藏印

　十二册　38702–38713

　434/Bu75

1083

朱文公校昌黎先生文集四十卷外集十

　　卷集傳一卷遺文一卷

　唐韓愈撰　宋朱熹考異　宋王伯大

　　音釋

　明正統十三年王宗玉刻本

　佚名批注

　鈐:邦尚　何焯之印　楸復之印　福

　　建協和大學陳弢庵先生書庫珍

　　藏　私立福建協和大學圖書館

　　陳弢庵先生書庫藏

　十六册　44741–44756

　善 434.36/Bu73

1084

昌黎先生集考異十卷

　宋朱熹撰

　清光緒十一年新陽趙氏刻本（新陽

　　趙氏叢刊本）

　四册　38698–38701

　陳 434.36/Hx14

1085

韓集補注一卷

　清沈欽韓撰

　清光緒十七年廣雅書局刻本（廣雅

　　書局叢書本）

　一册　48845

434.36/Dz78

1086
白香山詩集二十卷後集十七卷別集一
　　卷補遺二卷附年譜一卷年譜舊本
　　一卷
　　唐白居易撰　（年譜）清汪立名編
　　（年譜舊本）宋陳振孫撰
　　清康熙四十一年至四十二年汪立名
　　　一隅草堂刻本
　　十六冊　37709－37724
　　善 474.45/DP31

1087
新雕校證大字白氏諷諫一卷
　　唐白居易撰
　　清光緒十九年費氏影宋刻本
　　一冊　38696
　　474.45/Ho91

1088
追昔遊集三卷
　　唐李紳撰
　　清宣統二年上海著易堂石印本
　　一冊　32623
　　474.46/Ao06

1089
李習之先生文讀十卷
　　唐李翱撰　清高澍然注
　　清同治十年閩縣劉存仁福州刻本
　　鈐：陳氏賜書樓珍藏印
　　四冊　32890－32893
　　454.3/Ao77

1090
宋乾道永州本柳柳州外集一卷附錄一卷
　　唐柳宗元撰
　　清光緒十三年寶章閣影宋刻本
　　鈐：曾爲古平壽郭中堂藏
　　一冊　38454
　　434.38/Bu35

1091
李衛公文集二十卷別集十卷外集四卷
　　附補遺一卷
　　唐李德裕撰
　　清光緒十六年常慷慷齋刻本
　　六冊　35649－35654
　　陳 434.49/Ao84

1092
李長吉集四卷外集一卷
　　唐李賀撰　明黃淳耀評　清黎簡批點
　　清光緒十八年番禺葉衍蘭廣州刻朱
　　　墨套印本
　　二冊　38267－38268
　　474.42/As96

1093
李長吉昌谷集句解定本四卷
　　唐李賀撰　清姚佺箋　清陳愫、丘象
　　　隨辯注
　　清初丘象隨西軒刻本
　　鈐：陳氏賜書樓珍藏印
　　四冊　38249－38252
　　善 474.42/Ao94

1094
唐林邵州遺集一卷附錄一卷

唐林蘊撰

清嘉慶十八年王氏麟後山房刻本（王

　氏彙刻唐人集本）

一冊　38096

434.47/Bx62

1095

李義山詩集三卷

　唐李商隱撰

　清宣統元年上海國粹學報館石印本

　二冊　38810–38811

　474.53/Ao31

1096

溫飛卿詩集七卷別集一卷集外詩一卷

　唐溫庭筠撰　明曾益原注　清顧予

　　咸補注　清顧嗣立重校並續注

　　集外詩

　清光緒八年泉唐汪氏萬軸山房刻本

　二冊　38475–38476

　474.54/Dp38

1097

香奩集發微一卷附韓承旨年譜一卷

　唐韓偓撰　震鈞發微　（韓承旨年

　　譜）震鈞撰

　清宣統三年刻本

　一冊　38018

　474.63/Ax77

1098

唐黃御史集八卷附錄一卷

　唐黃滔撰　宋黃公度編

　清嘉慶間福鼎王退春刻本（王氏彙

刻唐人集本）

四冊　38005–38008

善 434.65/As42

1099

晝錦集不分卷

　五代翁承贊撰

　陳氏賜書樓校抄福鼎王氏本

　一冊　37651

　474.73/Hw98

宋代之屬

1100

河東先生集十五卷附行狀一卷

　宋柳開撰　（行狀）宋張景撰

　清烏絲欄精抄本

　四冊　38373–38376

　455.1/Bw62

1101

新雕徂徠石先生文集二十卷補遺一卷

　　校勘一卷

　宋石介撰

　清光緒九年濟南尚志堂刻本

　四冊　35892–35895

　陳 435.18/Ao76

1102

歐陽文忠公文抄十卷

　宋歐陽修撰　明茅坤評

　明吳興閔氏刻朱墨套印本

　鈐:味青齋藏書

　四冊　38377–38380

善 455.2/Bx97

1103

公是集五十四卷拾遺一卷續拾遺一卷

　宋劉敞撰　（拾遺）清勞格輯目　清
　　孫星華錄文並續輯

　清乾隆四十二年福建刻道光同治遞
　　修本（武英殿聚珍版書本）

　存卷一至四十七

　七册　38644–38650

　陳 435.29/Kt68

1104

盱江先生全集三十七卷外集三卷門人
　錄一卷附直講李先生年譜一卷

　宋李覯撰　（直講李先生年譜）宋陳
　　次公編

　清康熙四年金谿李化鰲刻本

　十二册　38404–38415

　善 435.22/Ao20

1105

伊川擊壤集二十卷

　宋邵雍撰

　明刻本

　四册　38416–38419

　善 475.18Lu32

1106

宋端明殿學士蔡忠惠公文集三十六卷首
　一卷附宋蔡忠惠公別紀補遺二卷

　宋蔡襄撰　（別紀補遺）明徐熥初
　　編　明宋珏增補

　清雍正十二年至乾隆五年蔡廷魁遞

敏齋刻本

　十二册　35952–35963

　435.56/Gs38

1107

周濂溪先生全集十三卷

　宋周敦頤撰　清張伯行訂

　清光緒六年洪氏公善堂刻本（洪氏
　　唐石經館叢書本）

　四册　37240–37243

　189.11/Lx72

1108

司馬文正公傳家集八十卷目錄二卷附
　宋司馬文正公年譜一卷附錄一卷

　宋司馬光撰　（年譜、附錄）清陳弘
　　謀輯

　清乾隆六年培遠堂刻本

　十二册　38381–38392

　善 435.27/Lx94

1109

司馬溫公文集十四卷首一卷

　宋司馬光撰　清張伯行重訂

　清光緒七年紅杏山房刻本（趙氏藏
　　書本）

　八册　38580–38587

　435.27/Lx72

1110

蘇魏公文集七十二卷首一卷目錄二卷
　附錄一卷

　宋蘇頌撰

　清道光二十二年蘇廷玉刻本

二十册　38231-38242

陳 435.39/Gx74

1111

忠肅集二十卷

宋劉摯撰

清光緒五年定州王氏謙德堂刻本（畿
　　輔叢書本）

四册　38463-38466

陳 435.32/Kt25

1112

東坡全集八十四卷目錄二卷附東坡先
　　生年譜一卷

宋蘇軾撰　（東坡先生年譜）宋王宗
　　稷編

清道光十二年眉州三蘇祠刻本（三
　　蘇全集本）

鈐:楙復之印

三十四册　38420-38453

陳 435.33/Gx24

1113

蘇文忠公海外集四卷附蘇文忠公年譜
　　一卷

宋蘇軾撰　清王時宇重校　（蘇文忠
　　公年譜）宋王宗稷編

清乾隆四十年稽古堂刻本

鈐:内史之章　俟官楊浚

四册　38471-38474

善 435.33/Ao64

1114

蘇文忠公詩集五十卷目錄二卷

宋蘇軾撰　清紀昀評點

清同治八年韞玉山房廣州刻翰墨園
　　朱墨套印本

鈐:陳氏賜書樓珍藏印

十二册　38323-38334

475.22/Gx24

1115

蘇東坡詩集注三十二卷失編一卷附年
　　譜一卷

宋蘇軾撰　宋呂祖謙編　題宋王十
　　朋集注　（年譜）宋王宗稷編

清康熙三十七年朱從延文蔚堂刻本

鈐:古香　楙復之印

十六册　38515-38530

475.22/Ao15

1116

蘇詩查注補正四卷

宋蘇軾撰　清查慎行注　清沈欽韓
　　補正

清光緒八年長洲蔣氏心矩齋刻本
　　（心矩齋叢書本）

二册　38588-38589

475.22/Dz78

1117

蘇詩查注補正四卷

宋蘇軾撰　清查慎行注　清沈欽韓
　　補正

清光緒二十年廣雅書局刻本（廣雅
　　書局叢書本）

二册　48843-48844

475.22/Dz78

1118
蘇文忠公詩編註集成四十六卷集成總
　　案四十五卷諸家雜綴酌存一卷蘇
　　海識餘四卷牋詩圖一卷
宋蘇軾撰　清王文誥輯訂
清嘉慶二十四年武林王文誥韻山堂
　　刻本
二十四册　38534–38557
475.22/Ao38

1119
角山樓蘇詩評注彙鈔二十卷附錄三卷
　　目錄二卷
宋蘇軾撰　清趙克宜輯訂
清咸豐二年丹徒趙氏刻本
十二册　38558–38569
475.22/Bp10

1120
欒城集五十卷後集二十四卷三集十卷
　　應詔集十二卷
宋蘇轍撰
明萬曆間清夢軒刻本
鈐:吳興沈朗倩家藏文笈　三山陳氏
　　居敬堂圖書
十六册　38483–38498
善 435.34/Gx28

1121
欒城集四十八卷後集二十四卷三集十卷
宋蘇轍撰
清道光十二年眉州三蘇祠刻本（三

蘇全集本）
十六册　38499–38514
陳 435.34/Gx28

1122
豫章黃先生文集三十卷外集十四卷別
　　集二十卷簡尺二卷詞一卷附山谷
　　先生年譜三十卷別傳一卷
宋黃庭堅撰　（山谷先生年譜）宋黃
　　䇓編　（別傳）明周季鳳撰
明弘治十八年葉天爵刻明嘉靖六年
　　徐岱、喬遷、余載仕增修本
存文集三十卷別集二十卷外集十四卷
鈐:曾在李鹿山處　三山陳氏居敬堂
　　圖書
二十四册　38842–38865
善 435.36/As38

1123
黃詩全集五十八卷（山谷詩內集注
　　二十卷山谷詩外集注十七卷補四
　　卷山谷詩別集注二卷補一卷重刻
　　山谷先生年譜十四卷）
宋黃庭堅撰　宋任淵、宋史容、宋史
　　季溫注　（重刻山谷先生年譜）
　　宋黃䇓撰　清謝啓昆輯補
清乾隆五十四年南康謝氏樹經堂刻本
鈐:許喬林印　石華藏書子孫永寶鬻
　　及借人是皆不孝　味青齋藏書
二十册　38291–38310
陳 435.36/As38

1124
山谷詩集注二十卷山谷外集詩注十七

卷山谷別集詩注二卷

　宋黃庭堅撰　宋任淵注　（外集）宋

　　史容注　（別集）宋史季溫注

　清光緒二十一年至二十六年義寧陳

　　三立影宋刻本

　二十冊　44782–44801

　陳 435.36/Ao38

1125

後山先生集二十四卷首一卷

　宋陳師道撰

　清光緒十一年番禺陶福祥愛廬刻本

　六冊　38477A–E

　435.38/Lx76

1126

游鷹山先生集十卷前集一卷

　宋游酢撰

　清乾隆七年刻十一年增刻道光二十

　　一年重修同治三年補刻本

　六冊　37224–37229

　435.36/Dp22

1127

楊龜山先生集四十二卷首一卷

　宋楊時撰

　清光緒五年至七年道南祠玉華山館

　　刻夏子鎔等重修本

　鈐:陳氏賜書樓珍藏印

　八冊　38103–38110

　435.41/Bw64

1128

學易集八卷首一卷

　宋劉跂撰

　清乾隆四十二年福建刻道光同治遞

　　修本（武英殿聚珍版書本）

　二冊　38400–38401

　435.59/Kt68

1129

劉左史文集四卷

　宋劉安節撰

　清同治十二年刻本（永嘉叢書本）

　與劉給諫文集合函

　一冊　35970

　455.6/Kt31

1130

宗忠簡公集八卷首一卷附忠簡公年譜

　　一卷

　宋宗澤撰　（忠簡公年譜）宋喬行

　　簡編

　清光緒二十四年黃氏刻本

　四冊　38828–38831

　435.42/Cs46

1131

劉給諫文集五卷

　宋劉安上撰

　清同治十二年刻本（永嘉叢書本）

　與劉左史文集合函

　一冊　35971

　455.6/Kt31

1132

羅豫章先生集十二卷首一卷末一卷

　宋羅從彥撰　清黃植亨重訂

清光緒八盱江謝甘棠刻本
鈐:陳氏賜書樓珍藏印
四册　36395–36398
435.42/GP78

1133
苕溪集五十五卷
　宋劉一止撰
　清宣統三年沈耀勳刻本
　鈐:其見室藏書印
　四册　38640–38643
435.44/Kt10

1134
瀘溪詩文十六卷
　宋王庭珪撰
　清同治七年蒙岡王氏好古堂刻本
　四册　38319–38322
435.44/Ao38

1135
梁谿先生文集一百八十卷年譜一卷行
　　狀三卷附錄一卷
　宋李綱撰
　清道光十四年刻本
　鈐:私立福建協和大學圖書館陳弢庵
　　先生書庫藏
　三十四册　38590–38623
　陳 435.46/Ao06

1136
忠正德文集十卷附錄一卷
　宋趙鼎撰　清道光十一年會稽吳傑
　　刻本

六册
32862–32867
陳 435.47/BP60

1137
陳少陽集十卷首一卷
　宋陳東撰　清劉德麟重輯
　清光緒十六年敦善堂刻本
　二册　38532–38533
435.47/Lx18

1138
北山文集三十卷首一卷末一卷
　宋鄭剛中撰
　清同治十二年胡氏退補齋刻本（金
　　華叢書本）
　鈐:陳氏賜書樓珍藏印
　八册　38688–38695
　陳 435.47/Du65

1139
鄱陽集四卷首一卷末一卷
　宋洪皓撰
　清同治九年三瑞堂刻本（洪氏晦木
　　齋叢書本）
　鈐:陳氏賜書樓珍藏印
　一册　36016
435.74/Ds72

1140
傅忠肅公文集三卷首一卷末一卷
　宋傅察撰　宋傅伯壽編
　清光緒九年演慎齋刻本（傅氏續錄
　　本）

鈐：小雄山民

三册　38220-38222

435.4/Hs34

1141

韋齋集十二卷首一卷附玉瀾集一卷

宋朱松撰　（玉瀾集）宋朱槔撰

清雍正六年朱玉刻考亭書院印本

六册　32894-32899

善 435.51/Hx24

1142

倪石陵書一卷

宋倪朴撰

清道光十三年慎德堂木活字印本

一册　38124

455.6/Hz24

1143

宋劉文靖公屏山全集二十卷首一卷末
　　一卷附考異一卷

宋劉子翬撰　（考異）清潘政明撰

清光緒二十七年武夷潘氏雲屏山房
　　刻本

六册　35824-35829

435.52/Kt91

1144

岳忠武王文集八卷年譜一卷末一卷

宋岳飛撰　（年譜、卷末）黃邦寧輯

清光緒十二年上海簡玉山房刻本

四册　37905-37908

435.53/As86

1145

宋王忠文公文集五十卷目錄四卷附梅
　　溪王忠文公年譜一卷

宋王十朋撰　（梅溪王忠文公年譜）
　　清徐炯文編

清光緒二年溫州梅溪書院重刻本

二十册　35986-36005

435.55/Co74

1146

艾軒集十卷

宋林光朝撰

舊抄本

四册　38119-38122

475.57/Bx50

1147

盤洲文集八十卷首一卷末一卷附校記
　　一卷

宋洪适撰　（校記）清洪汝奎撰

清同治間涇縣洪氏晦木齋刻光緒
　　十年續刻本（洪氏晦木齋叢
　　書本）

十二册　36227-36238

435.57/Ds78

1148

洪文敏公文集八卷

宋洪邁撰

清抄本

鈐：陳氏賜書樓珍藏印

二册　36014-36015

435.59/Ds68

1149

劍南詩鈔六卷

　宋陸游撰　清楊大鶴選

　清光緒三十三年許貞幹味青齋鉛印本

　六册　37997-38002

　475.46/Bw18

1150

范石湖詩集注三卷

　宋范成大撰　清沈欽韓注

　清光緒十九年廣雅書局刻本（廣雅

　　書局叢書本）

　一册　48842

　475.45/Dz78

1151

誠齋詩集十六卷

　宋楊萬里撰

　清嘉慶間吳江徐氏刻本

　八册　38339-38346

　475.39/Bw64

1152

朱子集一百四卷目錄二卷

　宋朱熹撰

　清咸豐十年刻紫霞洲祠堂印本

　鈐:朱爾英印　幼衡　陳氏賜書樓珍

　　藏印　楸復之印

　三十九册　38054-38093（内闕一册）

　陳 435.62/Hx14

1153

朱子古文節選二卷

　宋朱熹撰　清杜宗嶽評選

清咸豐元年寶孺堂刻本

　二册　32400-32401

　455.9/Bp34

1154

艮齋先生薛常州浪語集三十五卷

　宋薛季宣撰

　清同治十年瑞安孫氏江蘇刻本（永

　　嘉叢書本）

　鈐:陳氏賜書樓珍藏印

　六册　35637-35642

　435.63/Gu81

1155

羅鄂州小集六卷羅鄂州遺文一卷

　宋羅願撰　（羅鄂州遺文）宋羅頌撰

　清光緒十九年黟縣李氏刻本

　二册　38685-38686

　435.63/GP24

1156

呂東萊先生文集二十卷首一卷

　宋呂祖謙撰　清王崇炳編

　清同治七年永康胡氏退補齋刻本

　　（金華叢書本）

　十册　38832-38841

　435.64/Go42

1157

陸象山先生全集三十六卷附少湖徐先

　　生學則辯一卷

　宋陸九淵撰　（少湖徐先生學則辯）

　　明徐階撰

　清雍正六年刻本

十二册　36467–36478

陳 435.64/LP79

1158

東塘集二十卷

　宋袁說友撰

　清三山陳氏居敬堂抄本

　鈐:三山陳氏居敬堂圖書　私立福建

　　　協和大學圖書館陳弢庵先生書

　　　庫藏　福建協和大學陳弢庵先

　　　生書庫珍藏　福建協和大學陳

　　　弢庵書庫藏

　十册　37776–37785

　435.65/Ax40

1159

章泉稿五卷拾遺一卷

　宋趙蕃撰　（拾遺）清孫星華輯

　清乾隆四十二年福建刻道光同治遞

　　修本（武英殿聚珍版書本）

　二册　38396–38397

　435.71/BP61

1160

雲莊先生劉文簡公文集十二卷首一卷

　宋劉爚撰

　清同治九年劉捷元刻本

　四册　38098–38101

　435.72/Kt46

1161

水心先生文集二十九卷補遺一卷

　宋葉適撰

　清光緒八年瑞安孫氏刻本（永嘉叢

書本）

　鈐:棩復之印

　十二册　35705–35716

　435.73/Gs38

1162

方泉先生詩集三卷

　宋周文璞撰

　清宣統元年上海國光社影印清朱彝

　　尊寫本

　鈐:陳氏賜書樓珍藏印

　一册　38395

　435.79/Ho38

1163

平齋文集三十二卷拾遺一卷空同詞一

　卷校勘記一卷

　宋洪咨夔撰　清洪汝濂輯　（空同

　　詞）宋洪璪撰　（校勘記）清

　　洪汝奎撰

　清同治十一年刻空同詞十二年刻本

　　（洪氏晦木齋叢書本）

　四册　38335–38338

　435.79/Ds41

1164

魏鶴山先生渠陽詩一卷

　宋魏了翁撰　宋王德文注

　清光緒二十八年貴池劉世珩玉海堂

　　刻本（玉海堂景宋元本叢書本）

　一册　38219

　475.6/Ks95

1165

鶴山文鈔三十二卷附周禮折衷四卷師

友雅言一卷
宋魏了翁撰
清同治十三年盱眙吳棠望三益齋刻
　　本
十四冊　38253–38266
435.76/Ks95

1166
杜清獻公集十九卷首一卷補遺一卷附錄
　　一卷校注一卷杜清獻公年譜一卷
宋杜範撰　清王棻輯　（校注、年譜）
　　清王棻、王蜆撰
清同治九年吳縣孫氏九峯書院刻光
　　緒六年重修本
六冊　38574–38579
435.77/BP70

1167
蛟峯集七卷外集三卷附山房先生遺文
　　一卷外集一卷
宋方逢辰撰　（山房先生遺文）宋方
　　逢振撰
清三山陳氏抄本
鈐：三山陳氏居敬堂圖書　私立福建
　　協和大學圖書館陳弢庵先生書
　　庫藏　福建協和大學陳弢庵先
　　生書庫珍藏
四冊　37820–37823
435.86/Cy78

1168
廬陵宋丞相信國公文忠烈先生全集十六
　　卷附文忠烈公從祀原案錄一卷
宋文天祥撰　清文有煥等編

清雍正三年五桂堂刻後印本
鈐：楙復之印
十二冊　35972–35983
435.81/Cx18

1169
馮秋水先生評定存雅堂遺稿十三卷
宋方鳳撰
清同治十三年方爽齋木活字印本
存卷一至十一
二冊　32817–32818
435.86/Cy74

1170
晞髮集十卷遺集二卷遺集補一卷謝皋羽
　　先生年譜一卷冬青樹引註一卷登
　　西臺慟哭記註一卷天地間集一卷
宋謝翱撰　（謝皋羽先生年譜）清徐
　　沁編　（冬青樹引註、登西臺慟哭
　　記註）宋謝翱撰　明張丁注
　　（天地間集）謝翱輯
清光緒二年韓陽秋井家塾刻本
缺謝皋羽先生年譜一卷
鈐：楙復之印
二冊　38776–38777
435.87/Ds77

1171
吾汶稿十卷補遺一卷
宋王炎午撰
清光緒三十四年上海國學保存會鉛
　　印本（國粹叢書本）
鈐：陳幾士
一冊　37670

455.9/Ao48

金元之屬

1172
閑閑老人滏水文集二十卷附錄一卷校
　　札記二卷
　　金趙秉文撰　（校札記）清吳重憙撰
　　清光緒二十九年海豐吳氏刻本（石
　　　蓮盦彙刻九金人集本）
　　八冊　35655–35662
　　陳 435.93/BP88

1173
滹南遺老集四十五卷詩集一卷續編詩
　　集一卷
　　金王若虛撰
　　清光緒五年定州王氏謙德堂刻本（畿
　　　輔叢書本）
　　鈐：君耆　許珩之印
　　六冊　34313–34318
　　435.91/Ao61

1174
元遺山先生集四十卷首一卷續夷堅志
　　四卷新樂府四卷附錄一卷補載一
　　卷年譜一卷年譜一卷年譜二卷
　　金元好問撰　清張穆編　（附錄）明
　　　儲瓘輯　（補載）清施國祁輯
　　　清張穆補輯　（年譜）清翁方
　　　綱編　（年譜）清施國祁編
　　　（年譜）清凌廷堪編
　　清光緒七年讀書山房刻本（元遺山
　　　先生全集九種本）

鈐：私立福建協和大學圖書館印
十七冊　35783–35799
陳 435.92/Az02

1175
元遺山詩集箋注十四卷首一卷末一卷
　　金元好問撰　元張德輝編　清施國
　　　祁箋注
　　清道光二年南潯蔣氏瑞松堂刻本
　　四冊　38735–38738
　　475.4/Az02

1176
水雲邨吟稿十二卷首一卷末一卷
　　元劉壎撰　清劉冠寰編　清劉凝箋注
　　清道光十年劉斯嵋愛餘堂刻本
　　三冊　37659–37661
　　476.05/Kt24

1177
靜修先生文集十二卷
　　元劉因撰
　　清光緒五年定州王氏謙德堂刻本（畿
　　　輔叢書本）
　　四冊　38467–38470
　　436.28/Kt61

1178
趙文敏公松雪齋全集十卷外集一卷續
　　集一卷
　　元趙孟頫撰
　　清康熙五十二年曹培廉城書室刻本
　　鈐：樂玩不倦　溶川珍藏書畫之印
　　　溶川氏珍藏印

四册　35689–35692

　善 436.32/BP91

1179

鄧文肅公巴西集二卷

　元鄧文原撰

　清光緒二十五年左綿吳氏刻本

　一册　37239

　436.34/Lu38

1180

金淵集六卷

　元仇遠撰

　清乾隆間武英殿木活字印本（武英

　　殿聚珍版書本）

　鈐：名不在鄉曲　石氏楳花蘭亭館

　　　石鐵華梅花蘭亭館　石銕華

　　　吳郡石賚良銕華氏藏　賚良銕

　　　華　澹吾道人

　一册　37658

　476.16/Hz18

1181

清容居士集五十卷附札記一卷

　元袁桷撰　（札記）清郁松年撰

　清道光二十年上海郁氏刻本（宜稼

　　堂叢書本）

　鈐：東癸左

　八册　37931–37938

　陳 436.37/Ax26

1182

雁門集六卷詩餘一卷補遺一卷雁門倡

　　和錄一卷別錄一卷

元薩都剌撰　明薩琦編　（雁門倡和

　　錄、別錄）清薩龍光輯

清宣統二年侯官薩氏刻本

　六册　31917–31921

　476.31/GP26

　又一部四册　37235–37238

　476.31/GP18

1183

馬石田集十五卷

　元馬祖常撰

　舊抄本

　鈐：三山陳氏居敬堂圖書

　十册　37699–37708

　善 436.48/As42

1184

續軒渠集十卷補遺一卷附錄一卷杏庭

　　摘稿一卷

　元洪希文撰　（杏庭摘稿）元洪炎

　　祖撰

　清光緒六年于杉直槐清館刻本

　二册　32199–32200

　436.51/Ds75

1185

至正集八十一卷

　元許有壬撰

　清宣統三年河南教育總會石印本

　十册　35663–35672

　436.53/Du11

1186

安雅堂集十三卷

元陳旅撰

舊抄本

鈐:閩縣陳氏賜書樓藏善本圖書　私
　　立福建協和大學圖書館陳羑庵
　　先生書庫藏

六册　37786–37791

436.54/Lx48

1187

鐵崖詩集三種

　元楊維楨撰　清樓卜瀍注

　清宣統二年掃葉山房石印本

　　鐵崖樂府註十卷

　　鐵崖詠史註八卷

　　鐵崖逸編註八卷

　　十册　32626–32635

　　476.27/Bw02

1188

丹邱生集五卷補遺一卷附錄一卷

　元柯九思撰　曹元忠、繆荃孫輯

　清光緒三十四年武昌柯氏息園刻本

　二册　35984–35985

　436.49/Bt70

1189

不繫舟漁集十六卷

　元陳高撰

　清抄本

　鈐:閩縣陳氏賜書樓藏善本圖書

　十册　38760–38769

　善 436.67/Lx31

1190

友石山人遺稿一卷

元王翰撰

陳氏聽水第二齋抄本

鈐:小雄山民

一册　38094

476.35/Ao27

1191

友石山人遺稿一卷

　元王翰撰

　民國福建通志局抄本

　過錄黃曾樾跋

　一册　38095

　476.35/Ao27

明代之屬

1192

新喻梁石門先生集十卷首一卷末一卷

　明梁寅撰

　清光緒十五年射洪鍾體志刻本

　六册　36325–36330

　436.64/Ds34

1193

藍山集六卷

　明藍仁撰

　清光緒四年侯官郭柏蒼枕石草堂刻
　　本（二藍集本）

　一册　37880

　477.1/Go72

1194

藍澗集六卷

明藍智撰

清光緒六年至十年侯官郭氏枕石草
　　堂刻本（二藍集本）

一冊　37881

477.1/Go71

1195

竹齋詩集四卷

　明王冕撰

　清光緒間邵武徐氏刻本（邵武徐氏
　　叢書本）

　二冊　38191–38192

　477.1/Ao60

1196

方正學先生遜志齋集二十四卷附方學
　　正先生年譜一卷

　明方孝孺撰　（方學正先生年譜）明
　　盧演撰

　清康熙間刻本

　鈐:錢唐丁氏正修堂藏書　四庫著錄

　十六冊　38812–38827

　善 437.18/Cz11

1197

東里文集二十五卷別集三卷附太師楊
　　文貞公年譜一卷

　明楊士奇撰　（太師楊文貞公年譜）
　　明楊思堯、楊汝敬編

　清光緒二年泰和楊覲光刻西昌楊氏
　　敦本堂印本

　四冊　35830–35833

　437.21/Bw11

1198

金文靖公集十卷

　明金幼孜撰　明金昭伯編

　清木活字印本

　七冊　38727–38733

　437.2/Ho07

1199

解文毅公集十六卷後集六卷首一卷附
　　錄一卷目錄二卷

　明解縉撰

　清乾隆三十二年解氏敦仁堂刻本

　十冊　36071–36080

　437.22/Hu02

1200

兩谿詩集四卷文集二十四卷

　明劉球撰

　清乾隆三十五年至三十八年安成劉
　　氏刻本

　闕文集卷一至三

　七冊　36485–36491

　437.25/Kt24

1201

竹巖集十八卷補遺一卷續補遺一卷附
　　錄一卷

　明柯潛撰

　清光緒十四年莆田柯氏刻本

　四冊　37003–37006

　陳 437.34/Bt42

1202

謙齋文錄四卷

明徐溥撰

清光緒二年世德堂木活字印本

四册　36381-36384

陳 437.35/Hs44

1203

白沙子全集九卷附錄一卷

明陳獻章撰

明萬曆四十年新會何上新刻本

鈐:林復之印

八册　36035-36042

善 437.35/Lx64

1204

懷麓堂全集一百卷（懷麓堂詩稿二十
　　卷文稿三十卷詩後稿十卷文後稿
　　三十卷雜記十卷）

明李東陽撰

清嘉慶八年刻仰斗齋印本

二十册　35896-35915

陳 437.43/Ao18

1205

古城文集六卷首一卷補遺一卷

明張吉撰

清康熙三十年楊楡刻本

四册　36435-36438

善 437.5/Lx72

1206

石淙詩鈔十五卷附王李諸公詩一卷

明楊一清撰　明李夢陽等編 （王李
　　諸公詩）明王守仁、李東陽撰

清嘉慶二十一年刻本

鈐:其見天地之心　陳氏賜書樓珍
　　藏印

六册　38169-38174

477.5/Bw10

1207

懷星堂全集三十卷

明祝允明撰

清宣統二年中國書畫會鉛印本

八册　33927-33934

437.45/Dz00

1208

鄭山齋先生文集二十四卷

明鄭岳撰

明萬曆十九年莆田鄭炫刻清增修本

鈐:陳氏賜書樓珍藏印

六册　37162-37167

437.47/Du86

1209

六如居士全集二十四卷（六如居文集
　　七卷補遺一卷外集六卷制義一卷
　　墨亭新賦一卷畫譜三卷花鄔聯吟
　　四卷補一卷）

明唐寅撰　清唐仲冕編

清嘉慶六年長沙唐仲冕果克山房刻本

鈐:林復之印

六册　36479-36484

437.48/Co34

1210

甫田集三十六卷

明文徵明撰

清宣統三年上海千頃堂書莊鉛印本
十二册　33885–33896
437.48/Cx78

1211

空同詩集三十四卷
明李夢陽撰
清光緒十五年渭南嚴氏刻本
六册　38754–38759
477.5/Ao63

1212

康對山先生文集十卷附錄一卷
明康海撰　清孫景烈選
清乾隆二十六年武功縣署刻本
鈐:陳氏賜書樓珍藏印
六册　36415–36420
437.61/Ls64

1213

傅木虛集十五卷
明傅汝舟撰
清光緒七年郭氏沁泉山館刻本（明
　　閩中高傅二山人集本）
三册　34833–34835
477.5/Du22

1214

紫峯陳先生文集十三卷首一卷附陳紫
　　峯先生年譜一卷
明陳琛撰　（陳紫峯先生年譜）明陳
　　敦復、陳敦豫編
清乾隆三十三年刻五十四年增修光
　　緒十七年補修本

五册　37431–37435
437.54/Lx28

1215

東洲膌稿二卷附錄一卷
明夏良勝撰
清光緒十三年刻本
鈐:還讀樓藏書記
一册　38023
437.5/Ax38

1216

鈐山堂集四十卷
明嚴嵩撰
清嘉慶十一年嚴氏刻本
鈐:陳氏賜書樓珍藏印
十册　37688–37697
陳 437.6/Gx51

1217

何大復先生集三十八卷附錄一卷
明何景明撰
清乾隆十五年何氏賜策堂刻本
八册　37662–37669
善 437.56/Ht64

1218

忠節馬光祿先生軼詩一卷附侍御馬師
　　山先生軼詩一卷
明馬思聰撰　（侍御馬師山先生軼
　　詩）明馬明衡撰
清光緒二十四年劉鴻年刻本
即馬忠節父子合集
一册　37161

437.5/As64

1219
鄭少谷先生全集二十四卷首一卷
　明鄭善夫撰
　清乾隆四十二年裕光堂刻本
　鈐:初復樓陳印
　十册　34806-34815
　437.58/Du41

1220
蟻蠓集五卷
　明盧柟撰
　明萬曆三十年濬縣張其忠刻清乾隆
　　　十年黎陽劉曈補刻同治四年重
　　　修本
　鈐:陳氏賜書樓珍藏印
　四册　37943-37946
　437.65/Fo22

1221
張龍湖先生文集十五卷詩餘一卷
　明張治撰　清彭思眷編
　清雍正四年茶陵彭思眷刻墨香閣印本
　鈐:陳氏賜書樓珍藏印
　四册　37919-37922
　善 437.62Lx42

1222
弘藝錄三十二卷首一卷
　明邵經邦撰
　清康熙二十四年邵遠平刻本
　鈐:陳氏賜書樓珍藏印
　五册　37230-37234

437.6/Lu02

1223
石谿文集八卷
　明王希旦撰
　明王國珪刻本
　鈐:陳氏賜書樓珍藏印
　四册　36508-36511
　善 437.6/Ao75

1224
小山類稿選二十卷
　明張岳撰
　明萬曆間刻天啓間增刻清乾隆間重
　　　修本
　六册　35964-35969
　善 437.63/Lx86

1225
半洲詩集七卷
　明張經撰
　清咸豐七年福州鳳池書院刻本
　六册　36389-36394
　477.6/Lx02

1226
石門集七卷
　明高濲撰
　光緒七年福州郭氏沁泉山館刻本（明
　　　閩中高傅二山人集本）
　一册　34832
　477.5/Du21

1227
雲岡文集二十卷首一卷

明龔用卿撰
清光緒二十九年龔彞圖刻武陵南墅
　　印本
鈐：陳氏賜書樓珍藏印
十册　37019–37028
457.8/Ds75

1228
田叔禾小集十二卷
　明田汝成撰
　清光緒二十三年錢塘丁氏嘉惠堂刻
　　本（武林往哲遺著本）
　六册　38193–38198
　437.68/Go42

1229
正氣堂集十六卷近稿一卷鎮閩議稿一卷
　　洗海近事二卷餘集四卷續集七卷
　明俞大猷撰
　清道光二十一年味古書室刻本
　存正氣堂集十六卷近稿一卷鎮閩議
　　稿一卷
　十册　37792–37801
　437.65/At18

1230
羣玉樓稿八卷
　明李默撰
　明萬曆元年建安李氏刻增修本
　十四册　36934–36947
　善　437.6/Ao64

1231
震川先生集三十卷別集十卷附錄一卷

明歸有光撰　清歸莊校勘　清歸玠
　　編輯
清光緒元年常熟歸氏刻本
鈐：楙復之印
十册　36649–36658
437.66/Hu11

1232
重刊校正唐荊川先生文集十二卷外集
　　三卷附錄一卷補遺五卷
　明唐順之撰
　清光緒三十年江南書局刻本
　十册　36421–36430
　437.68/Co74

1233
滄溟先生集三十卷附錄一卷
　明李攀龍撰
　清道光二十七年濟南李氏刻景福堂
　　印本
　八册　36006–36013
　437.69/Ao25

1234
山帶閣集三十三卷附錄一卷
　明朱曰藩撰
　清道光十五年宜祿堂刻本
　鈐：楙復之印
　六册　36215–36220
　437.6/Hx61

1235
楊忠愍公全集四卷首一卷
　明楊繼盛撰

清光緒十九年味菜廬刻本

鈐:夢華僊館藏書　還讀樓藏書記

四册　36017-36020

437.69/Bw02

1236

新刻張太岳先生詩文集四十七卷（詩
　　集六卷文集四十卷太師張文忠公
　　行實一卷）

明張居正撰　（太師張文忠公行實）
　　　明張敬修等編

明萬曆間刻清江陵鄧氏二房印本

十六册　36399-36414

陳 437.72/Lx91

1237

讀書後八卷

明王世貞撰

清乾隆二十七年刻天隨堂印本

二册　29865-29866

善 049.7Ao10

1238

鳳洲筆記二十四卷續集四卷後集四卷

明王世貞撰

陳氏聽水第二齋抄本

鈐:陳氏賜書樓珍藏印

十册　33413-33422

善 437.73/Ao10

1239

亦玉堂稿十卷

明沈鯉撰

清康熙間刻本

四册　37680-37683

457.5/Dz72

1240

燕市集二卷

明王穉登撰

明隆慶四年靖江朱宅快閣刻本

舊題王百穀六種之一

鈐:术圃　率山樵　夢華僊館　私立
　　福建協和大學圖書館陳弢庵先
　　生書庫藏　福建協和大學陳弢
　　庵書庫藏　福建協和大學陳弢
　　庵先生書庫珍藏

一册　36431

善 437.74/Ao86

1241

清苕集二卷

明王穉登撰

明萬曆三十一年范東生刻本

舊題王百穀六種之一

鈐:夢華僊館　术圃　程從孝

一册　36434

善 437.74/Ao86

1242

金昌集四卷

明王穉登撰

明刻本

舊題王百穀六種之一

鈐:术圃　從孝

一册　36432

善 437.74/Ao86

1243

荆溪疏二卷

　　明王穉登撰

　　明萬曆間吳宅雲栖館刻本

　　舊題王百穀六種之一

　　鈐:术圃　程從孝　率山樵　私立福

　　　　建協和大學圖書館陳毅庵先生

　　　　書庫藏　福建協和大學陳毅庵

　　　　書庫藏　福建協和大學陳毅庵

　　　　先生書庫珍藏

　　一册 39391

　　善 432.74/Ao86

1244

客越志二卷

　　明王穉登撰

　　明萬曆間延陵吳氏蕭疎齋刻本

　　舊題王百穀六種之一

　　鈐:夢華僊館

　　一册 39392

　　善 432.74/Ao86

1245

明月篇二卷

　　明王穉登撰

　　明萬曆間刻本

　　舊題王百穀六種之一

　　鈐:夢華僊館　术圃　程從孝

　　一册 36433

　　善 437.74/Ao86

1246

月鹿堂文集八卷

　　明張師繹撰

清道光六年武進張湄刻蝶花樓印本

　　四册 37676–37679

　　457.8/Lx76

1247

百可亭摘稿九卷首一卷

　　明龐尚鵬撰

　　清道光十二年刻敦睦堂印本

　　鈐:陳氏賜書樓珍藏印

　　七册 37444–37450

　　437.6/CP51

1248

玉茗堂全集四十六卷（文集十六卷詩

　　集十八卷賦集六卷尺牘六卷）

　　明湯顯祖撰

　　明天啓間刻清康熙三十三年阮峴等

　　　修補本

　　二十册 35834–35853

　　善 437.79/Dw64

1249

數馬集五十一卷

　　明黃克纘撰　明黃道敬等編

　　明天啓間刻本

　　鈐:三山陳氏居敬堂圖書

　　十六册 36684–36699

　　善 437.7/As10

1250

鄒公存真集十二卷

　　明鄒元標撰

　　清乾隆十二年吉水鄒氏刻特恩堂印

　　　本（鄒忠介公全集本）

十册　36371-36380

437.81/Hu10

1251

馮用韞先生北海集四十六卷

　　明馮琦撰

　　明萬曆間刻本

　　二十四册　36530-36553

　　善 437.83/Ds25

1252

蒼霞草全集一百十八卷（蒼霞草二十
　　卷蒼霞草詩八卷蒼霞續草二十二
　　卷蒼霞餘草十四卷綸扉奏草三十
　　卷續綸扉奏草十四卷後綸扉尺牘
　　十卷）

　　明葉向高撰

　　明萬曆至崇禎間遞刻本

　　鈐：王士禎印　字貽上　陳氏賜書樓
　　　　珍藏印　私立福建協和大學圖
　　　　書館陳弢庵先生書庫藏　福建
　　　　協和大學陳弢庵先生書庫珍藏
　　　　福建協和大學陳弢庵書庫藏

　　五十七册　37580-37617

　　善 437.84/Gs71

1253

高子遺書十二卷附錄一卷高忠憲公年
　　譜一卷

　　明高攀龍撰　明陳龍正輯　（高忠憲
　　　　公年譜）明華允誠編

　　清光緒二年無錫東林書院刻本

　　八册　37618-37625

　　437.85/Co25

1254

程孟陽集□□卷

　　明程嘉燧撰

　　清初刻本

　　存松圓浪淘集十八卷松圓偈庵集二卷

　　鈐：三山陳氏居敬堂圖書

　　五册　36066-36070

　　437.86/KP12

1255

黎雲館類定袁中郎先生全集二十四卷

　　明袁宏道撰

　　清道光九年培原書屋刻本

　　十六册　36305-36320

　　437.78/Ax34

1256

水明樓集十四卷

　　明陳薦夫撰　明陳一元編

　　清道光二十七年刻本

　　闕卷十四

　　四册　37646-37649

　　善 437.7/Lx64

1257

曹大理詩文集□□卷

　　明曹學佺撰

　　明刻本

　　存六種

　　　　金陵初稿一卷

　　　　石倉詩稿三卷

　　　　浮山堂集一卷

　　　　夜光堂近稿一卷

　　　　福廬遊稿一卷

石倉文稿不分卷

鈐:會稽月山匋氏珍藏　梂復之印

　　私立福建協和大學圖書館陳弢

　　庵先生書庫藏

十二冊　39341–39352

善 437.88/Ao81

1258

左忠毅公集三卷附明左光先年譜二卷

　　明左光斗撰　（明左光先年譜）清左

　　宰編

　　清道光二十九年刻本

　　鈐:看雲館珍藏

　　四冊　36823–36826

　　437.88/Ao50

1259

檀園集十二卷

　　明李流芳撰

　　清康熙二十八年嘉定陸氏刻本（嘉

　　定四先生集本）

　　鈐:三山陳氏居敬堂圖書

　　四冊　36321–36324

　　437.89/Ao40

1260

鹿忠節公集二十一卷

　　明鹿善繼撰

　　清刻本

　　六冊　35673–35682

　　457.8/CP41

1261

炳燭齋文集初刻一卷續刻一卷

明顧大韶撰

清宣統元年上海國學扶輪社鉛印本

二冊　35519–35520

437.99/Ds18

1262

熊襄愍公集十卷首一卷末一卷

　　明熊廷弼撰

　　清同治十一年廈門印心書屋刻本

　　鈐:幾士印記

　　十冊　36733–36742

　　437.7/Ms88

1263

方孩未先生集十六卷

　　明方震孺撰　清李兆洛編

　　清同治七年樹德堂刻本

　　六冊　37640–37645

　　437.9/Cz18

1264

黃漳浦集五十卷首一卷末一卷附漳浦

　　黃先生年譜二卷

　　明黃道周撰　清陳壽祺編　（漳浦

　　黃先生年譜）清莊起儔編

　　清道光十年福州陳氏刻本

　　二十四冊　39253–39276

　　437.92/As48

1265

素園遺書十七卷末二卷

　　明葉廷秀撰

　　清道光四年濮州尊經閣刻本

　　六冊　37652–37657

437.92/Gs88

1266
路文貞公集一卷附一卷
　明路振飛撰
　清道光二十一年洞庭吳氏刻本
　一冊　38123
　437.9/GP28

1267
西廬文集四卷補錄一卷
　明張雋撰
　清宣統二年上海國學扶輪社鉛印本
　二冊　35523–35524
　458.2/Lx79

1268
金忠節公文集八卷
　明金聲撰
　清光緒十四年黟縣李氏刻本
　四冊　38024–38027
　457.9/Ho21

1269
寶綸堂集十卷拾遺一卷
　明陳洪綬撰
　清光緒十四年董氏取斯堂木活字印本
　八冊　35385–35392
　438.11/Lx44

1270
盧忠肅公集十二卷（奏議十卷文集二
　　卷）首一卷附盧忠肅公遺翰一卷
　　明大司馬雙印記一卷
　明盧象升撰
　清光緒元年宜興盧氏家祠刻三十四
　　年重修本
　八冊　38223–38230
　437.96/Fo78

1271
清江楊忠節公遺集六卷附二卷
　明楊廷麟撰
　清光緒五年蕭江書院刻本
　八冊　38111–38118
　437.9/Bw88

1272
史忠正公集四卷首一卷末一卷
　明史可法撰　（卷首、卷末）清史山
　　清輯
　清咸豐六年史兆霖追遠堂刻本
　鈐:陳氏賜書樓珍藏印
　四冊　38199–38202
　437.98/Gx15

1273
寒支初集十卷二集四卷
　明李世熊撰　清李向旻編
　清同治十三年刻本
　十四冊　37626–37639
　437.99/Ao10

1274
陶菴集二十二卷首一卷末一卷
　明黃淳耀撰
　清光緒五年童式穀刻本
　鈐:其見室藏書印

八冊　36439-36446

437.99/As42

1275

聖雨齋詩文集十卷（詩集三卷詩餘一
　　卷賦二卷文集四卷）問魚篇二卷
　　附錄一卷

明周拱辰撰

清道光三年橋李周氏刻聖雨齋印本

鈐:詒燕堂藏

六冊　37089-37094

437.9/Ho24

1276

蔡忠烈公遺集四卷

明蔡道憲撰　清鄧顯鶴原編　清夏
　　獻雲重編

清光緒六年長沙蓬萊山房刻本

四冊　37157-37160

437.99/Gs48

1277

陳忠裕全集三十卷兵垣奏議一卷首一
　　卷末一卷自著年譜三卷

明陳子龍撰

清嘉慶八年籈山草堂刻本

十二冊　36021-36032

437.99/Lx91

1278

敬亭集十卷補遺一卷附錄一卷姜貞毅
　　先生自著年譜一卷府君貞毅先生
　　年譜續編一卷

明姜垓撰　（府君貞毅先生年譜續

編）清姜安節編

清光緒十五年山東書局刻本

四冊　36680-36683

437.99/Do28

1279

張蒼水全集十二卷補遺一卷附錄四卷

明張煌言撰

清宣統元年上海國學保存會鉛印本
　　（國粹叢書本）

存卷一至七

一冊　47045

437.99/Lx61

1280

夏節愍全集十卷首一卷末一卷補遺一
　　卷續補遺一卷

明夏完淳撰　明陳均編　清莊師洛輯

清嘉慶十二年婁縣陳氏刻本

二冊　36033-36034

437.99/Ax30

1281

邱邦士文集十八卷

明邱維屏撰

清光緒元年周氏文一山房刻本

八冊　37327-37334

438.16/Ku02

清代之屬

1282

林茂之詩選二卷

清林古度撰　清王士禛選

清康熙四十九年程哲刻本

　鈐:真州吳氏有福讀書堂藏書　劉

　　昊南　常明劉氏斷夫書印

　一册　38102

　善 437.91/Bx11

1283

夏峯先生集十四卷補遺二卷首一卷

　清孫奇逢撰

　清道光二十五年大梁書院刻本

　八册　36518-36525

　438.11/Ls15

1284

霜紅龕集四十卷附錄三卷傅青主先生

　　年譜一卷

　清傅山撰　（附錄、年譜）清丁寶銓輯

　清宣統三年山陽丁氏刻本

　四册　34432-34435

　438.19/Ks56

1285

恥躬堂文集二十卷

　清王命岳撰

　清康熙二十三年王吉人等刻本

　鈐:内史之章　疾官楊浚　陳恭甫藏

　　楊雪滄得　私立福建協和大學

　　圖書館印

　六册　32221-32226

　善 438.2/Ao76

1286

梅村詩集箋注十八卷

　清吳偉業撰　清吳翌鳳箋注

清嘉慶十九年嚴榮滄浪吟榭刻本

　鈐:卷葹閣印　嵩江珍賞　陳氏賜書

　　樓珍藏印

　十册　34490-34499

　478/Gx90

1287

佳山堂詩集十卷二集九卷

　清馮溥撰

　清康熙間古吳朱士儒刻本

　八册　33986-33993

　善 478.1/Ds44

1288

樹廬文鈔十卷

　清彭士望撰

　清道光四年彭氏冠石山房刻本

　四册　37347-37350

　458.2/Bw11

1289

蘭雪堂詩稿七卷

　清王廣心撰

　清光緒二十七年雲間王氏刻本

　一册　37383

　478.2/Ao34

1290

變雅堂文集四卷詩集十卷補遺一卷附

　　錄一卷

　清杜濬撰

　清同治九年劉維楨武昌刻本

　八册　35421-35428

　438.13/BP42

1291
七頌堂詩集十卷文集二卷
　清劉體仁撰
　清同治六年劉璸刻七年增修本
　四冊　34069-34072
　438.2/Kt62

1292
藏山閣詩存十四卷文存六卷田間尺牘
　　四卷
　清錢澄之（錢秉鐙）撰
　清光緒三十四年鉛印本（龍潭室叢
　　書本）
　二冊　36297-36298
　437.9/Hw88

1293
徧行堂集十六卷
　清釋澹歸撰
　清宣統三年上海國學扶輪社鉛印本
　鈐:幾士印記
　八冊　35587-35594
　437.9/Ho71

1294
五公山人集十六卷
　清王餘佑撰　清李興祖編
　清康熙三十四年李興祖刻枕釣齋本
　四冊　35109-35112
　善 437.9/Ao84

1295
定山堂詩集四十三卷詩餘四卷
　清龔鼎孳撰

清光緒九年聖彝書屋刻民國十三年
　　瞻蔍齋重校印本
　十六冊　36884-36899
　478.1/Ds60

1296
偶更堂文集二卷詩稿二卷
　清徐作肅撰
　清康熙二十九年傳盛社刻本
　二冊　32933-32934
　438.17/Hs72

1297
寒松堂全集十二卷年譜一卷
　清魏象樞撰
　清嘉慶十六年魏煜刻本
　十三冊　34400-34412
　陳 438.18/Ks78

1298
鳴鶴堂文集十卷詩集十一卷
　清任源祥撰　清瞿源洙集評　清任
　　道鎔彙輯
　清光緒十五年刻本
　鈐:陳氏賜書樓珍藏印
　六冊　32188-32193
　438.2/HP44

1299
陋軒詩六卷續二卷
　清吳嘉紀撰　清夏荃輯
　清道光十一年泰州夏氏刻本
　四冊　37816-37819
　478.2/Gs12

1300
壯悔堂文集十卷
　清侯方域撰
　清嘉慶十九年侯資燦刻本
　四册　34782-34785
　458.18/Hs37

1301
託素齋詩集四卷文集六卷附行述一卷
　清黎士弘撰
　清雍正二年黎致遠刻乾隆三十八年
　　修補本
　十册　34715-34724
　善 438.19/Ks11

1302
林蕙堂文集十二卷
　清吳綺撰
　清乾隆三十九年裛白堂刻本
　鈐:海上醉六經齋藏書之章　不遠復
　　齋　虛復私印
　十册　34855-34864
　458.2/Gs05

1303
春酒堂文集一卷
　清周容撰
　清宣統二年上海國學扶輪社鉛印本
　一册　35518
　458.1/Ho31

1304
砥齋集十二卷
　清王弘撰撰

清光緒二十年王氏敬義堂刻本
　四册　34454-34457
　458.2/Ao94

1305
堯峯文鈔四十卷文（詩）鈔十卷
　清汪琬撰　清林佶編
　清康熙三十二年林佶寫刻本
　五册　36976-36980
　善 438.24/DP20

1306
范忠貞公全集四卷首一卷附錄一卷
　清范承謨撰
　清光緒二十一年刻本
　四册　35484-35487
　438.24/Gz98

1307
湖海樓全集五十一卷（詩集十二卷補
　遺一卷詞集二十卷文集六卷儷體
　文集十二卷）
　清陳維崧撰
　清乾隆六十年浩然堂刻本
　二十四册　35800-35823
　438.24/Lx02

1308
陳檢討四六二十卷
　清陳維崧撰
　清乾隆三十五年渙古山房刻本
　四册　37404-37407
　458.24/Lx02

1309
紀城詩稿四卷吳江旅嘯一卷
　清安致遠撰
　清康熙間刻本
　一冊　32937
　478.2/Co28

1310
曝書亭集八十卷附錄一卷
　清朱彝尊撰
　清康熙五十三年朱稻孫刻本
　鈐:延季　張兆熊印
　十五冊　37725-37739
　善 438.29/Kx86

1311
讀書堂綵衣全集四十六卷
　清趙士麟撰　清梁永淳等輯
　清光緒十九年浙江書局刻本（二趙
　　公集本）
　十二冊　38175-38186
　陳 048.8/BP11

1312
翁山詩外十八卷
　清屈大均撰
　清康熙三十六年刻凌鳳翔補修本
　二十四冊　34464-34487
　478.1/Lu18

1313
獨漉堂詩集十五卷文集十五卷續編一
　　卷附陳獨漉先生年譜一卷
　清陳恭尹撰　（年譜）清溫肅編

清道光五年陳量平刻民國八年印本
　十冊　36743-36752
　438.27/Lx14

1314
甌香館集十二卷首一卷補遺詩一卷補
　　遺畫跋一卷附錄一卷
　清惲格（惲壽平）撰　清蔣光煦輯
　清光緒七年刻本
　四冊　35050-35053
　478.1/Du22

1315
璇璣碎錦二卷
　清萬樹撰
　清光緒十三年方氏漱霞仙館刻本
　二冊　37384-37385
　442.7/Gs24

1316
漁洋山人文畧十四卷
　清王士禎撰
　清康熙間刻本（王漁洋遺書本）
　四冊　37544-37547
　458.2/Ao11

1317
漁洋山人精華錄箋注十二卷補一卷附
　　年譜一卷
　清王士禎撰　清金榮箋注
　清康熙五十一年鳳翽堂刻乾隆二年
　　印本
　十二冊　31901-31916
　善 478.2/Ao11

1318

漁洋山人精華錄訓纂十卷目錄二卷金
　　氏精華錄箋注辯訛一卷年譜補注
　　二卷
　　清王士禎撰　（金氏精華錄箋注辯
　　　訛、年譜補注）惠棟撰
　　清乾隆間惠氏紅豆齋刻本
　　十四冊　37369–37382
　　478.29/Ao11

1319

帶經堂集九十二卷
　　清王士禎撰　清程哲編
　　清康熙五十一年程氏七畧書堂刻本
　　鈐：七畧書堂　韓柳文章李杜詩
　　十冊　31888–31897
　　438.29/Ao11

1320

漁洋山人詩續集十六卷
　　清王士禎撰
　　清刻本（王漁洋遺書本）
　　四冊　31872–31875
　　478.2/Ao11

1321

善卷堂四六十卷
　　清陸繁詔撰　清吳自高注
　　清道光二年蘇州步月樓刻本
　　八冊　37436–37443
　　445.2/LP74

1322

青門簏稿十六卷旅稿六卷賸稿八卷
清邵長蘅撰
清康熙三十二年至三十八年青門草
　　堂刻光緒二十二年重印本
十二冊　37335–37346
438.29/Lu18

1323

存誠堂詩集二十五卷應制詩五卷
　　清張英撰
　　清光緒二十三年桐城張氏刻本（張
　　　文端集本）
　　六冊　34374–34379
　　478.2/Lx64

1324

篤素堂詩集七卷文集十六卷
　　清張英撰
　　清光緒二十三年桐城張氏刻本（張
　　　文端集本）
　　鈐：陳氏賜書樓珍藏印
　　六冊　34380–34385
　　438.19/Lx64

1325

篤素堂集鈔三卷
　　清張英撰
　　清光緒十七年江蘇書局刻本
　　一冊　32950
　　170.8/Lx64

1326

渠亭山人半部稿五卷（文稿一卷或語
　　一卷潛州集一卷娛老集一卷遺稿
　　一卷）

清張貞撰
清康熙間安丘張氏遞刻彙印本
　八冊　34506–34513
　善 458.2/Lx54

1327
古愚心言八卷
　清彭鵬撰
　清康熙間刻本
　鈐:槑復之印
　八冊　35525–35532
　善 438.19/Bx74

1328
有懷堂詩稿六卷文稿二十二卷
　清韓菼撰
　清康熙四十二年韓氏有懷堂刻本
　六冊　35393–35398
　438.29/Bu68

1329
忠裕堂文集三卷詩集十卷
　清申涵盼撰
　清道光二十七年申續曾刻本
　六冊　36512–36517
　438.29/Gt46

1330
慎修堂詩集八卷
　清廖騰煃撰　清呂履恒評
　清康熙五十五年將樂廖氏刻本
　二冊　37973–37974
　善 478.2/Cw74

1331
百尺梧桐閣詩集十六卷
　清汪懋麟撰
　清康熙間刻本
　鈐:慎靜　夢漁過目　槑復之印
　六冊　36948–36953
　438.2/DP24

1332
學文堂集□□卷
　清陳玉璂撰
　清康熙間刻本
　存詩集六卷文集八卷
　鈐:雪舟領畧
　四冊　35367–35370
　438.2/Lx14

1333
午亭文編五十卷
　清陳廷敬撰　清林佶集錄
　清康熙四十七年林佶寫刻乾隆四十
　　三年印本
　十六冊　34816–34831
　善 438.19Lx88

1334
聊齋先生文集二卷
　清蒲松齡撰
　清宣統元年上海國學扶輪社鉛印本
　二冊　35521–35522
　458.2/Gs24

1335
白石山房集□□卷

清李振裕撰

清康熙間樹滋堂刻本

存卷一至十二

三冊　35318-35320

478.2/Ao28

1336

匠門書屋文集三十卷

清張大受撰

清雍正七年顧詒祿刻本

存卷一至二十四

四冊　35355-35358

善 438.2/Lx18

1337

杕左堂集十卷（詩六卷詞四卷）

清孫致彌撰

清乾隆十九年刻本

存詩六卷

四冊　34773-34776

善 478.1/Ls18

1338

蓮洋集二十卷年譜一卷附錄一卷

清吳雯撰　清張體乾輯

清乾隆三十九年荊圃草堂刻本

十冊　32834-32843

478.1/Gs18

1339

趙恭毅公賸稿八卷

清趙申喬撰

清光緒十八年浙江書局刻本

四冊　38187-38190

438.29/BP65

1340

南畇詩稿十卷續稿十七卷南畇老人自
　　訂年譜一卷文稿十二卷

清彭定求撰

清光緒六年長洲彭祖賢刻本

九冊　35346-35354

438.31/Bw38

1341

居業堂文集二十卷

清王源撰　清趙培元編訂

清光緒五年定州王氏謙德堂刻本
　　（畿輔叢書本）

鈐：陳氏賜書樓珍藏印

六冊　36727-36732

458.2/Ao44

1342

綺樹閣賦稿一卷詩稿一卷

清安篤撰

清康熙刻安靜子集附

一冊　32938

478.2/Co74

1343

秋水堂遺集十五卷

清莊亨陽撰

清嘉慶二十一年龜山刻本

存文集六卷

鈐：枞復之印

六冊　32828-32833

438.37/GP35

1344

正誼堂集五卷附年譜一卷

　清張伯行撰

　清光緒五年固始吳氏鉛印本

　四册　36864-36867

　458.3/Lx72

1345

查浦詩鈔十二卷

　清查嗣瑮撰

　清刻本

　四册　34656-34659

　478.2/Ao62

1346

南山集十四卷補遺三卷年譜一卷

　清戴名世撰

　清光緒二十八年張仲沅木活字印本

　八册　35299-35306

　458.2/Bw71

1347

白田草堂存稿二十四卷附崇祀鄉賢錄

　　一卷先考王公府君行狀一卷

　清王懋竑撰　（崇祀鄉賢錄、行狀）

　　　清王箴聽撰

　清乾隆十七年刻本

　六册　35281-35286

　438.33/Ao24

1348

懷清堂集二十卷

　清湯右曾撰

　清乾隆間刻本

四册　35461-35464

478.1/Dw11

1349

思綺堂文集十卷

　清章藻功撰

　清康熙間刻本

　鈐:陳氏賜書樓珍藏印

　十册　37501-37510

　458.2/Ct64

1350

海康陳清端公詩集十卷文集十卷書劄

　　　一卷年譜二卷

　清陳璸撰　清丁宗洛輯

　清道光六年廣東丁氏不負齋刻本

　缺文集十卷

　四册　35084-35091

　478.2/Lx24

1351

春草堂詩鈔十卷

　清謝士驥撰　清謝曦編

　清乾隆四十二年王溱刻本

　鈐:陳氏賜書樓珍藏印

　一册　32317

　善 478.4/Ds11

1352

切問齋集十二卷首一卷

　清陸燿撰

　清光緒十八年江蘇書局刻本

　二册　36958-36959

　438.4/LP42

1353

樸學齋詩稿十卷文稿一卷

　　清林佶撰

　　清道光五年荔水莊刻本

　　鈐：臣高向瀛　穎初

　　四册　37740–37743

　　438.32/Bx72

1354

義門先生集十二卷附錄一卷義門弟子
　　姓氏錄一卷何義門先生家書四卷

　　清何焯撰　（義門弟子姓氏錄）清
　　　　韓崇等輯　（何義門先生家書）
　　　　清吳蔭培編

　　清宣統元年平江吳氏廣州刻本

　　六册　37105–37110

　　438.2/Ht46

1355

道榮堂文集六卷首一卷

　　清陳鵬年撰　陳學田等編

　　清乾隆二十七年刻本

　　八册　34660–34667

　　458.3/Lx74

1356

朱文端公文集四卷補編四卷附朱文端
　　公年譜一卷

　　清朱軾撰　（朱文端公年譜）清朱
　　　　瀚輯

　　清同治間古唐朱氏古懽齋刻本

　　八册　37188–37195

　　458.2/Kx24

1357

望溪先生文集十八卷集外文十卷補遺
　　二卷附方望溪先生年譜一卷附錄
　　一卷

　　清方苞撰　（方望溪先生年譜）清蘇
　　　　惇元輯

　　清咸豐元年桐城戴鈞衡刻本

　　十四册　36781–36794

　　438.34/Cy60

1358

唐堂集五十卷補遺二卷續八卷附冬錄
　　一卷

　　清黃之雋撰

　　清乾隆間刻本

　　鈐：三山陳氏居敬堂圖書

　　十六册　34416–34431

　　善 438.39/Ao38

1359

香屑集十八卷首一卷末一卷

　　清黃之雋撰　清陳邦直注

　　清同治十年近文堂刻本

　　四册　32419–32422

　　478.3/As38

1360

清芬樓遺稿四卷

　　清任啟運撰　清英和編

　　清光緒十四年荊溪任氏家塾刻本
　　　　（任氏遺書本）

　　鈐：陳氏賜書樓珍藏印

　　二册　34602–34603

　　458.4/Hp48

1361

沈端恪公遺書（存勵志錄二卷沈端恪
　　公年譜二卷）

　　清沈近思撰　（年譜）沈日富編

　　清同治十二年浙江書局刻本

　　按此當屬子部儒家類

　　三冊　34436-34438

　　189.43/Dz88

1362

拙存堂文初集八卷

　　清蔣衡撰

　　清乾隆間木活字印本

　　六冊　35215-35220

　　458.4/Gs85

1363

歸愚詩鈔二十卷

　　清沈德潛撰

　　清乾隆間刻本

　　鈐:何价介人　閩葉與端藏書　棨復
　　　之印

　　四冊　34725-34728

　　478.3/Dz74

1364

歸愚詩鈔二十卷文鈔二十卷

　　清沈德潛撰

　　清乾隆間刻本

　　鈐:文房至宝　何則賢一名積賢字道
　　　甫行五

　　十六冊　34729-34744

　　善 438.35/Dz84

1365

李穆堂詩文全集一百卷（穆堂初稿五十
　　卷穆堂別稿五十卷）

　　清李紱撰

　　清道光十一年珊城阜祺堂刻本

　　鈐:留餘　棨復之印

　　三十六冊　44842-44877

　　陳 438.35/Ao08

1366

孟鄰堂文鈔十六卷

　　清楊椿撰

　　清嘉慶二十年至二十四年楊魯生紅
　　　梅閣刻本

　　六冊　34540-34545

　　458.4/Bx22

1367

集虛齋學古文十二卷

　　清方楘如撰

　　清光緒十年李詩淳安縣署刻本

　　二冊　33819-33820

　　458.4/Cy94

1368

釀蜜集四卷

　　清浦起龍撰

　　清光緒二十七年靜寄東軒家塾刻本

　　四冊　35263-35266

　　960.88/Ds20

1369

二希堂文集十一卷首一卷

　　清蔡世遠撰

清乾隆四十八年刻本

　　鈐:曾經何則賢丹墨　陳氏賜書樓

　　　珍藏

　　五册　36675-36679

　　善 458.3/Gs10

1370

秋江集注六卷

　　清黄任撰　清王元麟注

　　清道光二十三年東山家塾刻本

　　六册　32232-32237

　　478.37/As82

1371

冬心先生集四卷

　　清金農撰

　　清宣統二年掃葉山房石印本

　　四册　33922-33925

　　478.3/Ho68

1372

綠蘿山莊文集二十四卷

　　清胡浚撰

　　清乾隆二十一年刻本

　　鈐:瑞室圖書　東粤何氏　闇（存

　　　疑）　環　陳幾士

　　十二册　37419-37430

　　善 458.4/BP48

1373

南華山人詩鈔十六卷賜詩更和集六卷

　　賦一卷

　　清張鵬翀撰

　　清乾隆十年刻本

存詩鈔十六卷

　　四册　32258-32261

　　478.3/Lx74

1374

謝梅莊先生遺集八卷西北域記一卷

　　清謝濟世撰　清趙炳麟輯

　　清光緒三十四年趙炳麟鉛印本

　　鈐:觀古堂

　　二册　31676-31677

　　438.38/Ds46

1375

雅雨堂詩文遺集六卷（詩集二卷文集

　　四卷）雅雨山人出塞集一卷

　　清盧見曾撰

　　清道光二十年盧樞清雅堂刻本

　　鈐:延綠唅館

　　四册　34368-34371

　　438.3/Fo60

1376

吾友于齋詩鈔二十卷

　　清張錫爵撰

　　清乾隆間刻本

　　鈐:閩三山王道徵叔蘭父印　三山王

　　　氏未子道徵印

　　四册　35054-35057

　　善 478.4/Lx77

1377

樊榭山房集外詩三卷附半巖盧遺詩二卷

　　清厲鶚撰　（半巖盧遺詩）清邵懿

　　　辰撰

清同治十三年錢塘丁氏當歸草堂刻本
一册　31801
478.3/As64

1378

樊榭山房集十卷續集十卷文集八卷集外
　　詩（游仙百詠）三卷集外詞（秋
　　林琴雅）四卷集外曲一卷又集外
　　詩一卷集外詞一卷集外文一卷附
　　輓辭一卷軼事一卷
清厲鶚撰
清光緒十年汪氏振綺堂刻本
十二册　36900–36911
438.38/As64

1379

蔗塘未定稿七種蔗塘外集四種
清查爲仁等撰
清乾隆間刻本
　　蔗塘未定稿
　　　花影庵集二卷
　　　無題詩二卷
　　　是夢集一卷
　　　抱甕集一卷
　　　竹邨花塢集一卷
　　　山遊集一卷
　　　押簾詞一卷
　　蔗塘外集
　　　賞菊倡和詩一卷　清查爲仁等撰
　　　花影庵雜記二卷　清查爲仁輯
　　　芸書閣賸稿一卷　清金至元撰
　　　盤遊日記一卷
三册　34770–34772
478.2/Ao44

1380

蔗尾詩集十五卷
清鄭方坤撰
清乾隆元年刻十八年杞菊軒增刻本
鈐:九牧
二册　32930–32931
478.3/Du30

1381

道古堂文集四十八卷詩集二十六卷集
　　外文一卷集外詩一卷軼事一卷
清杭世駿撰
清乾隆四十一年刻光緒十四年汪增
　　唯振綺堂增修本
鈐:味青齋藏書
十六册　35864–35879
438.42/Bz11

1382

石笥山房集二十四卷（文集六卷補遺一
　　卷詩集十一卷詩餘一卷詩集補遺二
　　卷續補遺二卷附年譜紀畧一卷）
清胡天游撰
清咸豐二年聊城楊氏海源閣刻本
鈐:陳氏賜書樓珍藏印
十册　34058–34067
438.4/Bp18

1383

陳文恭公手札節要三卷
清陳弘謀撰
清道光二十六年刻本
三册　33582–33584
446.1/Lx94

1384

培遠堂偶存稿四十八卷

　　清陳弘謀撰

　　清光緒二十二年湖北藩署鉛印本

　　二十四册　39277-39300

　　960.864/Lx34

1385

海峯文集八卷詩集十一卷

　　清劉大櫆撰

　　清乾隆間敦本堂刻本

　　六册　37182-37187

　　458.4/Kt18

1386

海峯先生詩集十卷

　　清劉大櫆撰

　　清光緒二十五年蕭穆刻本

　　一册　34710

　　478.4/Kt18

1387

紫竹山房詩集十二卷文集二十卷年譜

　　　一卷

　　清陳兆崙撰　（年譜）清陳玉繩輯

　　清嘉慶間刻本

　　鈐：棫復之印

　　十册　35221-35230

　　438.4/Lx72

1388

斯馨堂古文初集二卷詩集二卷長沙劉

　　　文恪公詩集四卷附一卷（進呈集

　　　二卷剩存詩草一卷續草一卷附時

文一卷）

　　清劉暐澤撰　（長沙劉文恪公詩集）

　　　清劉權之撰

　　清光緒五年映藜書屋刻本

　　鈐：少長咸樂　斯是陋室　惟吾德馨

　　八册　32276-32283

　　043.8/Kt66

1389

字雲巢文稿二十卷

　　清盛大謨撰

　　清同治二年課花別館刻本

　　四册　32980-32987

　　458.6/Ao18

1390

寶綸堂詩鈔六卷文鈔八卷

　　清齊召南撰

　　清光緒十三年郭傳璞金峨山館刻本

　　存詩鈔六卷

　　二册　32809-32810

　　478.4/Cu91

1391

寶綸堂外集十二卷

　　清齊召南撰　清齊毓川輯

　　清宣統三年掃葉山房石印本

　　二册　32799-32800

　　438.43/Cu91

1392

鮚埼亭集三十八卷首一卷外編五十卷

　　　全謝山先生經史問答十卷

　　清全祖望撰　清史夢蛟校

清嘉慶九年史夢蛟借樹山房刻十六
　　年增刻同治十一年印本
　　鈐:陳氏賜書樓珍藏印
　　二十四册　37029-37052
　　438.43/Ho42

1393
空山堂文集十二卷
　　清牛運震撰
　　清嘉慶八年刻本（空山堂全集本）
　　鈐:陳氏賜書樓珍藏印
　　六册　37007-37012
　　458.4/Kt48

1394
擇石齋詩集五十卷文集二十六卷
　　清錢載撰
　　清乾隆間刻本
　　十二册　32900-32912
　　438.43/Hw27

1395
萬善堂集十卷李石亭文集六卷
　　清李化楠撰　清李調元編
　　清乾隆間綿州李氏萬卷樓刻本（函
　　海本）
　　鈐:楙復之印
　　一册　37408
　　438.4/Ao80

1396
梅崖居士文集三十卷首一卷外集八卷
　　清朱仕琇撰
　　清乾隆四十七年刻道光間印本

　　鈐:陳氏賜書樓珍藏印
　　十二册　35247-35258
　　438.44/Hx72

1397
平圃雜著内編十四卷
　　清林有席撰
　　清道光六年刻本
　　六册　35024-35029
　　458.5/Bx11

1398
銅鼓書堂遺稿三十二卷
　　清查禮撰
　　清乾隆五十七年查淳刻本
　　四册　32077-32080
　　善 438.45/Ao42

1399
小倉山房詩集三十七卷補遺二卷文集
　　三十五卷外集八卷
　　清袁枚撰
　　清乾隆嘉慶間刻增修本（隨園三十
　　種本）
　　鈐:味青齋藏書
　　三十册　35745-35774
　　438.44/Ax88

1400
袁文箋正十六卷補注一卷
　　清袁枚撰　清石韞玉箋注
　　清嘉慶十七年石氏鶴壽山堂刻本
　　鈐:白泳過目
　　六册　35739-35744

458.4/Ax28

1401
抱經堂文集三十四卷
　清盧文弨撰
　清乾隆六十年錢塘盧氏刻本
　八册　36968–36975
　458.4/Fo38

1402
玉芝堂文集六卷詩集三卷
　清邵齊燾撰
　清光緒八年寧波羣玉山房刻本
　存文集六卷
　鈐:棽復之印
　二册 35038–35039
　458.4/Lu36

1403
勉行堂詩集二十四卷文集六卷首一卷
　清程晉芳撰
　清嘉慶二十三年刻文集二十五年刻
　　　勉行堂印本
　鈐:棽復之印
　十册　37135–37144
　438.49/KP11

1404
思補齋文集四卷
　清劉星煒撰
　清光緒二十年刻本
　四册　32154–32157
　458.4/Ku61

1405
綠筠書屋詩鈔十八卷
　清葉觀國撰
　清乾隆五十七年刻本
　二册　37103–37104
　478.4/Gs60

1406
省吾齋古文集十二卷詩賦集十二卷
　清竇光鼐撰
　清嘉慶六年慎德堂刻本
　五册　34753–34757
　438.49/Cs50

1407
青虛山房集十一卷
　清王太岳撰
　清光緒十九年定興鹿傳霖刻本
　六册　37562–37567
　438.4/Ao14

1408
虛一齋集五卷
　清莊培因撰　清莊葆琛輯
　清光緒九年刻本
　二册　34538–34539
　438.4/GP22

1409
紀文達公遺集三十二卷（文十六卷詩
　　十六卷）
　清紀昀撰　清紀樹馨編
　清嘉慶十七年紀樹馥刻本
　存文十六卷

鈐:保滋堂孫氏藏書印

十二册　34388–34399

438.47/Mz67

1410

崇本堂文集十二卷

　　清徐時作撰

　　清乾隆四十九年嘯月亭刻本

　　五册　31981–31985

　　善 458.4Hs64

1411

汪子詩錄四卷文錄十卷二錄二卷三錄

　　　三卷錄後一卷附一卷

　　清汪縉撰　　清彭紹升輯

　　清光緒八年刻本

　　四册　34851–34854

　　438.48/DP02

1412

忠雅堂詩集二十七卷補遺二卷銅絃詞

　　　二卷文集十二卷

　　清蔣士銓撰

　　清道光二十三年刻本

　　十八册　34337–34354

　　348.48/Gs11

1413

忠雅堂文集三十卷

　　清蔣士銓撰

　　清道光間刻本

　　鈐:吉壽堂嚴氏家藏　味青齋藏書

　　六册　34355–34360

　　478.4/Gs11

1414

思純堂集十四卷

　　清程名世撰

　　清道光三年刻本

　　鈐:梾復之印

　　二册　32939–32940

　　478.4/KP71

1415

甌北詩鈔二十卷

　　清趙翼撰　　清袁枚等評

　　清乾隆年間湛貽堂刻本

　　八册　35569–35576

　　478.4/BP94

1416

甌北集五十卷續增詩集三卷

　　清趙翼撰

　　清嘉慶十七年刻本（甌北全集本）

　　十二册　34526–34537

　　478.1/BP94

1417

潛研堂文集五十卷詩集十卷詩續集十卷

　　清錢大昕撰

　　清嘉慶十一年嘉定黃鐘刻本（潛研

　　　堂全書本）

　　十六册　37111–37126

　　438.51/Kt18

1418

笥河文集十六卷首一卷

　　清朱筠撰　　清朱錫庚編訂

　　清嘉慶二十年椒華吟舫刻本

六冊　34845-34850

458.4/Hx77

1419

知足齋詩集二十卷詩續集四卷文集六
　　卷進呈文稿二卷

清朱珪撰

清嘉慶九年阮元刻十一年大興朱氏
　　增修本

鈐:鎔經鑄史齋

十四冊　37548-37561

438.54/Hx22

1420

恩餘堂經進初稿十二卷續稿二十二卷
　　三稿十一卷策問存課二卷知聖道
　　齋讀書跋尾二卷

清彭元瑞撰

清乾隆至嘉慶間刻本

鈐:林復之印

十八冊　34610-34627

438.54/Bw10

1421

書帶草堂詩鈔二卷

清鄭廷泣撰

清乾隆六十年閩縣謝氏刻本

鈐:骨相生來無委蛇不是將身比山
　　岳　心中無骹漚波浪眼夀皆綠
　　水青山

一冊　32929

478.4/Du88

1422

復初齋文集三十五卷

清翁方綱撰

清道光十六年李彥章刻光緒間校印本

十二冊　36803-36814

458.5/Hw39

1423

尊聞居士集八卷遺稿一卷

清羅有高撰

清光緒七年刻本

四冊　36981-36984

438.55/GP11

1424

童山詩集四十二卷文集二十卷

清李調元撰

清乾隆間綿州李氏萬卷樓刻本（函
　　海本）

九冊　34672-34680

438.59/Ao42

1425

寶奎堂集十二卷

清陸錫熊撰

清嘉慶十五年無求安居刻本

六冊　36627-36632

458.5/LP77

1426

林太史集十四卷附存一卷

清林兆鯤撰

清嘉慶九年翰香堂刻本

鈐:林復之印

四冊　35135-35138

438.2/Bx74

1427
樹經堂詩初集十五卷詩續集八卷文集
　　四卷詠史詩八卷
　　清謝啓昆撰
　　清嘉慶間刻本
　　存詩初集晉陽草、浙東小草、後樂園
　　　草、蓬巒軒草各一卷,文集四卷。
　　六冊　34458-34463
　　438.59/Ds48

1428
樹經堂詠史詩八卷
　　清謝啓昆撰
　　清嘉慶間樹經堂刻本
　　鈐:味青齋藏書
　　八冊　32577-32584
　　478.5/Ds48

1429
閏榻先生集三十卷外集八卷麂花岡集
　　八卷
　　清張望撰
　　清同治三年義寧州武寧縣署刻義寧
　　　州城内萬家坊鴻文齋印本
　　十六冊　32348-32363
　　438.5/Lx41

1430
韞山堂詩集十六卷文集八卷
　　清管世銘撰
　　清光緒二十年刻讀雪山房印本
　　鈐:味青齋藏書

四冊　37127-37130
438.59/Ko10

1431
有正味齋詩集十六卷詩續集八卷詞集
　　八卷詞續集二卷駢體文二十四卷
　　駢體文續集八卷外集五卷外集南
　　北曲二卷
　　清吳錫麒撰
　　清嘉慶間錢唐吳氏刻本
　　十冊　35537-35546
　　438.59/Gs87

1432
測海集六卷
　　清彭紹升撰
　　清嘉慶間寶翰樓刻本
　　二冊　34608-34609
　　478.4/Bw02

1433
錢南園先生遺集五卷
　　清錢灃撰
　　清光緒十九年浙江書局刻本
　　二冊　37351-37352
　　438.55/Hw42

1434
雙佩齋詩集八卷金陵雜詠一卷雙佩齋
　　文集四卷駢體文集一卷附補梅書
　　屋詩草一卷
　　清王友亮撰　(補梅書屋詩草)清王
　　麟生撰
　　清嘉慶十年刻金陵雜詠十四年刻增

刻彙印本

　　六冊　　37256-37261

　　438.56/Ao18

1435

小峴山人詩集二十六卷文集六卷文續
　　集二卷補編一卷

　清秦瀛撰

　清嘉慶二十二年城西草堂刻道光初
　　增刻本

　　十二冊　　35693-35704

　　435.56/As44

1436

述古堂文集十二卷

　清錢兆鵬撰

　清光緒七年刻本

　　四冊　　35506-35509

　　458.8/Hw44

1437

秋盦詩草一卷詞草一卷題跋一卷

　清黃易撰

　清宣統二年濟寧李汝謙石印本

　　一冊　　31990

　　438.57/As67

1438

述學內篇三卷補遺一卷外編一卷別錄
　　一卷附錄一卷校勘記一卷

　清汪中撰　　清汪喜孫編

　清同治八年揚州書局刻本

　　二冊　　36776-36777

　　960.88/DP65

1439

容甫先生遺詩五卷補遺一卷附錄一卷

　清汪中撰

　清光緒十一年維揚述古齋木活字印本

　鈐:閩縣陳氏賜書樓藏善本圖書

　　一冊　　32951

　　478.5/DP65

1440

秋坪詩存十四卷

　清陳登龍撰

　清嘉慶二十二年刻本

　　二冊　　37976-37977

　　478.5/Lx91

1441

審巖文集二卷補遺一卷詩集一卷附一卷

　清楊于果撰

　清道光二十五年非能園刻本

　　三冊　　32149-32151

　　438.49/Bw15

1442

閣注文鈔四卷

　清江漣撰

　清道光十六年刻本

　　二冊　　32804-32805

　　458.4/DP48

1443

素邨小草十二卷

　清吳玉麟撰

　清宣統三年刻本

　　六冊　　47497-47502

478.4/Gs14

1444

林希五詩集三卷古文二卷古文外編一
　　卷時文一卷時文外編一卷

清林雨化撰

清道光十年燈花窗刻本

四冊　36385–36388

438.5/Bx14

1445

兩當軒集二十二卷考異二卷附錄四卷

　清黃景仁撰　清黃志述輯

清光緒二年家塾刻本

鈐:枺復之印　復道人

六冊　34361–34366

438.49/As64

1446

嬰山小園詩集十六卷附晚年手定稿五卷

　清張誠撰

清光緒元年平湖張氏刻本

四冊　31778–31781

438.5/Lx47

1447

珍執宧詩鈔二卷

　清莊述祖撰

清道光十七年刻光緒十八年鄂州印本

一冊　31996

478.5/Gp18

1448

書屏詩文鈔六卷（詩鈔五卷文鈔一卷）

清郭文誌撰

清嘉慶十二年福州刻本

鈐:枺復之印

三冊　32825–32827

478.4/Du38

1449

儀鄭堂文集二卷

　清孔廣森撰

清嘉慶道光間儀徵阮氏刻本（文選
　　樓叢書本）

鈐:侯廷主人　聽松濤館珍藏　看到
　　子孫能幾家

一冊　34840

458.4/Lz34

1450

擁書堂詩集四卷

　清張璿華撰

清光緒二十四年刻本

與傳硯堂詩存合冊

一冊　31958

478.5/Lx22

1451

遊道堂集四卷

　清朱彬撰

清同治七年袁浦刻光緒二年印本

鈐:詞人例作嶺南游　華陽王雪澂
　　收藏

一冊　33345

458.6/Hx27

1452

存素堂文集四卷

清法式善撰

清嘉慶十二年程氏揚州刻本

鈐:忠州李芋仙行篋所攜　盱台王氏
　　十四閒書樓藏書印　陳氏賜書
　　樓珍藏印

四册　34766–34769

458.5/Ds14

1453

陶山詩錄十二卷續錄十六卷附露蟬吟
　　詞鈔一卷續鈔一卷

清唐仲冕撰

清嘉慶十六年江南通州酌民言堂刻
　　本

八册　32295–32302

478.5/Co76

1454

陶山文錄十卷

　清唐仲冕撰

　清道光二年刻本

　四册　32291–32294

　458.5/Co76

1455

芳茂山人詩錄十卷孫淵如先生年譜二
　　卷長離閣集一卷

　清孫星衍撰　（年譜）清張紹南撰
　　（長離閣集）清王采薇撰

　清清光緒十一年吳縣朱氏槐廬家塾
　　刻本（平津館叢書本）

　六册　36209–36214

　478.5/Ls61

1456

芙蓉山館全集二十卷附錄一卷（芙蓉
　　山館詩鈔八卷詩補鈔一卷詞鈔二
　　卷詞附鈔一卷文鈔八卷附錄一卷）

　清楊芳燦撰

　清光緒十七年木活字印本

　八册　34325–34332

　438.59/Bw60

1457

知恥齋文集二卷詩集六卷

　清謝振定撰　清陶澍編

　清嘉慶十九年刻本

　五册　35341–35345

　438.59/Ds28

1458

淵雅堂編年詩稿十六卷惕甫未定稿
　　十六卷文外集四卷附波餘遺稿一
　　卷附錄二卷

　清王芑孫撰　（波餘遺稿）清王翼孫撰

　清嘉慶八至九年淵雅堂刻本（淵雅
　　堂全集本）

　鈐:延年益壽　長宜子孫　梅華仙
　　吏　天津樊彬　鐵士

　十册　35577–35586

　438.49/Ao60

1459

晚聞居士遺集九卷首一卷

　清王宗炎撰

　清道光十年至十一年杭州陸貞一愛
　　日軒刻本

　鈐:愛日館藏書印

二册　36725-36726

438.61/Ao34

1460

小羅浮山館詩鈔十五卷

　清吳昇撰

　清同治四年錢塘吳振棫京師刻本

　四册　32162-32165

　478.4/Gs66

1461

吳學士詩集五卷文集四卷

　清吳蕭撰　清薛春藜輯　清薛時雨、

　　譚廷獻編

　清光緒八年番禺梁肇煌江寧藩署刻本

　四册　36848-36851

　438.59/Gs10

1462

大雲山房文稿初集四卷二集四卷

　清惲敬撰

　清光緒十四年刻本

　八册　31848-31855

　458.5/Du68

1463

敬學軒文集十二卷

　清龍廷槐撰

　清道光二十二年鳳城龍氏刻本

　二册　34413-34414

　458.5/DP88

1464

觀齋集十六卷

清王澤撰

清道光十二年刻本

鈐:陳氏賜書樓珍藏印

四册　32158-32161

478.5/Ao46

1465

賞雨茅屋詩集二十二卷外集一卷

　清曾燠撰

　清道光三年刻民國十年南城李之鼎

　　修補本

　八册　34912-34919

　438.63/Do44

1466

煙霞萬古樓文集六卷

　清王曇撰

　清末刻本

　二册　33881-33882

　458.4/Ao14

1467

天真閣集五十四卷外集六卷附長真閣

　　集七卷詩餘一卷

　清孫原湘撰　（長真閣集、詩餘）清

　　席佩蘭撰

　清光緒十七年強至善南皐草盧刻本

　鈐:竹君珍藏　西涇草堂嚴氏藏書

　　味青齋藏書

　二十册　35595-35614

　438.62/Ls14

1468

茗柯文初編一卷二編二卷三編一卷四

編一卷

清張惠言撰

清光緒七年刻本

二冊　36659-36660

458.6/Lx14

1469

祇可軒刪餘稿二卷

清管學洛撰　清陸繼輅刪訂

清同治十一年刻本（韞山堂集本）

一冊　36716

478.5/Ho81

1470

存悔齋集二十八卷外集四卷

清劉鳳誥撰

清道光十年至十七年刻本

鈐：棫復之印

八冊　36960-36967

438.4/Kt74

1471

尚絅堂詩集五十二卷箏船詞二卷駢體
　　文集二卷

清劉嗣綰撰　清劉延和輯

清同治八年刻本

八冊　37388-37395

438.49/Kt62

1472

珠光集四卷

清薩察倫撰

清宣統二年福州一硯齋刻本

一冊　31926

478.6/GP28

1473

韻山堂詩集七卷補遺一卷

清王文誥撰

清光緒十四年浙江書局刻本

一冊　32947

478.4/Ao38

1474

校經廡文稿十八卷

清李富孫撰

清道光元年讀書臺刻本

四冊　32795-32798

438.6/Ao31

1475

揅經室一集十四卷二集八卷三集五卷
　　四集二卷四集詩十一卷續集十一
　　卷再續集六卷外集五卷

清阮元撰

清嘉慶道光間儀徵阮氏刻廣州鎔經
　　鑄史齋印本（文選樓叢書本）

二十四冊　37053-37076

438.64/Lz10

1476

船山詩草二十卷

清張問陶撰

清嘉慶二十年石韞玉吳中刻本

鈐：桐城馬抱潤軒藏　閩葉與端藏書
　　還讀樓

四冊　34788-34791

478.5/Lx91

1477

覺生詩鈔十卷詠物詩鈔四卷詠史詩鈔三
　　卷感舊詩鈔二卷附自訂年譜一卷
　清鮑桂星撰
　清嘉慶二十五年刻後印本
　與覺生詩續鈔等合函
　六册　36924—36929
　438.64/Hz22

1478

覺生詩續鈔四卷
　清鮑桂星撰
　清同治四年退壹步齋刻本
　與覺生詩鈔等合函
　二册　36930—36931
　438.64/Hz22

1479

覺生賦鈔一卷
　清鮑桂星撰
　清同治八年常熟龐氏刻本
　與覺生詩鈔等合函
　一册　36932
　438.64/Hz22

1480

覺生試律鈔一卷進奉文鈔一卷
　清鮑桂星撰
　清嘉慶間刻本
　與覺生詩鈔等合函
　一册　36933
　438.64/Hz22

1481

覆瓿草一卷

清楊希閔撰
清光緒四年刻本
一册　32803
444.5/Bw75

1482

缾水齋詩集十七卷別集二卷詩話一卷
　　附錄一卷
　清舒位撰
　清光緒十二年刻十七年增修本
　八册　36519—36526
　478.4/Ht72

1483

櫻桃軒詩集二卷
　清謝震撰
　清光緒九年刻本
　二册　35464—35465
　478.5/Ds28

1484

思無邪室遺集六卷
　清顧蒓撰
　清咸豐六年刻本
　存卷一至四
　二册　32811—32812
　438.64/Ds60

1485

香蘇山館古體詩鈔十七卷今體詩鈔十
　　九卷
　清吳嵩梁撰
　清道光間刻本
　八册　34745—34752

478.4/Gs51

1486
雙藤書屋詩集十二卷試帖二卷
　　清何道生撰
　　清道光元年刻本
　　鈐:陳氏賜書樓珍藏印
　　四冊　32852–32854
　　478.5/Ht48

1487
白華樓詩鈔四卷焚餘稿一卷
　　清薩玉衡撰
　　清光緒二十九年福州薩氏武城縣署
　　刻本
　　三冊　31898–31900
　　478.5/GP14

1488
初月樓文鈔十卷文續鈔八卷詩鈔四卷
　　清吳德旋撰
　　清光緒十年刻本
　　六冊　37517–37522
　　438.65/Gs74

1489
玉笥山房要集四卷附文一卷
　　清顧廷綸撰
　　清光緒十二年會稽顧家相刻本
　　一冊　32000
　　438.64/Ds88

1490
蘭綺堂詩鈔十七卷

清王鼎撰
清嘉慶八年刻本
　　二冊　34452–34453
　　478.4/Ao60

1491
鑑止水齋集二十卷
　　清許宗彥撰
　　清咸豐八年刻本
　　三冊　36833–36835
　　438.5/Du34

1492
桂馨堂集十三卷（順安詩草八卷清儀
　　閣雜詠一卷竹田樂府一卷竹里畫
　　者詩一卷竹里耆舊詩一卷感逝詩
　　一卷）
　　清張廷濟撰
　　清道光十九年至二十八年清儀閣刻本
　　四冊　35010–35013
　　478.6/Lx88

1493
太乙舟文集八卷
　　清陳用光撰　清梅曾亮輯
　　清道光二十三年陳大煥孝友堂武昌
　　刻本
　　六冊　34319–34324
　　458.5/Lx75

1494
榆西僊館初稿不分卷
　　清蔣詩撰
　　清刻本

二冊　32152-32153
458.5/Gs44

1495
戴簡恪公遺集八卷
　清戴敦元撰
　清同治十一年刻本
　四冊　32813-32816
　478.5/Bw48

1496
養一齋文集二十卷詩集四卷附賦一卷
　　詩餘一卷
　清李兆洛撰
　清光緒四年至八年曹佳刻本
　鈐:山陰傅氏　灌園藏書　叔和一字
　　禾卿　山陰傅華收藏圖書　傅
　　豫利印　未咮　愛日齋藏書印
　十冊　37172-37181
　438.69/Ao72

1497
崇雅堂詩鈔十卷删餘詩一卷文鈔二卷
　　應制存稿一卷駢體文鈔四卷定鄉
　　雜著二卷
　清胡敬撰
　清道光二十六年刻本
　鈐:陽湖陶氏涉園所有書籍之記
　四冊　36918-36921
　438.6/BP68

1498
小謨觴館詩集八卷詩續集二卷詩餘一
　　卷詩餘附錄一卷文集四卷文續集

二卷
　清彭兆蓀撰　清孫元培、孫長熙注
　清同治十三年吳縣潘祖蔭刻本（小
　　謨觴館全集本）
　六冊　37315-37320
　438.59/Bx72

1499
泰雲堂集二十五卷（文集二卷駢體文
　　集二卷詩集十八卷詞集三卷）
　清孫爾準撰
　清道光十三年刻本
　鈐:葉德輝煥彬甫藏閱書
　五冊　32171-32175
　438.65/Ls14

1500
古春軒詩鈔二卷
　清梁德繩撰
　清道光二十九年刻本
　二冊　36840-36841
　478.5/Ds74

1501
雙白燕堂全集二十卷
　清陸耀遹撰
　清同治光緒間刻彙印本
　　雙白燕堂詩集八卷集唐詩二卷
　　　清同治六年陸黻恩刻
　　雙白燕堂文集二卷外集八卷　清
　　　光緒四年陸祐勤興國州署刻
　鈐:棥復之印
　八冊　34792-34799
　438.65/LP62

1502

碧城僊館詩鈔十卷附岱游集一卷

　清陳文述撰

　清宣統三年國學扶輪社鉛印本

　二册　34046-34047

　478.5/Lx38

1503

西泠閨詠十六卷

　清陳文述撰　清龔玉晨編

　清光緒十三年西泠翠螺閣刻本

　四册　32487-32490

　478.6/Lx38

1504

秣陵集六卷金陵歷代紀年事表一卷圖

　　考一卷

　清陳文述撰

　清光緒十年淮南書局刻本

　三册　35104-35106

　438.59/Lx38

1505

儀衛軒文集十二卷文外集一卷詩集五

　　卷附儀衛先生年譜一卷

　清方東樹撰　（儀衛先生年譜）清鄭

　　福照撰

　清同治七年李鴻章刻本

　四册　34054-34057

　458.6/Cy18

1506

崇百藥齋文集二十卷續集四卷三集

　　十二卷合肥學舍札記十二卷附五

真閣吟稿一卷

　清陸繼輅撰　（五真閣吟稿）清錢惠

　　尊撰

　清光緒四年陸祐勤興國州署刻本

　鈐:楙復之印

　十六册　36700-36715

　438.65/LP04

1507

怡亭文集二十卷怡亭詩集六卷

　清張紳撰

　清道光十三年刻詩集十五年刻彙印本

　四册　32925-32928

　438.69/Lx06

1508

青垾山人詩集十卷

　清洪飴孫撰　清謝章鋌删訂

　清光緒十年陳寶琛西江使廨刻本

　鈐:私立福建協和大學圖書館陳弢庵

　　先生書庫藏

　二册　32005-32006

　又一部一册　47097

　478.5/Ds72

1509

抑快軒文集三十卷

　清高澍然撰

　清謝氏賭棋山莊抄本

　鈐:賭棋山莊　江田生　私立福建協

　　和大學圖書館陳弢庵先生書庫

　　藏　福建協和大學陳弢庵書庫

　　藏　私立福建協和大學圖書館

　　藏書　福建協和大學陳弢庵先

生書庫珍藏

四册　32787-32790

善 458.5/Co44

1510

悅雲山房詩存六卷風泉館詞存一卷悅
　　雲山房騈體文存四卷

　清劉敦元撰

　清光緒二十八年天津徐氏刻文存民
　　國五年天津徐氏續刻本

　三册　47434-47436

　438.9/Kt48

1511

幼學堂文稿一卷

　清沈欽韓撰

　清光緒間廣雅書局刻本（廣雅書局
　　叢書本）

　一册　49202

　458.5/Dz78

1512

劉禮部集十一卷附麟石文鈔一卷

　清劉逢祿撰　（麟石文鈔）清劉承寵撰

　清光緒十八年延暉承慶堂刻本

　六册　32015-32020

　438.69/Kt78

1513

樗寮先生全集四十二卷（通藝閣詩錄
　　八卷續錄八卷三錄八卷通藝閣和
　　陶集三卷樗寮詩話三卷晚學齋文
　　集十二卷）附白石鈍樵集禊帖詩
　　一卷

清姚椿撰　（白石鈍樵集禊帖詩）清
　　姚楗撰

　清道光至咸豐間刻本

　十册　37409-37418

　438.65/Ms22

1514

唐確慎公集十卷首一卷末一卷

　清唐鑑撰

　清光緒元年善化賀瑗刻本

　鈐：陳氏賜書樓珍藏印

　六册　32095-32100

　438.6/Do72

1515

補讀書齋遺稿十卷

　清沈維鐈撰

　清光緒元年嘉興沈氏廣州刻富文齋
　　印本

　四册　34048-34051

　438.66/Dz02

1516

陶文毅公全集六十四卷首一卷末一卷

　清陶澍撰

　清道光二十年淮北士民刻本

　二十四册　34546-34569

　438.66/Ku44

1517

撫吳草四卷

　清陶澍撰

　清道光間刻本

　二册　33984-33985

478.6/Lu44

1518
松心詩集二十七卷
　清張維屏撰
　清道光間廣東刻本
　六册　32176—32181
　458.6/Lx02

1519
是程堂集十四卷
　清屠倬撰
　清嘉慶十九年至二十五年真州官舍
　刻本
　四册　31656—31659
　478.5/Lo76

1520
因寄軒文初集十卷二集六卷補遺一卷
　　附刻小異遺文一卷
　清管同撰　（小異遺文）管嗣復撰
　清光緒五年刻本
　鈐:陳氏賜書樓珍藏印
　四册　37168—37171
　458.6/Ho61

1521
稼墨軒詩集十卷外集四卷
　清光聰諧撰
　清道光間刻本
　三册　35474—35476
　478.6/Fz24

1522
妙吉祥室詩鈔十三卷詩餘一卷雜存一卷

清朱葵之撰
清光緒十年朱丙壽潮州郡署刻本
　六册　34758—34763
　478.6/Hx64

1523
悔昨齋詩錄四卷
　清張深撰
　清道光二十年刻丹徒張氏家集本
　一册　33030
　478.6/Lx44

1524
邁堂文畧一卷
　清李祖陶撰
　清道光十五年江西鷺洲書院刻本
　鈐:私立福建協和大學圖書館陳弢庵
　　先生書庫藏
　一册　32007
　458.8/Ao42

1525
耕邨姑留稿六卷
　清余潛士撰
　清咸豐二年務本堂刻本（耕邨全集
　　本）
　鈐:名死膠痕十二傳
　三册　32914—32916
　458.6/Hs42

1526
絳雪山房詩鈔二十卷詩續鈔六卷試帖
　　三卷
　清楊慶琛撰

清道光二十八年刻續鈔試帖同治三
　　年刻彙印本
十冊　　35401-35410
478.6/Bw38

1527
衍石齋集二十六卷（衍石齋紀事稿十
　　卷續稿十卷刻楮集四卷旅逸小稿
　　二卷）
清錢儀吉撰
清光緒六年嘉興錢彝甫廣州刻本
十二冊　　35549-35560
438.51/Kt78

1528
亦佳室詩鈔四卷文鈔四卷
清蘇廷玉撰
清咸豐六年刻本
四冊　　35435-35438
438.6/Gx88

1529
樨華館全集十二卷（樨華館文集六卷
　　駢體文一卷詩集四卷雜錄一卷）
清路德撰　　清閻敬銘輯
清光緒七年解梁刻本
鈐:陳氏賜書樓珍藏印
十冊　　35237-35246
438.6/GP74

1530
萬綠草堂詩集二十卷
清管繩萊撰
清光緒十二年徑北書屋刻本

四冊　　36717-36720
478.6/Ho00

1531
劉孟塗集四十四卷（前集十卷後集二
　　十二卷文集十卷駢體文二卷）
清劉開撰
清道光六年姚氏檗山草堂刻本
八冊　　34694-34701
478.6/Kt91

1532
養默山房詩稿二十七卷
清謝元淮撰
清嘉慶二十五年刻道光十九年增修本
鈐:還讀樓藏書記
四冊　　33010-33013
478.5/Ds10

1533
雲左山房詩鈔八卷附一卷詩餘一卷試
　　帖一卷
清林則徐撰
清光緒十二年福州林氏刻本
二冊　　32289-32290
478.6/Bx65

1534
簡學齋詩存四卷詩删四卷館課賦存一
　　卷館課試律存一卷館課賦續鈔一
　　卷試律續鈔一卷
清陳沆撰
清咸豐二年陳廷經刻本
鈐:陳氏賜書樓珍藏印

六册　32819-32824

438.66/Lx40

1535

程侍郎遺集初編十卷

清程恩澤撰　清何紹基編

清道光二十五年張穆𥳑喜齋刻本

鈐:陳氏賜書樓珍藏印

二册　34052-34053

438.67/KP64

1536

養一齋集二十六卷首一卷劄記九卷詞

　　三卷詩話十卷試帖一卷李杜詩話

　　三卷四書文不分卷

清潘德輿撰

清道光二十九年至同治十三年刻本

二十册　35321-35340

048/DP74

1537

柏梘山房集三十一卷（文集十六卷文

　　續集一卷詩集十卷續集二卷駢體

　　文二卷

清梅曾亮撰

清咸豐六年聊城楊氏刻同治三年補

　　刻本

六册　37209-37214

438.67/BP41

1538

躬恥齋文鈔二十卷文後編六卷詩鈔十

　　四卷詩鈔後編七卷

清宗稷辰撰

清咸豐元年越峴山館刻詩鈔咸豐同治

　　間杕杜軒增刻古越九曲山房印本

無文後編

鈐:陳氏賜書樓珍藏印

二十册　37295-37314

438.6/Cs88

1539

湘南吟草一卷

清薩龍田撰

清宣統二年福州薩氏刻本

一册　31924

478.6/GP42

1540

遂懷堂文集箋注十六卷

清袁翼撰　清朱胎箋注

清咸豐八年古唐朱氏古懽齋刻本

鈐:陳氏賜書樓珍藏印

六册　32952-32957

438.7/Ax94

1541

青溪舊屋文集十卷詩集一卷

清劉文淇撰

清光緒九年刻本

一册　34068

458.8/Kt38

1542

金源紀事詩八卷

清湯運泰撰　清湯顯業、湯顯榦注

清同治十二年淮南書局刻本

四册　32677-32680

478.5/Dw48

1543
萬善花室文稿六卷
　清方履籛撰
　清道光十一年巫宜福等刻本
　二册　35535–35536
　458.6/Cy98

1544
昨夢齋文集四卷
　清彭泰來撰
　清同治四年刻本
　鈐:楸復之印
　二册　35533–35534
　458.6/Bw18

1545
知止齋詩集十六卷
　清翁心存撰
　清光緒三年常熟毛文彬刻書局刻本
　四册　35470–35473
　478.5/Hw44

1546
二南文集二卷文外集二卷
　清周樂撰
　清道光二十二年枕湖書屋刻本
　存文集二卷
　二册　32002–32003
　458.6/Ho78

1547
花宜館詩鈔十六卷續存一卷無腔村笛

　二卷
　清吳振棫撰
　清同治四年京師刻本
　六册　34298–34303
　478.6/Gs28

1548
懷古田舍詩節鈔六卷
　清徐榮撰　清林鴻年刪節
　清同治三年四川錦城刻本
　七册　32321–32327
　478.6/Hs44

1549
功甫小集十一卷
　清潘曾沂撰
　清嘉慶二十三年刻本
　二册　36922–36923
　478.6/DP41

1550
東津館文集三卷放猨集一卷桐江集一
　　卷江山風月集一卷
　清潘曾沂撰
　清咸豐間刻本
　鈐:陳氏賜書樓珍藏印
　三册　32855–32857
　438.69/DP41

1551
龔定盦全集二十卷
　清龔自珍撰
　清光緒二十三年萬本書堂刻粵東全
　　經閣印本

定盒文集三卷

定盒續集四卷

定盒文集補九卷

　續錄一卷

　古今體詩二卷

　己亥雜詩一卷

　定盒別集五卷

　　無著詞選一卷

　　懷人館詞選一卷

　　影事詞選一卷

　　小奢摩詞選一卷

　　庚子詞選一卷

　文集補編四卷

六冊　35379-35384

438.68/Ds71

1552

定盒全集□□卷

清龔自珍撰

清光緒間刻本

存

　定盒續集四卷

　定盒文集補九卷

　　續錄一卷

　　古今體詩二卷

　　己亥雜詩一卷

　　定盒別集五卷

　　　無著詞選一卷

　　　懷人館詞選一卷

　　　影事詞選一卷

　　　小奢摩詞選一卷

　　　庚子詞選一卷

二冊　31994-31995

438.68/Ds72

1553

饅飴亭集三十二卷後集十二卷

　清祁寯藻撰

　清咸豐七年刻本

　六冊　35563-35568

　478.6/Du39

1554

拙修集十卷

　清吳廷棟撰　清方宗誠輯　清楊德

　　亨重編

　清同治十年六安求我齋刻本

　四冊　33026-33029

　458.7/Gs88

1555

豸華堂文鈔二十卷（甲部奏議十二卷

　乙部駢文八卷）首一卷

　清金應麟撰

　清光緒元年刻本

　鈐：鵬北菴記

　六冊　32182-32187

　458.6/Ho34

1556

選樓集句二卷首一卷

　清許祥光撰

　清道光二十年刻本

　一冊　33259

　444.3/Du46

1557

林皋間集十三卷

　清潘諮撰

清道光十六年京師刻本

六册　33976-33981

438.7/DP42

1558

後湖草堂詩鈔二十四卷試帖詩鈔一卷
　　賦鈔一卷

　　清王守毅撰

　　清咸豐四年刻本

　　鈐:儀□（殘損）　郭曾釗印　慈惠
　　　堂趙司馬之章　楸復之印

　　四册　34604-34607

　　478.7/Ao46

1559

黛方山莊詩集六卷附詩餘一卷

　　清黎吉雲撰

　　清同治五年長沙刻本

　　二册　32089-32090

　　478.6/Ks11

1560

古微堂内集三卷外集七卷

　　清魏源撰

　　清光緒四年淮南書局刻本

　　三册　35069-35071

　　458.6/Ks44

1561

求真是齋詩草二卷

　　清恩華撰

　　清咸豐十一年錫璋刻本

　　二册　47398-47399

　　478.6/Gs65

1562

籀經堂類稿二十四卷附齊陳氏韶舞樂
　　罍通釋二卷

　　清陳慶鏞撰

　　清光緒九年刻齊陳氏韶舞樂罍通釋道
　　　光二十六年一鐙書舍刻彙印本

　　十二册　34681-34692

　　438.6/Lx38

1563

斯未信齋文編十七卷附語錄三卷雜錄
　　六卷

　　清徐宗幹撰

　　清同治元年福州刻吳玉田印本

　　存官牘七卷軍書四卷藝文四卷　語錄
　　　三卷另編

　　鈐:陳氏賜書樓珍藏印

　　九册　37215-37223

　　458.7/Hs34

1564

卓峯草堂詩鈔二十卷

　　清符兆綸撰

　　清同治元年福州刻本

　　四册　32091-32094

　　478.8/Hs74

1565

李文恭公遺集四十六（奏議二十二卷
　　詩集八卷文集十六卷）卷附一卷
　　行述一卷

　　清李星沅撰

　　清同治四年芋香山館刻本

　　三十二册　34127-34158

438.69/Ao61

1566
自娛草十四卷附輓言一卷附刻雙節吟
　　一卷
清闕縫撰
清光緒三年刻本
四冊　31802-31805
438.29/Ls08

1567
百柱堂全集五十三卷附彤雲閣遺稿二卷
清王柏心撰　（彤雲閣遺稿）清王家
　　仕撰
清光緒二十四年成山唐氏貴陽刻本
十六冊　32051-32066
438.69/Ao22

1568
漆室吟八卷
清王柏心撰
清咸豐七年刻本
鈐：楙復之印
二冊　32067-32068
478.6/Ao22

1569
西雲遺書十卷（詩鈔四卷文鈔二卷札記
　　四卷）
清李枝青撰
清光緒五年至十年刻本
五冊　34777-34781
438.7/Ao28

1570
東洲草堂詩鈔二十七卷詩餘一卷文鈔
　　二十卷附眠琴閣遺文一卷遺詩二
　　卷浣月樓遺詩二卷附刻先母行畧
　　一卷先府君行畧一卷
清何紹基撰　（眠琴閣遺詩文）清
　　何慶涵撰　（浣月樓遺詩）清
　　李楣撰　（附刻）清何維棣撰
清同治六年長沙無園刻光緒間增刻本
十四冊　35121-35134
438.71/Kt02

1571
張亨甫全集三十三卷（詩集二十七卷
　　文集六卷）首一卷
清張際亮撰
清咸豐間建寧孔慶衢刻同治六年李
　　雲誥補修本
十冊　3515-35166
438.69/Lx94

1572
思伯子堂詩集三十二卷
清張際亮撰
清同治八年桐城姚濬湖口刻本
十冊　35147-35156
478.6/Lx94

1573
望雲精舍詩鈔一卷
清薩大滋撰
清宣統二年蒔花吟館刻本
一冊　31925
478.9/GP18

1574

樂志堂詩集十二卷文集十八卷文續集
　　二卷
　清譚瑩撰
　清咸豐九年至十年吏隱園刻同治光
　　緒間增刻本
　鈐:會稽徐氏鑄學齋藏書印
　十二册　35449–35460
　438.8/Du44

1575

浩然堂詩集六卷附雙忠研齋詩餘一卷
　清江開撰
　清咸豐十一年刻本
　二册　31997–31998
　478.6/DP96

1576

沈文忠公集十卷附沈文忠公自訂年譜
　　一卷
　清沈兆霖撰　清錢保塘編
　清同治八年吳縣潘祖蔭等刻本
　二册　32785–32786
　438.72/Dz74

1577

愚荃敝帚二卷
　清李文安撰
　清光緒九年上海同文書局石印本
　鈐:真州吳氏有福讀書堂藏書
　一册　32501
　478.6/Ao38

1578

水流雲在館詩鈔六卷奏議二卷
　清宋晉撰
　清光緒十二年至十三年宋頤刻本
　四册　35466–35469
　438.8/Cx11

1579

汪梅村先生集十二卷外集一卷
　清汪士鐸撰
　清光緒七年刻本
　鈐:丁福保五十壽後讀經之記
　二册　34020–34021
　458.8/DP11

1580

怡志堂詩初編八卷文初編六卷
　清朱琦撰
　清咸豐七年刻文同治四年朱氏運甓
　　軒京師刻本
　四册　37153–37156
　438.72/Hx25

1581

淳則齋駢體文一卷
　清洪齮孫撰
　清光緒五年授經堂刻本
　一册　34484
　445/Ds14

1582

倭文端公遺書十一卷首二卷
　清倭仁撰
　清同治間刻本

八册　35510–35517

048/Hp72

1583

通甫類稿四卷續編二卷

清魯一同撰

清咸豐九年刻本（魯氏遺著本）

三册　32777–32779

458.8/KP10

1584

通甫詩存四卷詩存之餘二卷

清魯一同撰

清咸豐九年刻本（魯氏遺著本）

二册　32780–32781

478.6/Ho16

1585

鶴巢詩存一卷附行述一卷介卿遺草一卷

清顧淳慶撰　（行述）清顧壽楨撰

（介卿遺草）清顧家樹撰

清光緒十二年刻本

一册　32001

478.8/Ds42

1586

冷紅軒集三卷（詩集二卷詞一卷）

清百保撰

清光緒八年葆真齋刻本

一册　47364

478.7/Ao74

1587

枬湖文集十二卷首一卷

清吳敏樹撰　王先謙編

清光緒十九年思賢講舍刻本

四册　32011–32014

458.76/Gs78

1588

大梅山館集五十五卷

清姚燮撰

清道光二十六年至咸豐六年大梅山

館刻本

存復莊駢儷文榷八卷二編八卷復莊

詩問三十四卷

鈐：姚復之印

二十册　34990–35009

438.72/Ms38

1589

月齋文集八卷詩集四卷

清張穆撰　清吳履敬編

清咸豐八年壽陽祁寯藻北京刻本

四册　36770–36773

438.69/Lx87

1590

文靖公遺集十二卷補遺一卷詩集十

二卷

清寶鋆撰

清光緒三十四年廣州刻本

存文靖公遺集十二卷補遺一卷詩集

六卷（奉使三音諾彥記程草一

卷塞上吟一卷吟梅閣試帖詩存

二卷自怡悅齋試帖詩存二卷）

九册　47369–47377

478.7/Cs21

1591

小南海集詩鈔二卷

　清徐同善撰　清顧復初選

　清同治五年刻本

　　二冊　32328-32329

　　478.8/Hs61

1592

朱九江先生集十卷首一卷

　清朱次琦撰　清簡朝亮編

　清光緒二十三年讀書草堂刻本

　　四冊　33006-33009

　　438.8/Kt48

1593

繆武烈公遺集六卷首一卷

　清繆梓撰

　清光緒七年溧陽繆氏刻本

　　四冊　36721-36724

　　438.72/Mw24

1594

嘯古堂詩集八卷遺集一卷

　清蔣敦復撰

　清光緒十一年王韜淞隱廬刻本

　　二冊　34372-34373

　　478.9/Gs48

1595

小鷗波館詩鈔十卷

　清潘曾瑩撰

　清道光二十五年刻本

　　二冊　35307-35308

　　478.6/DP41

1596

句溪雜著六卷

　清陳立撰

　清光緒十四年廣雅書局刻本（廣雅

　　書局叢書本）

　　二冊　29886-29887

　　049.8/Lx31

　　又一部一冊　48192

　　049.9/Lx31

1597

顯志堂稿十二卷夢奈詩稿一卷

　清馮桂芬撰

　清光緒二年馮氏校邠廬刻本

　　八冊　37145-37152

　　438.9/Ds22

1598

退憩山房叢拾稿三卷

　清楊希閔輯

　清光緒四年刻本

　　補刻遺詩一卷　清楊希閔撰

　　戊辰酬唱草一卷　清楊希閔選錄

　　仲叔二子遺墨一卷　清臥雲老人

　　　拾錄

　　一冊　32802

　　478.9/Bw75

1599

東塾集六卷

　清陳澧撰

　清光緒十八年廣州菊坡精舍刻本

　　三冊　37263-37265

　　458.8/Lx42

1600
續東軒遺集四卷
　清高均儒撰
　清光緒七年刻本
　鈐:退補齋珍藏印　真州吳氏有福讀
　　書堂藏書
　二册　34786-34787
　438.75/Co27

1601
慎盦文鈔二卷詩鈔二卷
　清左宗植撰
　清光緒元年武昌刻本
　二册　31959-31960
　458.6/Ao34

1602
攜雪堂文集四卷
　清吳可讀撰　清楊慶生箋注
　清光緒二十六年浙江書局刻本
　四册　34042-34045
　438.75/Gs15

1603
胡文忠公遺集八十六卷首一卷
　清胡林翼撰　清曾國荃、鄭敦輯　清
　　胡丹重編
　清光緒元年湖北崇文書局刻本
　鈐:直隸運售各省官刻書籍圖記
　三十二册　34095-34126
　438.75/BP28

1604
三硯齋詩賸一卷

清趙彥修撰
清光緒八年刻本
　一册　32997
　478.9/BP37

1605
恪靖侯盾鼻餘瀋一卷附聯語一卷
　清左宗棠撰
　清光緒七年刻增修本
　一册　34281
　458.7/Ao34

1606
望三益齋詩文鈔十卷
　清吳棠撰
　清同治十三年成都使署刻本
　四册　37252-37255
　438.7/Gs58

1607
思益堂集十九卷（詩鈔六卷詞鈔一卷
　　古文二卷日劄十卷）
　清周壽昌撰
　清光緒十四年王先謙等刻本
　六册　32021-32026
　438.7/Ho14

1608
遜學齋詩鈔十卷文鈔十二卷首一卷末
　　一卷
　清孫衣言撰
　清同治三年至十二年刻本
　六册　32270-32275
　438.8/Ls38

1609
微尚齋詩集初編四卷
　清馮志沂撰
　清咸豐十一年梘樵山房刻本
　　一冊　32935
　　478.7/Ds14

1610
外丁卯橋居士初稿八卷
　清劉家謀撰
　清道光二十八年東洋學署刻本（芑川
　　先生合集本）
　　二冊　34711-34712
　　438.7/6Kt38

1611
東洋小草四卷附研劍詞一卷
　清劉家謀撰
　清道光二十九年福州刻本（芑川先
　　生合集本）
　　二冊　34713-34714
　　478.7/Kt38

1612
羅文恪公遺集三卷（奏疏二卷謝恩摺
　　一卷）
　清羅惇衍撰
　清光緒間刻本
　　四冊　34800-34803
　　960.828/GP42

1613
潛莊文鈔六卷
　清卜起元撰

清光緒五年武進卜氏甬江刻本
　鈐：幾士
　　一冊　37262
　　458.7/Fx20

1614
龍壁山房詩草十七卷文集八卷
　清王拯撰
　清同治至光緒間刻本
　　龍壁山房詩草十七卷　清同治桂
　　　林博文堂刻
　　龍壁山房文集八卷　清光緒七年
　　　河北分守道署刻
　　存龍壁山房詩草卷一至八、文集八卷
　　　四冊　32227-32230
　　438.77/Ao22

1615
心白日齋集六卷
　清尹耕雲撰
　清光緒十年刻本
　　三冊　35477-35479
　　438.7/Lw86

1616
悔餘庵集三十一卷
　清何栻撰
　清同治元年至四年刻本
　　悔餘庵文稿九卷詩稿十三卷樂府
　　　四卷　清同治四年刻
　　衲蘇集二卷　清同治元年刻
　　餘辛集三卷　清同治元年刻
　鈐：味青齋藏書
　　十二冊　35488-35499

438.76/Ht26

1617

養晦堂詩集二卷文集十卷

清劉蓉撰

清光緒三年思賢講舍刻本

六冊　35231–35236

438.89/Kt61

1618

示樸齋駢體文六卷

清錢振倫撰

清同治六年袁浦崇實書院刻本

二冊　31712–31713

445.2/Hw28

1619

伏敔堂詩錄十五卷續錄二卷首一卷附

　一卷

清江湜撰

清同治元年福州吳玉田刻本

續錄卷二抄配

四冊　32119–32122

478.7/DP48

1620

嶺上白雲集十二卷竆翁文鈔四卷

清陸懋修撰

清光緒二十三年陸潤庠刻本

四冊　35113–35116

438.8/LP24

1621

十三峯書屋全集九卷

清李榕撰

清光緒十六年至十八年蔣德鈞龍安

　書院刻本

四冊　35117–35120

438.8/Ao22

1622

止所齋古文偶鈔二卷

清辜滋撰

清同治十年木活字印本

二冊　33817–33818

458.8/At42

1623

荔影堂詩鈔二卷

清薩大文撰

清光緒三十年薩嘉曦武城縣署刻本

與薩大年荔影堂詩鈔合函

一冊　31923

478.6/GP42

1624

荔影堂詩鈔二卷

清薩大年撰

清光緒三十一年薩嘉曦武城縣署刻本

與薩大文荔影堂詩鈔合函

一冊　31922

478.6/GP42

1625

小芋香館遺集十二卷

清李杭撰

清咸豐元年刻本

二冊　32169–32170

438.78/Ao20

1626

天岳山館文鈔四十卷

　清李元度撰

　清光緒六年爽溪精舍刻本

　十六冊　35310–35315

　458.8/Ao10

1627

淡園文集一卷

　清馬徵麐撰

　清光緒間馬氏思古書堂刻本（淡園

　　全集本）

　一冊　31992

　458.9/As78

1628

黃鵠山人詩初鈔十八卷（卷十一原闕）

　清林壽圖撰

　清光緒六年閩縣林氏刻本

　六冊　32311–32316

　478.7/Bx14

1629

墨花吟館詩鈔十六卷病几續鈔四卷感

　　舊懷人集二卷墨花吟館文鈔三卷

　　憶雲集試帖一卷蘭雲集試帖一卷

　清嚴辰撰

　清光緒間刻本

　十冊　35196–35205

　438.9/Gx18

1630

退補齋詩存十六卷首一卷文存十二卷

　　首一卷

　清胡鳳丹撰　清王柏心等刪削

　清同治十二年永康胡氏退補齋鄂州

　　刻本（金華叢書本）

　八冊　34305–34312

　438.8/BP74

1631

濂亭遺文五卷遺詩二卷

　清張裕釗撰

　清光緒二十一年遵義黎氏刻本

　二冊　32334–32335

　438.9/Lx42

1632

楊勇愨公遺集十八卷首一卷

　清楊岳斌撰

　清光緒二十一年至三十年間竹軒刻本

　　楊勇愨公奏議十六卷　清光緒

　　　二十一年間竹軒刻本

　　楊勇愨公詩存一卷詩存釋文一卷

　　　清光緒三十年刻本

　十八冊　29110–29127

　438.75/Bw86

1633

桐華閣文集十二卷

　清杜貴墀撰

　清光緒三十一年刻本（桐華閣叢書

　　本）

　四冊　31750–31753

　458.9/BP64

1634
一鐙精舍甲部稿五卷
　清何秋濤撰
　清光緒五年淮南書局刻本
　一冊　32399
　960.88/Ht88

1635
小酉腴山館文鈔九卷集外文四卷詩鈔
　　　二卷詩鈔補錄一卷詩鈔續編二卷
　　　詩鈔三編二卷詩鈔四編二卷
　清吳大廷撰
　清同治間刻本
　十二冊　34514-34525
　438.8/Gs18

1636
函樓詩鈔二十卷
　清易佩紳撰
　清光緒間刻增修本
　八冊　32043-32050
　478.9/Gw76

1637
翰馨書屋賦餘二卷
　清章邦元撰
　清光緒十三年上海刻本
　一冊　35068
　443.8/Ct86

1638
龍岡山人詩鈔十八卷古今體詩鈔二卷古
　　　文鈔十卷紫籐花室駢體文鈔四卷
　清洪良品撰

清光緒四年至十八年刻本
　十冊　32123-32132
　438.7/Ds34

1639
卅六芙蓉館詩存六卷
　清張曾望撰
　清光緒二十四年太倉繆氏刻本（東
　　　倉書庫叢刻初編本）
　一冊　47388
　478.8/Lx41

1640
孽雅堂詩八卷
　清張景祁撰
　清光緒二十三年杭城百億梅花館刻
　　　福州吳玉田印本
　二冊　37978-37979
　478.9/Lx64

1641
孽雅堂詩十一卷
　清張景祁撰
　清光緒二十三年杭城百億梅花館刻
　　　福州吳玉田承刻增修本
　二冊　37980-37981
　478.9/Lx64

1642
慕陔堂乙稿二卷
　清王麟書撰
　清光緒十二年豫章刻本
　一冊　31999
　478.9/Ao46

1643

越縵堂駢體文四卷散體文一卷

　清李慈銘撰

　清光緒二十三年曾之撰刻（虛霩居

　　叢書本）

　　四冊　31691–31694

　　445.2/Ao44

1644

成山廬稿十二卷（詩稿九卷文稿一卷家

　　譜一卷年譜一卷）附昭忠錄一卷

　清唐炯撰　（昭忠錄）清黃彭年輯

　清光緒三十四年貴陽刻本

　缺成山廬稿卷十二

　　六冊　32138–32143

　　438.8/Co42

1645

悲盦居士文存一卷詩賸一卷

　清趙之謙撰

　清光緒十一年至十六年刻本

　　二冊　32807–32808

　　438.9/BP38

1646

縵雅堂駢體文八卷

　清王詒壽撰

　清光緒六年刻本（榆園叢刻本）

　　二冊　32522–32523

　　445.2/Ao42

1647

冠悔堂駢體文鈔六卷詩鈔八卷賦鈔四

　　卷楹語三卷楹語附錄一卷

　清楊浚撰

　清光緒十八年至二十年刻本

　　二十一冊　37523–37543

　　438.9/Bw48

1648

吉雨山房遺集十卷（文集四卷詩集五

　　卷北山樵唱一卷）

　清郭籛齡撰

　清光緒十六年刻本（吉雨山房全集

　　本）

　　四冊　35172–35175

　　438.9/Du87

1649

蘇鄰遺詩二卷續集一卷

　清李鴻裔撰

　清光緒十四年遵義黎氏日本刻本續

　　集光緒十七年中江李氏石印本

　　一冊　33031

　　478.7/Ao44

1650

仲實類稿一卷

　清魯賁撰

　清咸豐九年刻魯氏遺著本附

　　一冊　32782

　　458.7/Ho76

1651

仲實詩存二卷

　清魯賁撰

　清咸豐九年刻魯氏遺著本附

　　一冊　32783

478.8/Ho64

1652

一規八棱硯齋詩鈔六卷文鈔一卷時文
　　一卷類鈔一卷詞鈔一卷
　　清徐廷華撰
　　清光緒九年武昌刻本
　　四冊　32144-32147
　　438.6/Hs88

1653

復堂類集文四卷詩十一卷詞三卷日記
　　八卷
　　清譚獻撰
　　清同治四年至光緒十三年仁和譚氏
　　刻本（半厂叢書初編本）
　　九冊　35206-35214
　　438.85/Du64

1654

周莘仲廣文遺詩一卷
　　清周長庚撰
　　清光緒二十一年鉛印本
　　一冊　37969
　　又一部一冊　47403
　　478.9/Ho18

1655

蒙廬詩存四卷外集一卷
　　清沈景脩撰
　　清光緒二十一年杭州刻本
　　一冊　35309
　　478.8/Dz64

1656

佩秋閣遺稿四卷（詩稿二卷詞稿一卷
　　駢體文稿一卷）
　　清吳苣撰
　　清光緒元年刻本
　　一冊　47389
　　438.9/Gs61

1657

敬孚類稿十六卷
　　清蕭穆撰
　　清光緒三十三年刻本
　　鈐：其見室藏書印
　　四冊　34333-34336
　　458.8/Gu87

1658

烏石山房詩稿十六卷（初集十卷續集
　　六卷）
　　清龔易圖撰
　　清光緒五年至六年龔氏雙驂園刻本
　　四冊　34500-34503
　　478.8/Ds68

1659

藤華吟館詩錄六卷
　　清陳棨仁撰
　　清光緒十三年鉛印本
　　二冊　37971-37972
　　478.9/Lx48

1660

傳樸堂詩稿四卷附弢華館詩稿一卷
　　清葛金烺撰　（弢華館詩稿）清葛嗣

瀠撰

清光緒二十一年刻本

一册　32948

478.8/Gz71

1661

拙尊園叢稿六卷（前編一卷外編一卷
　　內編二卷餘編二卷）

清黎庶昌撰

清光緒十九年上海醉六堂石印本

鈐:復印

二册　32035–32036

458.9/Ks34

1662

木庵居士詩四卷補遺一卷

　清陳書撰

　清光緒三十二年武昌刻本（石遺室
　　　叢書本）

　一册　37975

　478.9/Lx91

1663

養心光室詩稿八卷

　清顧福仁撰

　清光緒十四年刻本

　二册　47429A–B

　478.8/Ds42

1664

謫麐堂遺集四卷（文二卷詩二卷）

　清戴望撰

　清宣統三年歸安陸氏刻本

　鈐:歸安陸樹聲叔桐父印

一册　32806

438.87/Bw41

1665

寄龕文存四卷

　清孫德祖撰

　清光緒十年鄞縣翰墨林刻本

　四册　32134–32137

　458.9/Ls74

1666

偶齋詩草三十六卷（内集八卷内次集
　　十卷外集八卷外次集十卷）

　清寶廷撰

　清光緒十九年寶壽福刻本

　十册　35014–35023

　478.8/Cs88

1667

澤雅堂文集八卷

　清施補華撰

　清光緒間刻本

　一册　31991

　458.9/Dz44

1668

圭盦詩錄一卷

　清吳觀禮撰

　清光緒五年賣齋刻本

　一册　31956

　又一册　47210

　478.9/Gs60

1669

虛受堂文集十六卷詩存十七卷書札

二卷

王先謙撰　陳毅、蘇輿編次

清光緒二十六年至三十三年平江蘇
　　氏刻本

十二冊　35072-35083

438.93/Ao70

1670

奉使車臣汗記程詩三卷

清延清撰

清宣統元年鉛印本

三冊　47477-47479

478.9/Kx42

1671

湘麋閣遺集六卷（詩四卷蘭當詞二卷）

清陶方琦撰

清光緒十六年湖北書局刻本

一冊　32932

478.8/Lu39

1672

漢孳室文鈔四卷補遺一卷

清陶方琦撰

清光緒十八年會稽徐氏鑄學齋刻本
　　（紹興先正遺書本）

一冊　32004

458.8/Lu39

1673

袁忠節公遺詩三卷（水明樓集一卷朝
　　隱厄衍二卷）

清袁昶撰

清宣統元年上海時中書局鉛印本

一冊　47085

478.8/Ax42

1674

樊山集二十八卷續集二十八卷

清樊增祥撰

清光緒十九年渭南縣署刻續集光緒
　　二十八年西安臬署刻本

十二冊　47270-47281

439.12/Bs22

1675

希古堂文集八卷（甲集二卷乙集六卷）

清譚宗浚撰

清光緒十六年廣州刻本

四冊　35259-35262

458.9/Du34

1676

退思軒詩集六卷補遺一卷

清張百熙撰

清宣統三年王式通武昌刻本

二冊　47265-47266

478.8/Lx11

1677

簡莊文鈔六卷續編二卷河莊詩鈔一卷

清陳鱣撰

清光緒十四年刻本（海昌叢載本）

二冊　37207-37208

438.58/Lx72

1678

通雅齋叢稿八卷

清成本璞撰

清宣統元年武林刻本

四册　37939–37942

438.9/Aw11

1679

蘔華閣遺集四卷

　清盛昱撰

清光緒二十八年刻本（留垞叢刻本）

二册　31689–31690

478.8/Ao61

1680

文莫室詩八卷陶廬詩續集十卷文集九

　卷外編一卷箋牘四卷

　王樹枏撰

清光緒至民國間新城王氏刻本（陶

　廬叢刻本）

十一册　32958–32968

438.99/Ao24

1681

范伯子詩集十九卷

　清范當世撰

清光緒三十四年浙西徐氏刻本

四册　47239–47242

478.9/Gz51

1682

抱潤軒文集十卷

　馬其昶撰

清宣統元年安徽官紙印刷局石印本

一册　47106

458.9/As14

1683

劉葆真太史遺稿二卷

　清劉可毅撰

清宣統二年劉樹屏刻本

一册　47124

458.9/Kt64

1684

南海先生詩集四卷

　康有爲撰

清宣統三年上海廣智書局影印本

鈐：陳幾士

二册　32563–32564

479/Cx11

1685

萬山草堂詩集六卷續集六卷

　李登雲撰

清光緒三十三年刻續集民國二十一

　年刻本

四册　47316–47319

478.8/Ao91

1686

雲林書屋詩集八卷

　清載澂撰

清宣統間刻本

八册　47437–47444

478.9/As28

1687

隨扈紀行詩存二卷麻鞋紀行詩存一卷

　清蔣廷黻撰

清光緒間刻本

一冊　47383

478.9/Gs88

1688

文章釋一卷

　清王兆芳撰

　清光緒二十九年刻本

　　一冊　32440

　　408/Ao74

1689

秋華堂詩一卷

　丁傳靖撰

　清宣統三年鉛印本

　　一冊　47365

　　又一部一冊　47366

　　478.9/At74

1690

靜庵文集一卷

　王國維撰

　清光緒三十一年鉛印本

　鈐:私立福建協和大學圖書館陳殿庵

　　先生書庫藏

　　一冊　32733

　　439.44/Ao61

1691

靜娛樓詩草一卷

　劉咸榮撰

　清宣統元年刻本

　　一冊　32991

　　478.9/Kt17

總集類

叢編之屬

1692

元白長慶集一百四十一卷

　明馬元調編

　明萬曆間松江馬氏刻本

　　元氏長慶集六十卷補遺六卷附錄

　　　一卷　唐元稹撰　明萬曆三

　　　十二年刻

　　白氏長慶集七十一卷目錄二卷附

　　　錄一卷　唐白居易撰　明萬

　　　曆三十四年刻

　鈐:鄰宣　胡昌臣印　士琮　味青

　　齋藏書

　　二十二冊　38651-38672

　　善 434.45/Aу74

1693

王氏彙刻唐人集七種

　清王遐春編

　清嘉慶十五年福鼎王遐春麟後山房

　　刻本

　　存四種

　　　唐歐陽四門集八卷附錄一卷

　　　　唐歐陽詹撰

　　　香奩集三卷附錄一卷　唐韓偓撰

　　　翰林集四卷附錄一卷　唐韓偓撰

　　　徐正字集四卷附錄一卷　唐徐

　　　　寅撰

　　七冊　38009-38015

　　421.4/Ao98

1694

唐人五十家小集

　清江標編

　　清光緒二十一元和江氏靈鶼閣影宋
　　　刻蘇州振新書社印本

　　王勃集二卷　唐王勃撰

　　楊炯集二卷　唐楊炯撰

　　盧照鄰集二卷　唐盧照鄰撰

　　駱賓王集二卷　唐駱賓王撰

　　唐司空文明詩集二卷　唐司空曙撰

　　李端詩集三卷　唐李端撰

　　耿湋詩集一卷　唐耿湋撰

　　嚴維詩集一卷　唐嚴維撰

　　唐靈一詩集一卷　唐釋靈一撰

　　唐皎然詩集二卷　唐釋皎然撰

　　華陽真逸詩二卷　唐顧況撰

　　戎昱詩集一卷　唐戎昱撰

　　戴叔倫集二卷　唐戴叔倫撰

　　權德輿集二卷　唐權德輿撰

　　羊士諤詩集一卷　唐羊士諤撰

　　呂衡州詩集一卷　唐呂溫撰

　　朱慶餘詩集一卷　唐朱慶餘撰

　　劉滄詩集一卷　唐劉滄撰

　　盧仝詩集三卷　唐盧仝撰

　　喻鳧詩集一卷　唐喻鳧撰

　　項斯詩集一卷　唐項斯撰

　　唐求詩集一卷　唐唐求撰

　　曹鄴詩集二卷　唐曹鄴撰

　　崔塗詩集一卷　唐崔塗撰

　　張蠙詩集一卷　五代張蠙撰

　　劉駕詩集一卷　唐劉駕撰

　　唐李推官披沙集六卷　唐李咸用撰

　　劉叉詩集三卷　唐劉叉撰

　　蘇拯詩集一卷　唐蘇拯撰

　　章孝標詩集一卷　唐章孝標撰

　　于濆詩集一卷　唐于濆撰

　　李丞相詩集二卷　五代李建勳撰

　　唐女郎魚玄機詩一卷　唐魚玄機撰

　　唐貫休詩集一卷　五代釋貫休撰

　　唐齊己詩集一卷　五代釋齊己撰

　　僧無可詩集二卷　唐釋無可撰

　　劉兼詩集一卷　唐劉兼撰

　　王周詩集一卷　五代王周撰

　　儲嗣宗詩集一卷　唐儲嗣宗撰

　　章碣詩集一卷　唐章碣撰

　　李遠詩集一卷　唐李遠撰

　　會昌進士詩集一卷　唐馬戴撰

　　林寬詩集一卷　唐林寬撰

　　羅鄴詩集一卷　唐羅鄴撰

　　秦韜玉詩集一卷　唐秦韜玉撰

　　殷文珪詩集一卷　五代殷文珪撰

　　唐尚顏詩集一卷　唐釋尚顏撰

　　于武陵詩集一卷　五代于武陵撰

　　無名氏詩集一卷　唐□□撰

　　張司業樂府集一卷　唐張籍撰

　鈐：幾士印記

　二十四冊　43592–43615

　陳 464/DP24

1695

三唐人集

　清馮焌光編

　　清光緒元年至二年南海馮氏讀有用
　　　書齋刻本

　　李文公集十八卷補遺一卷附錄一
　　　卷　唐李翱撰　光緒元年刻

　　皇甫持正文集六卷補遺一卷　唐
　　　皇甫湜撰　光緒二年刻

孫可之文集十卷　唐孫樵撰　光
　緒二年刻
　鈐:味青齋
　六册　35643-35648
　454/Ho14

1696
陸陳二先生詩文鈔
　清葉裕仁編
　文鈔清同治九年刻詩鈔清光緒二年
　安道書院刻本
　　桴亭先生文鈔六卷詩鈔八卷　清
　　　陸世儀撰
　　確庵先生文鈔六卷詩鈔八卷　清
　　　陳瑚撰
　八册　37396-37403
　438.14/Gs42

1697
金元明八大家文選
　清李祖陶編
　清道光二十五年吉安刻本
　　元遺山先生文選七卷　金元好
　　　問撰
　　姚牧庵先生文選五卷　元姚燧撰
　　吳草廬先生文選六卷　元吳澄撰
　　虞道園先生文選八卷　元虞集撰
　　宋景濂先生文選七卷　明宋濂撰
　　王陽明先生文選七卷　明王守
　　　仁撰
　　唐荊川先生文選七卷　明唐順
　　　之撰
　　歸震川先生文選六卷　明歸有
　　　光撰

二十六册　43706-43731
陳440/Ao42

1698
三家宮詞三卷二家宮詞二卷
　明毛晉輯
　清同治十二年淮南書局刻本
　　三家宮詞
　　　宮詞一卷　唐王建撰
　　　宮詞一卷　五代費氏撰
　　　宮詞一卷　宋王珪撰
　　二家宮詞
　　　宮詞一卷　宋徽宗趙佶撰
　　　宮詞一卷　題寧宗宋楊太后撰
　一册　39069
　460.2/Kz11

1699
唐四家詩八卷
　清汪立名編
　清康熙三十四年天都汪立名刻本
　　王右丞詩集二卷　唐王維撰
　　孟襄陽詩集二卷　唐孟浩然撰
　　韋蘇州詩集二卷　唐韋應物撰
　　柳河東詩集二卷　唐柳宗元撰
　六册　32608-32613
　善464/DP31

1700
辟疆園遺書四種
　清楊芳燦輯
　清光緒十八年活字印本
　　笠舫詩稿六卷附文稿一卷　清顧
　　　敏恒撰

靄雲草一卷　清顧敦愉撰

筼溪詩草二卷 清顧敬恂撰

幽蘭草一卷　清顧敦憲撰

　四冊　32858－32861

　478.4/Ds78

1701

邱海二公文集合集

　清焦映漢輯　清賈棠編

　清同治十年邱氏可繼堂刻本

　　邱文莊公集十卷　明邱濬撰

　　海忠介公集六卷　明海瑞撰

　八冊　38311－38318

　437.33/Ko42

1702

國朝三家文鈔三十二卷

　清宋犖、許汝霖輯

　清康熙三十三年許氏刻本

　　侯朝宗文鈔八卷　清侯方域撰

　　魏叔子文鈔十二卷　清魏禧撰

　　汪鈍翁文鈔十二卷　清汪琬撰

　鈐:光益字謙叔元字亮臣　古歙羅

　　氏　羅氏珍藏書畫之印　謙

　　寧我軒　味青齋藏書

　十冊　35854－35863

　善 458/Cx45

1703

國朝文錄八十二卷

　清李祖陶編

　清咸豐元年終南山館刻本

　　初編

　　熊學士文集錄一卷　清熊伯龍撰

亭林文錄二卷　清顧炎武撰

石莊先生文錄三卷　清陳弘緒撰

南雷文錄三卷　清黃宗羲撰

壯悔堂文錄二卷　清侯方域撰

恥躬堂文錄二卷　清彭士望撰

四照堂文錄二卷　清王猷定撰

湘帆堂文錄一卷　明傅占衡撰

水田居文錄二卷　清賀貽孫撰

潛庵先生遺稿文錄二卷　清湯斌撰

愚山先生文錄二卷　清施閏章撰

午亭文錄三卷　清陳廷敬撰

張文貞公文錄二卷　清張玉書撰

帶經堂集文錄二卷　清王士禛撰

鄭靜菴先生文錄一卷　清鄭日奎撰

榕村全集文錄二卷　清李光地撰

西陂類稿文錄一卷　清宋犖撰

湛園未定稿文錄三卷　清姜宸英撰

居業齋文錄一卷　清金德嘉撰

邵青門文錄三卷　清邵長蘅撰

朱文端公文集二卷　清朱軾撰

孫文定公文錄二卷　清孫嘉淦撰

二希堂文錄二卷　清蔡世遠撰

鮚埼亭集文錄四卷　清全祖望撰

紫竹山房文集三卷　清陳兆崙撰

鹿洲文錄三卷　清藍鼎元撰

白鶴堂文錄一卷　清彭端淑撰

南莊類稿文錄二卷　清黃永年撰

海峯先生文錄二卷　清劉大櫆撰

潛研堂文錄二卷　清錢大昕撰

惜抱軒先生文選二卷　清姚鼐撰

紀文達公文錄二卷　清紀昀撰

清獻堂文錄二卷　清趙佑撰

忠雅堂文錄二卷　清蔣士銓撰

二林居文錄二卷　清彭紹升撰

厚岡文錄三卷　清李榮陞撰

陶士升先生萸江文錄一卷　清陶
　　必銓撰

劉寄庵文錄二卷　清劉大紳撰

知恥齋文錄一卷　清謝振定撰

惕園初稿文二卷　清陳庚煥撰

二十四冊　31726–31749

440.8/Ms11

1704

簡學齋清夜齋手書詩稿合印二種

　清陳曾則輯

　清宣統三年石印本

　　白石山館詩一卷　清陳沆撰

　　清夜齋詩一卷　清魏源撰

　一冊　33333

　又一部一冊　47451

　478.5/Lx40

通代之屬

1705

御選唐宋文醇五十八卷詩醇四十七卷

　清高宗弘曆輯

　清乾隆二十五年刻尊經閣印本

　鈐：初復樓珍藏

　二十六冊　43616–43641

　陳 424/Bz91

1706

采菽堂古詩選三十八卷補遺四卷

　清陳祚明評選

　清乾隆二十三年刻傳萬堂印本

　十八冊　31817–31834

461/Lx42

1707

漁洋山人古詩選三十二卷

　清王士禛輯

　清同治五年金陵書局刻本

　八冊　31862–31871

　461/Ao11

1708

古詩箋三十二卷

　清王士禛輯　清聞人倓箋

　清乾隆三十一年芷蘭堂刻本

　　五言詩十七卷

　　七言詩歌行鈔十五卷

　鈐：私立福建協和大學圖書館陳弢庵

　　先生書庫藏

　十二冊　31876–31887

　461/Ao11

1709

古詩源十四卷

　清沈德潛輯

　清刻朱墨套印本

　四冊　32404–32407

　善 461/Dz74

1710

宛鄰書屋古詩錄十二卷

　清張琦輯

　清同治八年刻本

　四冊　32595–32598

　461/Lx25

1711

詩儁類函一百五十卷
　明俞安期輯　明梅鼎祚增輯
　明萬曆三十七年孟純禮刻本
　佚名圈點
　鈐:察哈爾蒙古胡魯古斯氏
　三十冊　47515-47544
　善 037/Ku41

1712

名媛詩歸三十六卷
　明鍾惺輯
　明刻清河澗堂修補本
　鈐:陳氏賜書樓珍藏印
　八冊　32491-32498
　善 460/HP42

1713

詩林韶濩二十卷
　清顧嗣立輯
　清康熙四十四年顧氏秀野草堂刻本
　鈐:舊山樓秘篋　非昔居士（陽文）
　　非昔居士（陰文）
　八冊　32411-32418
　善 460.2/Ds62

1714

近光集二十八卷
　清汪士鋐編　清徐修仁注
　清康熙五十八年刻本
　六冊　31842-31847
　善 460/DP11

1715

重訂歷朝詩選簡金集八卷

　清章薇編
　清乾隆五十九年章氏披芸閣刻本
　鈐:味青齋藏書
　六冊　32393-32398
　善 460/Ct68

1716

忠雅堂評選四六法海八卷
　清蔣士銓評選
　清同治間藏園刻朱墨套印本
　十冊　32752-32761
　445/Gs11

1717

駢體文鈔三十一卷
　清李兆洛輯
　清光緒八年上海刻本
　八冊　33670-33677
　445/Ao74

1718

東萊集註類編觀瀾文集甲集二十五卷
　　乙集二十五卷丙集二十卷附札記
　宋林之奇編　宋呂祖謙注
　清光緒十年方氏碧琳琅館刻本
　六冊　33693-33698
　420.7/Bx38

1719

古文淵鑒六十四卷
　清徐乾學等編注
　清同治十二年浙江書局刻本
　三十二冊　37824-37855
　440/Ks20

1720
欽定四書文四十一卷
　清方苞輯
　清乾隆五年武英殿刻本
　存三十卷
　　欽定本朝四書文六卷
　　欽定啓禎四書文六卷
　　欽定隆萬四書文六卷
　　欽定正嘉四書文六卷
　　欽定化治四書文六卷
　　二十二册　27657–27678
　444.5/Cz60

1721
遙集集前編六卷後編十卷
　清許貞幹輯
　清光緒二十八年至三十四年味青齋
　　刻本
　　八册　33804–33811
　　又一部六册　33830–33835
　460/Du54

1722
經史百家簡編二卷
　清曾國藩輯
　清同治十三年傳忠書局刻本（曾文
　　正公全集本）
　　二册　33175–33176
　458.7/Do61

斷代之屬

1723
月午樓古詩十九首詳解二卷

清饒學斌撰
　清光緒元年刻本
　　二册　33982–33983
　461/Hz81

1724
河岳英靈集二卷
　唐殷璠輯
　清刻本
　鈐:長　丁卯後人　味青齋
　　二册　32529–32530
　464/Kx22

1725
東嵒草堂評訂唐詩鼓吹十卷
　金元好問輯　元郝天挺注　明廖文
　　炳解　清朱三錫評
　清康熙間刻本
　鈐:楸復之印
　　十册　33837–33846
　善 464/Bu18

1726
唐人萬首絕句選七卷
　宋洪邁輯　清王士禛選
　清文粹堂刻本
　鈐:戀復
　　二册　33688–33689
　464/Ao11

1727
唐賢三昧集三卷
　清王士禛輯　清吳煊、胡棠輯注
　清乾隆五十二年吳氏聽雨齋刻本

集部

229

三册　32408-32410
464/Ao11

1728
廣唐賢三昧集四編（前編正編續編後
　編）
　清王士禎輯　清文昭補錄
　清宣統元年荊州田氏後博古堂影印本
　十册　44699-44708
　陳 464/Ao11

1729
御選唐詩三十二卷目錄三卷
　清聖祖玄燁輯　清陳廷敬等輯注
　清康熙五十二年內府刻朱墨套印本
　鈐:閩縣陳氏賜書樓藏善本圖書
　十六册　44198-44213
　陳 464/Cx24

1730
御定全唐詩錄一百卷詩人年表一卷
　清徐倬、徐元正輯
　清康熙四十五年揚州詩局刻本
　鈐:章鋌印　賭棋山莊校本　私立福
　　建協和大學圖書館藏書
　十六册　43690-43705
　陳 464/Hs74

1731
唐詩金粉十卷
　清沈炳震輯
　清雍正二年冬讀書齋刻本
　鈐:臣攀龍印　曾任江州司馬　活潑
　　坨　我用我法　達均又一字松

濤　謐急公奮勉
　四册　32975-32978
　善 460.2/Dz44

1732
重訂唐詩別裁集二十卷
　清沈德潛選
　清乾隆二十八年教忠堂刻本
　鈐:居敬堂圖書　初復樓珍藏
　六册　32585-32590
　464/Dz74

1733
網師園唐詩箋十八卷
　清宋宗元輯
　清乾隆三十二年尚絅堂刻本
　六册　33682-33687
　鈐:昧青齋藏書
　善 464/Cx34

1734
讀雪山房唐詩三十四卷
　清管世銘輯
　清光緒十二年湖北官書處木活字印本
　十二册　32565-32576
　464/Ko11

1735
唐詩選六卷首一卷補遺一卷
　清吳翌鳳輯
　清嘉慶十年滄浪吟榭刻本
　鈐:陳氏賜書樓珍藏印
　六册　33866-33871
　464/Gs91

1736
唐文粹一百卷
　宋姚鉉輯
　清光緒九年至十一年江蘇書局刻本
　二十冊　40744-40763
　424/Ms70

1737
唐駢體文鈔十七卷
　清陳均輯
　清同治十二年陳璞刻本
　四冊　32525-32528
　445/Lx27

1738
全五代詩九十卷補遺一卷
　清李調元輯
　清乾隆間綿州李氏萬卷樓刻本（函
　　海本）
　十二冊　32423-32434
　465.5/Ao32

1739
坡門酬唱集二十三卷
　宋邵浩輯
　清宣統二年至三年貴池劉氏玉海堂
　　影宋刻本（玉海堂景宋元本叢
　　書本）
　七冊　32917-32924
　465/Lu42

1740
宋文鑑一百五十卷目錄三卷
　宋呂祖謙輯

清光緒十二年江蘇書局刻本
　二十四冊　40764-40787
　425/Go42

1741
南宋文錄錄二十四卷
　清董兆熊輯
　清光緒十七年蘇州書局刻本
　六冊　40697-40703
　440.5/Go74

1742
南宋文範七十卷外編四卷作者考二卷
　清莊仲方輯
　清光緒十四年江蘇書局刻本
　鈐:私立福建協和大學圖書館陳弢庵
　　先生書庫藏
　十六冊　40637-40696
　陳425.2/GP76

1743
徑北草堂卬須集初刻三卷
　清□□輯
　清徑北草堂刻本
　　陶春圃詩一卷
　　黎獻臣詩二卷
　一冊　36755
　478.8/Lu11

1744
遼文萃七卷遼史藝文志補證一卷西夏
　　文綴二卷西夏藝文志一卷
　清王仁俊輯
　清光緒三十年吳縣王氏籀鄦諆刻本

（實學叢書本）

一册　32524

425.3/Ao72

1745
金文最六十卷

清張金吾輯

清光緒二十一年蘇州書局刻本

十六册　40714–40723

陳 425.5/Lx71

1746
谷音二卷

元杜本輯

明末汲古閣刻本（詩詞雜俎本）

一册　32735

476.23/BP11

1747
元文類七十卷

元蘇天爵輯

清光緒十五年江蘇書局刻本

十册　40734–40743

陳 426/Gx18

1748
明詩綜一百卷

清朱彝尊輯

清康熙間刻雍正間朱氏六峯閣印本

鈐:其園藏書　陳氏賜書樓珍藏印

四十册　44002–44041

陳 467/Hx76

1749
明文在一百卷

清薛熙輯

清光緒十五年江蘇書局刻本

十册　40704–40713

427/Gu66

1750
同人集十二卷

清冒襄輯

清咸豐九年冒溶木活字印本

十二册　31714–31725

陳 428/Go38

1751
國朝詩別裁集三十六卷

清沈德潛輯並評

清乾隆二十四年刻本

鈐:味青齋藏書

十八册　33958–33975

善 468/Dz84

1752
國朝文徵四十卷

清吳翌鳳輯

清咸豐元年吳江沈楙惪世美堂刻本

四十册　44102–44141

陳 440.8/Gs91

1753
國朝詩十卷外編一卷補六卷

清吳翌鳳輯

清同治十一年新陽趙元益刻本

六册　31836–31841

468/Gs91

1754

印須集八卷續六卷又續六卷女士詩錄
　　一卷
　清吳翌鳳輯
　清嘉慶十九至二十二年刻本
　存集八卷續六卷又續卷一
　四冊　32591-32594
　468/Gs91

1755

國朝古文所見集十三卷
　清陳兆麒輯
　清道光二年一枝山房刻本
　鈐:鵬北菴記
　八冊　32443-32450
　440.8/Lx74

1756

國朝文雅正所見集十六卷
　清林有席輯
　清道光十年菜根樂刻本
　十二冊　33014-33025
　440.8/Bx11

1757

湖海詩傳四十六卷文傳七十五卷
　清王昶輯
　清嘉慶八年三泖漁莊刻文傳道光十七
　　年經訓堂刻同治五年重修彙印本
　三十二冊　43732-43763
　陳 428/Ao42

1758

停雲集十二卷

清顧宗泰輯
清乾隆三十四年刻本
六冊　35443-35448
善 478.4/DP14

1759

國朝駢體正宗評本十二卷補編一卷
　清曾燠輯　清姚燮評
　清光緒十年蛟川張氏花雨樓刻本（花
　　雨樓叢鈔本）
　鈐:棌復之印
　六冊　32531-32536
　445.1/Do44

1760

八旗文經五十六卷作者考三卷叙錄一卷
　清盛昱、楊鍾羲輯
　清光緒二十七年武昌刻本
　十二冊　32510-32521
　440.8/Ao61

1761

國朝文匯甲前集二十卷甲集六十卷乙集
　　七十卷丙集三十卷丁集二十卷姓
　　氏目錄一卷
　清上海國學扶輪社輯
　清宣統元年至二年上海國學扶輪社
　　石印本
　一百一冊　44214-44314
　陳 440.8/Dz46

唱和題詠之屬

1762

鴛央湖櫂歌一卷和韻一卷續一卷

集
部

233

清朱彝尊撰 （和韻、續）清譚吉璁撰

清乾隆四十年刻本

　一册　31835

　478.2/Hx76

1763

于湖題襟集九卷

　清袁昶輯

　清光緒二十一年刻本（漸西村舍彙
　　刊本）

　鈐：其見室藏書印

　四册　32073-32076

　428.9/DP34

1764

篤舊集十八卷

　清劉存仁輯

　清咸豐十年蘭州刻本

　八册　33821-33828

　468/Kt12

1765

宮閨百詠四卷

　清陳其泰輯

　清道光二十五年海鹽陳氏桐花鳳閣
　　刻本

　鈐：某（梅）香館書畫印

　二册　33883-33884

　468/Lx14

郡邑之屬

1766

西陵十子詩選十六卷

清毛先舒輯

清順治間刻本

存卷一至十

　鈐：虛復私印

三册　32376-32378

善 467/Kz70

1767

江左十五子詩選十五卷

　清宋犖編

　清康熙四十二年商邱宋氏宛委堂刻本

　　王式丹詩選一卷　清王式丹撰

　　吳廷楨詩選一卷　清吳廷楨撰

　　宮鴻曆詩選一卷　清宮鴻曆撰

　　徐昂發詩選一卷　清徐昂發撰

　　錢名世詩選一卷　清錢名世撰

　　張大受詩選一卷　清張大受撰

　　管棆詩選一卷　清管棆撰

　　吳士玉詩選一卷　清吳士玉撰

　　顧嗣立詩選一卷　清顧嗣立撰

　　李必恒詩選一卷　清李必恒撰

　　蔣廷錫詩選一卷　清蔣廷錫撰

　　繆沅詩選一卷　清繆沅撰

　　王圖炳詩選一卷　清王圖炳撰

　　徐永宣詩選一卷　清徐永宣撰

　　郭元釪詩選一卷　清郭元釪撰

　鈐：訓忠之家　州山堂印

　六册　33000-33005

　善 468/Cx45

1768

江蘇詩徵一百八十三卷

　清王豫輯

　清道光元年焦山海西盦詩徵閣刻本

四十冊　44142-44181

陳 468/Ao98

1769

國朝常州駢體文錄三十一卷附結一宧
　駢體文一卷

　清屠寄輯　（結一宧駢體文）清屠寄撰

　清光緒十六年廣州刻本

　六冊　32941-32946

　445.1/Lo35

1770

吳中女士詩鈔四卷

　清任兆麟輯

　清乾隆五十四年林屋吟榭刻本

　二冊　32499-32500

　468/Gs65

1771

兩浙輶軒錄四十卷補遺十卷續錄五十
　四卷續錄補遺六卷

　清阮元輯　清潘衍桐續輯

　清光緒十六年浙江書局刻本

　七十二冊　44543-44614

　468/Lz12

1772

續檇李詩繫四十卷

　清胡昌基輯

　清宣統三年刻本

　二十冊　31754-31773

　460/BP61

1773

越風三十卷

清商盤輯

清乾隆三十七年王大治刻本

鈐:陳氏賜書樓珍藏印

十冊　32379-32388

460/Co81

1774

當湖文繫初編二十八卷

　清朱壬林輯

　清光緒十五年刻本

　十二冊　32451-32462

　440/Hx81

1775

桐溪耆隱集一卷補遺一卷附榆園雜興
　詩一卷

　清袁炯輯　（榆園雜興詩）清袁振業
　撰

　清光緒十六年春藻堂刻本（漸西村
　舍彙刊本）

　一冊　47392

　468/Ax42

1776

全閩明詩傳五十五卷

　清郭柏蒼輯

　清光緒十五年郭氏沁泉山館刻本

　二十八冊　33727-33754

　467/Du22

1777

國朝全閩詩錄初集二十一卷續十一卷

　清鄭杰輯

　清嘉慶六年注韓居刻後印本

鈐:初復樓陳印

十二冊　33755-33766

468/Du14

1778

閩詩錄甲集六卷乙集四卷丙集二十三
　　卷丁集一卷戊集七卷

清鄭杰輯　陳衍補

清宣統三年刻本（石遺室叢書本）

十冊　33717-33726

460/Du14

1779

閩中十子詩集十種三十卷

明袁表、馬榮選輯

清光緒十二年侯官郭柏蒼沁泉山館
　　刻本

　閩林膳部詩集五卷　明林鴻撰

　閩陳徵君詩集四卷　明陳亮撰

　閩高待詔詩集五卷　明高棅撰

　閩王典籍詩集五卷　明王恭撰

　閩唐觀察詩集一卷　清唐泰撰

　閩鄭博士詩集一卷　明鄭定撰

　閩王檢討詩集五卷　明王偁撰

　閩王翰林詩集二卷　明王褒撰

　閩周祠部詩集一卷　明周玄撰

　閩黃博士詩集一卷　明黃玄撰

　八冊　33767-33774

467/Du22

1780

晉安風雅十二卷

明徐熥輯

明萬曆間可閒堂刻本

鈐:少功多過之印　白雲林從直　古
魚　天水趙氏珍藏　趙在田印
在林鑒古　麓原瓣香　爲書延
壽　栐復之印

六冊　33699-33704

善 467/Hs48

1781

莆風清籟集六十卷

清鄭王臣輯

清乾隆間刻光緒至民國間遞修本

二十冊　33847-33856

460/Du11

1782

温陵詩紀十二卷

清龔顯曾、陳榮仁輯

清光緒元年龔氏亦園木活字印本

四冊　32372-32375

468/Lx48

1783

瀨溪四家詩鈔八卷

清朱仕玠輯

清乾隆二十二年刻本（筠園全集本）

　江邨詩鈔三卷　清何梅撰

　白雲詩鈔一卷　清李榮英撰

　槎亭詩鈔二卷　清朱肇璜撰

　曲廬詩鈔二卷　清朱霞撰

　一冊　32288

468/Hx72

1784

西江風雅十二卷補編一卷

清金德瑛選　清沈瀾編

清乾隆十八年刻本

四册　32389-32392

善 468/Ho74

1785

貴池二妙集四十七卷首一卷附錄一卷

劉世珩輯

清光緒二十六年貴池劉氏唐石簃刻

光緒間增刻本（貴池先哲遺書

叢書本）

樓山堂集二十七卷首一卷　明吳

應箕撰

嶧桐集二十卷附劉先生年譜一卷

明劉城撰　（年譜）劉世珩撰

十二册　36852-36863

437.9/Kt10

1786

國朝山左詩鈔六十卷

清盧見曾輯

清乾隆二十三年德州盧氏雅雨堂揚

州刻本

二十册　31961-31980

善 468/Fo69

1787

國朝全蜀詩鈔六十四卷附楚游草一卷

清孫桐生選輯　（楚游草）清蓉溪外

史錄

清光緒五年長沙刻本

二十册　43800-43819

陳 468/Ls22

1788

沅湘耆舊集二百卷前編四十卷

清鄧顯鶴輯

清道光二十三年新化鄧氏小九華山

樓刻前編二十四年刻本

六十四册　44635-44698

陳 460/Lu64

1789

嶺南三大家詩選二十四卷

清王隼編

清同治七年南海陳氏刻翰芳齋印本

六瑩堂詩八卷　清梁佩蘭撰

道援堂詩八卷　清屈大均撰

獨漉堂詩八卷　清陳恭尹撰

五册　32435-32439

468/Ao75

氏族之屬

1790

沈氏三先生文集

宋□□輯

清光緒二十二年浙江書局刻本

西谿文集十卷　宋沈遘撰

長興集四十一卷（卷四至十二、

三十一、三十三至四十一未

刻）　宋沈括撰

雲巢編十卷附錄一卷　宋沈遼撰

十册　38347-38356

435.3/Dz18

1791

范文正公忠宣公全集七十三卷

宋范仲淹、范純仁撰

清宣統二年蘇州范氏刻本

　　范文正公集四十八卷　宋范仲淹撰

　　范忠宣公集二十五卷　宋范純仁撰

十六冊　38624–38639

043/Gz76

1792

祖氏遺編十卷

　清祖之望輯

　清浦城祖氏皆山草堂刻本

　四冊　33540–33543

　420.8/DP38

1793

彭氏二文合集十二卷

　明彭篤福編

　清康熙五年彭志楨龍山書舍刻本

　　彭文憲公文集四卷附錄一卷　明

　　　彭時撰

　　彭文思公文集六卷附錄一卷　明

　　　彭華撰

　四冊　34084–34087

　善 437.3/Bw64

1794

蔡氏九儒書九種

　明蔡有鸝編　清蔡重補編

　清光緒十二年刻本

　　牧堂公集一卷附錄一卷　宋蔡發撰

　　西山公集一卷附錄一卷　宋蔡元

　　　定撰

　　節齋公集一卷附錄一卷　宋蔡淵撰

　　復齋公集一卷附錄一卷　宋蔡沆撰

　　素軒公集一卷附錄一卷　宋蔡格撰

　　九峯公集一卷附錄一卷　宋蔡沈撰

　　覺軒公集一卷附錄一卷　宋蔡模撰

　　久軒公集一卷附錄一卷　宋蔡杭撰

　　靜軒公集一卷附錄一卷　宋蔡權撰

　鈐：陳氏賜書樓珍藏印

　八冊　32303–32310

　420.8/Gs78

1795

東嵐謝氏明詩畧四卷

　清謝世南編

　清光緒十九年謝章鋌賭棋山莊刻本

　　（賭棋山莊全集本）

　二冊　37774–37775

　467/Ds10

1796

寧都三魏全集三種附三種

　清林時益輯

　清道光二十五年寧都謝庭綏綵園書

　　塾刻本

　　魏伯子文集十卷首一卷　清魏際

　　　瑞撰

　　魏叔子文集外篇二十二卷詩集八

　　　卷日錄三卷　清魏禧撰

　　魏季子文集十六卷　清魏禮撰

　　附

　　魏興士文集六卷　清魏世傑撰

　　魏昭士文集十卷　清魏世俲撰

　　魏敬士文集八卷　清魏世儼撰

　五十冊　34940–34989

　438.23/Ks94

尺牘之屬

1797
重刻賴古堂尺牘新鈔三選結鄰集十五卷
　清周在浚等輯
　清道光六年北平雷氏刻本
　十六册　33242-33257
　446.1/Ho11

1798
賴古堂名賢尺牘新鈔十二卷二選藏弆
　集十六卷三選結鄰集十五卷
　清周在浚等輯
　清宣統三年上海國學扶輪社石印本
　十六册　33373-33388
　446.1/Ho11

1799
潛園友朋書問十二卷
　清陸心源輯
　清光緒間石印本
　二册　47251-47252
　446.1/LP44

附　課藝時文

1800
學海堂集十六卷二集二十二卷三集二
　十四卷四集二十八卷
　清阮元輯　（二集）清吳蘭修輯
　（三集）清張維屏輯　（四集）
　清金錫齡輯
　清道光五年至光緒十二年啓秀山房
　刻本

　三十六册　39172-39207
　陳 428/Gs64

詩文評類

1801
全唐詩話八卷
　題宋尤袤撰　清孫濤續輯
　清乾隆三十九年孫濤清芬堂刻本
　四册　33678-33681
　460.1/As38

1802
漁隱叢話前集六十卷後集四十卷
　宋胡仔撰
　清乾隆五年至六年楊佑啓耘經樓刻本
　鈐：星文　萬國樞印　虛復私印
　十二册　32740-32751
　善 460.1/Bp72

1803
滄浪詩話註五卷
　宋嚴羽撰　清胡鑑注
　清光緒七年廣州刻本
　二册　38398-38399
　460.1/BP72

1804
全閩詩話十二卷
　清鄭方坤撰
　清乾隆十九年詩話軒刻本
　十册　33775-33784
　善 460.1/Du39

1805

小石帆亭著錄六卷

　清翁方綱輯

　清道光二十年味古書室刻本

　鈐：托軒林氏珍藏

　五冊　32502-32506

　460.3/Hw39

1806

閩川閨秀詩話四卷

　清梁章鉅撰

　清光緒十七年丁耘木活字印本

　一冊　33857-33859

　460.1/Ds35

1807

明詩紀事八籤一百八十七卷

　清陳田輯

　清光緒二十三年至宣統三年貴陽陳

　　　從書聽詩齋刻本

　三十八冊　32636-32673

　467/Lx61

1808

道咸同光四朝詩史甲集八卷首一卷

　孫雄輯

　清宣統二年刻本

　五冊　33812-33816

　468/Ls22

1809

道咸同光四朝詩史乙集八卷

　孫雄輯

　清宣統三年刻本

五冊　33711-33715

468/Ls22-2

1810

金石三例十五卷

　清盧見曾輯　清王芑孫評

　清光緒四年南海馮氏讀有用書齋刻

　　　朱墨套印本

　　金石例十卷　元潘昂霄撰

　　墓銘舉例四卷　明王行撰

　　金石要例一卷　清黃宗羲撰

　四冊　30460-30463

　447/Fo60

1811

制義叢話二十四卷題名一卷

　清梁章鉅撰

　清咸豐九年知足知不足齋刻本

　六冊　32481-32486

　444.5/Ds36

1812

楹聯叢話十二卷續話四卷

　清梁章鉅輯

　清道光二十年至二十三年刻本

　六冊　33367-33372

　444/Ds35

詞　類

叢編之屬

1813

宋七家詞選七卷

清戈載輯

清光緒十一年曼陀羅華閣刻本（蒙

　香室叢書本）

　　周邦彥一卷

　　史達祖一卷

　　姜夔一卷

　　吳文英一卷

　　周密一卷

　　王沂孫一卷

　　張炎一卷

　四册 38952-38955

　482/Aw27

1814

七家詞鈔

　清汪世泰輯

　清嘉慶二十四年刻本

　　箏船詞一卷　清劉嗣綰撰

　　捧月樓詞三卷　清袁通撰

　　綠秋草堂詞一卷　清顧翰撰

　　玉山堂詞一卷　清汪度撰

　　崇睦山房詞一卷　清汪全德撰

　　過雲精舍詞二卷　清楊夔生撰

　　碧梧山館詞二卷　清汪世泰撰

　二册　39011-39012

　484/Dp10

1815

吳氏石蓮庵刻山左人詞五十卷

　清吳重憙輯

　清光緒二十七年海豐吳氏金陵刻本

　　樂章集一卷　宋柳永撰

　　姑溪詞三卷　宋李之儀撰

　　琴趣外篇六卷　宋晁補之撰

審齋詞一卷　宋王千秋撰

爐窟詞一卷　宋侯寘撰

拙庵詞一卷　宋趙磻老撰

稼軒詞十二卷　宋辛棄疾撰

草窗詞二卷補二卷　宋周密撰

漱玉詞一卷補遺一卷附錄一卷

　宋李清照撰

炊聞詞二卷　清王士祿撰

衍波詞二卷　清王士禎撰

二鄉亭詞三卷　清宋琬撰

竹西詞一卷　清楊通俶撰

志壑堂詞一卷　清唐夢賚撰

珂雪詞二卷補遺一卷　清曹貞吉撰

飴山詩餘一卷　清趙執信撰

晚香詞三卷附西圃詞說一卷　清

　田同之撰

鈐:其見室藏書印

十册　38993-39002

480.5/Gs81

別集之屬

1816

草窗詞二卷補二卷

　宋周密撰

　清光緒二十六年歸安朱氏無著盦刻本

　一册　39014

　482.9/Ho36

1817

山中白雲詞八卷附王田先生樂府指迷

　一卷

　宋張炎撰

　清宣統三年北平龍文閣書莊石印本

鈐：小雄山民

四册　39080-39083

482.9/Lx48

1818

彈指詞三卷

清顧貞觀撰

清光緒四年枕經葄史齋刻本

一册　39027

484.2/Ds54

1819

迦陵詞全集三十卷

清陳維崧撰

清康熙二十八年陳宗石患立堂刻本

鈐：張培仁印　子蓮　小雄山民

六册　39003-39008

善 484.1/Lx02

1820

曝書亭集詞註七卷

清朱彝尊撰　清李富孫注

清嘉慶間校經廎刻道光九年補刻本

六册　38956-38961

484.2/Ao31

1821

百萼紅詞二卷

清吳蕭撰

清嘉慶二十年刻本

鈐：蟫隱廬所得善本

一册　39026

484.4/Ax61

1822

捧月樓綺語八卷

清袁通撰

清嘉慶間刻本

一册　39013

484.5/Ax98

1823

聽雨小樓詞稿二卷

清楊英燦撰

清光緒十七年西溪草堂木活字印本

一册　39016

484.8/Bw64

1824

小庚詞存四卷

清葉申薌撰

清道光十四年天籟軒刻本（天籟軒

　　五種本）

一册　39025

484.5/Gs65

1825

拜石山房詞鈔四卷

清顧翰撰

清道光十四年刻本

鈐：棫復之印

一册　39060

484.5/Ds27

1826

木南山館詞一卷

清梁履將撰

清光緒十八年長樂謝氏賭棋山莊刻本

一册　39024

484.7/Ds98

1827
迦厂詞四卷

左運奎撰

清宣統二年鉛印本

一册　47214

484.8/Ao48

1828
還初堂詞鈔一卷

清姚斌桐撰

清光緒二十五年楊鍾羲刻本（留垞
　　叢刻本）

一册　39048

484.5/Ms44

1829
新蘅詞六卷外集一卷

清張景祁撰

清光緒九年百億梅花仙館刻本

二册　39029

484.8/Lx64

1830
芯努館詞集六卷

清胡延撰

清光緒二十九年金陵糧儲道廨校刻本

四册　39084–39087

484/BP88

1831
半塘定稿二卷賸稿一卷

清王鵬運撰

清光緒三十二年小放下庵刻本

一册　39022

484.7/Ao74

1832
雲起軒詞鈔一卷

清文廷式撰

清光緒三十三年南陵徐乃昌刻本（懷
　　豳雜俎本）

一册　39017

484.8/Cx88

1833
考功詞一卷

清鄭守廉撰

清光緒二十八年武昌刻本

一册47244

又一部一册　47245

484.8/Du33

1834
彊邨詞四卷彊邨詞前集一卷別集一卷

朱祖謀撰

清光緒三十一年歸安朱氏刻本

二册　38918–38919

484.8/Hx32

總集之屬

1835
尊前集二卷

明□□輯

明末清初毛氏汲古閣刻本（詞苑英

華本）

清周邵澧校

鈐：長雩　受　秋室　別部司馬
　　庫曲侯印　朱邦孚印　部曲得
　　印　澧印

一册　38966

481/Ds22

1836

絕妙好詞箋七卷續鈔一卷又續鈔一卷

宋周密輯　清查爲仁、清厲鶚箋
（續鈔）清余集輯　（又續鈔）
清徐楙補錄

清道光八年徐楙杭州愛日軒刻掃葉
山房印本

鈐：掃葉山房督造書籍

四册　39064-39067

482.9/Ho36

1837

清嘯集二卷

清項以淳輯

清康熙間刻本

鈐：華亭鶴史　集鶴樓　文偉讀過
　　楙復之印

二册　39009-39010

480/Bs64

1838

明詞綜十二卷

清王昶輯

清嘉慶七年青浦王氏刻綠蔭堂印本

鈐：蘇州綠蔭堂鑑記督造書籍章

二册　38979-38980

483/Ao42

1839

國朝詞綜四十八卷二集八卷

清王昶輯

清嘉慶七青浦王氏刻本

十二册　38981-38992

484/Ao42

1840

御選歷代詩餘一百二十卷

清聖祖玄燁定　清沈辰垣、王奕清輯

清康熙四十六年内府刻本

鈐：楙復之印

四十册　43962-44001

陳 480/Cx24

1841

昭代詞選三十八卷

清蔣重光輯

乾隆三十二年經鉏堂刻本

十四册　38938-38951

善 484/Gs81

1842

天籟軒詞選六卷

清葉申薌輯

清道光十九年天籟軒刻本（天籟軒
五種本）

六册　39032-39037

480/Gs65

1843

湖州詞徵二十四卷

朱祖謀輯

清宣統三年歸安朱氏刻本

四册　38933-38936

480/Hx42

1844

薇省詞鈔十卷附錄一卷

清況周儀輯

清光緒二十四年廣陵刻本（蕙風叢
書本）

四册　39042-39047

484/Dz71

1845

白山詞介五卷

楊鍾義輯

清宣統二年刻朱印本

一册　31695

484/Bw72

詞譜之屬

1846

詞譜四十卷

清王奕清等輯

清康熙五十四年內府刻朱墨套印本

鈐：生香館珍藏　紉蘭女士　李佩金
印　陳氏賜書樓珍藏印

二十册　44615-44634

480.2/Cx24

詞話之屬

1847

聽秋聲館詞話二十卷

清丁紹儀撰

清同治八年刻本

四册　39038-39041

480.1/At02

曲　類

1848

桃谿雪二卷

清黃燮清撰　清李光溥評

清道光二十七年刻本（倚晴樓七種
曲本）

一册　38897

489.8/As38

1849

孝義琵琶記（翻刻第七才子書）六卷

元高明撰　清毛綸評

清刻本

三册　38892-38894

489.1/Kp71

1850

念八翻傳奇二卷

清萬樹撰

清康熙二十五年粲花別墅刻本（擁
雙豔三種本）

二册　38890-38891

489.5/Gs24

1851

潛莊刪訂增補紫玉記二卷

清清溪玉塵山人撰

清乾隆四年清夢山房刻本

鈐:陳卿雲印　鑑塘　初復樓

二册　38895-38896

善 489.1/Gs34

1852

玉燕堂四種曲八卷

　清張堅撰

　清乾隆間刻後印本

　　夢中緣二卷

　　懷沙記二卷

　　梅花簪二卷

　　玉獅墜二卷

　鈐:憨生氏藏書章

　五册　38913-38917

　善 489.6/Lx21

1853

鶴歸來傳奇二卷

　清瞿頡撰　清周昂評點

　清刻本

　二册　38898-38899

　489/GP24

1854

玉獅堂十種曲

　清陳烺撰

　清光緒十七年徐光鑒等刻本

　　仙緣記傳奇二卷

　　蜀錦袍傳奇二卷

　　燕子樓傳奇二卷

　　海虯記傳奇二卷

　　梅喜緣傳奇二卷

　　同亭宴傳奇一卷

　　迴流記傳奇一卷

　　海雲唫傳奇一卷

　　負薪記傳奇一卷

　　錯姻緣傳奇一卷

　四册　38909-38912

　489.6/Lx48

1855

滄桑豔二卷

　丁傳靖撰

　清光緒三十四年刻本

　鈐:棥復印信

　一册　33836

　489.9/At74

1856

繪圖綴白裘十二集四十八卷

　清玩花主人輯　清錢德蒼增輯

　清光緒三十四年萃香社石印本

　十二册　38921-38932

　485.05/Hw74

叢 書 部

雜纂類

1857

古今說海一百三十五種

　明陸楫等編

　清道光元年苕溪邵氏酉山堂刻本

　說選部

　　小錄家

　　　北征錄一卷　明金幼孜撰

　　　北征後錄一卷　明金幼孜撰

　　　北征記一卷　明楊榮撰

　　偏記家

　　　平夏錄一卷　明黃標撰

　　　江南別錄一卷　宋陳彭年撰

　　　三楚新錄三卷　宋周羽翀撰

　　　溪蠻叢笑一卷　宋朱輔撰

　　　遼志一卷　宋葉隆禮撰

　　　金志一卷　題宋宇文懋昭撰

　　　蒙韃備錄一卷　宋孟珙撰

　　　北邊備對一卷　宋程大昌撰

　　　桂海虞衡志一卷　宋范成大撰

　　　真臘風土記一卷　元周達觀撰

　　　北戸錄一卷　唐段公路撰

　　　西使記一卷　元劉郁撰

　　　北轅錄一卷　宋周煇撰

　　　滇載記一卷　明楊慎撰

　　　星槎勝覽四卷　明費信撰

　　說淵部

　別傳家

　　靈應傳一卷

　　洛神傳一卷　唐薛瑩撰

　　夢遊錄一卷　唐任蕃撰

　　吳保安傳一卷

　　崑崙奴傳一卷

　　鄭德璘傳一卷　唐薛瑩撰

　　李章武傳一卷　唐李景亮撰

　　韋自東傳一卷

　　趙合傳一卷

　　杜子春傳一卷　唐鄭還古撰

　　裴仙先別傳一卷

　　震澤龍女傳一卷　唐薛瑩撰

　　袁氏傳一卷　後蜀顧夐撰

　　少室仙姝傳一卷

　　李林甫外傳一卷

　　遼陽海神傳一卷　明蔡羽撰

　　虯蚜傳一卷

　　甘棠靈會錄一卷

　　顏濬傳一卷

　　張無頗傳一卷

　　板橋記一卷

　　鄴侯外傳一卷　唐李繁撰

　　洛京獵記一卷

　　玉壺記一卷

　　姚生傳一卷

　　唐晅手記一卷　唐唐晅撰

　　獨孤穆傳一卷

　　王恭伯傳一卷

中山狼傳一卷　宋謝良撰

崔煒傳一卷

陸顒傳一卷

潤玉傳一卷

李衛公別傳一卷

齊推女傳一卷

魚服記一卷

聶隱娘傳一卷

袁天綱外傳一卷

曾季衡傳一卷

蔣子文傳一卷　唐羅鄴撰

張遵言傳一卷

侯元傳一卷

同昌公主外傳一卷　唐蘇鶚撰

睦仁蒨傳一卷　唐陳鴻撰

韋鮑二生傳一卷

張令傳一卷

李清傳一卷

薛昭傳一卷

王賈傳一卷

烏將軍記一卷

寶玉傳一卷

柳參軍傳一卷

人虎傳一卷

馬自然傳一卷

寶應錄一卷

白蛇記一卷

巴西侯傳一卷

柳歸舜傳一卷

求心錄一卷

知命錄一卷

山莊夜怪錄一卷

五真記一卷

小金傳一卷

林靈素傳一卷　宋趙與旹撰

海陵三仙傳一卷

說畧部

雜記家

默記一卷　宋王銍撰

宣政雜錄一卷　宋江萬里撰

靖康朝野僉言一卷

朝野遺紀一卷

墨客揮犀一卷　宋彭乘撰

續墨客揮犀一卷　宋彭乘撰

聞見雜錄一卷　宋蘇舜欽撰

山房隨筆一卷　元蔣子正撰

諧史一卷　宋沈俶撰

昨夢錄一卷　宋康譽之撰

三朝野史一卷

鐵圍山叢談一卷　宋蔡絛撰

孔氏雜說一卷　宋孔平仲撰

瀟湘錄一卷　唐李隱撰

三水小牘一卷　唐皇甫枚撰

談藪一卷　宋龐元英撰

清尊錄一卷　宋廉布撰

睽車志一卷　宋郭彖撰

話腴一卷　宋陳郁撰

朝野僉載一卷　題唐張鷟撰

古杭雜記一卷　元李有撰

蒙齋筆談（節錄巖下放言）一卷
　　　題宋鄭景璧（葉夢得）撰

文昌雜錄一卷　宋龐元英撰

就日錄一卷

碧湖雜記一卷

錢氏私誌一卷　宋錢愐撰　宋錢
　　世昭輯

遂昌山樵雜錄一卷　元鄭元祐撰

高齋漫錄一卷　宋曾慥撰

桐陰舊話一卷　宋韓元吉撰

霏雪錄一卷　明劉績撰

東園友聞一卷

拊掌錄一卷　元元懷撰

說纂部

逸事家

漢武故事一卷　題漢班固撰

艮嶽記一卷　宋張淏撰

青溪寇軌一卷　宋方勺撰

煬帝海山記一卷

煬帝迷樓記一卷

煬帝開河記一卷

散錄家

江行雜錄一卷　宋廖瑩中撰

行營雜錄一卷　宋趙葵撰

避暑漫抄一卷　宋陸游撰

養痾漫筆一卷　宋趙潽撰

虛谷閒抄一卷　元方回撰

蓼花洲閒錄一卷　宋高文虎撰

雜纂家

樂府雜錄一卷　唐段安節撰

教坊記一卷　唐崔令欽撰

孫內翰北里誌一卷　唐孫棨撰

青樓集一卷　題元雪蓑釣隱（夏
　　庭芝）撰

雜纂三卷　唐李商隱撰　宋王君
　　玉、蘇軾續

損齋備忘錄一卷　明梅純撰

復辟錄一卷　明楊瑄撰

靖難功臣錄一卷

備遺錄一卷　明張芹撰　明姜南
　　續增

鈐：吉羊艸堂

二十冊　30118-30137

490/LP22

1858

增訂漢魏叢書八十六種

清王謨編

清乾隆五十六年金谿王氏刻本

存八十五種（闕雜事祕辛一卷）

經翼

焦氏易林四卷　題漢焦延壽撰

易傳三卷　漢京房撰　吳陸績注

關氏易傳一卷　北魏關朗撰

周易畧例一卷　魏王弼撰　唐邢
　　璹注

古三墳一卷　晉阮咸注

汲冢周書十卷　晉孔晁注

詩傳孔氏傳一卷

詩說一卷　題漢申培撰

韓詩外傳十卷　漢韓嬰撰

毛詩草木鳥獸蟲魚疏二卷　吳陸
　　璣撰

大戴禮記十三卷　漢戴德撰　北
　　周盧辯注

春秋繁露十七卷　漢董仲舒撰

白虎通德論四卷　漢班固撰

獨斷一卷　漢蔡邕撰

忠經一卷　題漢馬融撰　漢鄭玄注

孝傳一卷　題晉陶潛撰

小爾雅一卷　題漢孔鮒撰

方言十三卷　漢揚雄撰　晉郭璞注

博雅十卷　魏張揖撰　隋曹憲音釋

釋名四卷　漢劉熙撰

別史

竹書紀年一卷　梁沈約注

穆天子傳六卷　晉郭璞注

越絕書十五卷　漢袁康撰

吳越春秋六卷　漢趙曄撰

西京雜記六卷　題晉葛洪撰

漢武帝內傳一卷　漢班固撰

飛燕外傳一卷　題漢伶玄撰

華陽國志十四卷　晉常璩撰

十六國春秋十六卷　北魏崔鴻撰

元經薛氏傳十卷　隋王通撰　唐
　　薛收傳　宋阮逸注

羣輔錄一卷　題晉陶潛撰

英雄記鈔一卷　漢王粲撰

高士傳三卷　晉皇甫謐撰

蓮社高賢傳一卷

神僊傳十卷　題晉葛洪撰

子餘

孔叢二卷附詰墨一卷　題漢孔鮒撰

新語二卷　漢陸賈撰

新書十卷　漢賈誼撰

新序十卷　漢劉向撰

說苑二十卷　漢劉向撰

淮南鴻烈解二十一卷　漢劉安撰
　　漢高誘注

鹽鐵論十二卷　漢桓寬撰　明張
　　之象注

法言十卷　漢揚雄撰　宋宋咸注

申鑒五卷　漢荀悅撰　明黃省曾注

論衡三十卷　漢王充撰

潛夫論十卷　漢王符撰

中論二卷　漢徐幹撰

中說二卷　隋王通撰

風俗通義十卷　漢應邵撰

人物志三卷　魏劉邵撰　北魏劉
　　昞注

新論十卷　北齊劉晝撰

顏氏家訓二卷　北齊顏之推撰

參同契一卷　漢魏伯陽撰

陰符經一卷　漢張良等注

風后握奇經一卷握奇經續圖一卷
　　題漢公孫弘解

附

　　八陣總述一卷　題晉馬隆述

素書一卷　題漢黃石公撰　宋張
　　商英注

心書一卷　題蜀諸葛亮撰

載籍

古今注三卷　題晉崔豹撰

博物志十卷　題晉張華撰　宋周
　　日用等注

文心雕龍十卷　梁劉勰撰

詩品三卷　梁鍾嶸撰

書品一卷　梁庚肩吾撰

尤射一卷　魏繆襲撰

拾遺記十卷　題前秦王嘉撰　梁
　　蕭綺錄

述異記二卷　題梁任昉撰

續齊諧記一卷　題梁吳均撰

搜神記八卷　題晉干寶撰

搜神後記二卷　題晉陶潛撰

還冤記一卷　北齊顏之推撰

神異經一卷　題漢東方朔撰　晉
　　張華注

海內十洲記一卷　題漢東方朔撰

別國洞冥記四卷　題漢郭憲撰

枕中書一卷　題晉葛洪撰

佛國記一卷　題晉釋法顯撰

伽藍記五卷　北魏楊衒之撰

三輔黃圖六卷

水經二卷　漢桑欽撰

星經二卷　題漢甘公、石申撰
荊楚歲時記一卷　梁宗懍撰
南方草木狀三卷　題晉嵇含撰
竹譜一卷　晉戴凱之撰
禽經一卷　題晉張華注
古今刀劍錄一卷　題梁陶弘景撰
鼎錄一卷　題陳虞荔撰
天祿閣外史八卷　題漢黃憲撰
八十冊　45306-45385
陳 041/Ao10

1859

昭代叢書十集五百種別集六十種附一種
　清張潮、張漸編　清楊復吉、沈懋憙
　　續編
清道光間吳江沈氏世楷堂刻本
甲集三十四種
第一帙　禮
　更定文章九命一卷　清王晫撰
　天官考異一卷　清吳肅公撰
　五行問一卷　清吳肅公撰
　學厤說一卷　清梅文鼎撰
　改元考同一卷　清吳肅公撰
　進賢說一卷　清張能鱗撰
　塾講規約一卷　清施璜撰
第二帙　樂
　夙興語一卷　清甘京撰
　家人子語一卷　清毛先舒撰
　語小一卷　清毛先舒撰
　日錄雜說一卷　清魏禧撰
　竹溪雜述一卷　清殷曙撰
第三帙　射
　松溪子一卷　清王晫撰
　讀莊子法一卷　清林雲銘撰

謝皋羽（翱）年譜一卷　清徐沁撰
西華仙籙一卷　清王言撰
將就園記並詩一卷　清黃周星撰
歘問一卷　清洪玉圖撰
黃山松石譜一卷　清閔麟嗣撰
第四帙　御
　外國竹枝詞一卷　清尤侗撰　清
　　尤珍注
　西方要紀一卷　意大利利類思、比
　　利時南懷仁等撰
　安南雜記一卷　清李仙根撰
第五帙　書
　秋星閣詩話一卷　清李沂撰
　而庵詩話一卷　清徐增撰
　製曲枝語一卷　清黃周星撰
　書法約言一卷　清宋曹撰
　岕茶彙抄一卷　清冒襄撰
第六帙　數
　硯林一卷　清余懷撰
　宣爐歌注一卷　清冒襄撰
　裝潢志一卷　清周嘉胄撰
　兵仗記一卷　清王晫撰
　荔枝譜一卷　清陳鼎撰
　蘭言一卷　清冒襄撰
　龍經一卷　清王晫撰
甲集補十六種
　周易古義一卷　清惠棟撰
　周易大衍辨一卷　清吳鼐撰
　尚書古義一卷　清惠棟撰
　毛詩古義一卷　清惠棟撰
　周禮古義一卷　清惠棟撰
　儀禮古義一卷　清惠棟撰
　禮經釋例目錄一卷　清凌廷堪撰
　禮記古義一卷　清惠棟撰

公羊古義一卷　清惠棟撰
穀梁古義一卷　清惠棟撰
論語古義一卷　清惠棟撰
讀東坡志林一卷　清尤侗撰
淇泉摹古錄一卷　清趙希璜撰
西征賦一卷　清李祖惠撰
七釋一卷　清尤侗撰
十國詞箋畧一卷　清錢載撰
乙集四十四種
第一帙　常
　毛朱詩說一卷　清閻若璩撰
　春秋三傳異同考一卷　清吳陳琰撰
　讀禮問一卷　清吳肅公撰
　十六國年表一卷　清張愉曾撰
　江南星野辨一卷　清葉燮撰
　廣祀典儀一卷　清吳肅公撰
　師友行輩議一卷　清魏禧撰
第二帙　富
　國朝諡法考一卷　清王士禛撰
　旗軍志一卷　清金德純撰
　封長白山記一卷　清方象瑛撰
　琉球入太學始末一卷　清王士禛撰
　人瑞錄一卷　清孔尚任撰
　迎駕紀恩錄一卷　清王士禛撰
　恩賜御書記一卷　清董文驥撰
　恭迎大駕記一卷　清徐秉義撰
　暢春苑御試恭記一卷　清狄億撰
　出山異數紀一卷　清孔尚任撰
第三帙　貴
　塞程別記一卷　清余寀撰
　西北水利議一卷　清許承宣撰
　廣州遊覽小志一卷　清王士禛撰
　隴蜀餘聞一卷　清王士禛撰
　東西二漢水辨一卷　清王士禛撰

日錄裏言一卷　清魏禧撰
偶書一卷　清魏際瑞撰
第四帙　樂
　漫堂說詩一卷　清宋犖撰
　然脂集例一卷　清王士祿撰
　聲韻叢說一卷　清毛先舒撰
　伯子論文一卷　清魏際瑞撰
　日錄論文一卷　清魏禧撰
　韻問一卷　清毛先舒撰
　南曲入聲客問一卷　清毛先舒撰
　連文釋義一卷　清王言撰
　畫訣一卷　清孔衍栻撰
第五帙　未
　焦山古鼎考一卷　清王士祿撰
　瘞鶴銘辯一卷　清張弨撰
　昭陵六駿贊辯一卷　清張弨撰
　漢甘泉宮瓦記一卷　清林佶撰
　飯有十二合說一卷　清張英撰
　醫津一筏一卷　清江之蘭撰
第六帙　央
　江邨草堂紀一卷　清高士奇撰
　後觀石錄一卷　清毛奇齡撰
　石友贊一卷　清王晫撰
　竹譜一卷　清陳鼎撰
　箋卉一卷　清吳菘撰
乙集補六種
　禘祫問答一卷　清胡培翬（題胡
　　匡衷）撰
　侯國職官表一卷　清胡匡衷撰
　漢水發源考一卷　清王筠撰
　汴水說一卷　清朱際虞撰
　山樵書外紀一卷　清張開福撰
　圖畫精意識一卷　清張庚撰
丙集四十五種

汰存錄一卷　清黃宗羲撰

客窗偶談一卷　清陳僖撰

九諦解疏一卷　明許孚遠撰　清
　　周汝登解　清王煒疏

環書一卷　清方殿元撰

漁樵問答一卷　清釋成鷲撰

五九枝譚一卷　清尤侗撰

吳鱀放言一卷　清吳莊撰　清汪
　　价評

哀江南賦注一卷　清徐樹穀、徐
　　炯纂

塵餘一卷　清曹宗璠撰

西河襍箋一卷　清毛奇齡撰

諾皋廣志一卷　清徐芳撰

石里雜識一卷　清張尚瑗撰

香天談藪一卷　清吳雷發撰

茶餘客話一卷　清阮葵生撰

吳語一卷　清戴延年撰

粵西瑣記一卷　清沈日霖撰

苗俗記一卷　清田雯撰

譯史紀餘一卷　清陸次雲撰

進藏紀程一卷　清王世睿撰

重集列女傳例一卷　清魏于雲撰

古豔樂府一卷　清楊淮撰

說詩菅蒯一卷　清吳雷發撰

天啟宮詞一卷　題清陳悰撰

璇璣碎錦一卷　清萬樹撰

西河詞話一卷　清毛奇齡撰

琴況一卷　清徐祺撰

滋蕙堂法帖題跋一卷　清曾恒德撰

小山畫譜一卷　清鄒一桂撰

繪事發微一卷　清唐岱撰

煙譜一卷　清陸燿撰

野菜贊一卷　清顧景星撰

洋菊譜一卷　清鄒一桂撰

識物一卷　清陳僖撰

丁集新編補十三種

昭代樂章恭紀一卷　清張玉書撰

讀史記札記一卷　清潘永季撰

讀明史札記一卷　清潘永季撰

再生紀畧一卷　清陳濟生撰

籌餉厄言一卷　清唐夢賚撰

兵謀一卷　清魏禧撰

兵法一卷　清魏禧撰

志壑堂雜記一卷　清唐夢賚撰

東行述一卷　清趙之俊撰

南行述一卷　清王心敬撰

征西紀畧一卷　清陸楣撰

使蜀日記一卷　清方象瑛撰

自滇入都程記一卷　清楊名時撰

戊集續編四十三種

周官辨非一卷　清萬斯大撰

春秋列國地形口號一卷　清顧棟
　　高撰

元祕史畧一卷　元□□撰　清萬
　　光泰節錄

閩難記一卷　清洪若皋撰

海寇記一卷　清洪若皋撰

制科雜錄一卷　清毛奇齡撰

南巡扈從紀畧一卷　清張英撰

西征紀畧一卷　清殷化行撰

河圖洛書同異考一卷　清冉覲祖撰

孔廟從祀末議一卷　清閻若璩撰

霜紅龕家訓一卷　清傅山撰

恒產瑣言一卷　清張英撰

漁談一卷　清郭欽華撰

讀戰國策隨筆一卷　清張尚瑗撰

復社紀事一卷　清吳偉業撰

社事始末一卷　清杜登春撰

書事七則一卷　清陳貞慧撰

山陽錄一卷　清陳貞慧撰

矩齋雜記一卷　清施閏章撰

嗒史一卷　清王煒撰

積山雜記一卷　清汪惟憲撰

梅谷偶筆一卷　清陸烜撰

秋燈叢話一卷　清戴延年撰

東城雜記一卷　清厲鶚撰

洱海叢談一卷　清釋同揆撰

衡嶽遊記一卷　清黃周星撰

海國聞見錄一卷　清陳倫炯撰

裨海紀遊一卷　清郁永河撰

袖海編一卷　清汪鵬撰

文章薪火一卷　清方以智撰

江西詩社宗派圖錄一卷　清張泰
　　來撰

崇禎宮詞一卷　清王譽昌撰

衍琵琶行一卷　清曹秀先撰

續詩品一卷　清袁枚撰

論文四則一卷　清楊繩武撰

天文說一卷　清董以寧撰

畫筌一卷　清笪重光撰　清王翬、
　　惲格評

畫語錄一卷　清釋道濟撰

畫羅漢頌一卷　清廖燕撰

玉臺書史一卷　清厲鶚撰

賞延素心錄一卷　清周二學撰

秋園雜佩一卷　清陳貞慧撰

談虎一卷　清趙彪詔撰

戊集續編補七種

原善一卷　清戴震撰

原象一卷　清戴震撰

儒行述一卷　清彭紹升撰

良吏述一卷　清彭紹升撰

觀感錄一卷　清李容（顒）撰

已畦瑣語一卷　清葉燮撰

蠖齋詩話一卷　清施閏章撰

己集廣編四十七種

易說一卷　清查慎行撰

治齋讀詩蒙說一卷　清顧成志撰

禮記篇目一卷　清芮城撰

約喪禮經傳一卷　清吳卓信撰

諸史然疑一卷　清杭世駿撰

南唐拾遺記一卷　清毛先舒撰

南宋六陵遺事一卷　清萬斯同輯

庚申君遺事一卷　清萬斯同輯

乙丙紀事一卷　清孫奇逢撰

蜀難敘畧一卷　清沈苟蔚撰

代北姓譜一卷　清周春撰

遼金元姓譜一卷　清周春撰

文廟從祀弟子贊一卷　清盧存心撰

破邪論一卷　清黃宗羲撰

山公九原一卷　清馮景撰

邇言一卷　清勞史撰

蠟談附雜說一卷　清盧存心撰

詹言一卷　清黃之雋撰

說叩一卷　清葉抱崧撰

談書錄一卷　清汪師韓撰

學海蠡測一卷　清沈謙撰

思舊錄一卷　清黃宗羲撰

淥水亭雜識一卷　清納蘭性德撰

仁恕堂筆記一卷　清黎士弘撰

匡廬遊錄一卷　清黃宗羲撰

清波小志一卷　清徐逢吉撰

清波小志補一卷　清陳景鐘撰

九華日錄一卷　清周天度撰

乾州小志一卷　清吳高增撰

龍沙紀畧一卷　清方式濟撰
異域錄一卷　清圖理琛撰
黎岐紀聞一卷　清張慶長撰
說蠻一卷　清檀萃撰
江源記一卷　清查拉吳麟撰
婦人集一卷附補一卷　清陳維崧撰　清冒褒注（補）清冒丹書撰
金石要例一卷附論文管見一卷　清黃宗羲撰
文頌一卷　清馬榮祖撰
偶然欲書一卷　清方棨如撰
比紅兒詩注一卷　清沈可培撰
詩學纂聞一卷　清汪師韓撰
遼詩話一卷　清周春輯
天啓宮詞一卷　明蔣之翹撰
花草蒙拾一卷　清王士禛撰
墨井畫跋一卷　清吳歷（曆）撰
續三十五舉一卷　清桂馥撰
再續三十五舉一卷　清桂馥撰
陽羨名陶錄一卷　清吳騫撰
己集廣編補三種
原詩一卷　清葉燮撰
論學制備忘記一卷　清段玉裁撰
釋骨一卷　清沈彤撰
庚集埤編四十六種
古文尚書考一卷　清陸隴其撰
古文尚書辨一卷　清朱彝尊撰
詩說一卷　清惠周惕撰
喪服翼注一卷　清閻若璩撰
注疏瑣語一卷　清沈淑撰
劉豫事蹟一卷　宋□□撰　清曹溶輯
補三史藝文志一卷　清金門詔撰
虎口餘生記一卷　清邊大綬撰
庸言一卷　清魏象樞撰
志學會約一卷　清湯斌撰
宗譜纂要一卷　清王錟撰
婦學一卷　清章學誠撰
瀾堂夕話一卷　清張次仲撰
山中問答一卷　清楊士美撰
蒿庵閒話一卷　清張爾岐撰
寒燈絮語一卷　清汪惟憲撰
牘外餘言一卷　清袁枚撰
廣連珠一卷　清陳濟生撰
說文凝錦錄一卷　清萬光泰撰
七十二候考一卷　清曹仁虎撰
西臺慟哭記註一卷　清黃宗羲撰
聞見偶錄一卷　清朱象賢撰
東齋脞語一卷　清吳翌鳳撰
定香亭筆談一卷　清阮元撰
宸垣識餘一卷　清吳長元輯
南漳子一卷　清孫之騄撰
寧古塔紀畧一卷　清吳桭臣撰
番社采風圖考一卷　清六十七撰
維西見聞紀一卷　清余慶遠撰
七招一卷　清洪亮吉撰
七娛一卷　清沈清瑞撰
選材錄一卷　清周春撰
集世說詩一卷　清李鄴嗣撰
宮詞一卷　清徐昂發撰
皺水軒詞筌一卷　清賀裳撰
書筏一卷　清笪重光撰
畫論一卷　清張庚撰
印文考畧一卷　清鞠履厚撰
新曆曉或一卷　德國湯若望撰
七頌堂識小錄一卷　清劉體仁撰
藥房心語一卷　清楊中訥撰

端溪硯譜記一卷　清袁樹撰

竹連珠一卷　清鈕琇撰

荔譜一卷　清陳定國撰

木棉譜一卷　清褚華撰

北墅抱甕錄一卷　清高士奇撰

庚集坤編補四種

宗法論一卷　清萬斯大撰

明史十二論一卷　清段玉裁撰

車制圖解一卷　清阮元撰

今韻古分十七部表一卷　清段玉
裁撰

辛集別編四十四種

讀易緒言一卷　清錢棻撰

饗禮補亡一卷　清諸錦撰

春秋五禮源流口號一卷　清顧棟
高撰

經書卮言一卷　清范泰恒撰

史卮一卷　清蕭震撰

擬更季漢書昭烈皇帝本紀一卷
清黃中堅撰

平臺紀卮一卷　清藍鼎元撰

征緬紀卮一卷　清王昶撰

蜀徼紀聞一卷　清王昶撰

臨清寇卮一卷　清俞蛟撰

強恕錄一卷　清彭堯諭撰

旅書一卷　清陳璜撰

釋冰書一卷　清孫沔如撰

雜言一卷　清鈕琇撰

蕉窗日記一卷　清王豫撰

鍾山書院規約一卷　清楊繩武撰

天問校正一卷　清屈復撰

說文義例一卷附小學字解　清王
宗誠撰　（小學字解）清王
紹蘭撰

說鈴一卷　清汪琬撰

張氏卮言一卷　清張元賡撰

硤川志卮一卷　清蔣弘任撰

出塞紀卮一卷　清錢良擇撰

從西紀卮一卷　清范昭逵撰

藏行紀程一卷　清杜昌丁撰

徵刻唐宋秘本書目一卷　清黃虞
稷、周在浚撰

藏書紀要一卷　清孫從添撰

金石史一卷　清郭宗昌撰

淳化閣帖跋一卷　清沈蘭先撰

漢詩總說一卷　清費錫璜撰

秋窗隨筆一卷　清馬位撰

詠物十詞一卷　清曹貞吉撰

鈍吟書要一卷　清馮班撰

畫塵一卷　清沈顥撰

畫訣一卷　清龔賢撰

秋水園印說一卷　清陳鍊撰

紀聽松庵竹鑪始末一卷　清鄒炳
泰撰

窯器說一卷　清程哲撰

怪石錄一卷　清沈心輯

岕茶牋一卷　清馮可賓撰

茶史補一卷　清余懷撰

人葠譜一卷　清陸烜撰

亳州牡丹述一卷　清鈕琇撰

牡丹譜一卷　清計楠撰

菊說一卷　清計楠撰

辛集別編補六種

唐述山房日錄一卷　清盛朝勛撰

忠文靖節編一卷　清張方湛撰

憩遊偶考一卷　清華湛恩撰

燕都識餘一卷　清聾道人（徐應
芬）撰

山齋客譚一卷　清景星杓撰

外國紀一卷　清張玉書撰

壬集補編五十種

　周易稗疏一卷　清王夫之撰

　易漢學一卷　清惠棟撰

　古文尚書考一卷　清惠棟撰

　毛鄭詩考正一卷　清戴震撰

　春秋稗疏一卷　清王夫之撰

　考工記圖一卷　清戴震撰

　孟子遊歷考一卷　清潘眉撰

　續方言一卷　清杭世駿撰

　聲韻考一卷　清戴震撰

　音韻問答一卷　清錢大昭撰

　史記天官書補目一卷　清孫星衍撰

　補續漢書藝文志一卷　清錢大昭撰

　明季遺聞一卷　清鄒漪撰

　守汴日誌一卷　明李光壂口授

　　　清周斯盛重編

　隆平紀事一卷　清史册撰

　東槎紀畧一卷　清姚瑩撰

　鄭康成（玄）年譜一卷　清沈可

　　培撰

　水地記一卷　清戴震撰

　人海記一卷　清查慎行撰

　柳邊紀畧一卷　清楊賓撰

　疏河心鏡一卷　清淩鳴喈撰

　三吳水利條議一卷　清錢中諧撰

　鶴徵前錄一卷　清李集撰　清李

　　富孫、李遇孫續

　鶴徵後錄一卷　清李富孫撰

　鐵函齋書跋一卷　清楊賓撰

　義門題跋一卷　清何焯撰

　湛園題跋一卷　清姜宸英撰

　史論五答一卷　清施國祁撰

淑艾錄一卷　清張履祥撰　清祝

　洤輯

思問錄一卷　清顧道稷撰

算術問答一卷　清錢大昕撰

新法表異一卷　德國湯若望撰

麓臺題畫稿一卷　清王原祁撰

讀畫錄一卷　清王樑撰

指頭畫說一卷　清高秉撰

墨志一卷　清麻三衡撰

甘藷錄一卷　清陸燿撰

適來子一卷　清張潤貞撰

經史管窺一卷　清蕭曇撰

畏壘筆記一卷　清徐昂發撰

日貫齋塗說一卷　清梁同書撰

老子解一卷　清吳鼐撰

莊子解一卷　清吳峻撰

愚庵雜著一卷　清朱鶴齡撰

春秋詠史樂府一卷　清舒位撰

十國宮詞一卷　清孟彬撰

十國宮詞一卷　清吳省蘭撰

野鴻詩的一卷　清黃子雲撰

寒廳詩話一卷　清顧嗣立撰

貞一齋詩話一卷　清李重華撰

癸集萃編五十種

　周易尋門餘論一卷　清黃宗炎撰

　易學辨惑一卷　清黃宗炎撰

　尚書稗疏一卷　清王夫之撰

　正訛初稿一卷　清王麟趾撰

　毛詩日箋一卷　清秦松齡撰

　春秋客難一卷　清龔元玠撰

　讀左瑣言一卷　清倪倬撰

　周禮客難一卷　清龔元玠撰

　二李經說一卷　清李光墺　清李

　　光型撰

禮經學述一卷　清秦蕙昌撰

甕天錄一卷　清柯汝鍔撰

駢字分箋一卷　清程際盛撰

後漢三公年表一卷　清華湛恩撰

三國志考證一卷　清潘眉撰

五代春秋志疑一卷　清華湛恩撰

明季實錄一卷　清顧炎武撰

秋鐙錄一卷　清沈元欽撰

綱目志疑一卷　清華湛恩撰

平海紀畧一卷　清溫承志撰

閩中紀畧一卷　清許旭撰

西神叢語一卷　清黃蛟起撰

澳門紀畧一卷　清印光任、張汝
　　霖撰

廬山紀遊一卷　清查慎行撰

黔山紀遊一卷　清汪淮撰

桂鬱巖洞記一卷　清賈敦臨撰

淳化祕閣法帖源流考一卷　清周
　　行仁撰

金石小箋一卷　清葉奕苞撰

農書一卷　明沈□撰　清張履祥補

漢氾勝之遺書一卷　漢氾勝之撰
　　清宋葆淳輯

恒星說一卷　清江聲撰

月滿樓甄藻錄一卷　清顧宗泰撰

三萬六千頃湖中畫船錄一卷　清
　　迮朗撰

金粟箋說一卷　清張燕昌撰

淄硯錄一卷　清盛百二撰

邇語一卷　清熊賜履撰

訂譌雜錄一卷　清胡鳴玉撰

直語補證一卷　清梁同書撰

夢闌瑣筆一卷　清楊復吉撰

松陰快談一卷　日本長野確撰

六如居士外集一卷　明唐寅撰
　　清唐仲冕輯

老子別錄一卷　清吳鼐撰

非老一卷　清吳鼐撰

芯題上方二山紀遊集一卷　清查
　　禮撰

啓禎宮詞一卷　清高兆撰

回疆雜詠一卷　清王曾翼撰

黔苗竹枝詞一卷　清舒位撰

一瓢詩話一卷　清薛雪撰

蓮坡詩話一卷　清查為仁撰

消寒詩話一卷　清秦朝釪撰

搏沙錄一卷　清戴延年撰

別集六十種

心病說一卷　清甘京撰

觀宅四十吉祥相一卷　清周文煒撰

增訂心相百二十善一卷　清沈捷撰

閒餘筆話一卷　清湯傳楹撰

悟語一卷　清石龐撰

蒙養詩教一卷　清胡﨏（淵）撰

板橋雜記一卷　清余懷撰

花底拾遺一卷　明黎遂球撰

十眉謠一卷　清徐士俊撰

戒賭文一卷　清尤侗撰

快說續紀一卷　清王晫撰

廋詞一卷　清黃周星撰

酒社芻言一卷　清黃周星撰

嬾園觴政一卷　清蔡祖庚撰

混同天牌譜一卷　清鄭旭旦撰

三友棋譜一卷　清鄭晉德撰

第十一段錦詞話一卷　清顧彩撰

奏對機緣一卷　清釋道忞撰

花甲數譜一卷　清俞長城撰

荔社紀事一卷　清高兆撰

畫眉筆談一卷　清陳均撰

蛇譜一卷　清陳鼎撰

廣田水月錢譜一卷　清張延世撰

內家拳法一卷　清黃百家撰

放生會約一卷　清吳陳琰撰

百花彈詞一卷　清錢濤撰

鵪鶉譜一卷　清程石鄰撰

陰騭文頌一卷　清曹學詩撰

幽夢影一卷　清張潮撰

晉人麈一卷　清沈曰霖撰

西湖小史一卷　清李鼎撰

十美詞紀一卷　清鄒樞撰

影梅庵憶語一卷　清冒襄撰

三婦評牡丹亭雜紀一卷　清吳人撰

西城風俗紀一卷　清金人瑞撰

攬勝圖譜一卷　清高兆撰

牡丹亭骰譜一卷　清徐震撰

胭脂紀事一卷　清伍瑞隆撰

非煙香法一卷　清董說撰

哺記一卷　清黃百家撰

秦雲擷英小譜一卷　清王昶撰

妒律一卷　清陳元龍撰

牧豬閒話一卷　清金學詩撰

湖船錄一卷　清厲鶚撰

說蛇一卷　清趙彪詔撰

世書一卷　清吳穎撰

馬弔說一卷　清李鄴嗣撰

冷雲齋冰燈詩一卷　清傅山撰

春秋左傳類聯一卷　清陸桂森撰

閒情十二憮一卷　明蘇士琨撰

清閒供一卷　明程羽文撰

琉璃誌一卷　清孫廷銓撰

悅容編一卷　明衛泳撰

海鷗小譜一卷　清趙執信撰

五石瓠一卷　清劉鑾撰

潮嘉風月記一卷　清俞蛟撰

火戲畧一卷　清趙學敏撰

羽扇譜一卷　清張燕昌撰

鳳仙譜一卷　清趙學敏撰

貓乘一卷　清王初桐撰

附

　弧矢算術細草圖解一卷　清李
　　銳撰　清馮桂芬解

二百二十二冊　39394-39615
041.8/Dz28

1860

正誼堂全書六十三種續刻五種
　清張伯行編　清楊浚重編
　清同治五年福州正誼書院刻同治八
　　年至光緒十三年續刻本
　　周濂溪先生全集十三卷　宋周敦
　　　頤撰
　　二程文集十二卷　宋程顥、程頤撰
　　張橫渠先生文集十二卷　宋張載撰
　　朱子文集十八卷　宋朱熹撰
　　楊龜山先生集六卷　宋楊時撰
　　尹和靖先生集一卷　宋尹焞撰
　　羅豫章先生文集十卷　宋羅從彥撰
　　李延平先生文集四卷　宋李侗撰
　　張南軒先生文集七卷　宋張栻撰
　　黃勉齋先生文集八卷　宋黃榦撰
　　陳克齋先生集五卷　宋陳文蔚撰
　　許魯齋先生集六卷　元許衡撰
　　薛敬軒先生文集十卷　明薛瑄撰
　　胡敬齋先生文集三卷　明胡居仁撰
　　諸葛武侯文集四卷　蜀諸葛亮撰
　　唐陸宣公文集四卷首一卷　唐陸

贊撰

韓魏公集二十卷　宋韓琦撰

司馬溫公文集十四卷　宋司馬光撰

文山先生文集二卷　宋文天祥撰

謝疊山先生文集二卷　宋謝枋得撰

方正學先生文集七卷　明方孝孺撰

楊椒山先生文集二卷　明楊繼盛撰

二程粹言二卷　宋楊時輯

伊洛淵源錄十四卷　宋朱熹撰

上蔡先生語錄三卷　宋謝良佐撰

程氏家塾讀書分年日程三卷　元
　程端禮撰

朱子學的二卷　明丘濬編

陳清瀾先生學蔀通辯十二卷　明
　陳建撰

薛文清公讀書錄八卷　明薛瑄撰

胡敬齋先生居業錄八卷　明胡居
　仁撰

道南源委六卷　明朱衡撰

羅整庵先生困知記四卷　明羅欽
　順撰

陸桴亭思辨錄輯要二十二卷　清
　陸世儀撰

王學質疑五卷附錄一卷　清張烈撰

讀禮志疑六卷　清陸隴其撰

讀朱隨筆四卷　清陸隴其撰

陸稼書先生問學錄四卷　清陸隴
　其撰

陸稼書先生松陽鈔存一卷　清陸
　隴其撰

石守道先生集二卷　宋石介撰

高東溪先生遺集二卷　宋高登撰

真西山先生集八卷　宋真德秀撰

熊勿軒先生文集六卷　宋熊禾撰

吳朝宗先生聞過齋集四卷　元吳
　海撰

魏莊渠先生集二卷　明魏校撰

羅整庵先生存稿二卷　明羅欽順撰

陳剩夫先生集四卷　明陳真晟撰

張陽和文選三卷　明張元忭撰

湯潛庵先生集二卷　清湯斌撰

陸稼書先生文集二卷　清陸隴其撰

道統錄二卷附錄一卷　清張伯行撰

二程語錄十八卷　宋朱熹輯

朱子語類輯署八卷　清張伯行輯

濂洛關閩書十九卷　清張伯行輯
　并注

近思錄十四卷　宋朱熹、呂祖謙
　輯　清張伯行集解

廣近思錄十四卷　清張伯行輯

困學錄集粹八卷　清張伯行撰

小學集解六卷　清張伯行撰

濂洛風雅九卷　清張伯行輯

學規類編二十七卷　清張伯行撰

養正類編十三卷　清張伯行撰

居濟一得八卷　清張伯行撰

正誼堂文集十二卷　清張伯行撰

正誼堂文續集八卷　清張伯行撰

續刻

唐宋八大家文鈔十九卷　清張伯
　行輯　清同治八年刻

范文正公文集九卷　宋范仲淹撰
　清同治八年刻

楊大洪先生文集二卷　明楊漣撰
　清光緒十三年刻

海剛峯先生文集二卷　明海瑞撰
　清光緒十三年刻

續近思錄十四卷　清張伯行集解

清同治九年刻

一百六十册　45979-46138

陳 041.8/Lx71

1861

朱文端公藏書十三種

清朱軾編

清光緒二十三年朱衡等刻本

　周易傳義合訂十二卷　清朱軾撰

　春秋鈔十卷首一卷　清朱軾輯

　孝經一卷孝經三本管窺三卷　元吳

　　　澄校定　清朱軾注 （管窺）

　　　清吳隆元撰

　儀禮節畧十七卷圖三卷　清朱軾輯

　大戴禮記十三卷　漢戴德撰　北

　　　周盧辯注　清朱軾句讀

　禮記纂言三十六卷　元吳澄纂

　　　清朱軾校

　呂氏四禮翼一卷　明呂坤撰　清

　　　朱軾評

　張子全書十五卷　宋張載撰　宋

　　　朱熹注　清朱軾、段志熙校

　顏氏家訓二卷　北齊顏之推撰

　　　清朱軾評點

　家範十卷　宋司馬光撰　清朱軾

　　　評點

　歷代名儒傳八卷　清朱軾、蔡世

　　　遠輯

　歷代名臣傳三十五卷首一卷續編

　　　五卷　清朱軾、蔡世遠輯

　歷代循吏傳八卷　清朱軾、蔡世

　　　遠輯

　八十册　39088-39167

　041/Hx24

1862

藝海珠塵八集一百六十四種

　清吳省蘭編　清徐時棟重定

　清嘉慶間南匯吳氏聽彝堂刻本

金集

　易象意言一卷　宋蔡淵撰

　詩論一卷　宋程大昌撰

　春秋或辯一卷　清許之獬撰

　春秋三傳異同考一卷　清吳陳琰撰

　春秋識小錄三種　清程廷祚撰

　　春秋職官考畧三卷

　　春秋地名辨異三卷附晉書地理

　　　志證今一卷

　　左傳人名辨異三卷

　中文孝經一卷　清周春輯

　孝經外傳一卷　清周春撰

　箴膏肓一卷起廢疾一卷發墨守一

　　　卷　漢鄭玄撰　清王復輯

　　　清武億校

　讀書瑣記一卷　清鳳應韶撰

　轉注古義考一卷　清曹仁虎撰

　官韻考異一卷　清吳省欽撰

　續方言二卷　清杭世駿撰

　續方言補正二卷　清程際盛撰

　七十二候考一卷　清曹仁虎撰

　江漢叢談二卷　明陳士元撰

　說叩一卷　清葉抱崧撰

　夾漈遺稿三卷　宋鄭樵撰

　可儀堂文集二卷　清俞長城撰

　聲調譜一卷　清趙執信撰

　談龍錄一卷　清趙執信撰

石集

　春秋經玩四卷　清沈淑撰

　　春秋左傳分國土地名二卷

左傳職官一卷

左傳器物宮室一卷

五經贊一卷　清陸榮秬撰　清徐

　　堂注

婦學一卷　清章學誠撰

天問畧一卷　葡萄牙陽瑪諾撰

海國聞見錄一卷附圖一卷　清陳

　　倫炯撰　清夏璇淵繪

備邊屯田車銃議一卷車銃圖一卷倭

　　情屯田議一卷　明趙士楨撰

番社采風圖考一卷　清六十七撰

維西見聞紀一卷　清余慶遠撰

金川瑣記六卷　清李心衡撰

朝鮮志二卷

至游子二卷　宋曾慥撰

夢占逸旨八卷　明陳士元撰

五總志一卷　宋吳炯撰

孔氏談苑五卷　宋孔平仲撰

讀書偶見一卷　清吳騏撰

學福齋雜著一卷　清沈大成撰

岳忠武王集一卷　宋岳飛撰

附

　宋史本傳

丁孝子詩集三卷　元丁鶴年撰

圭塘欵乃集一卷　元許有壬、許有

　　孚、許楨、馬熙撰

刻燭集一卷　清曹仁虎輯

絲集

鄭敷文書說一卷　宋鄭伯熊撰

舜典補亡一卷　清毛奇齡撰

論語筆解二卷　唐韓愈、李翱撰

　　明鄭鄤評

論語絕句一卷　宋張九成撰

孟子外書四篇四卷　題宋熙時子

（劉攽）注

駁五經異義一卷補遺一卷　漢鄭

　　玄撰　清王復輯　清武億校

駢字分箋二卷　清程際盛撰

武宗外紀一卷　清毛奇齡撰

勝朝彤史拾遺記六卷　清毛奇齡撰

蜀檮杌二卷　宋張唐英撰

東南防守利便三卷　宋陳克、吳若

　　撰　宋呂祉編

炳燭偶鈔一卷　清陸錫熊撰

讀史論畧一卷　清杜詔撰

異魚圖贊四卷　明楊慎撰

龜經一卷

古算器考一卷　清梅文鼎撰

曆學疑問補二卷　清梅文鼎撰

半村野人閒談一卷　明姜南撰

抱璞簡記一卷　明姜南撰

一椶居詩稿二卷　清馮杶撰

竹集

春秋傳說例一卷　宋劉敞撰

饗禮補亡一卷　清諸錦撰

魯齋述得一卷　清丁傳撰

唐史論斷三卷　宋孫甫撰

滇載記一卷　明楊慎撰

奉使俄羅斯行程錄一卷　清張鵬

　　翻撰

外國竹枝詞一卷　清尤侗撰　清

　　尤珍注

附

　日本雜詩一卷　清沙起雲撰

　異域竹枝詞三卷　清福慶撰

海潮說三卷　清周春撰

三垣疏稿三卷　明許譽卿撰

閩中海錯疏三卷　明屠本畯撰

明徐㶿補疏

伸蒙子三卷　唐林慎思撰

廣成子解一卷　題宋蘇軾撰

二儀銘補注一卷　清梅文鼎撰

曆學答問一卷　清梅文鼎撰

蘇氏演義二卷　唐蘇鶚撰

投甕隨筆一卷　明姜南撰

風月堂雜識一卷　明姜南撰

學圃餘力一卷　明姜南撰

王義士輞川詩鈔六卷　清王澐撰

兌集

北郊配位尊西嚮議一卷　清毛奇
　　齡撰

昏禮辨正一卷　清毛奇齡撰

大小宗通繹一卷　清毛奇齡撰

四書索解四卷　清毛奇齡述　清
　　王錫輯

紀元要畧二卷紀元要畧補一卷
　　清陳景雲撰　清陳黃中補

山海經補注一卷　明楊慎撰

海潮輯說二卷　清俞思謙撰

吾師錄一卷　明黃淳耀撰

聰訓齋語二卷　清張英撰

恒產瑣言一卷　清張英撰

中星表一卷　清徐朝俊撰

木棉譜一卷　清褚華撰

宜齋野乘一卷　宋吳枋撰

東原錄一卷　宋龔鼎臣撰

文錄一卷　題宋唐庚撰

呵凍漫筆二卷　明談修撰

墨畬錢鎛一卷　明姜南撰

瓠里子筆談一卷　明姜南撰

洗硯新錄一卷　明姜南撰

蓉塘記聞一卷　明姜南撰

夏內史集九卷附錄一卷　明夏完
　　淳撰

土集

易緯乾坤鑿度二卷　漢鄭玄注

易緯是類謀一卷　漢鄭玄注

洪範統一一卷　宋趙善湘撰

說學齋經說一卷　清葉鳳毛撰

辨定嘉靖大禮議二卷　清毛奇齡撰

儒林譜一卷　清焦袁熹撰

雲間第宅志一卷　清王澐撰

恥言二卷　明徐禎稷撰

修慝餘編一卷　清陳薲撰

太玄解一卷　清焦袁熹撰

潛虛解一卷　清焦袁熹撰

素履子三卷　唐張弧撰

握奇經解一卷握奇經續圖一卷
　　　題漢公孫弘解

附

　　八陣總述一卷　題晉馬隆述

黃帝授三子玄女經一卷

肯綮錄一卷　宋趙叔向撰

東皐雜鈔三卷　清董潮撰

茶餘客話十二卷　清阮葵生撰

古今風謠一卷　明楊慎輯

古今諺一卷　明楊慎輯

聲調譜拾遺一卷　清翟翬撰

古詩十九首解一卷　清張庚撰

革集

易稽覽圖二卷　漢鄭玄注

詩說一卷　宋張耒撰

詩疑二卷　宋王柏撰

左氏蒙求注一卷　清許乃濟、王慶
　　麟撰

匡謬正俗八卷　唐顏師古撰

皇朝武功紀盛四卷　清趙翼撰

山海經圖讚一卷補遺一卷　晉郭
　　璞撰

明洪武四年進士登科錄一卷

社事始末一卷　清杜登春撰

淞故述一卷　明楊樞撰

南華經傳釋一卷　清周金然撰

經天該一卷　意大利利瑪竇撰

地理古鏡歌一卷　明蔣大鴻撰

翻卦挨星圖訣考著一卷　清戴鴻撰

蘇沈良方八卷　宋蘇軾、沈括輯

一草亭目科全書一卷　明鄧苑撰

雲仙散錄一卷　題唐馮贄撰

燕魏雜記一卷　宋呂頤浩撰

叩舷憑軾錄一卷　明姜南撰

交行摘稿一卷　明徐孚遠撰

貞蕤稿署文一卷詩一卷　朝鮮朴
　　齊家撰

拜經樓詩話四卷　清吳騫撰

木集

正易心法一卷

學校問一卷　清毛奇齡撰

郊社禘祫問一卷　清毛奇齡撰

小國春秋一卷　清焦袁熹撰

小兒語一卷　明呂得勝撰

續小兒語一卷　明呂坤撰

捕蝗考一卷　清陳芳生撰

滇南新語一卷　清張泓撰

松江衢歌一卷　清陳金浩撰

淞南樂府一卷　清楊光輔撰

遠鏡說一卷　德國湯若望撰

滇南憶舊錄一卷　清張泓撰

紀聽松庵竹鑪始末一卷　清鄒炳
　　泰撰

雜詠百二十首二卷　唐李嶠撰

月山詩集四卷　清恒仁撰

月山詩話一卷　清恒仁撰

鑣山草堂詩合鈔二卷　明王光承、
　　王烈撰

四繪軒詩鈔一卷　清徐振撰

杜詩雙聲疊韻譜括畧八卷　清周
　　春撰

六十冊　43406-43465

陳 042/Gs51

1863

經訓堂叢書二十一種

　清畢沅編

　清乾隆鎮洋畢氏刊本

　　山海經十八卷　晉郭璞傳　清畢
　　　沅校　清乾隆四十八年畢氏
　　　靈巖山館刻

　　夏小正考注一卷　清畢沅撰　清
　　　乾隆四十八年畢氏經訓堂刻

　　老子道德經考異二卷　清畢沅撰
　　　清乾隆四十八年畢氏靈巖山
　　　館刻

　　墨子十六卷篇目考一卷　清畢沅
　　　校注並考　清乾隆四十九年
　　　畢氏靈巖山館刻

　　晏子春秋七卷音義二卷　清孫
　　　星衍校並撰音義　清乾隆
　　　五十三年刻

　　呂氏春秋二十六卷　漢高誘注
　　　清畢沅輯校　清乾隆五十三
　　　年畢氏靈巖山館刻

　　釋名疏證八卷補遺一卷續釋名一
　　　卷（正字本）　清畢沅撰

清乾隆五十四年畢氏靈巖山
　館刻
釋名疏證八卷補遺一卷續釋名一
　卷（篆字本）　清畢沅撰
　清乾隆五十五年畢氏靈巖山
　館刻
王隱晉書地道記一卷　晉王隱撰
　　清畢沅輯　清乾隆四十九年
　　畢氏靈巖山館刻
晉太康三年地記一卷　清畢沅輯
　　清乾隆四十九年畢氏靈巖山
　　館刻
晉書地理志新補正五卷　清畢沅
　　撰　清乾隆四十九年畢氏靈
　　巖山館刻
三輔黃圖六卷補遺一卷　清畢沅
　　校　清乾隆四十九年畢氏靈
　　巖山館刻
長安志二十卷圖三卷　宋宋敏求
　　撰　（圖）元李好文繪　□
　　張敏同校正　清畢沅校　清
　　乾隆四十九年刻
易漢學八卷　清惠棟撰
說文解字舊音一卷　清畢沅輯
　　清乾隆四十八年畢氏靈巖山
　　館刻
明堂大道錄八卷　清惠棟撰
禘說二卷　清惠棟撰
關中金石記八卷　清畢沅撰　清
　　乾隆四十六年刻
中州金石記五卷　清畢沅撰
音同義異辯一卷　清畢沅撰　清乾
　　隆四十九年畢氏靈巖山館刻
經典文字辨證書五卷　清畢沅撰

清乾隆四十九年畢氏靈巖山
　館刻
四十册　42591–42630
陳 048/Gt39

1864

湖海樓叢書十二種
清陳春編
清嘉慶間蕭山陳氏刻二十四年彙印本
　周易鄭注十二卷　漢鄭玄撰　宋
　　王應麟輯　清丁杰後定　清
　　張惠言訂正
　附
　　叙錄一卷　清臧鏞堂（庸）撰
　　　清嘉慶二十四年刻
　論語類考二十卷　明陳士元撰
　　　清嘉慶二十四年刻
　孟子雜記四卷　明陳士元撰　清
　　　嘉慶間刻
　列子八卷附列子冲虛至德真經釋
　　　文二卷　晉張湛注　唐殷敬
　　　順撰　宋陳景元補遺　清嘉
　　　慶十八年刻
　尸子尹文子合刻　清汪繼培輯
　　　清嘉慶十七年刻
　　尸子二卷存疑一卷　周尸佼撰
　　尹文子一卷　周尹文撰
　潛夫論十卷　漢王符撰　清汪繼
　　　培箋　清嘉慶二十二年刻
　學林十卷　宋王觀國撰　清嘉慶
　　　十四年刻
　厄林十卷補遺一卷　明周嬰撰
　　　清嘉慶二十年刻
　訂譌雜錄十卷　清胡鳴玉撰　清

嘉慶十八年刻

龍筋鳳髓判四卷　唐張鷟撰　明
　　劉允鵬注　清陳春補正　清
　　嘉慶十六年刻

永嘉先生八面鋒十三卷　宋陳傅
　　良撰　清嘉慶十八年刻

會稽三賦一卷　宋王十朋撰　宋
　　周世則注　宋史鑄增注　清
　　嘉慶十七年刻

三十二册　45755-45786

陳 042/Lx11

1865
平津館叢書三十八種
清孫星衍編
清嘉慶間蘭陵孫氏刻本
存三十一種
一集
　尸子二卷　清孫星衍校集　清嘉
　　慶十一年刻
　燕丹子三卷　清孫星衍校　清嘉
　　慶十一年刻
　牟子一卷　漢牟融撰　清孫星衍校
　黃帝五書　清孫星衍校　清嘉慶
　　十二年刻
　　黃帝龍首經二卷
　　黃帝金匱玉衡經一卷
　　黃帝授三子玄女經一卷
　　廣黃帝本行記一卷　唐王瓘撰
　　軒轅黃帝傳一卷
　漢禮器制度一卷　漢叔孫通撰
　　清孫星衍校集
　漢官一卷　清孫星衍校集
　漢官解詁一卷　漢王隆撰　漢胡

廣注　清孫星衍校集

漢舊儀二卷附補遺二卷　漢衛宏
　　撰　清孫星衍校集並補遺

漢官儀二卷　漢應劭撰　清孫星
　　衍校集

漢官典職儀式選用一卷　漢蔡質
　　撰　清孫星衍校集

漢儀一卷　吳丁孚撰　清孫星衍
　　校集

魏三體石經遺字考一卷　清孫星
　　衍撰　清嘉慶十一年金陵刻

琴操二卷補遺一卷　漢蔡邕撰
　　清孫星衍校集並補遺　清嘉
　　慶十一年刻

穆天子傳六卷附錄一卷　晉郭璞
　　注　清洪頤煊校　清嘉慶
　　十一年刻

竹書紀年二卷　梁沈約注　清洪
　　頤煊校　清嘉慶十一年刻

物理論一卷　晉楊泉撰　清孫星
　　衍輯

譙周古史考一卷　蜀譙周撰　清
　　章宗源輯　清嘉慶十一年刻

二集
　華氏中藏經三卷　漢華佗撰　清
　　孫星衍校　清嘉慶十三年刻
　素女方一卷附製大黃丸方一卷
　　清嘉慶十五年刻
　千金寶要六卷　唐孫思邈撰　宋
　　郭思節輯　清孫星衍校　清
　　嘉慶十二年刻
　附
　　秘授清寧丸方一卷　清孫星衍輯
　　寰宇訪碑錄十二卷　清孫星衍、邢

澍撰　清嘉慶七年刻

古刻叢鈔一卷　元陶宗儀撰　清孫
　　星衍重編　清嘉慶十六年刻

建立伏博士始末二卷　清孫星衍
　　撰　清嘉慶十一年安德使
　　署刻

三集

三輔黃圖一卷　清孫星衍、莊逵吉
　　校　清嘉慶十九年刻

說文解字十五卷　漢許慎撰　宋
　　徐鉉等校定　清孫星衍重
　　校　清嘉慶九年刻

渚宮舊事五卷補遺一卷　唐余知
　　古撰　清孫星衍補校　清嘉
　　慶十九年刻

四集

孔子集語十七卷　清孫星衍輯
　　清嘉慶二十年刻

尚書考異六卷　明梅鷟撰　清嘉
　　慶十九年刻

五集

續古文苑二十卷　清孫星衍輯
　　清嘉慶十七年刻

六集

抱朴子內篇二十卷　晉葛洪撰
　　清嘉慶十八年刻

抱朴子外篇五十卷　晉葛洪撰
　　清嘉慶二十四年刻

九十六冊　45655–45754

陳 042/Ls70

1866

惜陰軒叢書三十四種續編一種
清李錫齡編

清道光二十六年宏道書院刻續編咸
　豐八年刻本

存三十種續編一種

玩易意見二卷　明王恕撰

石渠意見四卷拾遺二卷補缺一卷
　　明王恕撰

學易記五卷　明金貫亨撰

周易本義爻徵二卷　清吳曰慎撰

虛字說一卷　清袁仁林撰

雲南機務抄黃一卷　明張紞輯

東西洋考十二卷　明張燮撰

會稽三賦注四卷　宋王十朋撰
　　明南逢吉注　明尹壇補注

授經圖二十卷　明朱睦㮮撰

京畿金石考二卷　清孫星衍撰

雍州金石記十卷記餘一卷　清朱
　　楓撰

北溪字義二卷補遺一卷嚴陵講義
　　一卷　宋陳淳撰

正蒙會稿四卷　明劉璣撰

宋四子抄釋二十一卷　明呂柟撰
　　周子抄釋三卷
　　二程子抄釋十卷
　　張子抄釋六卷
　　朱子抄釋二卷

陣紀四卷　明何良臣撰

小兒藥證真訣三卷　宋錢乙撰

衛生寶鑑二十四卷補遺一卷　元
　　羅天益撰

書法離鉤十卷　明潘之淙撰

六如畫譜三卷　明唐寅輯

新增格古要論十三卷　明曹昭撰
　　明舒敏輯　明王佐增補

元城語錄解三卷行錄解一卷　明

王崇慶撰

兩山墨談十八卷　明陳霆撰

見物五卷　明李蘇撰

事物紀原十卷　宋高承撰　明李
　果訂

書叙指南二十卷　宋任廣撰

表異錄二十卷　明王志堅撰

清異錄二卷　宋陶穀撰

唐語林八卷　宋王讜撰

世說新語三卷　南朝宋劉義慶撰
　梁劉孝標注

楚辭補注十七卷　宋洪興祖撰

續編

呂涇野經說二十一卷　明呂柟撰

　周易說翼三卷

　尚書說要五卷

　毛詩說序六卷

　春秋說志五卷

　禮問二卷

一百十冊　43018-43127

陳 042/Ao77

1867

小石山房叢書三十八種

清顧湘編

清道光間刻同治十三年虞山顧氏補
　刻本

存三十二種

　四書講義一卷　明顧憲成撰

　淮雲問答一卷續編一卷　清陳瑚撰

　論學酬答四卷　清陸世儀撰

　韋庵經說一卷　清周象明撰

　毋欺錄一卷　清朱用純撰

　潘瀾筆記二卷　清彭兆蓀撰

懺摩錄一卷　清彭兆蓀撰

東觀奏記三卷　唐裴庭裕撰

承華事畧一卷　元王惲撰

明夷待訪錄一卷　清黃宗羲撰

岳陽風土記一卷　宋范致明撰

校正朝邑志一卷　明韓邦靖撰
　清王元啓校正

吳門耆舊記一卷　清顧承撰

松窗快筆一卷　明龔立本撰

海虞畫苑畧一卷補遺一卷　清魚
　翼撰

疑年錄四卷　清錢大昕撰

續疑年錄四卷　清吳修撰

稼書先生（陸隴其）年譜一卷
　清陸宸徵、李鉉撰

汲古閣校刻書目一卷補遺一卷刻
　板存亡考一卷　清鄭德懋輯

隱綠軒題識一卷　清陳奕禧撰

砥齋題跋一卷　清王弘撰（宏
　撰）撰

湛園題跋一卷　清姜宸英撰

義門題跋一卷　清何焯撰

山家清供一卷　宋林洪撰

勿藥須知一卷　清尤乘撰

尋花日記二卷　清歸莊撰

看花雜詠一卷　清歸莊撰

三巴集（墺中雜詠）一卷　清吳
　歷撰

墨井題跋一卷　清吳歷撰

海珊詩鈔一卷　清嚴遂成撰

藝庵遺詩一卷　清黃彥撰

虞東先生文錄八卷　清顧鎮撰

鈐：味青齋藏書

十六冊　43946-43961

040/Ds31

1868

崇文書局彙刻書三十三種
　清崇文書局編
　清光緒元年湖北崇文書局刻本
　　周易姚氏學十六卷　清姚配中撰
　　尚書大傳四卷附補遺一卷續補遺
　　　一卷考異一卷　漢鄭玄注
　　　清盧文弨補遺並考異
　　周書十卷逸文一卷　清朱右曾集
　　　訓校釋
　　韓詩外傳十卷　漢韓嬰撰
　　左傳舊疏考正八卷　清劉文淇撰
　　春秋繁露十七卷　漢董仲舒撰
　　儀禮古今文疏義十七卷　清胡承
　　　珙撰
　　相臺書塾刊正九經三傳沿革例一
　　　卷　宋岳珂撰
　　刊謬正俗八卷　唐顏師古撰
　　隋經籍志考證十三卷　清章宗源撰
　　御覽闕史二卷　唐參寥子（高彥
　　　休）撰
　　鑑誡錄十卷　後蜀何光遠撰
　　涑水紀聞十六卷補遺一卷　宋司
　　　馬光撰
　　古列女傳七卷續列女傳一卷　漢
　　　劉向撰　（續列女傳）明黃
　　　魯曾贊
　　高士傳三卷　晉皇甫謐撰
　　水經注四十卷首一卷　北魏酈道
　　　元注
　　今水經一卷表一卷　清黃宗羲撰
　　意林五卷補遺一卷　唐馬總輯

　　（補遺）清張海鵬增訂
　　老學庵筆記十卷　宋陸游撰
　　世說新語六卷　南朝宋劉義慶撰
　　　梁劉孝標注
　　淮南天文訓補注二卷　清錢塘撰
　　酉陽雜俎二十卷續集十卷　唐段
　　　成式撰
　　人譜正篇一卷續篇一卷三篇一卷
　　　明劉宗周撰
　　人譜類記增訂六卷　明劉宗周撰
　　葬經內篇一卷　題晉郭璞撰
　　黃帝宅經二卷
　　楚辭集註八卷辯證二卷　宋朱熹撰
　　離騷集傳一卷　宋錢杲之撰
　　離騷草木疏四卷　宋吳仁傑撰
　　離騷箋二卷　清龔景瀚撰
　　文心雕龍十卷　梁劉勰撰
　八十冊　43326–43405
　陳 041.8/Fs38

1869

校經山房叢書二十七種
　清朱記榮編
　清光緒三十年孫谿朱氏槐廬家塾重
　　編印式訓堂叢書本
　　傳經表一卷通經表一卷　清畢沅撰
　　古易音訓二卷　宋呂祖謙撰　清
　　　宋咸熙輯
　　春秋夏正二卷　清胡天游撰
　　家語疏證六卷　清孫志祖撰
　　漢書西域傳補注二卷　清徐松撰
　　晉書地理志新補正五卷　清畢沅撰
　　乾道臨安志十五卷（原缺卷四至
　　　十五）附札記一卷　宋周淙

撰　（札記）清錢保塘撰

弟子職集解一卷　清莊述祖撰

呂子校補二卷　清梁玉繩撰

疑年表一卷太歲超辰表三卷　清
　　汪曰楨撰

竹汀先生日記鈔三卷　清錢大昕
　　撰　清何元錫輯

鍾山札記四卷　清盧文弨撰

龍城札記三卷　清盧文弨撰

銅熨斗齋隨筆八卷　清沈濤撰

癖談六卷　清蔡雲撰

知聖道齋讀書跋二卷　清彭元瑞撰

曝書雜記三卷　清錢泰吉撰

經籍跋文一卷附對策六卷　清陳
　　鱣撰

拜經樓藏書題跋記五卷附錄一卷
　　清吳壽暘撰

廉石居藏書記二卷　清孫星衍撰

平津館鑒藏書籍記三卷補遺一卷
　　續編一卷　清孫星衍撰

誌銘廣例二卷　清梁玉繩撰

金石例補二卷　清郭麐撰

元魏熒陽鄭文公摩崖碑跋一卷
　　清諸可寶撰

溉亭述古錄二卷　清錢塘撰

後甲集（躍雷館日記）二卷　清
　　章大來撰

晚學集八卷　清桂馥撰

三十二冊　46209-46240

陳042/Hx40

1870

滂喜齋叢書五十種
　清潘祖蔭編

清同治光緒間吳縣潘氏京師刻本

虞氏易消息圖說初稿一卷　清胡祥
　　麟撰　清同治十一年刻

大誓答問一卷　清龔自珍撰　清
　　同治六年刻

求古錄禮說補遺一卷續一卷　清
　　金鶚撰

公羊逸禮考徵一卷　清陳奐撰

喪禮經傳約一卷　清吳卓信撰
　　清同治十一年刻

京畿金石考二卷　清孫星衍撰

止觀輔行傳宏決（輔行記）一卷
　　唐釋湛然撰　清胡澍錄

炳燭編四卷　清李賡芸撰　清同
　　治十一年刻

橋西雜記一卷　清葉名澧撰　清
　　同治十年刻

蕙西先生遺稿一卷　清邵懿辰撰

張文節公遺集二卷　清張洵撰
　　清同治十一年刻

越三子集　清潘祖蔭輯　清同治
　　十一年刻

亢藝堂集三卷　清孫廷璋撰

陳比部遺集三卷　清陳壽祺撰

西梟草一卷　清王星誠撰

啗政覽館稿一卷　清曹應鐘撰

壬申消夏詩一卷　清潘祖蔭輯

卦本圖考一卷　清胡秉虔撰

尚書序錄一卷　清胡秉虔撰

春秋左氏古義六卷　清臧壽恭撰

說文管見三卷　清胡秉虔撰

古韻論三卷　清胡秉虔撰

長蘆鹽法議畧一卷　清王守基撰

黃帝內經素問校義一卷　清胡澍撰

藝芸書舍宋元本書目一卷元板書
　目一卷　清汪士鐘撰
玉井山館筆記一卷舊遊日記一卷
　清許宗衡撰
宋四家詞選一卷　清周濟輯
癸酉消夏詩一卷　清潘祖蔭輯
南苑唱和詩一卷　清潘祖蔭輯
別雅訂五卷　清許瀚撰
許印林遺著（某先生校注說文條
　辨）一卷　清許瀚撰
非石日記鈔一卷　清鈕樹玉撰
　清王頌蔚輯
鈕非石遺文一卷　清鈕樹玉撰
炳燭室雜文一卷　清江藩撰
天馬山房詩別錄（雲間百詠）一
　卷　清汪巽東撰
沈四山人詩錄六卷附錄一卷　清
　沈謹學撰
吳郡金石目一卷　清程祖慶撰
稽瑞樓書目四卷　清陳揆撰
懷舊集二卷　清馮舒輯
愛吾廬文鈔一卷　清呂世宜撰
劉貴陽說經殘稿一卷　清劉書年撰
劉氏遺箸一卷　清劉禧延撰
寶鐵齋金石文跋尾三卷　清韓崇
　撰　清光緒四年刻
百塼考一卷　清呂佺孫撰　清光
　緒四年刻
簠齋傳古別錄一卷　清陳介祺撰
陳簠齋文筆記一卷手札一卷　清
　陳介祺撰
鮑臆園丈手札一卷　清鮑康撰
幽夢續影一卷　清弇山草衣（朱
　錫綬）撰　清光緒四年刻

徐元歎先生殘稿（浪齋新舊詩）
　一卷　明徐波撰
二茗詩集　清潘鍾瑞輯
　萬卷書屋詩存一卷　清朱棆撰
　棴花盦詩二卷附錄一卷外集一
　　卷　清葉廷琯撰
石氏喬梓詩集　清潘鍾瑞輯
聽雨樓詩一卷　清石嘉吉撰
葵青居詩錄一卷附夢蜣草一卷
　清石渠撰
小草庵詩鈔一卷　清屠蘇撰
日本金石年表一卷　日本西田直
　養撰

三十二冊　44902-44933
陳 042/Dp42

1871
功順堂叢書十八種
清潘祖蔭輯
清光緒間吳縣潘氏刻本
　春秋左氏傳補注十二卷　清沈欽
　　韓撰
　春秋左氏傳地名補注十二卷　清
　　沈欽韓撰
　周人經說八卷（原缺卷五至八）
　　清王紹蘭撰
　王氏經說六卷音畧一卷音畧考證
　　一卷　清王紹蘭撰
　論語孔注辨譌二卷　清沈濤撰
　爾雅補注殘本一卷　清劉玉麐撰
　急就章一卷考證一卷　漢史游撰
　　清鈕樹玉校並考證
　說文古籀疏證六卷　清莊述祖撰
　國史考異六卷　清潘檉章撰　清

吳炎訂

平定羅剎方畧四卷

西清筆記二卷　清沈初撰

涇林續記一卷　明周玄暐撰

廣陽雜記五卷　清劉獻廷撰

無事爲福齋隨筆二卷　清韓泰華撰

范石湖詩集注三卷　清沈欽韓撰

半氈齋題跋二卷　清江藩撰

南澗文集二卷　清李文藻撰

冬青館古宮詞三卷　清張鑑撰

　清桂榮注

二十四冊　44878-44901

陳 042/DP42

1872

嘯園叢書五十七種

清葛元煦編

清光緒二年至七年仁和葛氏刻本

愚一錄十二卷　清鄭獻甫撰　清
　光緒四年刻

學詩闕疑二卷　清劉青芝撰　清
　光緒六年刻

廿二史諱畧一卷　清周榘撰　清
　光緒五年刻

松花庵韻史一卷　清吳鎮撰　清
　光緒四年刻

考古質疑六卷　宋葉大慶撰　清
　光緒四年刻

六如居士畫譜三卷　明唐寅撰
　清光緒五年刻

小山畫譜二卷　清鄒一桂撰　清
　光緒二年刻

臨池心解一卷　清朱和羹撰　清
　光緒五年刻

三十五舉一卷　元吾丘衍撰　清
　光緒三年刻

續三十五舉一卷　清桂馥撰　清
　光緒三年刻

篆刻鍼度八卷　清陳克恕撰　清
　光緒三年刻

薛文清公讀書錄鈔四卷　明薛瑄
　撰　清陸緯輯　清光緒七年刻

荊園語錄二卷　清申涵光撰　清
　光緒三年刻

聰訓齋語二卷　清張英撰　清光
　緒二年刻

澄懷園語四卷　清張廷玉撰　清
　光緒二年刻

說鈴一卷　清汪琬撰　清光緒四
　年刻

匏園掌錄二卷　清楊夔生撰　清
　光緒五年刻

懺摩錄一卷　清彭兆蓀撰　清光
　緒五年刻

元邱素話一卷　清余紹祉撰　清
　光緒七年刻

幽夢影二卷　清張潮撰　清光緒
　五年刻

幽夢續影一卷　清弇山草衣（朱
　錫綬）撰　清光緒七年刻

唐摭言十五卷　五代王定保撰
　清光緒五年刻

雲仙雜記十卷　題唐馮贄撰　清
　光緒四年刻

赤雅三卷　明鄺露撰　清光緒四
　年刻

清嘉錄十二卷　清顧祿撰　清光
　緒四年刻

清波小志二卷　清徐逢吉撰　清
　　光緒二年刻
清波小志補一卷　清陳景鐘撰
　　清光緒二年刻
韻石齋筆談二卷　清姜紹書撰
　　清光緒五年刻
書蕉二卷　明陳繼儒撰　清光緒
　　五年刻
黃嬭餘話八卷　清陳錫路撰　清
　　光緒二年刻
劇談錄二卷　唐康駢撰　清光緒
　　四年刻
泊宅編三卷　宋方勺撰　清光緒
　　三年刻
西溪叢語二卷　宋姚寬撰　清光
　　緒五年刻
味水軒日記八卷　明李日華撰
　　清光緒五年刻
古夫于亭雜錄六卷　清王士禛撰
　　清光緒三年刻
說部精華十二卷　清王士禛撰
　　清劉堅類次　清光緒五年刻
放翁題跋六卷　宋陸游撰　清光
　　緒四年刻
放翁家訓一卷　宋陸游撰　清光
　　緒四年刻
漁洋書籍跋尾二卷　清王士禛撰
　　清光緒四年刻
南田畫跋一卷　清惲格撰　清光
　　緒四年刻
賜硯齋題畫偶錄一卷　清戴熙撰
　　清光緒三年刻
古詩十九首說一卷　清朱筠口授
　　清徐昆筆述　清光緒四年刻

嘉應平寇紀畧一卷　清謝國珍撰
　　清光緒五年刻
說詩晬語二卷　清沈德潛撰　清
　　光緒四年刻
梅道人遺墨一卷　元吳鎮撰　清
　　光緒二年刻
論印絕句一卷續編一卷　清吳騫
　　輯　清光緒五年刻
醉盦硯銘一卷　清王繼香撰　清
　　光緒五年刻
曼盦壺盧銘一卷　清葉金壽撰
　　清光緒五年刻
香研居詞麈五卷　清方成培撰
　　清光緒二年刻
詞林正韻三卷發凡一卷　清戈載
　　輯　清光緒三年刻
臨民要畧　清葛元煦輯
　　學治一得編一卷附錄一卷　清
　　　何耿繩撰　清光緒六年刻
　　明刑管見錄一卷　清穆翰撰
　　　清光緒六年刻
　　讀律琯朗一卷　清梁他山撰
　　　清光緒五年刻
吳中判牘一卷　清蒯德模撰　清
　　光緒四年刻
洄溪醫案一卷附一卷　清徐大椿
　　撰　清光緒四年刻
慎疾芻言一卷　清徐大椿撰　清
　　光緒四年刻
景岳新方砭四卷　清陳念祖撰
　　清光緒三年刻
理虛元鑑二卷　□綺石先生撰
　　清光緒二年刻
保生胎養良方一卷　清光緒六年刻

三十六册　45538-45573
陳 042/Gz10

1873

海山仙館叢書五十六種
　清潘仕成編
　清道光二十六年至咸豐元年番禺潘
　　氏刻光緒十一年增刻彙印本
　　遂初堂書目一卷　宋尤袤撰　清
　　　道光二十六年刻
　　易大義一卷　清惠棟撰　清道光
　　　二十七年刻
　　讀書敏求記四卷　清錢曾撰　清
　　　道光二十七年刻
　　尚書註考一卷　明陳泰交撰　清
　　　道光二十七年刻
　　讀詩拙言一卷　明陳第撰　清道
　　　光二十七年刻
　　四書逸箋六卷　清程大中撰　清
　　　道光二十六年刻
　　一切經音義二十五卷　唐釋玄應
　　　撰　清莊炘、錢坫、孫星衍校
　　　清道光二十五年刻
　　古史輯要六卷首一卷　清□□撰
　　　清道光二十五年刻
　　史記短長說集二卷　明凌迪知、
　　　凌稚隆訂正　清道光二十七
　　　年刻
　　順宗實錄五卷　唐韓愈撰　清道
　　　光二十六年刻
　　九國志十二卷　宋路振撰　宋張
　　　唐英補　清道光二十七年刻
　　靖康傳信錄三卷　宋李綱撰　清
　　　道光二十六年刻

庚申外史二卷　明權衡撰　清道
　　光二十七年刻
二十二史感應錄二卷　清彭希涑
　　撰　清道光二十九年刻
洛陽名園記一卷　宋李格非撰
　　清道光二十六年刻
廣名將傳二十卷　明黃道周注斷
　　清道光二十九年刻
高僧傳十三卷　梁釋慧皎撰　清
　　道光二十七年刻
酌中志二十四卷　明劉若愚撰
　　清道光二十五年刻
火攻挈要三卷圖一卷　德國湯若
　　望授　清焦勗述　清道光
　　二十七年刻
慎守要錄九卷　明韓霖撰　清道
　　光二十九年刻
明夷待訪錄一卷　清黃宗羲撰
　　清道光二十七年刻
考古質疑六卷　宋葉大慶撰　清
　　光緒十一年刻
隱居通議三十一卷　元劉壎撰
　　清道光二十九年刻
洞天清祿集一卷　宋趙希鵠撰
　　清道光二十九年刻
調燮類編四卷　清道光二十七年刻
菰中隨筆一卷　清顧炎武撰　清
　　道光二十五年刻
雲谷雜紀四卷首一卷末一卷　宋
　　張淏撰　清道光二十九年刻
龍筋鳳髓判四卷　唐張鷟撰　明
　　劉允鵬注　清陳春補正　清
　　道光二十六年刻
桂苑筆耕集二十卷　唐崔致遠撰

清道光二十七年刻

敬齋古今黈八卷　元李冶撰　清道光二十九年刻

晁具茨先生詩集十五卷　宋晁沖之撰　清□□注　清道光二十七年刻

揭曼碩詩三卷　元揭傒斯撰　清道光二十七年刻

青藤書屋文集三十卷補遺一卷　明徐渭撰　清道光二十六年刻

婦人集一卷附補一卷　清陳維崧撰　清冒襃注（補）清冒丹書撰　清道光二十六年刻

漁隱叢話六十卷後集四十卷　宋胡仔撰　清道光二十六年刻

四溟詩話四卷　明謝榛撰　清道光二十五年刻

宋四六話十二卷　清彭元瑞撰　清道光二十六年刻

詞苑叢談十二卷　清徐釚撰　清道光二十七年刻

竹雲題跋四卷　清王澍撰　清道光二十七年刻

讀畫錄四卷　清周亮工撰　清道光二十七年刻

續三十五舉一卷　清桂馥撰　清道光二十七年刻

茶董補二卷　明陳繼儒輯　清道光二十七年刻

酒顛補三卷　明陳繼儒輯　清道光二十七年刻

尺牘新鈔十二卷　清周亮工輯　清道光二十七年刻

顏氏家藏尺牘四卷姓氏考一卷　清顏光敏輯　清道光二十七年刻

幾何原本六卷　意大利利瑪竇口譯　明徐光啓筆錄　清道光二十七年刻

同文算指前編二卷通編八卷　意大利利瑪竇授　明李之藻演　清道光二十九年刻

圜容較義一卷　意大利利瑪竇授　明李之藻演　清道光二十七年刻

測量法義一卷　意大利利瑪竇口譯　明徐光啓筆錄　清道光二十七年刻

測量異同一卷　明徐光啓撰　清道光二十七年刻

句股義一卷　明徐光啓撰　清道光二十七年刻

翼梅八卷　清江永撰　清道光二十七年刻

　曆學補論一卷

　歲實消長辯一卷

　恒氣註曆辯一卷

　冬至權度一卷

　七政衍一卷

　金水發微一卷

　中西合法擬草一卷

　算賸一卷

女科二卷產後編二卷　清傅山撰　清道光二十七年刻

海錄一卷　清楊炳南撰　清咸豐元年刻

新釋地理備考全書十卷　西洋瑪姬士撰　清道光二十七年刻

全體新論十卷　英國合信氏撰
　　清咸豐元年刻
一百三十三冊　39616-39748
042/Dp74

1874

花雨樓叢鈔十一種續鈔十一種附一種
清張壽榮編
清光緒八年至十四年蛟川張氏花雨
　　樓刻本
附一種國朝駢體正宗評本十二卷補
　　編一卷　已另編
　　虞氏易禮二卷　清張惠言撰　清
　　　光緒九年刻
　　易學闡元一卷　清姚配中撰　清
　　　光緒八年刻
　　鄭氏詩譜考正一卷　清丁晏撰
　　　清光緒九年刻
　　經書算學天文考二卷　清陳懋齡
　　　撰　清光緒八年刻
　　說雅二卷　清朱駿聲撰　清光緒
　　　九年刻
　　茗柯文初編一卷二編二卷三編一
　　　卷四編一卷　清張惠言撰
　　　清光緒八年刻
　　茗柯詞一卷　清張惠言撰　清光
　　　緒八年刻
　　初月樓四種　清吳德旋撰　清光
　　　緒八年刻
　　　初月樓文鈔十卷續鈔八卷
　　　初月樓詩鈔四卷
　　　初月樓古文緒論一卷　清吳德
　　　　旋述　清呂璜錄
　　　程子香文鈔二卷　清程德賫撰

　　尚絅堂駢體文二卷　清劉嗣綰撰
　　　清光緒九年刻
　　确山駢體文四卷　清宋世犖撰
　　　清光緒九年刻
　　成人篇一卷　清書隱老人（張壽
　　　榮）撰　清光緒九年刻
續鈔
　　各經承師立學考四編　清張壽榮
　　　輯　清光緒十一年刻
　　經典釋文叙錄一卷　唐陸德明
　　　撰　清盧文弨校正
　　傳經表二卷　清畢沅撰
　　通經表二卷　清畢沅撰
　　兩漢五經博士考三卷　清張金
　　　吾撰
　　詩考補注二卷補遺二卷　清丁晏
　　　撰　清光緒十一年刻
　　禮記釋注四卷　清丁晏撰　清光
　　　緒十年刻
　　考工記圖二卷　清戴震撰　清光
　　　緒十一年刻
　　苔岑經義鈔六卷　清張鴻桷輯
　　　清光緒八年刻
　　戴東原先生（震）年譜一卷　清
　　　段玉裁撰　清光緒十年刻
　　定香亭筆談四卷　清阮元撰　清
　　　光緒十年刻
　　靈芬館雜著二卷　清郭麐撰　清
　　　光緒九年刻
　　芙村文鈔二卷　清沈豫撰　清光
　　　緒十一年刻
　　仁在堂論文各法六卷　清路德撰
　　　清光緒十四年刻
　　詩答問二卷　清王士禎撰　清張

宗柟輯　清光緒十四年刻

四十八冊　45430–45477

陳 042/Lx14

1875

振綺堂叢書初集十種

清汪康年編

清宣統二年鉛印本

聖駕五幸江南恭錄一卷

客舍偶聞一卷　清彭孫貽撰

克復諒山大畧一卷

拳匪聞見錄一卷　清管鶴撰

韓南溪四種　清韓超撰

獨山平匪記一卷

遵義平匪日記一卷

苗變記事一卷

南溪韓公（超）年譜一卷附玩
　寇新書回目一卷　清陳昌
　運撰

漢官答問五卷　清陳樹鏞撰

澳門公牘錄存一卷

蒙古西域諸國錢譜四卷　清陳其
　鑣譯　清張美翊定

經典釋文補條例一卷　清汪遠孫撰

借閒隨筆一卷　清汪遠孫撰

三冊　43500–43502

042/DP38

1876

靈峯草堂叢書十一種

陳矩編

清光緒間貴陽陳氏刻本

存四種

孟子外書補注四卷　宋劉攽注

陳矩補注

孟子弟子考補正一卷　陳矩撰

毛詩□卷（存卷四至六）　漢鄭玄
　箋　影刻北宋抄本

翰林學士集一卷　影刻唐卷子本

六冊　46261–46266

陳 042/Lx70

1877

津河廣仁堂所刻書八十四種

清□□編

清光緒間津河廣仁堂刻本

存五種

蒞政摘要二卷　清陸隴其撰　清
　光緒八年刻

恒產瑣言一卷　清張英撰　清光
　緒八年刻

聰訓齋語一卷　清張英撰　清光
　緒八年刻

愧訥集十二卷　清朱用純撰　清
　光緒八年刻

柏廬外集四卷　清朱用純撰　清
　光緒八年刻

鈐：看雲館珍藏

八冊　36795–36802

042/Hx75

1878

半厂叢書初編十種

清譚獻編

清同治光緒間仁和潭氏刻本

詩本誼一卷　清龔橙撰　清光緒
　十五年刻

西夏紀事本末三十六卷首二卷

清張鑑撰　清光緒十一年刻

白香詞譜箋四卷　清舒夢蘭輯　清
　謝朝徵箋　清光緒十一年刻

篋中詞六卷續四卷　清譚獻輯
　清光緒八年刻

復堂類集文四卷詩十一卷詞三卷
　日記八卷　清譚獻撰　詩清
　同治四年刻文及日記光緒
　十一年至十三年刻

合肥三家詩錄二卷　清徐子苓、戴
　家麟、王尚辰撰　清譚獻選
　清光緒十二年刻

待堂文一卷　清吳懷珍撰

池上題襟小集一卷　清譚獻輯

非見齋審定六朝正書碑目一卷
　清譚獻評

四十初度述懷一卷　清譚獻等撰

二十册　39321-39340

042/Du64

1879

半厂叢書初編十種（殘）

　清譚獻編

清同治光緒間仁和譚氏刻本

存三種

　合肥三家詩錄二卷　清徐子苓、戴
　　家麟、王尚辰撰　清譚獻選
　　清光緒十二年刻

　待堂文一卷　清吳懷珍撰

　池上題襟小集一卷　清譚獻輯

鈐：小雄山民

一册　32999

468/Du64

1880

木犀軒叢書二十七種

　李盛鐸編

清光緒間德化李氏木犀軒刻本

存十八種

　卦氣解一卷　清莊存與撰　清光
　　緒十一年刻

　毛詩禮徵十卷　清包世榮撰　清
　　光緒十四年刻

　儀禮禮服通釋六卷　清凌曙撰
　　清光緒十五年刻

　車制考一卷　清錢坫撰　清光緒
　　十一年刻

　論語通釋一卷　清焦循撰

　爾雅一切註音十卷　清嚴萬里（可
　　均）輯　清光緒十三年刻

　爾雅補郭二卷　清翟灝撰　清光
　　緒十一年刻

　諧聲補逸十四卷　清宋保撰　清
　　光緒十三年刻

　續方言疏證二卷　清沈齡撰　清
　　光緒十二年刻

　漢書音義三卷補遺一卷　隋蕭該
　　撰　清臧庸輯　清光緒十四
　　年刻

　孫氏祠堂書目内編四卷外編三卷
　　清孫星衍撰　清光緒九年刻

　平津館鑒藏書籍記三卷補遺一卷
　　續編一卷　清孫星衍撰　清
　　光緒十一年刻

　廉石居藏書記二卷　清孫星衍撰
　　清光緒十二年刻

　平津讀碑記八卷續記一卷再續一
　　卷三續二卷　清洪頤煊撰

清光緒十一年刻

海東金石存考一卷待訪目一卷　清
　　劉喜海撰　清光緒十四年刻

易餘籥錄二十卷　清焦循撰　清
　　光緒十二年刻

羣書答問二卷補遺一卷　清淩曙
　　撰　清光緒十四年刻

開方通釋一卷　清焦循撰

二十四册　45386–45409

陳042/Ao11

1881

紀載彙編十種

清□□輯

清光緒四年鉛印本（申報館叢書續
　　集本）

燕都日記一卷　明馮夢龍撰　清
　　莫釐山人增補

董心葵事記一卷　明□□撰

東塘日札一卷　清朱子素撰

江上遺聞一卷　清沈濤撰

閩事紀畧一卷　明華廷獻撰

安龍紀事一卷　明江之春撰

戴重事錄一卷　清章學誠撰

過墟志一卷　清墅西逸叟撰

金壇獄案一卷　清計六奇撰

辛丑紀聞一卷　清□□撰

鈐：味青齋藏書

二册　28560–28561

967.92/Ds63

1882

觀自得齋叢書二十三種別集六種

清徐士愷編

清光緒十三年至二十年石埭徐氏刻本

倉頡篇三卷　清陳其榮輯　清光
　　緒十八年刻

續高士傳五卷　清高兆撰　清光
　　緒十九年刻

征東實紀一卷　明錢世楨撰　清
　　光緒二十年刻

［紹熙］雲間志三卷續志一卷　宋
　　楊潛撰　清光緒二十年刻

［至正］崑山郡志六卷　元楊譓
　　撰　清光緒二十年刻

浙程備覽五卷　清于敏中撰　清
　　光緒十四年刻

黑龍江述畧六卷　清徐宗亮撰
　　清光緒十七年刻

國朝未刊遺書志畧一卷　清朱記
　　榮輯錄　清光緒十八年刻

唐昭陵石蹟考畧五卷附謁唐昭陵
　　記一卷　清林侗撰　清光緒
　　二十年刻

清儀閣金石題識四卷　清張廷濟
　　撰　清陳其榮輯　清光緒
　　二十年刻

泉志校誤四卷　清金嘉采撰

多暇錄二卷　清程庭鷺撰　清光
　　緒二十年刻

北窗囈語一卷　清朱燾撰　清光
　　緒十九年刻

明宮詞一卷　清程嗣章撰　清光
　　緒二十年刻

袁海叟詩集四卷補一卷　明袁凱
　　撰　清光緒十九年刻

漁洋山人集外詩二卷　清王士禎
　　撰　清光緒二十年刻

樊榭山房集外詩一卷　清厲鶚撰
　　清光緒十三年刻
寄生山館詩賸一卷瘦玉詞鈔一卷
　　清徐士怡撰　清光緒十二年刻
大瓠堂詩錄八卷　清孫周撰　清
　　光緒十八年刻
梅村詩話一卷　清吳偉業撰　清
　　光緒二十年刻
律詩定體一卷　清王士禎撰　清
　　光緒二十年刻
漁洋山人詩問二卷　清王士禎撰
　　清光緒二十年刻
然燈記聞一卷　清王士禎述　清
　　何世璂錄
別集
投壺儀節一卷　明汪禔輯　清光
　　緒十四年刻
馬戲圖譜一卷　題宋李清照撰
　　明王蘭芳增輯　清光緒十三
　　年刻
牙牌參禪圖譜一卷　清劉遵陸撰
　　清光緒十四年刻
詩牌譜一卷　明王良樞輯　明周
　　履靖校續　清光緒十四年刻
暢叙譜一卷　清沈德潛撰　清光
　　緒十八年刻
倫敦竹枝詞一卷　題清局中門外
　　漢撰　清光緒十四年刻
二十冊　46241–46260
陳 042/Hs11

1883
南菁札記十四種
　清溥良編

清光緒二十年江陰使署刻本
　爾雅稗疏四卷　繆楷撰
　前漢紀校釋三卷　鈕永建撰
　後漢紀校釋三卷　鈕永建撰
　讀四元玉鑑記一卷　崔朝慶撰
　讀代數術記一卷　崔朝慶撰
　盈朒演代一卷　韓保徵撰
　代數盈朒細草一卷　張東烈撰
　古文官書一卷　漢衛宏撰　費廷
　　璨輯
　倉頡篇補本續一卷　曹元忠輯
　纂要一卷　梁元帝蕭繹撰　曹元
　　忠輯
　纂要解一卷　南朝宋顏延之撰
　　曹元忠輯
　桂苑珠叢一卷補遺一卷　隋曹憲
　　撰　曹元忠輯
　括地志一卷　唐李泰等撰　曹元
　　忠輯
　兩京新記二卷　唐韋述撰　曹元
　　忠輯
六冊　33133–33138
047/Ds38

1884
漸西村舍彙刊四十四種
清袁昶編
清光緒十六年至二十四年桐廬袁氏
　刻本
存三十四種
　校正元親征錄（元聖武親征錄）
　　一卷　清何秋濤校正　清光
　　緒二十年刻
　元朝祕史（元祕史注）十五卷

清李文田注　清光緒二十二
　　年刻
蠻書十卷　唐樊綽撰
黑龍江外記八卷　清西清撰
吉林外記十卷附刊誤　清薩英額
　　撰　清光緒二十一年刻
寧古塔記畧一卷　清吳桭臣輯
嚴州圖經三卷附校字記一卷　宋
　　陳公亮撰　（校字記）清袁
　　昶撰　清光緒二十二年刻
景定嚴州續志十卷　宋鄭瑤、宋方
　　仁榮撰
說文審音（張乳伯說文審音）十
　　六卷　清張行孚撰　清光緒
　　二十四年刻
齊民要術十卷　北魏賈思勰撰
　　清光緒二十二年刻
種樹書一卷　元俞宗本撰　清光
　　緒二十三年刻
蠶桑說一卷　清趙敬如撰　清光
　　緒二十三年刻
農桑輯要七卷　元司農司撰　清
　　光緒二十一年刻
蠶事要畧一卷　清張行孚撰
廣蠶桑說輯補二卷　清沈練撰　清
　　仲學輅輯補　清光緒二十三
　　年刻
汪氏兵學三書　清汪宗沂輯　清
　　光緒二十年刻
　　太公兵法逸文一卷
　　武侯八陣兵法輯畧一卷
　　附
　　用陣雜錄一卷　清汪宗沂撰
　　衛公兵法輯本（李衛景武公兵

法）三卷
附
　　舊唐書李靖傳考證一卷　清
　　　　汪宗沂撰
　　雲氣占候篇二卷　清韜盧子（汪
　　　　宗沂）撰
　　相雨書（黃子發相雨書）一卷
　　　　唐黃子發撰
　　老子本義（魏默深先生老子本義）
　　　　二卷　清魏源撰
　　會典簡明錄一卷　清張祥河輯
　　湛然居士文集（湛然居士集）十
　　　　四卷　元耶律楚材撰　清光
　　　　緒二十一年刻
　　姚文敏公遺稿（姚文敏公集）九
　　　　卷奏議補缺一卷附校勘記一
　　　　卷　明姚夔撰　（校勘記）清
　　　　袁昶撰　清光緒二十四年刻
　　袁氏藝文志一卷文錄一卷詩錄一
　　　　卷金石錄一卷附錄一卷　清
　　　　袁渭漁等撰　清袁昶輯
　　漸西村人初集十三卷　清袁昶撰
　　安般簃集（安般簃詩續鈔）十卷
　　　　清袁昶撰　清光緒十六年刻
　　于湖小集六卷金陵雜事詩一卷
　　　　清袁昶撰
　　廣雅碎金四卷附錄一卷　清張之
　　　　洞撰　清光緒二十三年刻
　　守身執玉軒遺文一卷　清袁世紀
　　　　撰　清光緒二十年刻
　　于湖題襟集九卷（詩六卷文三
　　　　卷）　清袁昶輯　清光緒二
　　　　十一年刻
　　勸學篇（制府張尚書勸學內外篇）

二卷　清張之洞撰　清光緒
二十四年刻
經籍舉要一卷附錄一卷附家塾課
程一卷　清龍啓瑞撰　清袁
昶增訂　清光緒十九年刻
尊經閣募捐藏書章程一卷祀典錄
一卷　清袁昶撰
中江尊經閣藏書目一卷　清袁昶撰
中江講院建立經誼治事兩齋章程
一卷　清袁昶撰
六十册　45478–45537
陳 042/Ax42

1885
雲自在龕叢書五集十九種
繆荃孫輯
清光緒間江陰繆氏刻本
第一集
尚書記七卷校逸二卷　清莊述祖撰
續千文一卷　宋侍其瑗撰　清光
緒二十七年刻
吳興山墟名一卷　南朝宋張玄之
撰　繆荃孫輯　清光緒十七
年刻
吳興記一卷　南朝宋山謙之撰
繆荃孫輯　清光緒十七年刻
元和郡縣圖志闕卷逸文三卷　唐
李吉甫撰　繆荃孫輯
奉天錄四卷附一卷　唐趙元一撰
清光緒十七年刻
集古錄目十卷原目一卷　宋歐陽
棐撰　繆荃孫輯
第二集
三水小牘二卷逸文一卷附錄一卷

唐皇甫枚撰　繆荃孫校補
清光緒十七年刻
北夢瑣言二十卷逸文四卷附錄一
卷　宋孫光憲撰　清光緒二
十五年刻
天彭牡丹譜一卷　宋陸游撰
洛陽牡丹記一卷　宋歐陽修撰
教童子法一卷　清王筠撰
第三集
東湖叢記六卷　清蔣光煦撰　清
光緒九年刻
苔石效顰集一卷附一卷　宋繆鑑
撰　清光緒十七年刻
萬善花室文稿六卷續集一卷　清
方履籛撰　清光緒九年刻
齊雲山人文集一卷　清洪符孫撰
清光緒九年刻
第四集
名家詞十七種二十四卷
立山詞一卷　清張琦撰
竹鄰詞一卷　清金式玉撰
齊物論齋詞一卷　清董士錫撰
香草詞二卷　清宋翔鳳撰
洞簫詞一卷　清宋翔鳳撰
碧雲盦詞二卷附樂府餘論一
卷　清宋翔鳳撰
柳下詞一卷　清周青撰
萬善花室詞一卷　清方履籛撰
金梁夢月詞二卷　清周之琦撰
懷夢詞一卷　清周之琦撰
三十六陂漁唱一卷　清王敬之撰
冰鼃詞一卷　清承齡撰
汀鷺詩餘一卷　清楊傳第撰
湖海草堂詞一卷　清樊景升撰

水雲樓詞二卷續一卷詩賸稿一
　卷　清蔣春霖撰

蘭紉詞一卷　清陸志淵撰

瓠落詞一卷　清陸志淵撰

第五集

定海遺愛錄一卷附錄一卷　清光
緒十七年刻

舊德集十四卷　繆荃孫輯　清光
緒二十二年刻

二十六冊　42992-43017

陳 042/Mw60

1886

對雨樓叢書五種

繆荃孫編

清光緒間江陰繆氏影刻本

南朝史精語十卷附札記一卷　宋洪
邁撰　（札記）繆荃孫撰　影
刻抄本

荀子考異一卷　宋錢佃撰　影刻
抄本

詩品三卷　梁鍾嶸撰　影刻明正
德元年退翁書院抄本

茅亭客話十卷　宋黃休復撰　影
刻穴研齋抄本

賓退錄十卷　宋趙與旹撰　影刻
景抄宋書棚本

十冊　46144-46153

陳 042/Mw61

1887

積學齋叢書二十種

徐乃昌編

清光緒間南陵徐氏刻本

周易考占一卷　清金榜撰

尚書伸孔篇一卷　清焦廷琥撰

韓詩內傳徵四卷叙錄二卷補遺一
卷疑義一卷　清宋綿初撰

周禮故書考一卷　清程際盛撰

周官禮經注正誤一卷　清張宗泰
撰　清光緒十六年刻

冕服考四卷　清焦廷琥撰　清光
緒十六年刻

孟子七篇諸國年表一卷說一卷
清張宗泰撰

爾雅注疏本正誤五卷　清張宗泰撰

說文徐氏新補新附考證一卷　清
錢大昭撰　清光緒十七年刻

輶軒使者絕代語釋別國方言箋疏
十三卷　清錢繹撰

補續漢書藝文志二卷　清錢大昭
撰　清光緒十六年刻

後漢郡國令長考一卷　清錢大昭撰

水經釋地八卷　清孔繼涵撰

劉更生（向）年表一卷　清梅毓
撰　清光緒十七年刻

管子義證八卷　清洪頤煊撰　清
光緒十五年刻

臨川答問一卷　清李聯琇撰　清
劉壽曾錄

同度記一卷　清孔繼涵撰

增廣新術二卷　清羅士琳撰　清
光緒十七年刻

炳燭室雜文一卷　清江藩撰

南陵縣建置沿革表一卷　徐乃昌
撰　清光緒十八年刻

十六冊　46271-46286

陳 042/Hs97

1888

靈鶼閣叢書五十六種

　清江標編

　　清光緒間元和江氏湖南使院刻本

　　存五十五種（缺士禮居藏書題跋
　　　記續二卷）

　第一集

　　韓詩遺說二卷訂譌一卷　清臧庸
　　　撰　清光緒二十一年刻

　　尚書大傳七卷　漢伏勝撰　漢鄭
　　　玄注　清王闓運補注

　　皇象本急就章一卷　漢史游撰
　　　清鈕樹玉校

　　說文解字索隱一卷補例一卷　清
　　　張度撰　清光緒二十二年刻

　　漢事會最人物志三卷　清惠棟輯
　　　清光緒二十一年刻

　　隸友肊說一卷附錄一卷　清王筠
　　　撰　清光緒二十一年刻

　　教童子法一卷　清王筠撰　清光
　　　緒二十一年刻

　　洨民遺文一卷　清孫傳鳳撰　清
　　　光緒二十一年刻

　　欽定四庫全書總目提要四部類叙
　　　一卷　清江標輯　清光緒二
　　　十一年刻

　　先正讀書訣一卷　清周永年輯

　第二集

　　朔方備乘札記一卷　清李文田撰

　　使德日記一卷　清李鳳苞撰

　　德國議院章程一卷　清徐建寅譯
　　　清光緒二十一年刻

　　英軺私記一卷　清劉錫鴻撰　清
　　　光緒二十一年刻

新嘉坡風土記一卷　清李鍾珏撰
　　清光緒二十一年刻

中西度量權衡表一卷

光論一卷　清張福僖譯

人參考一卷　清唐秉鈞撰　清光
　　緒二十二年刻

積古齋藏器目一卷　清阮元撰

平安館藏器目一卷　清葉志詵撰

清儀閣藏器目一卷　清張廷濟撰

懷米山房藏器目一卷　清曹載奎
　　撰　清光緒二十一年刻

兩罍軒藏器目一卷　清吳雲撰
　　清光緒二十一年刻

木庵藏器目一卷　清程振甲撰
　　清光緒二十二年刻

梅花草盦藏器目一卷　清丁彥臣
　　撰　清光緒二十一年刻

簠齋藏器目一卷　清陳介祺撰
　　清光緒二十二年刻

愙齋藏器目一卷　清吳大澂撰
　　清光緒二十二年刻

天壤閣雜記一卷　清王懿榮撰
　　清光緒二十一年刻

董華亭書畫錄一卷　明董其昌撰
　　清青浮山人輯　清光緒二十
　　二年刻

畫友詩一卷　清趙彥修撰

江寧金石待訪目二卷　清嚴觀撰
　　清光緒二十二年刻

山左南北朝石刻存目一卷　清尹
　　彭壽撰

第三集

漢鼓吹鐃歌十八曲集解一卷　清
　　譚儀撰

碧城仙館詩鈔八卷附錄一卷　清陳
　　文述撰　清光緒二十二年刻
聽園西疆雜述詩四卷　清蕭雄撰
　　清光緒二十一年刻
瓊州雜事詩一卷　清程秉釗撰
匪石山人詩一卷　清鈕樹玉撰
　　清光緒二十一年刻
衍波詞一卷　清孫蓀意撰　清光
　　緒二十二年刻
第四集
文史通議補編一卷附鈔本目一卷
　　刻本所有鈔本所無目一卷
　　清章學誠撰　清光緒二十三
　　年刻
和林金石錄一卷詩一卷　清李文
　　田撰
附
　　和林考一卷　清黃楙材撰
前塵夢影錄二卷　清徐康撰　清
　　光緒二十三年刻
西遊錄注一卷　清李文田撰　清
　　光緒二十三年刻
澳大利亞洲新志一卷　清吳宗
　　濂、趙元益譯　清光緒二十
　　三年刻
張憶娘簪華圖卷題詠一卷　清江
　　標輯　清光緒二十三年刻
第五集
國語校文一卷　清汪中輯
嘉蔭簃藏器目一卷　清劉喜海撰
愛吾鼎齋藏器目一卷　清李璋煜撰
石泉書屋藏器目一卷　清李佐賢撰
雙虞壺齋藏器目一卷　清吳式芬撰
簠齋藏器目第二本一卷　清陳介

祺撰
選青閣藏器目一卷　清王錫棨撰
藏書紀事詩六卷　葉昌熾撰　清
　　光緒二十三年刻
第六集
沅湘通藝錄八卷四書文二卷　清
　　江標輯　清光緒二十三年刻
日本華族女學校規則一卷　清光
　　緒二十三年刻
黃蕘圃先生（丕烈）年譜二卷　清
　　江標撰　清光緒二十三年刻
三十九冊　46170–46208
陳 042/Dp98

1889

刻鵠齋叢書十六種
清胡念修編
清光緒二十三年至二十六年刻本
　　璇璣遺述六卷圖一卷　清揭暄撰
　　尚書通義殘稿二卷（卷六至七）
　　　清邵懿辰撰
　　潘瀾筆記二卷　清彭兆蓀撰
　　懺摩錄一卷　清彭兆蓀撰
　　紀慎齋求雨全書二卷　清紀大奎撰
　　綠蘿山莊駢體文集十二卷附錄一
　　　卷　清胡浚撰
　　崇雅堂駢體文鈔四卷　清胡敬撰
　　汪容甫先生詩集六卷附錄一卷
　　　清汪中撰　（附錄）清朱彬
　　　等撰
　　易義來源四卷　清金士麒撰
　　蟲薈五卷　清方旭撰
　　四家纂文叙錄彙編五卷　清胡念
　　　修輯

問湘樓駢文初稿四卷　清胡念修輯
息園舊德錄一卷　清胡念萱輯
復堂文續五卷　清譚獻撰
景定嚴州續志十卷　宋鄭瑤、方仁
　　榮撰
嚴陵集九卷　宋董弅輯
鈐:味青齋藏書
三十六冊　42129-42164
陳 042/Bp74

1890
觀古堂彙刻書十三種
葉德輝編
清光緒二十一年至民國元年長沙葉
　　氏刻民國元年重編印本
第一集
　　三家詩補遺三卷　清阮元撰　清
　　　　光緒二十四年刻
　　爾雅圖贊一卷　晉郭璞撰　清嚴
　　　　可均輯　清光緒二十一年刻
　　山海經圖贊二卷　晉郭璞撰　清嚴
　　　　可均輯　清光緒二十一年刻
　　爾雅補注四卷　清周春撰　清光
　　　　緒二十四年刻
　　說文段注校三種　葉德輝輯　清
　　　　光緒二十八年刻
　　　徐星伯說文段注札記一卷　清
　　　　　徐松撰　清劉肇隅錄
　　　龔定庵說文段注札記一卷　清
　　　　　龔自珍撰　清劉肇隅錄
　　　桂未谷說文段注鈔一卷補鈔一
　　　　　卷　清段玉裁撰　清桂馥
　　　　　鈔　清劉肇隅錄
　　華陽陶隱居內傳三卷　宋賈嵩撰

清光緒二十九年刻
　　華陽陶隱居集二卷　梁陶弘景撰
　　　　清嚴可均輯　葉德輝校補
　　　　清光緒二十九年刻
第二集
　　沈下賢文集十二卷　唐沈亞之撰
　　　　清光緒二十年刻
　　金陵百詠一卷　宋曾極撰　清光
　　　　緒二十九年刻
　　嘉禾百詠一卷　宋張堯同撰　清
　　　　光緒二十九年刻
　　曝書亭刪餘詞一卷曝書亭詞手稿
　　　　原目一卷附校勘記一卷　清
　　　　朱彝尊撰　（校勘記）葉德
　　　　輝撰　清光緒二十九年刻
　　嚴東有詩集十卷　清嚴長明撰
　　　　民國元年刻
　　疑雨集四卷　清王彥泓撰　清光
　　　　緒三十一年刻
三十二冊　42874-42905
陳 042/Gs73

1891
雙楳景闇叢書十六種
葉德輝編
清光緒宣統間長沙葉氏郎園刻本
存十一種
　　青樓集一卷　元雪蓑漁隱（夏庭
　　　　芝）撰
　　板橋雜記三卷　清余懷撰　清光
　　　　緒三十四年刻
　　吳門畫舫錄一卷　清西溪山人撰
　　　　清光緒三十四年刻
　　燕蘭小譜五卷　清安樂山樵（吳

長元）撰　清宣統三年刻

海漚小譜一卷　清秋谷老人（趙
　執信）撰

觀劇絕句三卷　清金德瑛等撰
　清光緒三十四年刻

木皮散人鼓詞一卷　明賈鳧西撰
附

　萬古愁曲一卷　清歸莊撰　清
　　光緒三十三年刻

乾嘉詩壇點將錄一卷　清舒位撰
　　清光緒三十三年刻

東林點將錄一卷附考一卷　明王
　紹徽撰

重刻足本乾嘉詩壇點將錄一卷
　　清舒位撰　清宣統三年刻

秦雲擷英小譜一卷　清王昶輯

六冊　41957–41962

陳 042/Gs74

1892

麗廔叢書九種

葉德輝編

清光緒三十二年至宣統元年長沙葉
　氏刻本

存七種

　南岳總勝集三卷　宋陳田夫撰
　　清光緒三十二年影刻宋本

古局象棋圖一卷　宋司馬光撰　清
　　光緒三十二年影刻明正德本

投壺新格一卷　題宋司馬光撰
　　清光緒三十二年影刻事文類
　　聚本

譜雙五卷附錄一卷　宋洪遵撰　清
　　光緒三十二年影刻明正德本

打馬圖經一卷　題宋李清照撰　清
　　光緒三十二年影刻明正德本

除紅譜一卷　題宋朱河撰　清光
　　緒三十二年影刻明萬曆本

唐女郎魚玄機詩一卷附錄一卷
　　唐魚玄機撰　清光緒三十三
　　年影刻宋書棚本

四冊　42842–42845

陳 042/Gs74

1893

聚學軒叢書六十種

劉世珩編

清光緒間貴池劉氏刻本

第一集

　毛詩草木鳥獸蟲魚疏校正二卷
　　清趙佑撰

晉泰始笛律匡謬一卷　清凌廷堪撰

古經天象考十二卷圖說一卷緒說
　　一卷　清雷學淇撰

國志蒙拾二卷　清郭麐撰

金石文字辨異十二卷　清邢澍撰

歲星表一卷　清朱駿聲撰

質疑刪存三卷　清張宗泰撰

清白士集校補四卷　清蔡雲撰

第二集

尚書隸古定釋文八卷附尚書隸古定
　　經文二卷　清李遇孫撰　（尚
　　書隸古定經文）清薛季宣撰

春秋三家異文覈一卷　清朱駿聲撰

左傳杜注辨證六卷　清張聰咸撰

古墨齋金石跋六卷　清趙紹祖撰

安徽金石畧十卷　清趙紹祖撰

涇川金石記一卷　清趙紹祖撰

一百册　42029-42128

陳042/Kt10

1894

鐵香室叢刻續集六種

清李世勘編

清光緒間刻本

　　乘槎筆記二卷　清斌椿撰

　　使西紀程二卷　清郭嵩燾撰

　　使東述畧一卷雜記一卷　清何如

　　　　璋撰

　　出洋瑣記一卷　清蔡鈞撰

　　滬遊脞記一卷　清黃楙材撰

　　日本記遊一卷雜記一卷

六冊　33302-33307

042/Ao10

1895

晨風閣叢書二十二種

沈宗畸編

清宣統元年番禺沈氏刻本

　　詩經四家異文考補一卷　江瀚撰

　　說文解字校勘記殘稿一卷　清王

　　　　念孫撰　清桂馥錄

　　仁廟聖政記二卷　明□□撰

　　出圍城記一卷　題清甦庵道人

　　　　（楊棨）撰

　　西域水道記校補一卷　清徐松撰

　　寒山金石林部目一卷　明趙均撰

　　昭陵碑錄三卷附錄一卷　羅振玉輯

　　潛采堂書目四種　清朱彝尊輯

　　　　全唐詩未備書目一卷

　　　　明詩綜采摭書目一卷

　　　　兩淮鹽筴書引證羣書目錄一卷

　　　　竹垞行笈書目一卷

　　藝芸書舍宋元本書目一卷　清汪

　　　　士鐘撰

　　結一廬書目四卷　清朱學勤撰

　　澂喜齋宋元本書目一卷　清□□輯

曲錄六卷　王國維撰

戲曲考原一卷　王國維撰

鹿門集三卷拾遺一卷續補遺一卷

　　唐唐彥謙撰

邕州小集一卷　宋陶弼撰

方叔淵遺稿一卷　元方瀾撰

附

　　高氏三宴詩集三卷　唐高正臣輯

香山九老會詩一卷　唐白居易輯

古洋遺響集一卷　宋文同撰

南唐二主詞一卷補遺一卷附校勘記

　　一卷　南唐李璟、李煜撰　王

　　國維補遺並校勘

平園近體樂府一卷　宋周必大撰

後村別調一卷補一卷　宋劉克莊撰

眉庵詞一卷　明楊基撰

十六冊　42858-42873

陳 042/Dz13

1896

國學叢刊十三種

國學叢刊社編

清宣統三年石印本

存二冊

第一冊

　　周易王弼注唐寫本殘卷校字記一

　　　　卷　羅振玉撰

　　殷虛書契前編卷一　羅振玉撰

　　唐折衝府考補一卷　羅振玉撰

　　隋唐兵符圖錄一卷　羅振玉撰

　　藝風堂題跋一卷　繆荃孫撰

　　古劇腳色考一卷補遺一卷　王國

　　　　維撰

第二冊

隸古定尚書孔傳唐寫本殘卷校字
　記一卷　羅振玉撰

殷虛書契前編卷二　羅振玉撰

清真先生遺事一卷　王國維撰

蒿里遺文目錄卷上　羅振玉撰

佚籍叢殘三編一卷十五編一卷十
　　八編一卷　羅振玉撰

　二冊　33159–33160

　098/GP30

1897

玉簡齋叢書十種

　羅振玉編

清宣統二年上虞羅氏刻本

　　漢志武成日月表一卷　清陳目綱
　　　撰　刻大興朱氏舊藏稿本

　　龍瑞觀禹穴陽明洞天圖經一卷　宋
　　　葉樞撰　刻景宋抄道藏本

　　湟中雜記一卷　刻舊抄本

　　邊畧五卷　明高拱撰　刻知聖道
　　　齋藏舊抄本

　　　防邊紀事一卷

　　　伏西紀事一卷

　　　安邊紀事一卷

　　　靖南紀事一卷

　　　綏廣紀事一卷

　　濮陽蒲汀李先生家藏目錄一卷
　　　明李廷相編　刻商邱宋氏藏
　　　舊抄本

　　萬卷堂書目四卷　明朱睦㮮撰
　　　刻舊抄本

　　也是園藏書目十卷　清錢曾撰
　　　刻舊抄本

　　傳是樓宋元本書目一卷附錄一卷

　　　清徐乾學撰　刻傳研齋本

　　知聖道齋書目四卷　清彭元瑞撰
　　　刻舊抄本

　　硯林拾遺一卷　清施閏章撰　刻
　　　稿本

　八冊　45110–45117

　陳 042/GP28

1898

玉簡齋叢書二集八種

　羅振玉編

清宣統二年上虞羅氏刻本

　　濮陽蒲汀李先生家藏目錄一卷
　　　明李廷相撰　刻商邱宋氏藏
　　　舊抄本

　　萬卷堂書目四卷　明朱睦㮮撰
　　　刻舊抄本

　　脈望館書目一卷　明趙琦美撰

　　近古堂書目二卷　明□□撰

　　四明天一閣藏書目錄一卷　清□
　　　□撰

　　也是園藏書目十卷　清錢曾撰
　　　刻舊抄本

　　傳是樓宋元本書目一卷附錄一卷
　　　清徐乾學撰　刻傳研齋本

　　知聖道齋書目四卷　清彭元瑞撰
　　　刻舊抄本

　十二冊　30899–30910

　011.3/GP28

1899

宸翰樓叢書五種

　羅振玉編

清宣統三年上虞羅氏刻本

周易舉正三卷　唐郭京撰　影刻
　　獨山莫氏景宋抄本
宋季三朝政要六卷　元□□撰
　　影刻元皇慶本
昭陵碑錄三卷補一卷校錄札記一
　　卷　羅振玉輯並撰札記
肇論中吳集解三卷　宋釋淨源撰
　　影刻宋本
二李唱和集一卷　宋李昉、李至
　　撰　補刻清光緒間貴陽陳田
　　刻本
四冊　46267-46270
陳 042/GP25

輯佚類

1900
二酉堂叢書二十一種
清張澍編
清道光元年武威張氏二酉堂刻本
　　司馬法一卷逸文一卷
　　子夏易傳一卷
　　世本五卷　漢宋衷注　清張澍輯注
　　三輔決錄二卷　漢趙岐撰　晉摯
　　　　虞注
　　皇甫司農集一卷　漢皇甫規撰
　　張太常集一卷　漢張奐撰
　　段太尉集一卷　漢段熲撰
　　周生烈子一卷　魏周生烈撰
　　漢皇德傳一卷　漢侯瑾撰
　　風俗通姓氏篇二卷　漢應劭撰
　　　　清張澍輯注
　　三秦記一卷　□辛□撰
　　三輔舊事一卷

三輔故事一卷
十三州志一卷　北魏闞駰撰
涼州記一卷　北涼段龜龍撰
涼州異物志一卷
西河舊事一卷
西河記一卷　晉喻歸撰
沙州記一卷附錄一卷　南朝宋段
　　國撰
陰常侍詩集一卷詩話一卷　陳陰
　　鏗撰
李尚書詩集一卷附李氏事蹟一卷
　　唐李益撰
十二冊　42846-42857
陳 042/Lx44

郡邑類

1901
常州先哲遺書第一集三十九種附三種
清盛宣懷編
清光緒二十一年至三十三年武進盛
　　氏思惠齋刻本
經類
　　詩傳旁通十五卷　元梁益撰　清
　　　　光緒二十三年刻
　　三續千字文注一卷　宋葛剛正撰
　　　　清光緒二十三年刻
史類
　　崇禎朝記事四卷　明李遜之撰
　　　　清光緒二十三年刻
　　陳定生先生遺書三種　清陳貞慧
　　　　撰　清光緒二十一年刻
　　　　秋園雜佩一卷
　　　　山陽錄一卷

書事七則一卷

吳中水利書一卷　宋單鍔撰　清
光緒二十二年刻

遂初堂書目一卷　宋尤袤撰　清
光緒二十二年刻

江陰李氏得月樓書目摘錄一卷
明李鶚翀撰　清光緒二十二
年刻

子類

景仰撮書一卷　明王達撰　清光緒
二十三年刻

宜齋野乘一卷　宋吳枋撰　清光
緒二十三年刻

梁谿漫志十卷　宋費袞撰　清光
緒二十二年刻

萬柳溪邊舊話一卷　元尤玘撰
清光緒二十二年刻

陽羨茗壺系一卷附洞山岕茶系一
卷　明周高起撰　清光緒二
十三年刻

五行大義五卷　隋蕭吉撰　清光
緒二十三年刻

戒庵老人漫筆八卷　明李詡撰
清光緒二十二年刻

集類

梁昭明太子文集五卷補遺一卷　梁
蕭統撰　清光緒二十三年刻

文選注考異一卷　宋尤袤撰　清
光緒二十二年刻

蕭茂挺文集一卷附錄一卷　唐蕭
穎士撰　清光緒二十二年刻

文恭集四十卷　宋胡宿撰　清光
緒二十一年刻

春卿遺稿一卷續一卷補一卷　宋

蔣堂撰　清光緒二十一年刻

摛文堂集十五卷附錄一卷　宋慕
容彥逢撰　清光緒二十三年刻

毗陵集十六卷補遺一卷附錄一卷
宋張守撰　清光緒二十一年刻

鴻慶居士文集四十二卷　宋孫覿
撰　清光緒二十一年刻

宋孫仲益內簡尺牘十卷　宋孫
覿撰　宋李祖堯編注　清
蔡焞、蔡龍孫增訂　清光緒
二十二年刻

丹陽集二十四卷　宋葛勝仲撰
清光緒二十二年刻

梁谿遺稿二卷補遺一卷附錄一卷
宋尤袤撰　清光緒二十三年刻

侍郎葛公歸愚集十卷補遺一卷
宋葛立方撰　清光緒二十二
年刻

信齋詞一卷　宋葛郯撰　清光緒
二十四年刻

定齋集二十卷　宋蔡戡撰　清光
緒二十二年刻

牆東類稿二十卷補遺一卷　元陸
文圭撰　清光緒二十二年刻

清閟閣全集十二卷　元倪瓚撰
清光緒二十一年刻

滄螺集六卷補遺一卷附錄一卷　明
孫作撰　清光緒二十二年刻

唐荊川先生文集十八卷補遺一卷
附錄一卷　明唐順之撰　清
光緒二十一年刻

小辨齋偶存八卷附錄一卷　明顧
允成撰　清光緒二十二年刻

從野堂存稿八卷補遺一卷附錄一

卷 明繆昌期撰 清光緒二十一年刻

落落齋遺集十卷附錄一卷 明李應昇撰 清光緒二十二年刻

金忠潔公文集二卷附一卷 明金鉉撰 清光緒二十二年刻

堆山先生前集鈔一卷 明薛寀撰 清光緒二十二年刻

韻語陽秋二十卷 宋葛立方撰 清光緒二十二年刻

存餘堂詩話一卷附錄一卷 明朱承爵撰 清光緒二十三年刻

附

留溪外傳十八卷 清陳鼎撰 清光緒二十四年刻

邵青門全集三十卷邵氏家錄二卷 清邵長蘅撰 清光緒二十三至二十四年刻

學文堂文集十六卷詩集五卷詩餘三卷 清陳玉璂撰 清光緒二十三年刻

一百四冊 41404—41507

陳045/Ao31

1902

橫山草堂叢書二集二十二種附三種

陳慶年編

清宣統二年至民國八年丹徒陳氏刻本

存一集十四種

戴叔倫詩集二卷 唐戴叔倫撰 民國三年刻

許丁卯詩真蹟錄一卷 唐許渾撰 民國二年刻

丁卯集二卷 唐許渾撰 民國三

年刻

海岳名言一卷 宋米芾撰 民國三年刻

二王帖評釋三卷 宋許開撰 民國三年刻

芸窗詞一卷 宋張榘撰 清宣統三年刻

芸隱倦遊稿一卷芸隱橫舟稿一卷 宋施樞撰 民國三年刻

存悔齋詩一卷附錄一卷補遺一卷續補遺一卷 元龔璛撰 （補遺）明朱存理輯 （續補遺）陳慶年輯 民國三年刻

雲山日記二卷 元郭畀撰 清宣統三年刻

快雪齋集一卷補一卷 元郭畀撰 （補）陳慶年輯 民國三年刻

孤篷倦客集一卷補一卷 元陳方撰 （補）陳慶年輯 民國三年刻

陸右丞蹈海錄一卷附錄一卷 明丁元吉輯 民國四年刻

西征日錄一卷 明楊一清撰 民國三年刻

制府雜錄一卷 明楊一清撰 民國三年刻

八冊 35371—35378

042/Lx38

1903

秋浦雙忠錄五種

劉世珩編

清光緒二十八年貴池劉氏唐石簃刻本

翠微南征錄十一卷雜錄一卷 宋

華岳撰

翠微先生北征錄十二卷　宋華岳撰

啓禎兩朝剝復錄十卷附札記一卷
　　明吳應箕撰　（札記）劉世
　　珩撰

留都見聞錄二卷南都應試記一卷
　　明吳應箕撰

讀書止觀錄五卷　明吳應箕輯

六冊　36912－36917

046/Kt10

1904

廬陽三賢集三種

清張樹聲編

清光緒元年合肥張氏毓秀堂刻本

　　包孝肅奏議十卷附錄一卷　宋包
　　拯撰

　　余忠宣青陽山房集五卷附錄一卷
　　元余闕撰

　　周給事垂光集一卷附錄一卷　明
　　周璽撰

四冊　35683－35686

421/Lx46

1905

武林掌故叢編一百九十種

清丁丙編

清光緒三年至二十六年錢塘丁氏嘉
　　惠堂刻本

第一集

　　乾道臨安志十五卷（原缺卷四至
　　十五）宋周淙撰

　　都城紀勝一卷　宋耐得翁（趙□）
　　撰　清光緒四年刻

錢塘西湖百詠一卷　宋郭祥正撰
　　清光緒六年刻

錢塘先賢傳贊一卷附錄一卷　宋
　　袁韶撰　清光緒四年刻

古杭雜記一卷　元李有撰

新刻古杭雜記詩集四卷　元□□
　　撰　清光緒七年刻

西湖韻事一卷　清汪汝謙撰　清
　　光緒五年刻

不繫園集一卷　清汪汝謙撰　清
　　光緒五年刻

隨喜庵集一卷　清汪汝謙撰　清
　　光緒五年刻

流香一覽一卷　清釋明開撰　清
　　光緒六年刻

武林理安寺志八卷　清釋實月撰
　　清光緒四年刻

廣福廟志一卷　清唐垣九撰　清
　　光緒三年刻

第二集

　　武林舊事十卷附錄一卷　宋泗水
　　潛夫（周密）撰　清光緒三
　　年刻

　　重陽庵集一卷附刻一卷附錄一卷
　　明梅志暹輯　明俞大彰重輯
　　清光緒三年刻

　　西湖紀述一卷　明袁宏道撰　清
　　光緒七年刻

　　慧因寺志十二卷附錄一卷　明李
　　翥撰　清光緒七年刻

　　杭郡庠得表忠觀碑記事一卷　清
　　余懋楝輯　清光緒七年刻

　　西湖修禊詩一卷　清鄂敏輯　清
　　光緒五年刻

唐棲志畧稿二卷　清何琪撰　清
　　光緒七年刻
吳山遺事詩一卷　清朱彭撰
南屏百詠一卷　清張炳輯
崔府君祠錄一卷　清鄭烺撰
第三集
御覽孤山志一卷　清王復禮撰
　　清光緒七年刻
七述一卷　宋晁補之撰　清光緒
　　七年刻
錢塘湖山勝概詩文二卷　明夏時
　　撰　清光緒七年刻
　錢塘湖山勝概記一卷
　湖山百詠一卷
西湖臥遊圖題跋一卷　明李流芳
　　撰　清光緒七年刻
西谿梵隱志四卷　清吳本泰撰
　　清光緒七年刻
南宋古蹟考二卷　清朱彭撰　清
　　光緒七年刻
雲棲紀事一卷　清□□輯
孝義無礙庵錄一卷　明釋袾宏撰
南湖倡和集一卷　清章世豐輯
　　清光緒七年刻
崇福寺志四卷續志一卷　清朱文
　　藻撰　（續志）清章庭棫撰
　　清光緒七年刻
湖墅雜詩二卷　清魏標撰　清光
　　緒七年刻
第四集
淳祐臨安志存六卷（卷五至十）
　　宋施諤撰　清光緒七年刻
遊明聖湖日記一卷　明浦祊撰
　　清光緒七年刻

客越志畧一卷　明王穉登撰　清
　　光緒七年刻
清波小志二卷附清波小志補一卷
　　清徐逢吉撰　（清波小志補）
　　清陳景鐘撰　清光緒八年刻
大昭慶律寺志十卷　清釋篆玉撰
　　清光緒八年刻
定鄉雜著二卷　清胡敬撰　清光
　　緒七年刻
金牛湖漁唱一卷　清張雲璈撰
　　清光緒七年刻
西湖遊記一卷　清查人渶撰　清
　　光緒七年刻
銀瓶徵一卷　清俞樾撰　清光緒
　　七年刻
龍井顯應胡公墓錄一卷　清丁午撰
第五集
西湖百詠二卷　宋董嗣杲撰　明
　　陳贄和　清光緒七年刻
客杭日記一卷　元郭畀撰　清光
　　緒七年刻
西湖八社詩帖一卷　明祝時泰等
　　輯　清光緒七年刻
湖山叙遊一卷　明劉遑撰　清光
　　緒七年刻
養素園詩四卷　清王德溥輯　清
　　光緒七年刻
武林元妙觀志四卷　清仰蘅撰
　　清光緒七年刻
西泠仙詠三卷　清圓嶠真逸（陳
　　文述）撰　清光緒八年刻
北隅掌錄二卷　清黃士珣撰　清
　　清光緒七年刻
西湖雜詩一卷　清蔣坦撰　清光

聖宋錢塘賦一卷　宋葛澧撰　清
　　光緒十年刻
西湖雜記一卷　明黎遂球撰　清
　　光緒十一年刻
南宋院畫錄八卷　清厲鶚撰　清
　　光緒十年刻
西湖蘇文忠公祠從祀議一卷　清
　　吳騫撰
西湖紀遊一卷　清張仁美撰　清
　　光緒九年刻
捍海塘志一卷　清錢文瀚撰
翠微亭題名考一卷　清蔡名衡輯
　　清光緒十一年刻
西泠閨詠十六卷　清陳文述撰
　　清光緒十三年刻
俞樓詩記一卷　清俞樾撰
第十集
南宋館閣錄十卷（原缺卷一）續
　　錄十卷　宋陳騤撰　（續錄）
　　宋□□撰　清光緒十二年刻
宋中興學士院題名一卷　宋何異
　　撰　清光緒十二年刻
月會約一卷　明嚴武順撰　清光
　　緒十二年刻
讀書社約一卷　明丁奇遇撰　清
　　光緒十二年刻
勝蓮社約一卷　明虞淳熙撰　清
　　光緒十二年刻
西溪百詠二卷　明釋大善撰　清
　　光緒八年刻
臨平記四卷附錄一卷　清沈謙撰
　　清光緒十年刻
小雲棲放生錄一卷　清釋與楷輯
　　清光緒十二年刻

西湖秋柳詞一卷　清楊鳳苞撰
　　清楊知新注
臨平記補遺四卷續一卷　清張大
　　昌撰　清光緒十一年刻
第十一集
武林靈隱寺誌八卷　清孫治、徐增
　　撰　清光緒十四年刻
增修雲林寺誌八卷　清厲鶚撰
　　清光緒十四年刻
續修雲林寺誌八卷　清沈鑅彪撰
　　清光緒十四年刻
第十二集
錢塘遺事十卷　元劉一清撰　清
　　光緒十三年刻
雪莊西湖漁唱七卷　清許承祖撰
龍井見聞錄十卷附宋僧元淨外傳
　　二卷　清汪孟鋗撰　清光緒
　　十年刻
杭府仁錢三學灑埽職一卷附錄一
　　卷　清□□撰　清光緒十二
　　年刻
湖山懷古集一卷　清陳時撰
武林第宅考一卷　清柯汝霖撰
　　清光緒十五年刻
第十三集
敕建淨慈寺志三十卷首二卷末一
　　卷　清釋際祥撰　清光緒十
　　四年刻
第十四集
夢粱錄二十卷　宋吳自牧撰　清
　　光緒十六年刻
神州古史考殘一卷　清倪璠撰
　　清光緒十五年刻
湖山雜詠一卷附錄一卷　清王緯

嵩目錄　清許瑤光撰　（以上合一卷）

杭城辛酉紀事詩一卷　清張蔭榘、吳淦撰

杭城紀難詩編一卷　清王震元輯

第十九集

吳越備史四卷補遺一卷雜考一卷　宋范坰、林禹撰　（雜考）清錢受徵撰　清光緒二十一年刻

西湖冶興二卷　明王瀛撰　清光緒二十一年刻

鑒公精舍納涼圖題詠一卷　清朱文藻輯　清光緒二十一年刻

松吹讀書堂題詠一卷附小松吹讀書堂題詠一卷　清杭械輯　清光緒二十一年刻

桑孝子旌門錄一卷　清桑調元輯　清光緒二十年刻

錢塘懷古詩一卷附錄一卷　清王德璘撰

褚堂聞史考證一卷附錄一卷校勘記一卷　清趙一清撰　（校勘記）孫鏘撰　清光緒二十一年刻

寒山舊廬詩一卷　清陸森輯　清光緒二十一年刻

橫橋吟館圖題詠一卷　清許乃穀輯　清光緒二十一年刻

瓊英小錄一卷附錄一卷　清俞樾撰　清光緒二十一年刻

廣陵曲江復對一卷　清張大昌撰　清光緒二十一年刻

孫花翁墓徵一卷　清張爾嘉撰　清光緒二十一年刻

直閣朱公祠墓錄二卷附刻一卷　清朱文懋撰　清光緒二十一年刻

郭孝童墓記畧一卷　清丁立志撰　清光緒二十一年刻

第二十集

西湖遊覽志二十四卷志餘二十六卷　明田汝成撰　清光緒二十二年刻

第二十一集

昭忠錄五卷附錄一卷　明周璟撰　清光緒二十二年刻

艮山雜誌二卷附錄一卷　清翟灝撰　清光緒二十二年刻

西溪雜詠一卷　清陳文述撰　清光緒二十三年刻

西溪梅竹山莊圖題詠一卷　清章黻輯　光緒二十三年刻

臨安旬制紀三卷附錄一卷　清張道撰　（附錄）清羅榘輯　清光緒二十三年刻

錢塘百詠一卷　清楊象濟撰　清光緒二十一年刻

靈隱書藏紀事一卷　清潘衍桐輯　清光緒十八年刻

金龍四大王祠墓錄四卷首一卷末一卷　清仲學輅撰　清光緒二十二年刻

同仁祠錄二卷　清孫炳奎撰　清光緒二十三年刻

續東河櫂歌一卷　清丁丙撰　清光緒二十一年刻

第二十二集

建炎復辟記一卷　宋□□撰　清

光緒二十三年刻

夜山圖題詠一卷附刻一卷　元吳
　　福生輯　清光緒二十一年刻

西泠遊記一卷　明王紹傳撰　清
　　光緒二十一年刻

湖舫詩一卷　清沈奕琛輯　清光
　　緒二十一年刻

迎鑾新曲二卷　清吳城、厲鶚撰
　　清光緒二十一年刻

西湖遺事詩一卷　清朱彭撰　清
　　光緒二十一年刻

清波三志三卷　清陳景鐘撰　清莫
　　栻續訂　清光緒二十一年刻

金氏世德紀二卷　清金應麟輯
　　清光緒二十二年刻

照膽臺志畧一卷　清鄒在寅撰
　　清光緒二十二年刻

陳忠肅公墓錄一卷　清孫峻撰
　　清光緒二十一年刻

第二十三集

西湖水利考一卷　清吳農祥撰
　　清光緒二十四年刻

臯亭倡和集一卷　清阮亨輯　清
　　光緒二十三年刻

于公祠墓錄十卷首一卷末一卷　清
　　丁丙撰　清光緒二十六年刻

第二十四集

淳祐臨安志輯逸八卷　宋施諤撰
　　清胡敬輯　清光緒二十六年刻

樊公祠錄二卷　清孫樹禮編　清
　　光緒二十五年刻

武林藏書錄三卷首一卷末一卷　清
　　丁申撰　清光緒二十六年刻

風木盦圖題詠一卷　清丁丙輯

清光緒二十六年刻

武林雜事詩一卷　丁立誠撰　清
　　光緒二十六年刻

第二十五集

杭州上天竺講寺志十五卷　明釋
　　廣賓撰　清光緒二十三年刻

西谿聯吟一卷　清吳祖枚、陳如松
　　撰　清光緒二十四年刻

南宋宮閨雜詠一卷　清趙棻撰
　　清光緒二十三年刻

秦亭山民移居倡和詩一卷　清周
　　三燮輯　清光緒二十四年刻

東城記餘二卷　清楊文杰撰　清
　　光緒二十六年刻

三塘漁唱三卷　清丁丙撰

第二十六集

文瀾閣志二卷首一卷附錄一卷
　　清孫樹禮、孫峻撰　清光緒
　　二十四年刻

北隅綴錄二卷續錄二卷　清丁丙
　　撰　清光緒二十五年刻

北郭詩帳二卷　清丁丙撰

二百九冊　39749-39957

045/At14

1906

海昌叢載三十二種

清羊復禮編

清光緒間海昌羊氏傳卷樓粵東刻本
存六種

容菴遺文鈔一卷存稿鈔一卷　明
　　許令瑜撰　清光緒十三年刻

止谿文鈔一卷詩集鈔一卷　清朱
　　嘉徵撰　清光緒十三年刻

乾初先生文鈔二卷遺詩鈔一卷
　　清陳確撰　清光緒十三年刻
補庵遺稿一卷詩鈔一卷　清陳枚
　　撰　清光緒十三年刻
簡莊文鈔六卷續編二卷河莊詩鈔
　　一卷　清陳鱣撰　清光緒十
　　四年刻
新坂土風一卷　清陳鱣撰　清光
　　緒十八年刻
四冊　35480–35483
046/Dt35

1907

檇李遺書二十六種
　清孫福清編
清光緒四年秀水孫氏望雲仙館刻本
存十六種
　巽隱先生文集一卷　明程本立撰
　紫桃軒雜綴三卷又綴三卷　明李
　　日華撰
　幾亭外書二卷　明陳龍正撰
　　舉業素語一卷
　　家矩一卷
　聖雨齋詩集三卷　明周拱辰撰
　敝帚齋餘談一卷　明沈德符撰
　曝書亭集外詩五卷詞一卷文二卷
　　清朱彝尊撰
　鴛央湖櫂歌二卷　清朱彝尊、譚吉
　　璁撰
　耘業齋續鴛鴦湖櫂歌一卷　清朱
　　麟應撰
　黑蝶齋詞一卷　清沈岸登撰
　耒邊詞二卷　清李符撰
　延露詞三卷　清彭孫遹撰

柘西精舍詞一卷　清沈皥日撰
柚堂續筆談三卷　清盛百二撰
匏廬詩話三卷　清沈濤撰
拙宜園詞二卷　清黃憲清撰
復小齋賦話二卷　清浦銑撰
十六冊　43576–43591
陳 042/Ls42

1908

台州叢書九種
　清宋世犖編
清嘉慶道光間臨海宋氏刻本
存七種
甲集
　廣志繹五卷　明王士性撰　清嘉慶
　　二十二年刻
　石屏詩集十卷　宋戴復古撰　清
　　嘉慶二十二年刻
　見聞隨筆二卷　清馮甦撰　清嘉
　　慶二十一年刻
　文則二卷校語附錄一卷　宋陳騤
　　撰　（校語附錄）清宋世犖
　　撰　清嘉慶二十二年刻
乙集
　嘉定赤城志四十卷　宋陳耆卿撰
　　清嘉慶二十三年刻
　赤城集十八卷　宋林表民輯　清
　　嘉慶二十三年刻
　滇考二卷　清馮甦撰　清道光元
　　年刻
二十冊　42906–42925
陳 045/Cx10

1909

西泠五布衣遺著五種

　清丁丙輯

　清同治光緒間錢塘丁氏當歸草堂刻本

　　臨江鄉人詩四卷　清吳穎芳撰
　　　清同治十年刻

　　硯林詩集四卷　清丁敬撰　清同
　　　治十年刻

　　冬心先生集四卷續集一卷三體詩
　　　一卷自度曲一卷雜著六卷隨
　　　筆一卷　清金農撰　清同治
　　　十年刻續集清光緒九年刻拾
　　　遺自度曲清光緒六年刻雜著
　　　隨筆清光緒四年刻

　　柳洲遺稿二卷　清魏之琇撰　清
　　　同治十一年刻

　　冬花庵燼餘稿三卷　清奚岡撰
　　　清同治十一年刻

　七冊　31794–31800

　420.923/At14

1910

浦城遺書十四種

　清梁章鉅、祝昌泰編

　清嘉慶十六年至十九年浦城祝氏留
　　香室刻道光十四年增刻彙印本

　　武夷新集二十卷附楊文公逸詩文
　　　一卷　宋楊億撰　清嘉慶十
　　　六年刻

　　西崑酬唱集二卷　宋楊億輯　清
　　　嘉慶十六年刻

　　何博士備論一卷　宋何去非撰
　　　清嘉慶十六年刻

　　春渚紀聞十卷　宋何遠撰　清嘉
　　　慶十六年刻

　　忘筌書十卷　宋潘殖撰　清嘉慶
　　　十六年刻

　　詹元善先生遺集二卷　宋詹體仁撰

　　大學集編二卷中庸集編三卷論語
　　　集編十卷孟子集編十四卷
　　　宋真德秀撰

　　西山文鈔八卷　宋真德秀撰　清
　　　嘉慶十六年刻

　　四朝聞見錄五卷　宋葉紹翁撰
　　　清嘉慶十九年刻

　　真山民集一卷　宋真桂芳撰　清
　　　嘉慶十七年刻

　　謝參軍晞髮集十卷晞髮遺集二卷
　　　宋謝翱撰

　　楊仲弘集八卷　元楊載撰

　　春秋四傳私考二卷　明徐浦撰
　　　清嘉慶十六年刻

　　梅莊遺草六卷　清翁白撰　清嘉
　　　慶十七年刻

　三十二冊　46287–46318

　陳046/Dz61

1911

嶺南遺書六集五十九種

　清伍元薇（崇曜）編

　清道光十一年至同治二年南海伍氏粵
　　雅堂文字歡娛室刻光緒三十三
　　年彙印本

　第一集　道光十一年刻

　　雙槐歲鈔十卷　明黃瑜撰

　　廣州人物傳二十四卷　明黃佐撰

　　翰林記二十卷　明黃佐撰

　　革除遺事節本六卷　明黃佐撰

春秋別典十五卷　明薛虞畿撰

百越先賢志四卷　明歐大任撰

第二集　道光二十五年刻

　劉希仁文集一卷　唐劉軻撰

　理學簡言一卷　宋區仕衡撰

　平定交南錄一卷　明丘濬撰

　白沙語要一卷　明陳獻章撰

　甘泉新論一卷　明湛若水撰

　元祐黨籍碑考一卷慶元僞學逆黨

　　籍一卷　明海瑞撰

　疑耀七卷　明張萱撰

　海語三卷　明黃衷撰

　郭給諫疏稿二卷　明郭尚賓撰

　算迪八卷　清何夢瑤撰

　春秋詩話五卷　清勞孝興撰

第三集　道光三十年刻

　崔清獻公集五卷　宋崔與之撰

　崔清獻公言行錄三卷　宋李肖龍輯

　羅浮志十卷　明陳槤撰

　小學古訓一卷　明黃佐撰

　龐氏家訓一卷　明龐尚鵬撰

　昭代經濟言十四卷　明陳子壯撰

　周易爻物當名二卷　明黎遂球撰

　正學續四卷　清陳遇夫撰

　史見二卷　清陳遇夫撰

　迂言百則一卷　清陳遇夫撰

第四集　道光三十年刻

　周易本義注六卷　清胡方撰

　賡和錄二卷　清何夢瑤撰

　救荒備覽四卷附錄二卷　清勞潼撰

　周易畧解八卷附羣經互解一卷算

　　畧一卷　清馮經撰

　周髀算經述一卷　清馮經撰

　粵臺徵雅錄一卷　清羅元煥撰

清陳仲鴻注

　重訂三家詩拾遺十卷　清范家相

　　撰　清葉鈞重訂

第五集　道光三十年刻

　楊議郎著書一卷　漢楊孚撰　清

　　曾釗輯

　異物志一卷　漢楊孚撰　清曾釗輯

　交州記二卷　晉劉欣期撰　清曾

　　釗輯

　始興記一卷　南朝宋王韶之撰

　　清曾釗輯

　潛虛述義四卷附考異一卷　清蘇

　　天木撰

　五山志林八卷　清羅天尺撰

　測天約術一卷　清陳昌齊撰

　呂氏春秋正誤一卷　清陳昌齊撰

　楚詞辨韻一卷　清陳昌齊撰

　袁督師事蹟一卷

　嶺南荔支譜六卷　清吳應逵撰

　南漢紀五卷　清吳蘭修撰

　南漢地理志一卷　清吳蘭修撰

　南漢金石志二卷　清吳蘭修撰

　端溪硯史三卷　清吳蘭修撰

　粵詩蒐逸四卷　清黃子高輯

　春秋古經說二卷　清侯康撰

　穀梁禮證二卷　清侯康撰

　補後漢書藝文志四卷　清侯康撰

　補三國藝文志四卷　清侯康撰

第六集　同治二年刻

　毛詩通考三十卷　清林伯桐撰

　毛詩識小三十卷　清林伯桐撰

　虞書命義和章解一卷　清曾釗撰

　蠡勺編四十卷　清凌揚藻撰

　紀夢編年一卷續編一卷　清釋成

鷟撰

　九十六册　43830–43925

　陳 044/HP10

1912

粵十三家集十三種

　清伍元薇（崇曜）編

　清道光二十年南海伍氏詩雪軒刻本

　　文溪集二十卷首一卷　宋李昴英撰

　　秋曉先生覆瓿集四卷末一卷附錄

　　　一卷　（宋）趙必璟撰

　　九峯先生集三卷首一卷附錄一卷

　　　宋區仕衡撰

　　李駕部前集四卷後集二卷青霞漫稿

　　　一卷附錄一卷　明李時行撰

　　瑤石山人詩稿十六卷　明黎民表撰

　　區太史詩集二十七卷　明區大相撰

　　陳文忠公遺集十一卷　明陳子壯撰

　　蓮鬚閣集二十六卷首一卷　明黎

　　　遂球撰

　　中洲草堂遺集二十三卷首一卷末

　　　一卷　明陳子升撰

　　九谷集六卷　清方殿元撰

　　六瑩堂集九卷二集八卷評詞一卷

　　　附錄一卷　清梁佩蘭撰

　　大樗堂初集十二卷　清王隼撰

　　雲華閣詩畧六卷坡亭詞鈔一卷附

　　　錄一卷　清易宏撰

　　三十二册　44511–44542

　　陳 420.9/HP10

1913

學海堂叢刻十三種

　清□□編

清光緒三年至十二年刻本

存六種　清光緒三年刻

　　石畫記五卷　清阮元撰

　　供冀小言一卷　清林伯桐撰

　　聽松廬詩畧二卷　清張維屏撰

　　續三十五舉一卷　清黃子高撰

　　讀律提綱一卷　清楊榮緒撰

　　桐花閣詞鈔一卷　清吳蘭修撰

　四册　39168–39171

　042/Lx42

氏族類

1914

如皋冒氏叢書三十四種附二種

　冒廣生編

清光緒至民國間如皋冒氏刻本

存

　　香儷園偶存一卷　清冒襄撰

　　寒碧孤吟一卷　清冒襄撰

　　泛雪小草一卷　清冒襄撰

　　集美人名詩一卷　清冒襄撰

　　宣爐歌注一卷　清冒襄撰　清宣

　　　統三年刻

　　岕茶彙鈔一卷　清冒襄撰　民國

　　　九年刻

　　蘭言一卷　清冒襄撰　民國九年刻

　　影梅盦憶語一卷　清冒襄撰　民

　　　國九年刻

　　樸巢詩選一卷文選四卷　清冒襄撰

　　巢民詩集六卷文集七卷　清冒襄

　　　撰　清宣統三年刻

　　鑄錯軒詩茸一卷　清冒褒撰

　　寒碧堂詩茸一卷附錄一卷　清冒

嘉穂撰

枕煙亭詩葺一卷附錄一卷　清冒
丹書撰

婦人集注一卷　清陳維崧撰　清
冒褒注

婦人集補一卷　清冒丹書撰

甚原詩說四卷　清冒春榮撰

前後元夕讌集詩二卷　清冒筐輯

枕干錄一卷附錄一卷　清冒沅輯

永嘉高僧碑傳集八卷附錄一卷補一
卷　冒廣生輯　民國六年刻

鉢池山志六卷志餘一卷　冒廣生撰

疢齋小品　冒廣生撰　民國六年刻

　哥窰譜一卷

　青田石考一卷

　戲言一卷

　莽鏡釋文一卷

謝康樂集拾遺一卷附謝樂康集校
勘記一卷和謝康樂詩一卷
南朝宋謝靈運撰　冒廣生輯
校並和

如皋冒氏詩畧十四卷詞畧一卷
冒廣生輯

冒巢民（襄）徵君年譜一卷補一
卷　冒廣生撰　民國十二
年刻

小三吾亭文甲集一卷詩八卷詞三
卷附一卷　冒廣生撰

冠柳詞一卷　宋王觀撰　冒廣生輯

附五周先生集六種　冒廣生輯

　蟄室詩錄一卷　清周沐潤撰

　訒盦遺稿一卷　清周悅修撰

　傳忠堂學古文一卷　清周星譽撰

　鷗堂賸稿一卷　清周星譽撰

東鷗草堂詞二卷　清周星譽撰

窳横詩质一卷　清周星詒撰

外家紀聞一卷　冒廣生撰

二十二冊　43507-43528

陳 043/Go34

1915

德州田氏叢書十五種

清田雯等撰

清康熙至乾隆間田氏家刻彙印本

存四種

　蒙齋（田雯）年譜一卷續一卷附
補一卷　清田雯撰　清田肇
麗補　清康熙間刻增修

　古歡堂集三十六卷　清田雯撰

　長河志籍考十卷　清田雯撰　清
康熙間刻

　黔書二卷　清田雯撰　清康熙六
十年刻

鈐:陳氏賜書樓珍藏印

十二冊　34030-34041

048/Go18

1916

二程全書六種

宋程顥、程頤撰　宋朱熹編

清同治十年六安涂氏求我齋刻本

　河南程氏遺書二十五卷附錄一卷
宋朱熹輯

　河南程氏外書十二卷　宋朱熹輯

　河南程氏文集十二卷遺文一卷附
錄一卷

　周易程氏傳四卷　宋程頤撰

　河南程氏經說　宋程頤撰

河南程氏粹言二卷　宋楊時訂定
　　宋張栻編次
八册　35619-35626
陳 189.14/Ds34

1917
叢睦汪氏遺書十九種
清汪篪編
清光緒十二年錢唐汪氏長沙刻本
　春星堂詩集十卷　清汪師韓編
　　不繫園集　清汪汝謙撰
　　隨喜盦集　清汪汝謙撰
　　　　　（以上合一卷）
　　綺詠　清汪汝謙撰
　　綺詠續集　清汪汝謙撰
　　　　　（以上合一卷）
　　西湖韻事一卷　清汪汝謙撰
　　夢草　清汪汝謙撰
　　聽雪軒集　清汪汝謙撰
　　遊草　清汪汝謙撰
　　　　　（以上合一卷）
　　閩遊詩紀一卷　清汪汝謙撰
　　松溪集　清汪汝謙撰
　　夢香樓集　清汪汝謙撰
　　　　　（以上合一卷）
　　延芬堂集二卷　清汪鶴孫撰
　　詹詹集一卷　清汪振甲撰
　　重閣齋集一卷　清汪德容撰
　　夕秀齋詩鈔一卷　清汪振甲撰
　春星堂續集十卷　清汪篪編
　　澹園集一卷　清汪師亮撰
　　水亭詩存二卷　清汪賢衢撰
　　硎村集一卷　清汪緒宜撰
　　樸樹廬剩稿一卷　清汪科顯撰

　水菦花館詩鈔二卷　清汪籛撰
　劫餘草一卷　清汪箴撰
　匯香詞一卷　清汪鶴孫撰
　凭隱詩餘一卷　清汪世雋撰
　重閣齋文集二卷　清汪德容撰
　上湖紀歲詩編四卷續編一卷　清
　　汪師韓撰
　上湖分類文編十卷補鈔二卷　清
　　汪師韓撰
　觀象居易傅箋十二卷　清汪師韓撰
　孝經約義一卷　清汪師韓撰
　文選理學權輿八卷補一卷　清汪
　　師韓撰　（補）清孫志祖撰
　孫文志疑十卷　清汪師韓撰
　蘇詩選評箋釋六卷　清汪師韓撰
　談書錄一卷　清汪師韓撰
　詩學纂聞一卷　清汪師韓撰
　韓門綴學五卷續編一卷　清汪師
　　韓撰
　金絲錄一卷　清汪師韓撰
　葉戲原起一卷　清汪師韓撰
　詩序辨正八卷首一卷　清汪大任撰
　遠春樓讀經筆存二卷　清汪科爵撰
　遠春樓四史筆存四卷　清汪科爵撰
　徵信錄二卷　清汪箴撰
三十六册　35916-35951
陳 043/DP71

1918
影山草堂六種
清莫與儔、莫友芝撰
清咸豐至光緒間刻本
　貞定先生選集四卷附錄一卷　清
　　莫與儔撰

唐寫本說文解字木部箋異一卷
　　清莫友芝撰　清同治二年刻
宋元舊本書經眼錄三卷附錄二卷
　　清莫友芝撰　清同治十二年
　　莫繩孫刻
邵亭詩鈔六卷　清莫友芝撰　清
　　咸豐二年遵義湘川講舍刻同
　　治五年莫繩孫修補
邵亭遺詩八卷　清莫友芝撰　清
　　光緒元年莫繩孫刻
邵亭遺文八卷　清莫友芝撰
八冊　37572–37579
048/Gs18

獨撰類

1919
石林遺書十三種
　宋葉夢得撰
清光緒宣統間長沙葉德輝觀古堂刻本
　　石林家訓一卷　清宣統三年刻
　　石林治生家訓要畧一卷　清宣統
　　　三年刻
　　禮記解四卷　清宣統元年刻
　　石林燕語十卷附校一卷　宋宇文
　　　紹奕考異　葉德輝校　清光
　　　緒三十四年刻
　　石林燕語辨十卷　宋汪應辰撰
　　　清光緒三十四年刻
　　玉澗雜書一卷　清宣統元年刻
　　巖下放言三十卷　清光緒三十年刻
　　避暑錄話二卷　清宣統元年刻
　　老子解二卷　清宣統元年刻
　　石林居士建康集八卷　清宣統三

　　年刻
　　石林詩話三卷拾遺一卷附錄一卷
　　　補遺一卷　（拾遺、附錄）清
　　　葉廷琯輯　（補遺）葉德輝
　　　輯　清光緒十四年刻
　　石林詞一卷　清宣統三年刻
　　石林遺事三卷附錄一卷　葉德輝
　　　輯　清宣統三年刻
十四冊　38796–38809
048.5/Gs63

1920
張宣公全集三種
　宋張栻撰
清道光二十九年綿邑洗墨池刻咸豐
　　四年綿邑南軒祠補刻本
　　南軒文集四十四卷
　　南軒先生論語解十卷
　　南軒先生孟子說七卷
鈐：椒復之印
十二冊　38279–38290
435.63/Lx44

1921
北溪先生全集八種
　宋陳淳撰
清光緒七年蒞江鄭圭海種香別業刻本
　　北溪先生講義四卷
　　北溪先生書問四卷
　　北溪先生答問八卷
　　北溪先生各體文三十卷
　　北溪先生各體詩四卷
　　北溪先生字義二卷　宋王雋輯
　　北溪先生外集一卷　宋陳槼輯

北溪先生全集補遺一卷　清連艫
　　聲輯
　鈐:楙復之印
　六册　38770-38775
　435.75/Lx42

1922
文山別集四種
　宋文天祥撰
　清宣統二年東雅社鉛印本
　　指南錄四卷
　　指南後錄三卷附一卷
　　詩史集杜四卷
　　紀年錄一卷附一卷
　四册　37131-37134
　435.81/Cx18

1923
孫文恭公遺書六種
　明孫應鼇撰
　清光緒六年獨山莫氏刻本
　　淮海易譚四卷
　　四書近語六卷
　　教秦緒言一卷
　　幽心瑤草一卷
　　學孔精舍詩鈔六卷
　　補輯雜文一卷附錄一卷
　八册　37321-37326
　048/Ls34

1924
呂新吾全集二十二種
　明呂坤撰
　明萬曆間刻清同治光緒間修補印本

四禮疑五卷喪禮餘言一卷
四禮翼八卷
呂新吾先生閨範圖說四卷　明呂
　坤注
呻吟語六卷
小兒語一演一卷續三卷女小兒語
　一卷
交泰韻一卷
宗約歌一卷
好人歌一卷
黃帝陰符經一卷
反輓歌一卷
新吾呂君墓誌銘一卷
救命書一卷
河工書一卷
省心紀一卷
天日一卷
修城一卷
展城或問一卷
疹科一卷
呂新吾先生去僞齋文集十卷
呂新吾先生實政錄七卷
千古留題一卷
寧陵疾苦條陳一卷
　鈐:安昌毛氏藏書之印　陳氏賜書樓
　　珍藏印
　四十册　36331-36370
　048/Go26

1925
一齋集十五種
　明陳第撰
　明萬曆二十三年至四十五年陳氏會
　　山樓刻清道光二十八年陳斗初

補修彙印本

七世祖一齋公年譜一卷　清陳斗初
　　撰　清道光二十八年陳斗初刻

伏羲圖贊二卷附雜卦傳古音考一
　　卷　明萬曆三十七年刻清道
　　光二十八年陳斗初補修

尚書疏衍四卷　明萬曆四十年刻
　　清道光二十八年陳斗初補修

毛詩古音考四卷附讀詩拙言一卷
　　清道光二十八年陳斗初刻

屈宋古音義三卷　清道光二十八
　　年陳斗初刻

松軒講義一卷　明萬曆二十三年刻
　　清道光二十八年陳斗初補修

意言一卷　明萬曆二十五年刻清
　　道光二十八年陳斗初補修

謬言一卷　明萬曆刻清道光二十
　　八年陳斗初補修

書札爐存一卷　明萬曆二十九年刻
　　清道光二十八年陳斗初補修

薊門塞曲一卷　明萬曆二十九年刻
　　清道光二十八年陳斗初補修

兩粵遊草一卷　明萬曆二十八年刻
　　清道光二十八年陳斗初補修

寄心集六卷　清道光二十八年陳
　　斗初刻

五嶽遊草七卷　清道光二十八年
　　陳斗初刻

薊門兵事二卷　明萬曆三十一年刻
　　清道光二十八年陳斗初補修

一齋陳先生考終錄一卷附雜文
　　一卷　清道光二十八年陳斗
　　初刻

鈐：綝復之印

二十二冊　　36565-36586
048/Lx77

1926

顧端文公遺書十四種附一種
　明顧憲成撰
　清光緒三年涇里宗祠刻本
　　小心齋劄記十八卷
　　東林會約一卷
　　東林商語二卷
　　虞山商語三卷
　　仁文商語一卷
　　南嶽商語一卷
　　經正堂商語一卷
　　志矩堂商語一卷
　　當下繹一卷
　　證性編八卷（原闕徵信或問二卷）
　　還經錄一卷
　　自反錄一卷
　　涇臯藏稿二十二卷
　　顧端文公年譜四卷　明顧與沐撰
　　　清顧樞輯　清顧貞觀補
　　附
　　　小辨齋偶存八卷　明顧允成撰
十六冊　　37864-37879
又一部十八冊　　38146-38163
048/Ds34

1927

少室山房集六十四卷
　明胡應麟撰
　清光緒二十二年廣雅書局刻本（廣
　　雅書局叢書本）
　　少室山房筆叢四十八卷

經籍會通四卷

丹鉛新錄八卷

史書佔畢六卷

藝林學山八卷

九流緒論三卷

四部正譌三卷

三墳補逸二卷

二酉綴遺三卷

華陽博議二卷

莊嶽委談二卷

玉壺遐覽四卷

雙樹幻鈔三卷

詩藪內編六卷外編四卷雜編六卷

十冊　48831-48840

048/BP34

1928

劉子全書二十五種附二種

明劉宗周撰

清道光四年至十五年會稽吳氏刻本

卷首

劉子全書抄述一卷　清董楊撰

卷一至十三

語類十三卷

人譜一卷

讀易圖說

易衍（以上合一卷）

孔孟合璧

五子連珠（以上合一卷）

聖學喫緊三關一卷

人己關

敬肆關

迷悟關

聖學宗要一卷

證學雜解二十五則一卷

原旨七首一卷

說二十四首一卷

問答一卷

學言三卷

證人會約

會講申言

會錄（以上合一卷）

卷十四至二十七

文編十四卷

奏疏五卷

詩文九卷

卷二十八至三十八

經術十一卷

論語學案四卷

古易鈔義三卷

曾子章句一卷

大學古文參疑一卷

大學古記一卷

大學古記約義

大學雜言（以上合一卷）

卷三十九至四十

附錄二種

子劉子行狀一卷　清黃宗羲撰

年譜二卷年譜錄遺一卷　明劉

汋纂

二十四冊　42818-42841

陳 048/Kt34

1929

東谷全集四種

清白胤謙撰

清順治康熙間刻本

存三種

東谷集詩二十卷續刻二卷文八卷
　　續刻四卷　清順治十八年刻
　　歸庸齋詩四卷文四卷　清康熙三
　　　年刻
　　桑榆集詩三卷文三卷　清康熙十
　　　年刻
　　十九册　36447-36466
　　438.1/Ho70

1930

水田居全集七種附一種
　清賀貽孫撰
　清道光至同治間敕書樓刻本
　　易觸七卷　清咸豐二年刻
　　詩觸六卷　清咸豐二年刻
　　水田居文集五卷
　　水田居激書二卷　清咸豐三年刻
　　詩筏一卷　清道光二十六年刻
　　騷筏一卷　清道光二十六年刻
　　水田居存詩三卷　清同治九年刻
　　附
　　　眠雲館詩集一卷　清賀稚圭撰
　　二十二册　35717-35738
　　048/Ls62

1931

重訂楊園先生全集十九種附一種
　清張履祥撰
　清同治十年江蘇書局刻本
　　詩文二十四卷
　　問目一卷
　　願學記三卷
　　讀易筆記一卷
　　讀史

讀史記
讀諸文集偶記
讀許魯齋心法偶記
讀厚語偶記（以上合一卷）
言行見聞錄四卷
經正錄一卷附學規
初學備忘二卷
近鑑一卷
備忘錄四卷
近古錄四卷
訓子語二卷
補農書二卷　明沈□撰　（下卷）
　　清張履祥輯
喪葬雜錄一卷附葬親社約一卷
　　清張履祥輯　（葬親社約）清
　　唐灝儒撰
訓門人語三卷
附
　張楊園先生（履祥）年譜一卷
　　清蘇惇元撰
十六册　36492-36507
048/Lx98

1932

顧亭林先生遺書十種補遺十一種
　清顧炎武撰
　清蓬萊閣刻吳縣朱記榮增刻光緒三
　　十二年彙印本
　　左傳杜解補正三卷
　　九經誤字一卷
　　石經考一卷
　　金石文字記六卷　清潘耒補遺
　　韻補正一卷
　　昌平山水記二卷

諧䚡十事一卷

顧氏譜系考一卷

亭林文集六卷

亭林詩集五卷

補遺　清光緒十一年刻本

顧亭林先生年譜一卷附一卷　清
　　吳映奎輯

山東考古錄一卷

京東考古錄一卷

菰中隨筆不分卷

救文格論一卷

五經同異三卷

亭林餘集一卷

亭林雜錄一卷

聖安紀事二卷　清光緒三十二年刻

同志贈言一卷　清沈岱瞻輯

亭林軼詩一卷

十六冊　46908-46923

048/Ds47

1933

謝程山全書十二種

清謝文洊撰

清光緒十八年謝鏞刻本

謝程山集十八卷首一卷附錄三卷

程山謝明學先生年譜一卷　清謝
　　明謙撰

學庸切己錄二卷

讀易緒言二卷

風雅倫音二卷

左傳濟變錄二卷

養正篇一卷

初學先言二卷

程門主敬錄一卷

大臣法則八卷

兵法類案十三卷

删定大學稽中傳三卷

四十冊　44802-44841

陳 048/Ds38

1934

聰山集四種附一種

清申涵光撰

清康熙間刻渾脫居印本

聰山詩選八卷 清劉佑輯　清康熙
　　間刻

聰山文集三卷　清康熙間刻

荊園進語一卷　清康熙間刻

荊園小語一卷　清康熙十二年刻
附

申鳧盟先生年（涵光）譜畧一
　　卷申鳧盟傳一卷　清申涵
　　煜、申涵盼補輯

四冊　37684-37687

438.21/Gt46

1935

湯文正公全集七種

清湯斌撰

清同治九年蘇廷魁等刻本

存五種

湯子遺書十卷首一卷

湯子遺書續編二卷

潛庵先生擬明史稿二十卷

乾坤兩卦解一卷

洛學編五卷

十二冊　36587-36618

048/Dw43

1936

陸子全書十八種

　清陸隴其撰

　清光緒十六年宗培等刻本

　　三魚堂文集十二卷首一卷

　　三魚堂外集六卷首一卷

　　三魚堂日記十卷首一卷

　　三魚堂賸言十二卷首一卷

　　三魚堂四書講義二十卷首一卷

　　松陽講義十二卷首一卷

　　松陽鈔存二卷首一卷

　　學術辨一卷

　　古文尚書考一卷

　　呻吟語質疑一卷

　　讀禮志疑六卷

　　讀朱隨筆四卷首一卷

　　問學錄四卷首一卷

　　戰國策去毒二卷首一卷

　　禮經會元疏釋四卷首一卷

　　蒞政摘要二卷首一卷

　　治嘉格言一卷

　　蒞嘉遺蹟三卷首一卷　清黃維玉編

　三十六冊　42782–42817

　陳 048/Lp92

1937

榕村全書三十二種附十種

　清李光地撰

　清道光九年安溪李維迪刻本

　存二十九種附十種

　　周易通論四卷

　　周易觀彖十二卷

　　周易觀彖大指二卷

　　詩所八卷

尚書七篇解義二卷

洪範說二卷

春秋毀餘四卷　道光二年刻

孝經全註一卷

古樂經傳五卷

曆象本要一卷

握奇經註一卷

陰符經註一卷

離騷經註一卷九歌註一卷

參同契註一卷

韓子粹言一卷　唐韓愈撰　清李
　光地輯

正蒙註二卷

二程子遺書纂二卷外書纂一卷
　清李光地輯

朱子語類四纂五卷　清李光地輯

朱子禮纂五卷　清李光地輯

性理一卷　清李光地輯

古文精藻二卷　清李光地輯

榕村講授三卷　清李光地輯

榕村韻書五卷

榕村詩選八卷首一卷　清李光地
　輯　清道光二年刻

程墨前選二卷　清李光地輯　清
　道光十年刻

名文前選六卷　清李光地輯　清
　道光十年刻

易義前選五卷　清李光地輯　清
　道光十年刻

榕村語錄三十卷

榕村全集四十卷續集七卷別集五
　卷　續集清道光七年刻

附

　周禮纂訓二十一卷　清李鍾倫撰

經書源流歌訣一卷　清李鍾倫撰

三禮儀制歌訣一卷　清李鍾倫撰

歷代姓系歌訣一卷　清李鍾倫撰

文貞公年譜二卷　清李清植撰

儀禮纂錄二卷　清李清植撰

涮哎存愚二卷　清李清植撰

榕村譜錄合考二卷　清李清馥撰

道南講授十三卷　清李清馥輯

律詩四辨四卷　清李宗文撰

一百十二冊　44315–44426

陳 048/Ao50

1938

楊氏全書八卷

清楊名時撰

清乾隆五十九年江陰葉廷甲水心草

堂刻本

易經劄記三卷

詩經劄記一卷

四書劄記四卷

經書言學指要一卷

大學講義二卷

中庸講義一卷

程功錄四卷

文集十二卷別集六卷附錄二卷

鈐:德福壽安甯署周氏珍藏　三山陳

氏居敬堂圖書

十冊　35058–35067

048/Bw71

1939

飴山全集五種

清趙執信撰

清康熙乾隆間刻彙印本

飴山詩集二十卷　清乾隆十七年

因園刻

飴山文集十二卷附錄一卷　清乾

隆間刻

禮俗權衡二卷　清康熙間刻

聲調前譜一卷後譜一卷續譜一卷

清乾隆間刻

談龍錄一卷　清康熙間刻

十冊　35411–35420

048/BP24

1940

徐位山先生七種

清徐文靖撰

清雍正至乾隆間刻志寧堂彙印本

存六種（缺周易拾遺十四卷）

天下山河兩戒考十四卷圖一卷

清雍正元年刻

禹貢會箋十二卷圖一卷　清乾隆

十八年趙弁刻

竹書紀年統箋十二卷前編一卷雜述

一卷　清乾隆十五年馬陽刻

志寧堂稿四卷　清乾隆間志寧堂刻

管城碩記三十卷　清乾隆九年毛

大鵬刻

經言拾遺十四卷　清乾隆二十年

毛大鵬刻

鈐:寒碧樓姜氏藏書之印　怡亭姜氏

藏書

二十冊　39301–39320

048/Hs38

1941

清芬樓遺稿八種

清任啓運撰

清嘉慶至光緒間刻彙印本

　　清芬樓遺稿四卷　清嘉慶二十二
　　　年刻本

　　尚書章句內篇五卷外篇二卷

　　尚書約注四卷末一卷　清光緒
　　　十二年刻本

　　朝廟宮室考一卷附圖一卷

　　田賦考一卷

　　天子肆獻祼饋食禮纂三卷

　　禮記章句十卷　清光緒二十一年
　　　刻本

　　四書約旨十九卷　清光緒二十一
　　　年刻本

三十二冊　34570–34601

048/HP48

1942

藍鹿洲全集八種附二種

　　清藍鼎元撰

　　清雍正十年刻光緒五年藍謙修補本

　　卷首行述一卷　清朱軾撰

　　鹿洲初集二十卷

　　平臺紀畧一卷

　　東征集六卷

　　鹿洲公案二卷

　　修史試筆二卷

　　棉陽學準五卷

　　女學六卷

　　鹿洲奏疏一卷

　　附

　　　鹿洲藏稿一卷

二十五冊　44757–44781

陳048/Go61

1943

盛于埜遺著（字雲全集）五種

　　清盛大謨撰

　　清同治五年刻本

　　于埜左氏錄二卷

　　國風錄一卷

　　（以上二冊合函　32988–32989
　　　415.2/Ao18）

　　論語聞一卷

　　象居錄一卷

　　鼉墨一卷

　　（以上一冊　32990　417.2/Ao18）

鈐：私立福建協和大學圖書館陳弢庵
　　先生書庫藏

1944

援鶉堂全集二種

　　清姚範撰

　　清嘉慶道光間刻彙印本

　　援鶉堂詩集七卷文集六卷　清嘉
　　　慶十七年刻

　　援鶉堂筆記五十卷刊誤一卷刊誤
　　　補遺一卷　清道光十六年淮
　　　南監摹官署刻

　　　經部

　　　周易一卷

　　　尚書四卷

　　　毛詩一卷

　　　周禮一卷

　　　儀禮一卷

　　　禮記一卷

　　　春秋左傳三卷

　　　春秋公羊傳穀梁傳一卷

　　　論語孝經爾雅孟子一卷附易

林等

史部

史記二卷

漢書十卷

後漢書三卷

三國志三卷

晉書至唐書一卷

五代史至明史一卷

別史傳記一卷

子部

老子莊子荀子呂覽淮南子續編

雜子家一卷

集部

文選三卷

楚辭文心雕龍王阮亭詩選一卷

韓昌黎集二卷

王荆公詩集續編

雜家集一卷

文史談藝一卷

雜識五卷續編一卷

刊誤一卷補遺一卷　清方東
樹撰

十六册　36633-36648

048/Ms70

1945

春融堂集二種附年譜一種

清王昶撰

清嘉慶間青浦王氏塾南書舍刻本

春融堂集六十八卷　清嘉慶十二
年刻

春融堂雜記八種　清嘉慶十三年刻

滇行日錄一卷

征緬紀聞一卷

征緬紀畧一卷

蜀徼紀聞一卷

商洛行程記一卷

雪鴻再錄一卷

使楚叢譚一卷

臺懷隨筆一卷

述庵先生（王昶）年譜二卷　清
嚴榮撰

鈐:閩縣陳氏賜書樓五傳長物

十二册　35880-35891

048/Ao32

1946

戴氏遺書十三種

清戴震撰

清乾隆間曲阜孔氏刻本（微波榭叢
書本）

東原文集十卷

毛鄭詩考正四卷首一卷

杲溪詩經補注二卷

考工記圖二卷

孟子字義疏證三卷

聲韻考四卷

聲類表九卷首一卷

原善三卷

原象一卷

續天文畧二卷

水地記一卷

方言疏證十三卷

水经注校不分卷

鈐:矦官許氏味青齋藏書

二十六册　33994-34019

048/Bw18

1947

李厚岡集七種

　清李榮陞撰

　清嘉慶二十年亘古齋刻本

　　周易篇第三卷首一卷

　　易考二卷續考二卷

　　尚書篇第一卷首一卷

　　書經補篇一卷

　　尚書考六卷

　　四書解細論四卷

　　厚岡詩集四卷文集二十卷

　十六册　32101-32116

　048/Ao44

1948

汪龍莊先生遺書四種

　清汪輝祖撰

　清同治十一年温陵郡齋刻本

　　學治臆說二卷續說一卷說贅一卷

　　佐治藥言一卷續一卷

　　病榻夢痕錄二卷錄餘一卷

　　雙節堂庸訓六卷

　六册　29681-29686

　048/DP66

1949

惜抱軒全集十種

　清姚鼐撰

　清同治五年省心閣刻本

　　惜抱軒文集十六卷文後集十卷詩集

　　　十卷詩後集一卷詩外集一卷

　　惜抱軒法帖題跋三卷

　　左傳補注一卷

　　國語補注一卷

　　公羊傳補注一卷

　　穀梁傳補注一卷

　　惜抱軒筆記八卷

　　惜抱軒九經說十七卷

　　五言今體詩鈔九卷　清姚鼐輯

　　七言今體詩鈔九卷　清姚鼐輯

　鈐:其見室藏書印　秋坡曾觀　東冶

　　謝大

　十六册　36868-36883

　048/Ms99

1950

亦園亭全集五種

　清孟超然撰

　清嘉慶二十年刻本

　　孟氏八錄

　　　焚香錄一卷

　　　求復錄四卷

　　　晚聞錄一卷

　　　廣愛錄一卷

　　　家誡錄二卷

　　　瓜棚避暑錄二卷

　　　誠是錄一卷

　　　喪禮輯畧一卷

　　使粵日記二卷

　　使蜀日記五卷

　　瓶菴居士詩鈔四卷

　　瓶菴居士文鈔四卷

　鈐:福建鼇峯書院藏書　楸復之印

　二十册　32868-32887

　048.8/Lo22

1951

崔東壁遺書十四種

清崔述撰

清光緒五年定州王氏謙德堂刻本（畿
　輔叢書本）

　考信錄提要二卷

　補上古考信錄二卷

　唐虞考信錄四卷

　夏考信錄二卷

　商考信錄二卷

　豐鎬考信錄八卷

　豐鎬考信別錄三卷

　洙泗考信錄四卷

　洙泗考信餘錄三卷

　孟子事實錄二卷

　考信附錄二卷

　考古續說二卷

　讀風偶識四卷

　五服異同彙考三卷

十四冊　36756–36769

048/FP18

1952

梁月山遺書五種

清梁彡撰

清道光二十八年梁氏近思齋家刻本

　首一卷

　四書題說二卷

　正念齋語二卷

　近思齋答問一卷

　近思齋書牘一卷

　近思齋雜著一卷

　末一卷

四冊　29673–29676

048/Ds47

1953

授堂遺書七種附二種

清武億撰

清道光二十三年武穆淳刻本

　經讀考異八卷補一卷句讀叙述二
　　卷補一卷附翟晴江四書考異
　　內句讀一卷

　羣經義證八卷

　三禮義證十二卷

　金石一跋四卷二跋四卷三跋二卷

　授堂金石文字續跋十四卷

　授堂文鈔八卷續集二卷

　授堂詩鈔八卷

　附

　　讀畫山房文鈔二卷　清武穆淳撰

　　授堂遺書附錄二卷　清武穆淳輯

八冊　37095–37102

048/Bs74

1954

洪北江全集二十一種

清洪亮吉撰

清光緒三年至五年洪用懃授經堂刻本

　洪北江先生年譜一卷　清呂培等
　　撰　清光緒三年刻

　卷施閣文甲集十卷續一卷補遺一
　　卷乙集八卷續編一卷詩二十
　　卷　清光緒三年刻五年續刻

　更生齋文甲集四卷乙集四卷續集
　　二卷詩八卷續集十卷附鮚軒
　　詩八卷　清光緒三年刻四年
　　續刻

　更生齋詩餘二卷　清光緒三年刻

　　冰天雪窖詞一卷

機聲鐙影詞一卷

擬兩晉南北史樂府二卷附鮚軒外
　　集唐宋小樂府一卷　清光緒
　　三年刻四年續刻

北江詩話六卷　清光緒三年刻

曉讀書齋初錄二卷二錄二卷三錄二
　　卷四錄二卷　清光緒三年刻

傳經表二卷通經表二卷　清光緒
　　五年刻

六書轉注錄十卷　清光緒四年刻

弟子職箋釋一卷　清光緒三年刻

史目表二卷　清洪飴孫編　清光
　　緒三年刻

春秋左傳詁二十卷　清光緒四年刻

漢魏音四卷　清光緒三年刻

比雅十卷　清光緒五年刻

乾隆府廳州縣圖志五十卷　清光
　　緒五年刻

補三國疆域志二卷　清光緒四年刻

東晉疆域志四卷　清光緒四年刻

十六國疆域志十六卷　清光緒四
　　年刻

遣戍伊犁日記一卷　清光緒三年刻

天山客話一卷　清光緒三年刻

外家紀聞一卷　清光緒三年刻

六十冊　44443–44510

陳 048/Ds30

1955

澹靜齋全集五種

　清龔景瀚撰

清道光六年閩縣龔氏恩賜堂刻本

　　澹靜齋詩鈔六卷文鈔六卷文鈔外
　　　篇二卷

祭儀考四卷

澹靜齋說裸一卷圖一卷

邶風說二卷

離騷箋二卷

十二冊　37077–37088

048/Ds64

1956

吳氏遺著三種附錄一卷

　清吳夌雲撰

清光緒十七年廣雅書局刻本（廣雅
　　書局叢書本）

　　經說三卷

　　小學說一卷

　　廣韻說一卷

　　附錄一卷　清王宗涑撰

二冊　49195–49196

410.4/Gs18

又一部一冊　35562

049.8/Gs18

1957

劉氏遺書八種

　清劉台拱撰

清光緒十五年廣雅書局刻本（廣雅
　　書局叢書本）

　　論語駢枝一卷

　　經傳小記一卷

　　國語補校一卷

　　荀子補注一卷

　　淮南子補校一卷

　　方言補校一卷

　　漢學拾遺一卷

　　文集一卷

二册　35547-35548

又一部二册　49193-49194

049.8/Kt01

1958

犢山類稿五種

　清周鎬撰

　清嘉慶二十二年啓秀堂刻本

　存四種

　　課易存商一卷

　　讀書雜記一卷

　　隨筆雜記一卷

　　犢山詩稿四卷

　四册　35439-35442

048/Ho72

1959

獨學廬全稿十種

　清石韞玉撰

　清乾隆至道光間刻本

　　獨學廬初稿詩八卷文三卷

　　讀左巵言一卷

　　漢書刊誤一卷

　　獨學廬二稿詩三卷文三卷花韻庵

　　　詩餘一卷花間樂府一卷外集

　　　一卷微波詞四卷

　　守渝公牘一卷

　　獨學廬三稿文五卷晚香樓集六卷

　　獨學廬四稿文五卷詩池上集四卷

　　獨學廬五稿文三卷補遺一卷詩燕

　　　居集五卷

　　讀論質疑一卷

　　多識錄九卷

　十六册　32205-32220

438.49/Ao92

1960

惕園全集十一種

　清陳庚煥撰

　清咸豐元年有有齋刻本

　　首一卷

　　惕園初稿十六卷

　　惕園外稿一卷

　　惕園詩稿二卷

　　書札僅存二卷

　　莊嶽談二卷

　　童子撦談一卷

　　謬言意言附識一卷

　　日記僅存一卷

　　故紙隨筆一卷

　　約語追記一卷

　　約語補錄一卷

　鈐:陳氏賜書樓珍藏印

　十册　37491-37500

438.69/Lx34

1961

郝氏遺書三十三種

　清郝懿行撰

　清嘉慶至光緒間刻彙印本

　存三十二種（缺晉宋書故一卷）

　　易說十二卷便錄一卷　清光緒八

　　　年東路廳署刻

　　書說二卷　清光緒八年東路廳署刻

　　汲冢周書輯要一卷逸書一卷　清

　　　光緒八年東路廳署刻

　　禮記箋四十九卷　清光緒八年東

　　　路廳署刻

春秋說署十二卷　清道光七年趙
　　銘彝刻
春秋比二卷　清道光七年趙銘彝刻
爾雅郭注義疏十九卷　清同治四
　　年郝聯薇刻
山海經箋疏十八卷圖讚一卷訂譌
　　一卷叙錄一卷　清嘉慶十四
　　年儀徵阮元刻
竹書紀年校正十四卷通考一卷
　　清光緒五年東路廳署刻
荀子補注二卷
補宋書刑法志一卷
補宋書食貨志一卷
宋瑣語不分卷
寶訓八卷　清光緒五年東路廳署刻
蜂衙小記一卷　清光緒五年東路
　　廳署刻
晏子春秋一卷　清光緒五年東路
　　廳署刻
記海錯一卷　清光緒五年東路廳
　　署刻
詩說二卷　清光緒八年東路廳署刻
詩經拾遺一卷　清光緒八年東路
　　廳署刻
詩問七卷　清光緒八年東路廳署刻
列女傳補注八卷叙錄一卷校正一
　　卷　清王照圓撰
列仙傳校正本二卷讚一卷　題漢
　　劉向撰　清王照圓校
夢書一卷　清王照圓輯
證俗文十九卷　清光緒十年東路
　　廳署刻
曬書堂文集十二卷外集二卷別集一
　　卷　清光緒十年東路廳署刻

曬書堂閨中文存一卷　清王照圓
　　撰　清光緒十年東路廳署刻
曬書堂筆記二卷　清光緒十年東
　　路廳署刻
曬書堂時文一卷　清光緒十年東
　　路廳署刻
曬書堂筆錄六卷　清光緒十年東
　　路廳署刻
曬書堂詩鈔二卷試帖一卷詩餘一
　　卷　清光緒十年東路廳署刻
和鳴集一卷　清郝懿行、清王照
　　圓撰
梅叟閒評四卷　清郝培元撰　清
　　郝懿行注　清光緒十年東路
　　廳署刻
鈐:湘潭黎氏求補拙齋正藏書籍金石
　　文字之印
八十一冊　45574–45654
陳 048/Bu24

1962
方植之全集十四種
清方東樹撰
清光緒間刻本
　　方植之先生年譜一卷　清鄭福照
　　　　撰　清光緒十五年刻
　　待廬遺集文一卷詩二卷　清方澤
　　　　撰　清光緒十五年刻
　　鶴鳴集六卷　清方績撰　清光緒
　　　　十五年刻
　　考槃集文錄十二卷半字集二卷考
　　　　槃集三卷王餘集一卷儀衛軒
　　　　遺詩二卷　清光緒十五至二
　　　　十年刻

書林揚觶二卷　清光緒十七年刻
漢學商兌三卷　清光緒十七年刻
陶詩附考一卷解招魂一卷　清光
　　緒十六年刻
跋南雷文定一卷　清光緒十六年刻
山天衣聞一卷　清光緒十五年刻
進修譜一卷
未能錄二卷　清光緒十六年刻
大意尊聞三卷　清光緒十六年刻
向果微言二卷述恉一卷　清光緒
　　十六年刻
昭昧詹言十卷續八卷續錄二卷
　　清光緒十七年刻
三十二册　44709-44740

043/Cy18

1963
竹柏山房家刻十五種附刻四種
　清林春溥撰
　清嘉慶至咸豐間竹柏山房刻本
　　開闢傳疑二卷　清道光十五年刻
　　古史紀年十四　清道光十七年刻
　　古史考年異同表二卷後說一卷
　　　　清道光十八年刻
　　武王克殷日記一卷　清道光十五
　　　　年刻
　　滅國五十考一卷
　　春秋經傳比事二十二卷　清咸豐
　　　　元年刻
　　戰國紀年六卷地輿一卷年表一卷
　　　　清道光十八年刻
　　竹書紀年補證四卷本末一卷後案
　　　　一卷　清道光二十年刻
　　孔門師弟年表一卷後說一卷孟子

時事年表一卷後說一卷　清
　　嘉慶二十一年刻
孔子世家補訂一卷　清道光十四
　　年刻
孟子列傳纂一卷　清道光十四年刻
孟子外書補證一卷附考一卷　清
　　咸豐四年刻
四書拾遺六卷　清道光十四年刻
古書拾遺四卷　清咸豐三年刻
開卷偶得十卷　清道光二十九年刻
附刻四種
　宜罍識字二卷　清嘉慶二十二年刻
　識字續編一卷　清道光十六年刻
　論世約編七卷　清嘉慶十八年刻
　閒居雜錄二卷　清咸豐四年刻
四十册　42551-42590

陳 048/Bx11

1964
安吳四種
　清包世臣撰
　清同治十一年包誠注經堂刻本
　　中衢一勺三卷附錄四卷　清包世
　　　　榮、包慎言注
　　藝舟雙楫六卷附錄三卷
　　管情三義賦三卷詩三卷詞一卷濁
　　　　泉編一卷
　　齊民四術農三卷禮三卷刑二卷兵
　　　　四卷
　鈐：棫復之印
　十六册　37353-37368

048/Hz10

1965
二思堂叢書六種

清梁章鉅撰

清同治十二年至光緒元年福州梁氏
　　刻本

　　退盦自訂年譜一卷

　　退盦隨筆二十二卷

　　南省公餘錄八卷

　　古格言十二卷　清梁章鉅輯

　　閩川閨秀詩話四卷

　　農候雜占四卷　清同治十二年刻本

　十六册　44427-44442

　陳 048/Ds35

1966

棣懷堂隨筆七種附二種

　清李象鶤撰

　清同治十三年刻本

　　首一卷

　　春明雜著一卷

　　上谷存牘一卷

　　中州存牘一卷

　　里居雜著一卷

　　虔南存牘二卷

　　黔臬存牘二卷

　　黔藩存牘三卷

　　附

　　　雙團氏同館賦鈔一卷詩鈔一卷

　　　周夢巖同館賦鈔一卷詩鈔一卷

　　　　清周作楫撰

　　末一卷

　八册　34702-34709

　446/Ao78

1967

蛾術堂集十四種

清沈豫撰

清道光間蕭山沈氏漢讀齋刻本

　　皇清經解淵源錄一卷外編一卷

　　　清道光二十七年刻

　　皇清經解提要二卷續編一卷　清

　　　道光二十七年刻

　　羣書提要一卷

　　讀經如面一卷

　　讀易寡過一卷

　　周官識小一卷

　　左官異禮畧一卷

　　羣書雜義一卷

　　袁浦札記一卷

　　讀史雜記一卷

　　秋陰雜記一卷

　　仿今言一卷

　　芙村文鈔二卷

　　芙村學吟七卷

　鈐:綝復之印

　四册　31986-31989

　048/Dz98

1968

中復堂全集九種附一種

　清姚瑩撰

　清道光間刻本

　存七種

　　東溟文集六卷外集四卷文後集十

　　　四卷文外集二卷

　　後湘詩集九卷二集五卷續集七卷

　　東溟奏稿四卷

　　識小錄八卷

　　寸陰叢錄四卷

康輶紀行十六卷

姚氏先德傳六卷

二十四冊　37459-37482

048/Ms44

1969

古均閣遺著二種

　清許槤撰

　清光緒十四年許頌鼎刻本

　　讀說文記一卷

　　古均閣文一卷詩一卷

　鈐：味青齋藏書

　一冊　32936

　883.8/Du28

1970

彭文敬公集五種

　清彭蘊章撰

　清道光至同治間刻同治間彙印本

　存三種（老學葊讀書記已另編）

　　松風閣詩鈔二十六卷　清同治間刻

　　歸樸龕叢稿十二卷續編四卷　清
　　道光刻咸豐七年增修

　　詒穀老人手訂年譜一卷　清同治
　　間刻

　十三冊　33033-33045

　438.67/Bw62

1971

榕園全集五種

　清李彥章撰

　清道光二十年李以烜刻本

　　榕園文鈔六卷

　　榕園詩鈔十六卷

潤經堂自治官書六卷

江南催耕課稻編一卷

榕園識字編一卷

十六冊　35180-35195

陳 048.8/Ao37

1972

義停山館集六種

　清王景賢撰

　清同治十三年三山王氏刻本

　　周易玩辭一卷

　　論語述注十六卷

　　性學圖說一卷

　　困學瑣言一卷

　　牧民贅語一卷

　　伊園文鈔四卷詩鈔三卷

　八冊　35139-35146

　048/Ao64

1973

新化鄒氏敩藝齋遺書五種

　清鄒漢勳撰

　清光緒四年攸縣龍汝霖南昌刻本

　　讀書偶識八卷

　　五韻論二卷

　　顓頊麻考二卷

　　文集三卷詩一卷

　　紅崖刻石釋文一卷

　六冊　36827-36832

　048/Hu44

1974

京塵雜錄四種

　清蕆珠舊史（楊懋建）撰

清光緒十二年上海同文書局石印本

　　長安看花記一卷

　　辛壬癸甲錄一卷

　　丁年玉筍志一卷

　　夢華瑣簿一卷

　　二冊　33492-33493

　　490.3/Bw55

1975

羅忠節公遺集（羅山遺集）八種

　清羅澤南撰

　清咸豐同治間刻本

　　羅忠節公遺集八卷

　　人極衍義一卷　清咸豐九年刻

　　周易附說一卷　清咸豐九年刻

　　西銘講義一卷　清咸豐七年刻

　　姚江學辨二卷　清咸豐九年刻

　　讀孟子劄記二卷　清咸豐九年刻

　　小學韻語一卷　清咸豐六年刻

　　羅忠節公年譜二卷　清同治間刻

　　十冊　35267-35276

　　048/GP46

1976

覆瓿集十三種附一種

　清張文虎撰

　清同治光緒間刻本

　　舒藝室隨筆六卷續筆一卷餘集三

　　　卷　清同治十三年金陵冶城

　　　賓館刻續筆光緒五年刻餘筆

　　　光緒七年刻

　　舒藝室雜著甲編二卷乙編二卷賸

　　　稿一卷　清光緒五年刻賸稿

　　　光緒七年刻

舒藝室詩存七卷索笑詞二卷　清

　　光緒七年刻

鼠壤餘蔬一卷　清光緒十三年刻

舒藝室詩續存一卷　清光緒十三

　　年刻

舒藝室尺牘偶存一卷　清光緒十

　　五年刻

湖樓校書記一卷餘記一卷　題清

　　華谷里民（張文虎）撰　清

　　光緒十五年金山錢銘璧等刻

西泠續記一卷　題清華谷里民（張

　　文虎）撰　清光緒十五年金

　　山錢銘璧等刻

蓮龕尋夢記一卷　題清華谷里民

　　（張文虎）撰　清光緒十五

　　年金山錢銘璧等刻

夢因錄一卷　題清華谷里民（張

　　文虎）撰　清光緒十三年金

　　山錢銘璧等刻

撰聯偶記一卷　題清天目山樵

　　（張文虎）撰　清光緒十九

　　年南匯張鑫刻

懷舊襍記三卷　清光緒十九年南

　　匯張鑫刻

舒藝室雜存　題清天目山樵（張

　　文虎）撰　清光緒十三年刻

　　十五年彙印

　　牧篴餘聲一卷

　　庼辭偶存一卷

　　俗語集對一卷

　　記夢四則一卷

附

　　州判銜候選訓導張先生行狀

　　十二冊　35092-35103

048/Lx38

1977

番禺陳氏東塾叢書十種附一種

清陳澧撰

清咸豐至光緒間刻彙印本

漢儒通義七卷　清陳澧輯　清咸

豐八年刻

聲律通考十卷　清咸豐十年刻

切韻考六卷外篇三卷　清光緒八

年刻

漢書地理志水道圖說七卷

附

考正德清胡氏禹貢圖一卷　清陳

宗誼撰　清同治二年刻本

摹印述一卷

水經注西南諸水考三卷

三統術詳說三卷

弧三角平視法一卷

朱子語類日抄五卷

東塾讀書記二十二卷

鈐:陳氏賜書樓珍藏印

十六冊　43250-43265

陳 048/Lx42

1978

東塾遺書四種

清陳澧撰

清光緒間廣雅書局刻本（廣雅書局

叢書本）

水經注西南諸水考三卷

弧三角平視法一卷

摹印述一卷

三統術詳說四卷

二冊　49188-49189

049.8/Lx42

1979

左文襄公全集七種附二種

清左宗棠撰

清光緒間刻本

存七種　附二種另編

左文襄公奏稿六十四卷　清光緒

十六年刻

左文襄公書牘二十六卷說帖一卷

清光緒十八年刻

左文襄公批札七卷　清光緒十八

年刻

左文襄公咨札一卷告示一卷

左文襄公謝摺二卷

左文襄公文集五卷詩集一卷聯語

一卷　清光緒十八年刻

左文襄公（宗棠）年譜十卷　清

光緒二十三年刻

一百十四冊　36081-36194

048/Ao38

1980

經德堂全集六種

清龍啓瑞撰

清光緒四年至七年龍繼棟京師刻本

存五種（缺經籍舉要一卷）

經德堂文内集四卷外集二卷別集

二卷　清光緒四年刻

浣月山房詩集五卷（内集三卷別

集一卷外集一卷）漢南春柳

詞一卷附梅神吟館詩草一卷

（附）清何慧生撰　清光緒

四年刻

爾雅經註三卷附音釋一卷　晉郭
　　璞注（音釋）龍啓瑞輯
　　清光緒七年刻
爾雅經註集證三卷　清光緒七年刻
惜抱軒漢書評點一卷　清姚鼐撰
　　清龍啓瑞輯
六册　32037-32042
048/Dp88

1981
郭氏叢刻十三種
清郭柏蒼撰
清光緒間刻本
　補蕉山館詩二卷　清光緒七年刻
　鄂跗草堂詩二卷　清光緒八年刻
　三峯草廬詩二卷　清光緒九年刻
　沁泉山館詩二卷　清光緒十年刻
　柳湄小榭詩二卷　清光緒十一年刻
　葭柎草堂集三卷續一卷　清光緒
　　十二年刻
　竹間十日話六卷　清光緒十二年刻
　海錯百一錄五卷　清光緒十二年刻
　閩産錄異六卷　清光緒十二年刻
　七月漫錄二卷　清光緒十三年刻
　左傳臆說十九條一卷　清光緒十
　　三年刻
　閩中郭氏支派大畧一卷　清光緒
　　十四年刻
　我私錄一卷　清光緒十四年刻
十六册　36281-36296
048/Du22

1982
賭棋山莊全集八種

清謝章鋌撰
清光緒至民國間增刻彙印本
存六種（東嵐謝氏明詩畧、勸學淺語
　　二種另編，全書實未缺帙）
　賭棋山莊集文七卷文續二卷文又續
　　二卷詩十四卷酒邊詞八卷
　　清光緒十年閩縣陳寶琛南昌
　　使廨刻文續十八年刻文又續
　　二十四年刻詩十四年刻酒邊
　　詞十五年福州刻
　賭棋山莊餘集文三卷詩一卷詞一
　　卷　民國十四年沈丹元刻
　賭棋山莊集詞話十二卷續編五卷
　　清光緒十年陳寶璐刻
　說文閩音通一卷附錄一卷　清光
　　緒三十年陳寶璐刻
　賭棋山莊筆記　清光緒二十七年刻
　　圍爐瑣憶一卷
　　籐陰客贅一卷
　　稗販雜錄四卷
　　課餘偶錄四卷續錄五卷　清光
　　緒二十四年刻續錄二十六
　　年刻
　賭棋山莊八十壽言一卷　清光緒
　　二十八年福州刻
三十册　37744-37773
048.8/Ds35

1983
淡園全集四種
清馬徵麐撰
清光緒間馬氏思古書堂刻本
舊題大衍筮法直解

存三種　（淡園文集另編）

　　大衍筮法直解一卷

　　仙源礦士參語一卷

　　夏小正箋疏四卷

　　鈐:私立福建協和大學圖書館陳弢庵

　　　先生書庫藏

　　一册　28039

　　221.2/As78

1984

春在堂全書三十四種

清俞樾撰

清同治光緒間刻本

　　羣經平議三十五卷

　　　周易平議二卷

　　　尚書平議四卷

　　　周書平議一卷

　　　毛詩平議四卷

　　　周禮平議二卷

　　　考工記世室重屋明堂考一卷

　　　儀禮平議二卷

　　　大戴禮記平議二卷

　　　小戴禮記平議四卷

　　　春秋公羊傳平議一卷

　　　春秋穀梁傳平議一卷

　　　春秋左傳平議三卷

　　　春秋外傳國語平議二卷

　　　論語平議二卷

　　　孟子平議二卷

　　　爾雅平議二卷

　　諸子平議三十五卷

　　　管子平議六卷

　　　晏子春秋平議一卷

　　　老子平議一卷

　　　墨子平議三卷

　　　荀子平議四卷

　　　列子平議一卷

　　　莊子平議三卷

　　　商子平議一卷

　　　韓非子平議一卷

　　　呂氏春秋平議三卷

　　　春秋繁露平議二卷

　　　賈子平議二卷

　　　淮南内篇平議四卷

　　　揚子太玄平議一卷

　　　揚子法言平議二卷

　　第一樓叢書三十卷

　　　易貫五卷

　　　玩易篇一卷

　　　論語小言一卷

　　　春秋名字解詁補義一卷

　　　古書疑義舉例七卷

　　　兒笘錄四卷

　　　讀書餘錄二卷

　　　詁經精舍自課文二卷

　　　湖樓筆談七卷

　　曲園雜纂五十卷

　　　艮宧易說一卷

　　　達齋書說一卷

　　　達齋詩說一卷

　　　達齋春秋論一卷

　　　達齋叢說一卷

　　　荀子詩說一卷

　　　何劭公論語義一卷

　　　士昏禮對席圖一卷

　　　樂記異文考一卷

　　　生霸死霸考一卷

　　　春秋歲星考一卷

卦氣直日考一卷

七十二候考一卷

左傳古本分年考一卷

春秋人地名對一卷

邵易補原一卷

讀韓詩外傳一卷

讀吳越春秋一卷

讀越絕書一卷

讀鶡冠子一卷

讀鹽鐵論一卷

讀潛夫論一卷

讀論衡一卷

讀中論一卷

讀抱朴子一卷

讀文中子一卷

改吳一卷

說項一卷

正毛一卷

評袁一卷

通李一卷

議郎一卷

訂胡一卷

日知錄小箋一卷

苓子一卷

小繁露一卷

韻雅一卷

小浮梅閒話一卷

續五九枝譚一卷

閩行日記一卷

吳中唱和詩一卷

梵珠一卷

百空曲一卷

十二月花神議一卷

銀瓶徵一卷

吳絳雪（宗愛）年譜一卷

五行占一卷

集千字文詩一卷

隱書一卷

老圓一卷

俞樓雜纂五十卷

易窮通變化論一卷

周易互體徵一卷

八卦方位說一卷

卦氣續考一卷

詩名物證古一卷

禮記鄭讀考一卷

禮記異文箋一卷

鄭君駁正三禮考一卷

九族考一卷

玉佩考一卷

喪服私論一卷

左傳連珠一卷

論語鄭義一卷

續論語駢枝一卷

論語古注擇從一卷

孟子古注擇從一卷

孟子高氏學一卷

孟子繢義內外篇一卷

四書辨疑辨一卷

羣經賸義一卷

讀文子一卷

讀公孫龍子一卷

讀山海經一卷

讀楚辭一卷

讀漢碑一卷

讀昌黎先生集一卷

讀王觀國學林一卷

讀王氏稗疏一卷

莊子人名考一卷

楚辭人名考一卷

駢隷一卷

讀隷輯詞一卷

廣雅釋詁疏證拾遺一卷

著書餘料一卷

佚文一卷

佚詩一卷

銘篇一卷

玉堂舊課一卷

廣楊園近鑑一卷

壺東漫錄一卷

百哀篇一卷

詠物二十一首一卷

五五一卷

枕上三字訣一卷

廢醫論一卷

九宮衍數一卷

金剛經訂義一卷

一笑一卷

說俞一卷

俞樓經始一卷

賓萌集六卷外集四卷

春在堂雜文二卷續編五卷三編四
　　　卷四編八卷五編八卷六編十
　　　卷補遺六卷

春在堂詩編二十三卷詞錄三卷

春在堂隨筆十卷

春在堂尺牘六卷

楹聯錄存五卷附錄一卷

四書文一卷

右台仙館筆記十六卷

茶香室叢鈔二十三卷續鈔二十五卷
　　　三鈔二十九卷四鈔二十九卷

茶香室經說十六卷

經課續編八卷

九九銷夏錄十四卷

金剛般若波羅蜜經注二卷

太上感應篇纘義二卷

遊藝錄六卷

小蓬萊謠一卷

袖中書二卷

東瀛詩記二卷　清俞樾輯

東海投桃集一卷　清俞樾輯

慧福樓幸草一卷　清俞繡孫撰

曲園自述詩一卷補一卷

曲園墨戲一卷

曲園三耍一卷

　八卦葉子格

　三才中和牌譜

　勝遊圖

瓊英小錄一卷

春在堂全書錄要一卷

春在堂全書校勘記一卷　清蔡啓
　　　盛撰

春在堂傳奇二種

　驪山傳一卷

　梓潼傳一卷

新定牙牌數一卷

春在堂輗言一卷　清□□輯

一百六十冊　42391-42550

陳 048/Ht27

1985

春在堂全書三十四種（殘）

　清俞樾撰

　清同治光緒間刻本

　存

羣經平議三十五卷

　周易平議二卷

　尚書平議四卷

　周書平議一卷

　毛詩平議四卷

　周禮平議二卷

　考工記世室重屋明堂考一卷

　儀禮平議二卷

　大戴禮記平議二卷

　小戴禮記平議四卷

　春秋公羊傳平議一卷

　春秋穀梁傳平議一卷

　春秋左傳平議三卷

　春秋外傳國語平議二卷

　論語平議二卷

　孟子平議二卷

　爾雅平議二卷

諸子平議三十五卷

　管子平議六卷

　晏子春秋平議一卷

　老子平議一卷

　墨子平議三卷

　荀子平議四卷

　列子平議一卷

　莊子平議三卷

　商子平議一卷

　韓非子平議一卷

　呂氏春秋平議三卷

　春秋繁露平議二卷

　賈子平議二卷

　淮南内篇平議四卷

　揚子太玄平議一卷

　揚子法言平議二卷

第一樓叢書三十卷

易貫五卷

玩易篇一卷

論語小言一卷

春秋名字解詁補義一卷

古書疑義舉例七卷

兒笘錄四卷

讀書餘錄二卷

詁經精舍自課文二卷

湖樓筆談七卷

曲園雜纂五十卷

　艮宧易說一卷

　達齋書說一卷

　達齋詩說一卷

　達齋春秋論一卷

　達齋叢說一卷

　荀子詩說一卷

　何劭公論語義一卷

　士昏禮對席圖一卷

　樂記異文考一卷

　生霸死霸考一卷

　春秋歲星考一卷

　卦氣直日考一卷

　七十二候考一卷

　左傳古本分年考一卷

　春秋人地名對一卷

　邵易補原一卷

　讀韓詩外傳一卷

　讀吳越春秋一卷

　讀越絕書一卷

　讀鶡冠子一卷

　讀鹽鐵論一卷

　讀潛夫論一卷

　讀論衡一卷

　讀中論一卷

讀抱朴子一卷

讀文中子一卷

改吳一卷

說項一卷

正毛一卷

評袁一卷

通李一卷

議郎一卷

訂胡一卷

日知錄小箋一卷

苓子一卷

小繁露一卷

韻雅一卷

小浮梅閒話一卷

續五九枝譚一卷

閩行日記一卷

吳中唱和詩一卷

梵珠一卷

百空曲一卷

十二月花神議一卷

銀瓶徵一卷

吳絳雪（宗愛）年譜一卷

五行占一卷

集千字文詩一卷

隱書一卷

老圓一卷

俞樓雜纂五十卷

易窮通變化論一卷

周易互體徵一卷

八卦方位說一卷

卦氣續考一卷

詩名物證古一卷

禮記鄭讀考一卷

禮記異文箋一卷

鄭君駁正三禮考一卷

九族考一卷

玉佩考一卷

喪服私論一卷

左傳連珠一卷

論語鄭義一卷

續論語駢枝一卷

論語古注擇從一卷

孟子高氏學一卷

孟子續義內外篇一卷

四書辨疑辨一卷

羣經賸義一卷

讀文子一卷

讀公孫龍子一卷

讀山海經一卷

讀楚辭一卷

讀漢碑一卷

讀昌黎先生集一卷

讀王觀國學林一卷

讀王氏稗疏一卷

莊子人名考一卷

楚辭人名考一卷

駢隸一卷

讀隸輯詞一卷

廣雅釋詁疏證拾遺一卷

著書餘料一卷

佚文一卷

佚詩一卷

銘篇一卷

玉堂舊課一卷

廣楊園近鑑一卷

壺東漫錄一卷

百哀篇一卷

詠物二十一首一卷

五五一卷

枕上三字訣一卷

廢醫論一卷

九宮衍數一卷

金剛經訂義一卷

一笑一卷

說俞一卷

俞樓經始一卷

賓萌集六卷外集四卷

春在堂雜文二卷續編五卷三編四
　卷（缺四五六編及補遺）

春在堂詩編二十三卷詞錄三卷
　（缺詩編卷十至二十三）

春在堂隨筆十卷（缺卷九、十）

春在堂尺牘六卷（缺卷六）

楹聯錄存五卷附錄一卷（缺附錄）

四書文一卷

右台仙館筆記十六卷

太上感應篇續義二卷

遊藝錄六卷

袖中書二卷

慧福樓幸草一卷　清俞繡孫撰

春在堂全書錄要一卷

六十六冊　44182–44197

陳 48/Ht27

1986

屺雲樓集五種

清劉存仁撰

清咸豐同治間刻本

存三種

　勤學翏言四卷　清咸豐四年福州刻

　詩經口義二卷　清同治元年渭源刻

　屺雲樓詩選初集八卷二集四卷三

集十二卷附影春園詞一卷
　二集清咸豐三年福州刻

七冊　35287–35298

438.6/Kt12

1987

求益齋全集五種

清强汝詢撰

清光緒二十四年江蘇書局刻本

　求益齋讀書記六卷

　求益齋隨筆二卷

　漢州郡縣吏制考二卷

　金壇見聞記二卷

　求益齋文集八卷

八冊　32262–32269

048/Ls42

1988

寒松閣集五種

清張鳴珂撰

清光緒間嘉興張氏刻本

　寒松閣詩八卷

　寒松閣駢體文一卷續一卷

　寒松閣詞四卷

　說文佚字考四卷

　疑年賡錄二卷

六冊　35500–35505

048/Lx64

1989

寶韋齋類稿八種

清李桓撰

清光緒六年至十七年刻本

　奏疏四卷　清光緒六年武林趙寶

墨齋刻

官書二十四卷　清光緒六年武林
　　趙寶墨齋刻

尺牘四十八卷　清光緒六年武林
　　趙寶墨齋刻

甲癸夢痕記六卷補遺二卷　清光
　　緒六年武林趙寶墨齋刻

明論四卷　清光緒十三年長沙芋
　　園刻

詩錄二卷　清光緒十四年長沙芋
　　園刻

文錄三卷　清光緒十六年長沙芋
　　園刻

賓退紀談七卷　清光緒十七年長
　　沙芋園刻

二十四冊　34632-34655

438.7/Ao22

1990

六一山房全集四種（擬）

清董沛撰

清同治光緒間刻彙印本

　　六一山房詩集十卷續集十卷　清
　　　　同治十三年刻續集光緒五至
　　　　十年刻

　　甬上宋元詩畧十六卷　清董沛輯

　　吳平贅言八卷　清光緒七年刻

　　汝東判語六卷

正誼堂全集八種未收甬上宋元詩畧
　　董孟如所著書六種未收六一山
　　房詩集　餘兩種兩收　此蓋當
　　爲彙印本,故題從館編

十二冊　31782-31793

048.8/Go46

1991

高陶堂遺集四種

清高心夔撰

清光緒八年平湖朱氏經注經齋刻本

　　陶堂志微錄五卷

　　陶堂遺文一卷

　　恤誦一卷

　　形景盦三漢碑扢一卷

二冊　34764-34765

438.87/Co44

1992

庸庵全集七種

清薛福成撰

清光緒十年至二十四年無錫薛氏刻本

　　庸庵文編四卷文續編二卷文外編
　　　　四卷海外文編四卷　清光緒
　　　　十三年刻續編十五年刻外編
　　　　十九年刻海外文編二十一年刻

　　籌洋芻議一卷　清光緒十年刻

　　浙東籌防錄四卷　清光緒十三年刻

　　出使奏疏二卷　清光緒二十年刻

　　出使公牘十卷　清光緒二十四年刻

　　出使英法義比四國日記六卷　清
　　　　光緒十七年刻

　　出使日記續刻十卷　清光緒二十
　　　　四年刻

鈐:菽子珍藏

四十七冊　34865-34911

048.8/Lx94

1993

曾惠敏公遺集四種

清曾紀澤撰

清光緒十九年江南製造總局鉛印本

　　曾惠敏公奏疏六卷

　　曾惠敏公文集五卷

　　歸樸齋詩鈔戊集二卷己集二卷

　　曾惠敏公使西日記二卷

　　鈐:陳氏賜書樓珍藏印

　　八冊　37483—37490

　　438.91/Do60

1994

桐城吳先生全書六種附二種

　　清吳汝綸撰　清吳闓生編

　　清光緒二十九年至三十年王恩綬等

　　刻本

　　　易說二卷

　　　尚書故三卷

　　　夏小正私箋一卷

　　　桐城吳先生文集四卷

　　　桐城吳先生詩集一卷附錄聯語一

　　　　卷

　　　桐城吳先生尺牘五卷補遺一卷論兒

　　　　書一卷　清光緒二十九年刻

　　　附

　　　　清史本傳一卷

　　　　吳先生行狀一卷　賀濤撰

　　鈐:陽湖陶氏涉園所有書籍印記

　　二十冊　34920—34939

　　048/Gs42

1995

寫經齋全集八種

　　清葉大莊撰

　　清光緒間刻本

　　　大戴禮記審議二卷　清光緒二十

　　　一年刻

　　　禮記審議二卷

　　　喪服經傳補疏二卷

　　　退學錄二卷

　　　寫經齋初稿四卷　清光緒二十一

　　　　年刻

　　　寫經齋續稿二卷　清光緒二十七

　　　　年武昌刻

　　　　淞水集一卷

　　　　嶧陽集一卷

　　　寫經齋文稿二卷

　　　小玲瓏閣詞一卷

　　八冊　35627—35635

　　048/Gs28

1996

寫經齋全集八種

　　清葉大莊撰

　　清光緒間刻後印本

　　存四種

　　　大戴禮記審議二卷　清光緒二十

　　　　一年刻

　　　禮記審議二卷

　　　喪服經傳補疏二卷

　　　退學錄二卷

　　二冊　27144—27145

　　414.32/Gs18

1997

拙盦叢稿五種附一種

　　清朱一新撰

　　清光緒二十二年順德龍氏葆真堂刻本

　　存二種

　　　佩弦齋文存二卷首一卷駢文存一

卷詩存一卷
　佩弦齋試帖存一卷律賦存一卷雜
　　存二卷
四册　32031-32034
048/Hx14

1998
東海褰冥氏三十以前舊學四種
　清譚嗣同撰
　清光緒二十三年金陵刻本
　　寥天一閣文二卷
　　莽蒼蒼齋詩二卷
　　遠遺堂集外文初編一卷續編一卷
　　石菊影廬筆識二卷
　一册　31993
　438.98/Du62

1999
藝風堂全集三種（擬）
　繆荃孫撰
　清光緒至民國間刻彙印本
　　藝風堂文集七卷外集一卷　清光
　　　緒二十六年至二十七年刻
　　藝風堂文續集八卷外集一卷　清
　　　宣統二年至民國二年刻本
　　藝風藏書記八卷續記八卷　清光
　　　緒二十七年至民國二年刻
　十三册　33046-33058
　048/Mw60

書 名 索 引

三巴集【1867】

三史同名錄【0532】

三史拾遺【0275】

三冬識餘【0917】

三年服制考【0105】【1859】

三吳水利條議【1859】

三垣疏稿【1862】

三秦記【1900】

三峯草廬詩【1981】

三倉、三倉訓詁【0168】

三倉解詁【0168】

三唐人集【1695】

三家宮詞、二家宮詞【1698】

三家詩異文疏證【0009】

三家詩補遺【1890】

三國志【1944】

三國志考證【0281】【1859】

三國志注證遺【0284】

三國志旁證【0282】【0283】

三國志補注續【0278】

三國志辨疑【0279】

三國志證聞【0280】

三國會要【0541】

三國職官表【0399】

三魚堂日記【1936】

三魚堂文集【1936】

三魚堂四書講義【1936】

三魚堂外集【1936】

三魚堂賸言【1936】

三婦評牡丹亭雜紀【1859】

三萬六千頃湖中畫船錄【1859】

三朝北盟會編、校勘記【0347】

三朝野史【1857】

三朝野紀【0358】

三硯齋詩賸【1604】

三統術衍補【0811】【0812】

三統術詳說【1977】【1978】

三塘漁唱【1905】

三楚新錄【1857】

三輔決錄【1900】

三輔故事【1900】

三輔黃圖、補遺【0629】【1863】

三輔黃圖【1858】【1865】

三輔舊事【1900】

三墳補逸【1927】

三禮目錄【0006】【0007】

三禮義證【1953】

三禮儀制歌訣【1937】

三續千字文注【1901】

于公祠墓錄【1905】

于武陵詩集【1964】

于埜左氏錄【1943】

于清端公政書、首編、外集、續集【0561】

于湖小集、金陵雜事詩【1884】

于湖題襟集【1763】【1884】

于濆詩集【1964】

干寶周易注【0014】

士昏禮對席圖【1984】【1985】

寸陰叢錄【1968】

大小宗通繹【1862】

大元聖政國朝典章、新集至治條例
　　【0545】

大玄闡祕、附編、外編【1893】

大臣法則【1933】

大東紀年【0988】

大事記、通釋、解題【0334】

大明令【0546】

大金集禮、校刊識語、校勘記【0551】

小爾雅【1858】

小爾雅訓纂【0227】

小爾雅疏【0226】

小爾雅義證、補遺【1893】

小學、文公朱夫子年譜【0796】

小學古訓【1911】

小學考【0755】

小學字解【1859】

小學集解【1860】

小學鉤沈三十九種附六種合【0168】

小學說【1956】

小學篇【0168】

小學韻語【1975】

小學類編六種附三種【0169】

小辨齋偶存【1901】【1926】

小戴禮記平議【1984】【1985】

小繁露【1984】【1985】

小謨觴館詩集、詩續集、詩餘、詩餘附
　　錄、文集、文續集【1498】

小羅浮山館詩鈔【1460】

小鷗波館詩鈔【1595】

山天衣聞【1962】

山中白雲詞、王田先生樂府指迷【1817】

山中問答【1859】

山公九原【1859】

山左南北朝石刻存目【1888】

山右石刻叢編【0684】

山谷先生（黃庭堅）年譜【1122】

山谷詩內集注、外集注、別集注【1123】

山谷詩集注、山谷外集詩注、山谷別集
　　詩注【1124】

山東考古錄【1932】

山房先生遺文、外集【1167】

山房隨筆【1857】

山莊夜怪錄【1857】

山海經【0971】【1863】

山海經補注【1862】

山海經圖贊【1890】

山海經圖讚、補遺【1862】

山家清供【1867】

山帶閣集【1234】

山陽錄【1859】【1901】

山遊倡和詩【1905】

山遊集【1379】

山海經箋疏、圖讚、訂譌、叙錄【1961】

山樵書外紀【0720】【1859】

山齋客譚【1859】

千古留題【1924】

千金寶要【1865】

千秋金鑑錄【1071】

千甓亭甎錄、續錄【0728】

久軒公集【1794】

凡將篇【0168】

夕秀齋詩鈔【1917】

尸子、存疑【1864】

尸子【1865】

尸子尹文子合刻【1864】

己亥雜詩【1551】【1552】

已畦瑣語【1859】

子華子【0854】

子夏易傳【0014】【1900】

子劉子行狀【1928】

也是園藏書目【1897】【1898】

女科、產後編【1873】

女學【1942】

四畫

王氏彙刻唐人集七種【1693】

廿一史四譜【0394】【0395】

廿二史考異【0418】

廿二史劄記、補遺【0417】

廿二史諱畧【1872】

木皮散人鼓詞【1891】

木南山館詞【1826】

木庵居士詩、補遺【1662】

木庵藏器目【1888】

木棉譜【1859】【1862】

木犀軒叢書二十七種【1880】

五九枝譚【1859】

五山志林【1911】

五子連珠【1928】

五五【1984】【1985】

五公山人集【1294】

五石瓠【1859】

五代史記【0244】

五代春秋志疑【1859】

五代紀年表【0400】

五代會要【0543】

五百石洞天揮麈【0885】

五行大義【1901】

五行占【1984】【1985】

五行問【1859】

五言今體詩鈔【1949】

五言詩【1708】

五服異同彙考【0085】【1951】

五周先生集六種【1914】

五音拾遺【0222】

五真記【1857】

五真閣吟稿【1506】

五經今文古文考【1859】

五經同異【0011】【1932】

五經異義疏證【0009】

五經贊【1862】

五經讀法【1859】

五嶽遊草【1925】

五總志【1862】

五韻論【1973】

支提寺志【0630】

卅六芙蓉館詩存【1639】

不繫舟漁集【1189】

不繫園集【1905】【1917】

太乙舟文集【1493】

太上感應篇纘義【1984】【1985】

太公兵法逸文【1884】

太平寰宇記、補闕【0601】

太史華句【0403】

太玄解【1862】

太師張文忠公行實【1236】

太師楊文貞公年譜【1197】

太歲超辰表【1869】

友石山人遺稿【1190】【1191】

尤射【1858】

牙牌參禪圖譜【1882】

比紅兒詩注【1859】

比雅【1954】

切字釋疑【1859】

切問齋集【1352】

切韻【0168】

切韻考、外篇【1977】

切韻指掌圖【0224】

止所齋古文偶鈔【1622】

止谿文鈔、詩集鈔【1906】

止齋先生春秋後傳【0123】

止齋遺書【0786】

止觀輔行傳宏決【1870】

少室山房筆叢【1927】

水經注、附錄【0640】

水經注【1868】

水經注西南諸水考【1977】【1978】

水經注匯校【0642】

水經注圖說殘稿【0811】

水經注釋、水經注箋刊誤【0641】

水經釋地【1887】

午亭文編【1333】

午亭文錄【1703】

毛公鼎釋文【0707】

毛朱詩說【1859】

毛詩、考證【0002】

毛詩【0050】【1876】【1944】

毛詩天文考【0056】【0057】

毛詩日箋【1859】

毛詩古音考、讀詩拙言【1925】

毛詩古義【1859】

毛詩平議【1984】【1985】

毛詩注疏、校勘記【0005】

毛詩草木鳥獸蟲魚疏【1858】

毛詩草木鳥獸蟲魚疏校正【1893】

毛詩故訓傳【0009】

毛詩後箋【0061】

毛詩校勘記、釋文校勘記【0009】

毛詩通考【1911】

毛詩紳義【0009】

毛詩註、詩譜【0004】

毛詩補正【0064】

毛詩補疏【0009】

毛詩傳箋通釋【0063】

毛詩說序【1866】

毛詩稽古編【0009】

毛詩禮徵【1880】

毛詩識小【1911】

毛詩譜【0007】

毛鄭詩考正【1859】【1946】

毛鄭詩考證【0009】

壬申消夏詩【1870】

壬癸志稿【0460】

升菴新語【0897】

仁文商語【1926】

仁在堂論文各法【1874】

仁和縣志〔嘉靖〕【1905】

仁書【0785】

仁恕堂筆記【1859】

仁廟聖政記【1895】

片玉山房花箋錄【0942】

化學分原【1038】

化學考質、附表【1035】

化學材料中西名目表【1037】

化學求數、附表【1036】

化學鑑原【1039】

化學鑑原補編【1040】

化學鑑原續編【1041】

反輓歌【1924】

介卿遺草【1585】

今水經、表【1868】

今韻古分十七部表【1859】

分類補註李太白詩、年譜【1074】

公羊古義【1859】

公羊春秋何氏解詁箋【0009】

公羊逸禮考徵【1870】

公羊傳補注【1949】

公羊臆【0115】

公羊禮說【0009】

公是集、拾遺、續拾遺【1103】

公孫龍子注、校勘記、附錄【0855】

月山詩集【1862】

方叔淵遺稿【1895】

方泉先生詩集【1162】

方孩未先生集【1263】

方望溪先生（苞）年譜【1357】

方植之先生（東樹）年譜【1962】

方植之全集十四種【1962】

方程新術草【0810】

方學正先生（孝孺）年譜【1196】

方嶽采風錄【0621】

火攻挈要、圖【1873】

火戲畧【1859】

心白日齋集【1615】

心病說【1859】

心書【1858】

心影【0967】

尹文子【1864】

尹和靖先生集【1860】

尺牘新鈔【1873】

孔子世家補訂【1963】

孔子年譜輯注【0492】

孔子弟子目錄【0006】

孔子家語、札記【0758】

孔子集語【1865】

孔子集語補遺【0759】

孔子編年【0492】

孔氏談苑【1862】

孔氏雜說【1857】

孔門師弟年表、後說【1963】

孔孟合璧【1928】

孔孟編年【0492】

孔廟從祀末議【1859】

孔叢、詰墨【1858】

巴西侯傳【1857】

毋欺錄【1867】

五畫

玉山堂詞【1814】

玉井山館筆記、舊遊日記【1870】

玉芝堂文集、詩集【1402】

玉佩考【1984】【1985】

玉茗堂全集【1248】

玉堂舊課【1984】【1985】

玉堂雜記【0557】

玉笥山房要集、附文【1489】

玉壺記【1857】

玉壺遐覽【1927】

玉獅堂十種曲【1854】

玉獅墜【1852】

玉臺書史【1859】

玉澗雜書【1919】

玉燕堂四種曲【1852】

玉簡齋叢書二集八種【1898】

玉簡齋叢書十種【1897】

玉瀾集【1141】

刊謬正俗【1868】

未能錄【1962】

示樸齋駢體文【1618】

打馬圖經【1892】

正毛【1984】【1985】

正易心法【1862】

正念齋語【1952】

正氣堂集、近稿、鎮閩議稿【1229】

正訛初稿【1859】

正蒙註【1937】

正蒙會稿【1866】

正誼堂文集【1860】

正誼堂文續集【1860】

正誼堂全書六十三種續刻五種【1860】

正誼堂集、年譜【1344】

古經服緯、釋問【0101】

古算器考【1862】

古誌石華【0710】

古劇腳色考、補遺【1896】

古墨齋金石跋【1893】

古樂經傳【0106】【1937】

古籀餘論【0212】

古韻論【1870】

古歡堂集【1915】

古儼府【0954】

古豔樂府【1859】

本朝名家詩鈔小傳【0446】

札迻【0920】

可儀堂文集【1862】

丙辰劄記【0908】【1893】

左氏春秋考證【0009】

左氏蒙求注【1862】

左文襄公（宗棠）年譜【0521】【1979】

左文襄公文集、詩集、聯語【1979】

左文襄公全集七種附二種【1979】

左文襄公批札【1979】

左文襄公奏稿【1979】

左文襄公咨札、告示【1979】

左文襄公書牘、說帖【1979】

左文襄公謝摺【1979】

左忠毅公集、明左光先年譜【1258】

左官異禮罟【1967】

左海文集【0009】

左海經辨【0009】

左傳人名辨異【1862】

左傳古本分年考【1984】【1985】

左傳史論【0408】

左傳杜注辨證【1893】

左傳杜解補正【0009】【1932】

左傳連珠【1984】【1985】

左傳補注【1949】

左傳器物宮室【1862】

左傳舊疏考正【1868】

左傳臆說【1981】

左傳濟變錄【1933】

左傳職官【1862】

右台仙館筆記【1984】【1985】

石友贊【1859】

石氏喬梓詩集【1870】

石守道先生集【1860】

石里雜識【1859】

石林治生家訓要罟【1919】

石林居士建康集【1919】

石林奏議【0582】

石林家訓【1919】

石林詞【1919】

石林詩話、拾遺、附錄、補遺【1919】

石林遺事、附錄【1919】

石林遺書十三種【1919】

石林燕語、附校【1919】

石林燕語辨【1919】

石門集【1226】

石泉書屋藏器目【1888】

石屏詩集【1908】

石莊先生文錄【1703】

石倉文稿【1257】

石倉詩稿【1257】

石菊影廬筆識【1998】

石筍山房集【1382】

石渠意見、拾遺、補缺【1866】

石淙詩鈔、王李諸公詩【1206】

石畫記【0849】【1913】

石鼓文釋存、補注【0716】

石經考【0001】【0011】【1932】

石經考文提要【0001】

石經考異【0001】【0009】

石經殘碑【0669】

石經補考【0001】

石經彙函【0001】

石谿文集【1223】

布匿第二次戰紀、續編【1055】

戊辰酬唱草【1598】

平山堂圖志【0628】

平回記署【0358】

平安館藏器目【1888】

平定交南錄【1911】

平定耿逆記【0358】

平定羅刹方署【1871】

平津館叢書三十八種【1865】

平津館鑒藏書籍記、補遺、續編【1869】
　　　【1880】

平津讀碑記、續記、再續、三續【1880】

平夏錄【1857】

平浙紀署【1905】

平海紀署【1859】

平園近體樂府【1895】

平園雜著内編【1397】

平蜀記事【0358】

平臺紀署【1859】【1942】

平齋文集、拾遺、空同詞、校勘記【1163】

北山文集【1138】

北山樵唱【1648】

北戶錄【1857】

北史識小錄【0404】

北江詩話【1954】

北宋石經考異【0009】

北宋汴學二體石經記【0001】

北使紀署【0358】

北征後錄【1857】

北征記【1857】

北征錄【1857】

北郊配位尊西嚮議【1862】

北河紀、紀餘【0573】

北郭詩帳【1905】

北堂書鈔【0944】

北隅掌錄【0615】【1905】

北隅綴錄、續錄【1905】

北窗囈語【1882】

北夢瑣言、逸文、附錄【1885】

北溪先生外集【1921】

北溪先生全集八種【1921】

北溪先生全集補遺【1921】

北溪先生各體文【1921】

北溪先生各體詩【1921】

北溪先生字義、補遺【0773】

北溪先生字義【1921】

北溪先生書問【1921】

北溪先生答問【1921】

北溪先生講義【1921】

北溪字義、補遺、嚴陵講義【1866】

北墅抱甕錄【1859】

北轅錄【1857】

北嶽恒山歷祀上曲陽考【1859】

北邊備對【1857】

甲申忠佞紀事【0358】

甲申紀事【0358】

甲申紀變實錄【0358】

甲行日注【0358】

甲癸夢痕記、補遺【1989】

申鳧盟先生（涵光）年譜署、申鳧盟傳
　　　【1934】

申鑒【1858】

田叔禾小集【1228】

田間尺牘【1292】

田賦考【1941】

史目表【1954】

史外【0442】

史見【1911】

史表功比說【0242】

史忠正公集【1272】

史姓韻編【0530】

史記【0236】【1944】

史記天官書補目【1859】

史記月表正譌【0241】

史記志疑、附錄【0240】

史記志疑【0239】

史記注補正【0238】

史記索隱【0237】

史記短長說集【1873】

史書佔畢【1927】

史畧【0756】【1859】

史論五答【0306】【1859】

史論五種【0406】

叩舷憑軾錄【1862】

四十初度述懷【1878】

四王合傳【0358】

四友齋叢說【0869】

四明天一閣藏書目錄【1898】

四洪年譜【0496】

四時幽賞錄【1905】

四庫未收書目提要【0733】

四部正譌【1927】

四家纂文叙錄彙編【1889】

四書文【1984】【1985】

四書古人典林【0142】

四書考異【0009】

四書考輯要、地圖【0143】

四書近語【1923】

四書或問、考異【0139】

四書拾義【1893】

四書拾遺【1963】

四書是訓【1893】

四書約旨【1941】

四書索解【1862】

四書逸箋【1873】

四書解細論【1947】

四書劄記【1938】

四書辨疑辨【1984】【1985】

四書賸言、補【0009】

四書講義【1867】

四書翼註論文【0144】

四書題說【1952】

四書釋地、續、又續、三續【0009】

四書釋地補、續補、又續補、三續補
　　【0141】

四書釋地辨證【0009】

四朝聞見錄【1910】

四照堂文錄【1703】

四溟詩話【1873】

四禮疑、喪禮餘言【1924】

四禮翼【1924】

四繪軒詩鈔【1862】

生霸死霸考【1984】【1985】

失名氏後漢書【0234】

代北姓譜【1859】

代數盈朒細草【1883】

代數術【1031】

代數難題解法【1030】

仙源礪士參語【1983】

出塞紀畧【1859】

召誥日名考【0810】

弁服釋例【0009】

台州外書〔嘉慶〕【0661】

台州叢書九種【1908】

幼學堂文稿【1511】

六畫

匡謬正俗【1862】

匡廬遊錄【1859】

耒邊詞【1907】

迂言百則【1911】

戎昱詩集【1694】

圭塘欸乃集【1862】

圭盦詩錄【1668】

吉林外記、刊誤【1884】

吉雨山房遺集【1648】

考工記世室重屋明堂考【1984】【1985】

考工記車制圖解【0009】

考工記圖【0009】【1859】【1874】【1946】

考工創物小記【0009】

考正德清胡氏禹貢圖【1977】

考功詞【1833】

考古質疑【1872】【1873】

考古續說【1951】

考信附錄【1951】

考信錄提要【1951】

考槃集【1962】

考槃集文錄【1962】

老子本義【1884】

老子平議【1984】【1985】

老子別錄【1859】

老子莊子荀子呂覽淮南子續編【1944】

老子道德經考異【1863】

老子解【1859】【1919】

老老恒言【0809】

老圓【1984】【1985】

老學庵筆記【1868】

老學莽讀書記【0919】

地理古鏡歌【1862】

耳食錄、二編【0972】

再生紀畧【1859】

再續三十五舉【1859】

再續寰宇訪碑錄【0683】

西山公集【1794】

西山文鈔【1910】

西子湖拾翠餘談【1905】

西方要紀【1859】

西北水利議【1859】

西江風雅、補編【1784】

西村十記【1905】

西陂類稿文錄【1703】

西使記【1857】

西征日錄【1902】

西征紀畧【1859】

西征賦【1859】

西京雜記【1858】

西河記【1900】

西河詞話【1859】

西河詩話【1859】

西河舊事【1900】

西河褉箋【1859】

西泠五布衣遺著五種【1909】

西泠仙詠【1905】

西泠遊記【1905】

西泠閨詠【1503】【1905】

西泠懷古集【1905】

西泠續記【1976】

百越先賢志【1911】

百尊紅詞【1821】

百塼考【1870】

存素堂文集【1452】

存悔齋集、外集【1470】

存悔齋詩、附錄、補遺、續補遺【1902】

存誠堂詩集、應制詩【1323】

存餘堂詩話、附錄【1901】

而庵詩話【1859】

匠門書屋文集【1336】

列子、列子沖虛至德真經釋文【1864】

列子平議【1984】【1985】

列子沖虛至德真經釋文【1864】

列女傳、續【0428】

列女傳集注、補遺【0429】

列女傳補注、叙錄、校正【1961】

列仙傳校正本、讚【1961】

列國政要、譯文對照表【0992】

列國陸軍制【0999】

成人篇【1874】

成山老人（唐炯）自撰年譜、附錄
　　【0525】

成山廬稿【1644】

成陽靈臺碑【0669】

至正集【1185】

至游子【1862】

光論【1888】

光學、視學諸器圖說【1043】

曲園三耍【1984】

曲園自述詩、補【1984】

曲園墨戲【1984】

曲園雜纂【1984】【1985】

曲錄【1895】

曲廬詩鈔【1783】

同人集【1750】

同仁祠錄【1905】

同文算指前編、通編【1873】

同州府志〔咸豐〕、文徵錄【0666】

同志贈言【1932】

同昌公主外傳【1857】

同亭宴傳奇【1854】

同度記【1887】

因寄軒文初集、二集、補遺、小異遺文
　　【1520】

回疆雜詠【1859】

岯雲樓集五種【1986】

岯雲樓詩選初集、二集、三集【1986】

年譜、年譜錄遺【1928】

朱九江先生集【1592】

朱子（熹）年譜、考異、朱子論學切要
　　語【0506】

朱子文集【1860】

朱子古文節選【1153】

朱子抄釋【1866】

朱子集【1152】

朱子語類日抄【1977】

朱子語類四纂【1937】

朱子語類輯畧【1860】

朱子論學切要語【0506】

朱子學的【1860】

朱子禮纂【1937】

朱文公校昌黎先生文集、外集、集傳、遺
　　文【1083】

朱文端公（軾）年譜【1356】

朱文端公文集、補編、朱文端公年譜
　　【1356】

朱文端公文集【1703】

朱文端公藏書十三種【1861】

朱慶餘詩集【1694】

先正讀書訣【1888】

先考王公府君（懋竑）行狀【1347】

先聖生卒年月日考【0471】【0472】

竹田樂府【1492】

竹汀先生日記鈔【1869】

竹西詞【1815】

竹邨花塢集【1379】

竹里耆舊詩【1492】

竹里畫者詩【1492】

竹垞行笈書目【1895】

竹柏山房家刻十五種附刻四種【1963】

竹連珠【1859】

竹書紀年【1858】【1865】【1893】

竹書紀年校正、通考【1961】

竹書紀年補證、本末、後案【1963】

竹書紀年統箋、前編、雜述【1940】

竹雲題跋【1873】

竹間十日話【1981】

竹溪雜述【1859】

竹鄰詞【1885】

竹齋詩集【1195】

竹譜【1858】【1859】

竹巖集、補遺、續補遺、附錄【1201】

伏西紀事【1897】

伏敔堂詩錄、續錄【1619】

伏羲圖贊、雜卦傳古音考【1925】

延芬堂集【1917】

延露詞【1907】

仲氏易【0009】

仲叔二子遺墨【1598】

仲實詩存【1651】

仲實類稿【1650】

仿今言【1967】

自反錄【1926】

自怡悅齋試帖詩存【1590】

自娛草、鞅言、雙節吟【1566】

自滇入都程記【1859】

伊川擊壤集【1105】

伊洛淵源錄【1860】

伊園文鈔、詩鈔【1972】

向秀周易義【0014】

向果微言、述怡【1962】

行海要術【1027】

行船免撞章程、附卷【1026】

行營雜錄【1857】

肎齋文集、詩集【1589】

全五代詩、補遺【1738】

全吳紀畧【0358】

全唐詩未備書目【1895】

全唐詩話【1801】

全閩明詩傳【1776】

全閩詩話【1804】

全謝山先生經史問答【0899】【1392】

全體新論【1873】

合肥三家詩錄【1878】【1879】

合肥李勤恪公政書【0575】

合肥學舍札記【1506】

夙興語【1859】

各國交涉公法論初集、二集、三集、中西
　年表【0996】

各國交涉便法論【0997】

各經承師立學考【1874】

名文前選【1937】

名句文身表異錄【0939】

名媛詩歸【1712】

多暇錄【1882】

多識錄【1959】

冰天雪窖詞【1954】

冰蠶詞【1885】

亦玉堂稿【1239】

亦佳室詩鈔、文鈔【1528】

亦園亭全集五種【1950】

交行摘稿【1862】

交州記【1911】

交泰韻【1924】

交翠軒筆記【0879】【1893】

妄妄錄【0974】

羊士諤詩集【1694】

州判衙候選訓導張先生（文虎）行狀

　　【1976】

州乘餘聞【0935】

汗簡【0209】

汗簡箋正、書目箋正【0210】

江上遺聞【1881】

江山風月集【1550】

江左十五子詩選【1767】

江西詩社宗派圖錄【1859】

江邨草堂紀【1859】

江邨詩鈔【1783】

江行雜錄【1857】

江刻書目三種【0729】

江南別錄【1857】

江南星野辨【1859】

江南催耕課稻編【1971】

江陵紀事【0358】

江陰李氏得月樓書目摘錄【1901】

江陰城守紀【0358】

江鄉節物詩【1905】

江楚會奏變法摺【0580】

江源記【1859】

江漢叢談【1862】

江寧金石待訪目【1888】

江蘇詩徵【1768】

江變紀畧【0358】

汲古閣校刻書目、補遺、刻板存亡考

　　【1867】

汲冢周書【0359】【1858】

汲冢周書輯要、逸書【1961】

池上集【1959】

池上題襟小集【1878】【1879】

池北偶談【0871】

汝東判語【1990】

守身執玉軒遺文【1884】

守汴日誌【1859】

守渝公牘【1959】

字苑【0168】

字典考證【0206】

字指【0168】

字書【0168】

字畧【0168】

字雲全集【1943】

字雲巢文稿【1389】

字統【0168】

字誃【0168】

字類【0168】

字體【0168】

安吳四種【1964】

安南史【0990】

安南雜記【1859】

安般簃集【1884】

安般簃詩續鈔【1884】

安雅堂集【1186】

安龍紀事【1881】

安徽金石畧【1893】

安邊紀事【1897】

克復諒山大署【1875】

杜工部草堂詩箋、外集、傳序碑銘、目錄、詩話、補遺、年譜【1077】

杜工部集、唱酬題詠、諸家詩話【1076】

杜子春傳【1857】

杜清獻公集、補遺、附錄、校注、年譜【1166】

杜詩註釋【1078】

杜詩雙聲疊韻譜括署【1862】

杕左堂集【1337】

杏庭摘稿【1184】

李氏五種【0596】

李氏音鑑【0225】

李氏遺書十一種【0810】

李文公集、補遺、附錄【1695】

李文恭公遺集【1565】

李石亭文集【1395】

李必恒詩選【1767】

李延平先生文集【1860】

李仲達被逮紀署【0358】

李丞相詩集【1694】

李長吉昌谷集句解定本【1093】

李長吉集、外集【1092】

李林甫外傳【1857】

李尚書詩集、李氏事蹟【1900】

李忠定公（綱）年譜【0505】

李厚岡集七種【1947】

李章武傳【1857】

李習之先生文讀【1089】

李遠詩集【1694】

李義山詩集【1095】

李端詩集【1694】

李衛公文集、別集、外集、補遺【1091】

李衛公別傳【1857】

李衛景武公兵法【1884】

李駕部前集、後集、青霞漫稿、附錄【1912】

李翰林集【1073】【1075】

李穆堂詩文全集【1365】

求心錄【1857】

求古精舍金石圖初集【0680】

求古錄禮說補遺、續【1870】

求真是齋詩草【1561】

求益齋文集【1987】

求益齋全集五種【1987】

求益齋隨筆【1987】

求益齋讀書記【1987】

求復錄【1950】

求闕齋弟子記【0487】

車制考【0010】【1880】

車制圖解【1859】

甫田集【1210】

更生齋文甲集、乙集、續集、詩、續集、鮎軒詩【1954】

更生齋詩餘【1954】

更定文章九命【1859】

吾友于齋詩鈔【1376】

吾亦廬稿【0009】

吾汶稿、補遺【1171】

吾師錄【1862】

酉陽雜俎、續集【1868】

邠州志［咸豐］【0658】

夾漈遺稿【1862】

邶風說【1955】

盱江先生全集、外集、門人錄、直講李先生年譜【1104】

見物【1866】

見聞隨筆【1908】

何劭公論語義【1984】【1985】
何博士備論【1910】
何義門先生家書【1354】
佐治藥言、續【1948】
伸蒙子【1862】
佚籍叢殘三編、十五編、十八編【1896】
伯子論文【1859】
身易【1859】
佛國記【1858】
佛爾雅【0986】
伽藍記【1858】
近古堂書目【1898】
近古錄【1931】
近光集【1714】
近思錄【1860】
近思錄集注、考訂朱子世家、校勘記
　　【0772】
近思齋書牘【1952】
近思齋答問【1952】
近思齋雜著【1952】
近鑑【1931】
厄林、補遺【1864】
余忠宣青陽山房集【1904】
希古堂文集【1675】
谷音【1746】
谷盈子【0888】
豸華堂文鈔【1555】
角山樓蘇詩評注彙鈔【1119】
刪定大學稽中傳【1933】
刪定荀子【0763】
彤雲閣遺稿【1567】
迎駕紀恩錄【1859】
迎鑾新曲【1905】
言行見聞錄【1931】

冷紅軒集【1586】
冷雲齋冰燈詩【1859】
冷廬雜識【0878】
辛壬癸甲錄【1974】
辛丑紀聞【1881】
辛丑銷夏記【0833】
忘筌書【1910】
弟子職集解【1869】
弟子職箋釋【1954】
汪子詩錄、文錄、二錄、錄後、三錄【1411】
汪氏兵學三書【1884】
汪容甫先生詩集【1889】
汪梅村先生集、外集【1579】
汪鈍翁文鈔【1702】
汪龍莊先生遺書四種【1948】
沅湘耆舊集、前編【1788】
沅湘通藝錄、四書文【1888】
汰存錄【1859】
沙州記【1900】
沖虛至德真經【0984】
汽機中西名目表【1022】
汽機必以【1019】
汽機發軔、表【1020】
汽機新製【1021】
泛雪小草【1914】
汴水說【1859】
汴園濕襟錄【0358】
沈下賢文集【1890】
沈氏三先生文集【1790】
沈文忠公（兆霖）自訂年譜【1576】
沈文忠公集、沈文忠公自訂年譜【1576】
沈四山人詩錄【1870】
沈端恪公（近思）年譜【1361】
沈端恪公遺書【1361】

杭城辛酉紀事詩【1905】

杭城治火議、附錄【1905】

杭城紀難詩【1905】

杭城紀難詩編【1905】

杭郡庠得表忠觀碑記事【1905】

述古堂文集【1436】

述記【0941】

述異記【1858】

述庵先生（王昶）年譜【1945】

述學【0009】【0163】

述學內篇、補遺、外編、別錄、附錄、校勘
　　記【1438】

枕干錄、附錄【1914】

枕上三字訣【1984】【1985】

枕中書【1858】

枕煙亭詩荳【1914】

東山草堂邇言【0884】

東方時局論畧【1053】

東西二漢水辨【1859】

東西洋考【1866】

東行述【1859】

東里文集、別集、太師楊文貞公年譜
　　【1197】

東谷全集四種【1929】

東谷集詩、續刻、文、續刻【1929】

東坡先生年譜【1112】

東坡全集、東坡先生年譜【1112】

東林本末【0380】

東林事畧【0358】

東林商語【1926】

東林會約【1926】

東林點將錄、附考【1891】

東征集【1942】

東郊土物詩【1905】

東河櫂歌【1905】

東城記餘【1905】

東城雜記【1859】【1905】

東南防守利便【1862】

東洋小草、斫劍詞【1611】

東洲草堂詩鈔、詩餘、文鈔、眠琴閣遺
　　文、遺詩、浣月樓遺詩【1570】

東洲賸稿、附錄【1215】

東津館文集、放猨集、桐江集、江山風月
　　集【1550】

東都事畧【0305】

東華錄【0343】

東華續錄［光緒朝］【0344】

東華續錄［同治朝］【0343】

東原文集【1946】

東原錄【1862】

東晉疆域志【0599】【1954】

東海投桃集【1984】

東海褰冥氏三十以前舊學四種【1998】

東萊先生音注唐鑑【0412】

東萊呂紫微師友雜志【0439】

東萊呂紫微雜說【0863】

東萊集注類編觀瀾文集甲集、乙集、丙
　　集、札記【1718】

東隅瑣記【0653】

東越文苑【0465】

東嵒草堂評訂唐詩鼓吹【1725】

東嵐謝氏明詩畧【1795】

東皋雜鈔【1862】

東湖叢記【1885】

東塘日札【0358】【1881】

東塘集【1158】

東槎紀畧【1859】

東園友聞【1857】

尚書後案、後辨【0041】

尚書後案【0009】

尚書約注【1941】

尚書校勘記、釋文校勘記【0009】

尚書記、校逸【1885】

尚書通義殘稿【1889】

尚書畧說注【0006】

尚書章句內篇、外篇【1941】

尚書集注音疏、外編【0049】

尚書集注音疏、尚書經師系表【0009】

尚書註考【1873】

尚書補疏【0009】

尚書疏衍【1925】

尚書稗疏【1859】

尚書義考【1893】

尚書說要【1866】

尚書篇第【1947】

尚書隸古定經文【1893】

尚書隸古定釋文、尚書隸古定經文
　【1893】

尚書釋天【0009】

尚絅堂詩集、箏船詞、駢體文集【1471】

尚絅堂駢體文【1874】

味水軒日記【1872】

呆溪詩經補注【0009】【1946】

果堂集【0009】

昌平山水記【1932】

昌黎先生集考異【1084】

呵凍漫筆【1862】

明大司馬雙印記【1270】

明大政纂要【0340】

明亡述畧【0358】

明王文成公（守仁）年譜節鈔【0510】

明月篇【1245】

明文在【1749】

明左光先年譜【1258】

明史十二論【1859】

明史紀事本末【0349】

明史論【0408】

明史藝文志【0730】

明刑管見錄【1872】

明夷待訪錄【1867】【1873】

明州繫年錄【0617】

明李文正公（東陽）年譜【0509】

明季北畧、南畧【0383】

明季實錄【1859】

明季遺聞【1859】

明洪武四年進士登科錄【1862】

明紀【0339】

明宮詞【0424】【1882】

明通鑑、前編、附編【0341】

明堂大道錄【0099】【1863】

明詞綜【1838】

明詩紀事【1807】

明詩綜【1748】

明詩綜采摭書目【1895】

明論【1989】

易大義【1873】

易考、續考【1947】

易林釋文【0036】

易注【0006】

易衍【1928】

易音【0009】

易通釋【0009】

易象意言【1862】

易章句【0009】

易貫【1984】【1985】

易測、易測繫辭、易測說卦傳【0023】

周易鄭注【1864】

周易篇第【1947】

周易窺【0031】

周易舊注【0033】

周易舉正【1899】

周易釋【0030】

周易觀象【1937】

周易觀象大指【1937】

周官祿田考【0009】

周官辨非【0008】【1859】

周官禮經注正誤【1887】

周官識小【1967】

周秦名字解故補【1893】

周莘仲廣文遺詩【1654】

周書、逸文【1868】

周書平議【1984】【1985】

周給事垂光集【1904】

周夢巖同館賦鈔、詩鈔【1966】

周濂溪先生全集【1107】【1860】

周髀算經述【1911】

周禮【0003】【0004】【1944】

周禮正義【0073】

周禮古義【1859】

周禮平議【1984】【1985】

周禮折衷【1165】

周禮注疏小箋【0071】

周禮注疏、校勘記【0005】

周禮政要【0072】

周禮故書考【1887】

周禮客難【1859】

周禮軍賦說【0009】

周禮校勘記、釋文校勘記【0009】

周禮補注【1893】

周禮疑義舉要【0009】

周禮漢讀考【0009】

周禮纂訓【1937】

昏禮辨正【1862】

京東考古錄【1932】

京房周易章句【0014】

京塵雜錄四種【1974】

京畿金石考【1866】【1870】

夜山圖題詠【1905】

夜光堂近稿【1257】

府君貞毅先生年譜續編【1278】

疢齋小品【1914】

郊社禘祫問【1862】

庚子詞選【1551】【1552】

庚子銷夏記【0830】

庚申外史【1873】

庚申君遺事【1859】

庚申浙變記【1905】

庚辛泣杭錄【1905】

庚寅十一月初五日始安事畧【0358】

庚集埤編四十六種【1859】

庚集埤編補四種【1859】

放生會約【1859】

放翁家訓【1872】

放翁題跋【1872】

放猨集【1550】

刻楮集【1527】

刻燭集【1862】

刻鵠齋叢書十六種【1889】

卷施閣文甲集、續、補遺、乙集、續編、詩
【1954】

炊聞詞【1815】

法言【1858】

法律醫學【1047】

法國水師考【1006】

孟子正義【0009】

孟子古注擇從【1984】

孟子平議【1984】【1985】

孟子生卒年月考【0009】

孟子外書【1862】

孟子外書補注【1876】

孟子外書補證、附考【1963】

孟子列傳纂【1963】

孟子字義疏證【1946】

孟子弟子考補正【1876】

孟子事實錄【1951】

孟子注疏解經、校勘記【0005】

孟子校勘記、音義校勘記【0009】

孟子時事年表、後說【1963】

孟子高氏學【1984】【1985】

孟子章指、附論【0137】

孟子集編【1910】

孟子遊歷考【1859】

孟子趙注補正、孟子劉注【0138】

孟子編年【0492】

孟子雜記【1864】

孟子纘義內外篇【1984】【1985】

孟氏八錄【1950】

孟喜周易章句【0014】

孟鄰堂文鈔【1366】

孟襄陽詩集【1699】

陋軒詩、續【1299】

孤篷倦客集、補【1902】

函樓詩鈔【1636】

姑溪詞【1815】

姑蘇名賢小記【0459】

姓氏急就篇、踐阼篇集解【0529】

始興記【1911】

迦厂詞【1827】

迦陵詞全集【1819】

九畫

奏對機緣【1859】

春在堂尺牘【1984】【1985】

春在堂全書三十四種【1984】【1985】

春在堂全書校勘記【1984】

春在堂全書錄要【1984】【1985】

春在堂傳奇二種【1984】

春在堂詩編、詞錄【1984】【1985】

春在堂輓言【1984】

春在堂隨筆【1984】【1985】

春在堂雜文、續編、三編、四編、五編、六
　編、補遺【1984】

春在堂雜文、續編、三編【1985】

春明雜著【1966】

春草堂詩鈔【1351】

春草園小記【1905】

春星堂詩集【1917】

春星堂續集【1917】

春秋人地名對【1984】【1985】

春秋三家異文蔉【1893】

春秋三傳異同考【1859】【1862】

春秋大事表、讀春秋偶筆、輿圖、附錄
　【0108】

春秋五禮源流口號【1859】

春秋比【1961】

春秋比事【0012】

春秋日食質疑【1859】

春秋毛氏傳【0009】

春秋公羊注疏、校勘記【0005】

春秋公羊注疏質疑【0113】

春秋公羊通義、叙【0009】

春秋公羊傳、考【0004】

春秋穀梁傳注疏【0118】

春秋穀梁傳注疏考證【0009】

春秋穀梁傳校勘記、釋文校勘記【0009】

春秋穀梁經傳補注、律句【0119】

春秋舉例【0009】

春秋繁露【1858】【1868】

春秋繁露平議【1984】【1985】

春秋繁露義證【0127】

春秋燧餘【1937】

春秋職官考畧【1862】

春秋簡書刊誤【0009】

春秋識小錄三種【1862】

春秋釋經【0126】

春秋屬辭比事記【0009】

春泉聞見錄【0965】

春卿遺稿、續、補【1901】

春酒堂文集【1303】

春渚紀聞【1910】

春融堂集【1945】

春融堂集二種附年譜一種【1945】

春融堂雜記八種【1945】

珂雪詞、補遺【1815】

珍埶宧詩鈔【1447】

封長白山記【1859】

封泥考畧【0725】

城北天后宮志【1905】

括地志【1883】

括蒼金石志補遺【1893】

郝氏遺書三十三種【1961】

拾遺記【1858】

指南後錄【1922】

指南錄【1922】

指頭畫說【1859】

某先生校注說文條辨【1870】

荊州記【0623】

荊南萃古編、續【0690】

荊溪盧司馬殉忠實錄【0358】

荊駝逸史五十一種附一種【0358】

荊楚歲時記【1858】

荊園小語【1859】【1934】

荊園進語【1859】【1934】

荊園語錄【1872】

荊溪疏【1243】

革除遺事節本【1911】

草窗詞、補【1815】【1816】

茶史補【1859】

茶香室經說【1984】

茶香室叢鈔、續鈔、三鈔、四鈔【1984】

茶董補【1873】

茶餘客話【1859】【1862】

荀子【0760】【0761】【0762】

荀子平議【1984】【1985】

荀子考異【1886】

荀子補注【1957】【1961】

荀子詩說【1984】【1985】

荀爽周易注【0014】

茗柯文初編、二編、三編、四編【1468】
　　　【1874】

茗柯詞【1874】

故紙隨筆【1960】

故廬江太守范府君之碑【0669】

胡文忠公遺集【1603】

胡文敬公（居仁）年譜【0493】

胡敬齋先生文集【1860】

胡敬齋先生居業錄【1860】

荔社紀事【1859】

荔枝譜【1859】

荔影堂詩鈔【1623】【1624】

荔譜【1859】

南山集、補遺、年譜【1346】

南天痕、附錄【0315】

南方草木狀【1858】

南北史世系表【0391】

南北史年表【0391】

南北史表【0391】

南北史帝王世系表【0391】

南北史捃華【0405】

南北史補志【0243】

南田畫跋【1872】

南史識小錄、北史識小錄【0404】

南邨帖考【1893】

南曲入聲客問【1859】

南行述【1859】

南州草堂詞話【1859】

南江書錄【1893】

南巡盛典【0554】

南巡扈從紀畧【1859】

南宋六陵遺事【1859】

南宋文範、外編、作者考【1742】

南宋文錄錄【1741】

南宋古蹟考【1905】

南宋院畫錄【0440】【1905】

南宋宮閨雜詠【1905】

南宋館閣錄、續錄【1905】

南苑唱和詩【1870】

南岳商語【1926】

南岳總勝集【1892】

南省公餘錄【1965】

南畇老人自訂年譜【1340】

南畇詩稿、續稿、南畇老人自訂年譜、文
稿【1340】

南屏百詠【1905】

南都應試記【1903】

南華山人詩鈔、賜詩更和集、賦【1373】

南華真經正義、識餘【0983】

南華經傳釋【1862】

南莊類稿文錄【1703】

南軒文集【1920】

南軒先生孟子說【1920】

南軒先生論語解【1920】

南唐二主詞、補遺、校勘記【1895】

南唐拾遺記【1859】

南唐雜事詩【0423】

南海先生詩集【1684】

南陵縣建置沿革表【1887】

南菁札記十四種【1883】

南朝史精語、札記【1886】

南湖倡和集【1905】

南渡錄【0375】

南雷文錄【1703】

南溪韓公（超）年譜、玩寇新書回目
【1875】

南漢地理志【1911】

南漢金石志【1911】

南漢紀【1911】

南漳子【1859】【1905】

南澗文集【1871】

南薰殿圖像考【0826】

柘西精舍詞【1907】

查浦詩鈔【1345】

相雨書【1884】

相臺書塾刊正九經三傳沿革例【1868】

柚堂續筆談【1907】

柏梘山房文集、文續集、詩集、續集、駢
體文【1537】

柏梘山房集【1537】

柏廬外集【1877】

柳下詞【1885】

柳先生（宗元）年譜【0495】

柳河東詩集【1699】

柳洲遺稿【1909】

柳參軍傳【1857】

柳湄小榭詩【1981】

柳邊紀畧【1859】

柳歸舜傳【1857】

枰湖文集【1587】

研六室雜著【0009】

厚岡文錄【1703】

厚岡詩集、文集【1947】

斫劍詞【1611】

貞一齋詩話【1859】

貞定先生選集、附錄【1918】

貞蕤稿畧文、詩【1862】

貞觀政要【0368】

省心紀【1924】

省吾堂四種【0011】

省吾齋古文集、詩賦集【1406】

省堂筆記【0933】

是程堂集【1519】

是夢集【1379】

冒得庵（鷟）參議年譜【0497】

冒巢民（襄）徵君年譜【0497】【1914】

冒嵩少（起宗）憲副年譜【0497】

星槎勝覽【1857】

星經【1858】

昨夢錄【1857】

昨夢齋文集【1544】

昭代詞選【1841】

昭代經濟言【1911】

昭代樂章恭紀【1859】

昭代叢書十集五百種別集六十種附一種【1859】

昭忠祠志【1905】

昭忠錄【1905】

昭昧詹言、續、續錄【1962】

昭陸碑錄、補、校錄劄記【1899】

昭陵六駿贊辯【1859】

昭陵碑錄【1895】

昭德先生郡齋讀書志、附志、考證、考異、校補【0742】

畏壘筆記【1859】

毗陵集【1901】

思古齋雙鉤漢碑纂額【0718】

思伯子堂詩集【1572】

思益堂集【1607】

思純堂集【1414】

思問錄【1859】

思無邪室遺集【1484】

思痛記【1905】

思補齋文集【1404】

思綺堂文集【1349】

思舊錄【0453】【1859】

峝谿纖志、志餘【1859】

迴流記傳奇【1854】

幽心瑤草【1923】

幽夢影【1859】【1872】

幽夢續影【1870】【1872】

幽蘭草【1700】

拜石山房詞鈔【1825】

拜經日記【0009】

拜經文集【0009】

拜經樓詩話【1862】

拜經樓藏書題跋記、附錄【1869】

看花雜詠【1867】

賞戴花翎紫禁城騎馬恩予致仕諭賜祭葬顯考望坡府君（陳若霖）年譜【0516】

皇清誥授建威將軍贈太子少保記名提督廣西右江鎮總兵勇烈張公（樹珊）墓表【0482】

皇清誥授榮祿大夫二品銜總理各國事務大臣太常寺卿顯考爽秋府君（袁昶）行畧【0485】

皇清誥授榮祿大夫太子少保兵部尚書都察院右都御史閩浙總督賞戴花翎晉贈太子太師諭賜祭葬予諡文靖特旨入祀福建名宦祠崇祀鄉賢祠顯考平叔（爾準）府君年譜【0518】

皇清職貢圖【0650】

皇朝一統輿圖【0596】

皇朝武功紀盛【0351】【1862】

皇朝編年備要【0336】

皇朝駢文類苑【0956】

皇朝謚法表【0555】

皇朝輿地韻編【0596】

泉志校誤【1882】

禹貢三江考【0009】

禹貢正解、圖表【0048】

禹貢班義述、漢㶟水入尚龍溪考【0047】

禹貢會箋、圖【1940】

禹貢錐指、例畧圖【0009】

禹貢錐指、圖【0046】

侯元傳【1857】

侯國職官表【1859】

侯朝宗文鈔【1702】

追昔遊集【1088】

盾鼻隨聞錄【0386】

衍石齋紀事稿、續稿【1527】

衍石齋集【1527】

待堂文【1878】【1879】

待廬遺集文、詩【1962】

衍元要義【0812】

衍波詞【1815】【1888】

衍琵琶行【1859】

律詩四辨【1937】

律詩定體【1882】

後山先生集【1125】

後甲集【1869】

後村別調、補【1895】

後湖草堂詩鈔、試帖詩鈔、賦鈔【1558】

後湘詩集、二集、續集【1968】

後蜀毛詩石經殘本【0001】

後漢三公年表【1859】

後漢郡國令長考【0262】【1887】

後漢紀校釋【1883】

後漢書【1944】

後漢書注又補【0270】

後漢書注考證【0256】

後漢書注補正【0271】

後漢書補表【0263】

後漢書補注【0266】【0267】

後漢書補注續【0268】

後漢書補逸【0261】

後漢書疏證【0272】

後漢書辨疑【0269】

後漢書贅語【0406】

後綸扉尺牘【1252】

後觀石錄【1859】

俞樓詩記【1905】

俞樓經始【1984】【1985】

俞樓雜纂【1984】【1985】

弇山堂別集【0377】

洋菊譜【1859】

津河廣仁堂所刻書八十四種【1877】

恒言錄【0949】

恒星說【1859】

恒軒所見所藏吉金錄【0705】

恒氣註曆辯【1873】

恒産瑣言【1859】【1862】【1877】

恤誦【1991】

恪靖侯盾鼻餘瀋、聯語【1605】

宣政雜錄【1857】

宣爐歌注【1859】【1914】

客杭日記【1905】

客舍偶聞【1875】

客越志【1244】

客越志畧【1905】

客窗偶談【1859】

客窗閒話、續【0980】

冠柳詞【1914】

冠悔堂駢體文鈔、詩鈔、賦鈔、楹語、楹
　　語附錄【1647】

衲蘇集【1616】

祖氏遺編【1792】

神州古史考殘【1905】

神異經【1858】

神僊傳【1858】

祗可軒删餘稿【1469】

退思軒詩集、補遺【1676】

退補齋詩存、文存【1630】

退餘叢話【1893】

退學錄【1995】【1996】

退盦（梁章鉅）自訂年譜【1965】

退盦隨筆【1965】

陣紀【1866】

韋自東傳【1857】

韋庵經說【1867】

韋鮑二生傳【1857】

韋齋集、玉瀾集【1141】

韋蘇州詩集【1699】

眉庵詞【1895】

除紅譜【1892】

姚氏先德傳【1968】

姚文敏公集【1884】

姚文敏公遺稿、奏議補缺、校勘記【1884】

姚生傳【1857】

姚江學辨【1975】

姚牧庵先生文選【1697】

姚信周易注【0014】

姚惜抱先生前漢書評點【0247】

飛燕外傳【1858】

盈胸演代【1883】

癸巳存稿【0914】

癸巳類稿【0913】

癸酉消夏詩【1870】

紅豆樹館書畫記【0834】

紅雨樓題跋【0745】

紅崖刻石釋文【1973】

紅樓夢人名西廂記詞句印玩【0845】

約喪禮經傳【0105】【1859】

約語追記【1960】

約語補錄【1960】

紀元同異考畧【0397】

紀元要畧、補【1862】

紀元編【0596】

紀文達公文錄【1703】

紀文達公遺集【1409】

紀年錄【1922】

紀城詩稿、吳江旅嘯【1309】

紀載彙編十種【1881】

莊子平議【1984】【1985】

莊子解【1859】

莊嶽委談【1927】

莊嶽談【1960】

桂未谷說文段注鈔、補鈔【1890】

桂苑珠叢、補遺【1883】

桂苑筆耕集【1873】

桂海虞衡志【1857】

桂馨堂集【1492】

桂鬱巖洞記【1859】

桐江集【1550】

桐花閣詞鈔【1913】

桐城吳先生文集【1994】

桐城吳先生尺牘、補遺、諭兒書【1994】

桐城吳先生全書六種附二種【1994】

桐城吳先生詩集、聯語【1994】

桐城耆舊傳【0464】

桐華閣文集【1633】

桐陰畫訣【0843】

桐陰論畫、桐陰畫訣、續桐陰論畫、二
編、三編【0843】

桐陰舊話【1857】

桐溪耆隱集、補遺【1775】

桃谿雪【1848】

格言僅錄【1859】

校刊明道本韋氏解國語札記【0360】

校刊資治通鑑全書八種【0319】

校正元親征錄【1884】

校正孔氏大戴禮記補注【0093】

校正朝邑志【1867】

校邠廬抗議【0578】

校經山房叢書二十七種【1869】

校經廎文稿【1474】

校禮堂文集【0009】

軒轅黃帝傳【1865】

連文釋義【1859】

哥窯譜【1914】

酌中志【1873】

夏小正考注【1863】

夏小正私箋【1994】

夏小正詁【1859】

夏小正疏義、異字記、釋音【0009】

夏小正箋疏【1983】

夏小正戴氏傳、考異、別錄【0097】

夏內史集【1862】

夏考信錄【1951】

夏峯先生集、補遺【1283】

夏節愍全集、補遺、續補遺【1280】

砥齋集【1304】

砥齋題跋【1867】

破邪論【1859】

原旨七首【1928】

原始【0957】

原象【1859】【1946】

原善【1859】【1946】

原詩【1859】

殉烈記【1905】

晉人麈【1859】

晉太康三年地記【0291】【0292】【1863】

晉中興書【0235】

晉史草【0235】

晉安風雅【1780】

晉宋書故【0420】

晉泰始笛律匡謬【1893】

晉書【0235】

晉書地理志新補正【0287】【0288】
【1863】【1869】

晉書地理志證今【1862】

螺洲陳氏五樓見存書目初編

384

高士傳【1858】【1868】

高子遺書、附錄、高忠憲公年譜【1253】

高氏三宴詩集【1895】

高安三傳合編【0427】

高東溪先生遺集【1860】

高忠憲公（攀龍）年譜【1253】

高陶堂遺集四種【1991】

高僧傳【1873】

高齋漫錄【1857】

亳州牡丹述【1859】

郭元釪詩選【1767】

郭氏叢刻十三種【1981】

郭孝童墓記罟【1905】

郭訓古文奇字【0168】

郭給諫疏稿【1911】

病几續鈔【1629】

病榻夢痕錄、錄餘【1948】

疹科【1924】

啗堂集、補遺、續、冬錄【1358】

唐人五十家小集【1694】

唐人萬首絕句選【1726】

唐女郎魚玄機詩【1694】【1892】

唐文粹【1736】

唐石經考異【0009】

唐石經校文【0001】

唐史論斷【1862】

唐四家詩【1699】

唐司空文明詩集【1694】

唐丞相曲江張文獻公集、千秋金鑑錄
　　【1071】

唐折衝府考補【1896】

唐李推官披沙集【1694】

唐李鄴侯（泌）年譜【0494】【0498】

唐求詩集【1694】

唐宋八大家文鈔【1860】

唐宋石經考【1859】

唐林邵州遺集、附錄【1094】

唐述山房日錄【1859】

唐尚顏詩集【1694】

唐荊川先生文集、補遺、附錄【1901】

唐荊川先生文選【1697】

唐柳柳州（宗元）年譜【0500】

唐昭陵石蹟考罟、謁唐昭陵記【0692】
　　【1882】

唐風樓金石文字跋尾【0715】

唐暅手記【1857】

唐書藝文志【0730】

唐陸宣公（贄）年譜【0499】

唐陸宣公文集【1860】

唐陸宣公翰苑集【1080】

唐皎然詩集【1694】

唐貫休詩集【1694】

唐黃御史集【1098】

唐棲志罟稿【1905】

唐虞考信錄【1951】

唐會要【0542】

唐詩金粉【1731】

唐詩選、補遺【1735】

唐摭言【1872】

唐語林【1866】

唐齊己詩集【1694】

唐歐陽四門集【1693】

唐賢三昧集【1727】

唐確慎公集【1514】

唐寫本說文解字木部箋異【0176】【1918】

唐駢體文鈔【1737】

唐類函【0946】

唐靈一詩集【1694】

悔餘庵集【1616】

悅容編【1859】

悅雲山房詩存、風泉館詞存、悅雲山房
　　騈體文存【1510】

宸垣識餘【1859】

宸翰樓叢書五種【1899】

家人子語【1859】

家矩【1907】

家誡錄【1950】

家語疏證【1869】

家塾課程【1884】

家範【1861】

家禮喪祭拾遺【0105】

宮室考【1893】

宮詞【1698】【1859】

宮閨百詠【1765】

宮鴻曆詩選【1767】

容甫先生遺詩【1439】

容菴遺文鈔、存稿鈔【1906】

袖中書【1984】【1985】

袖珍十三經註十五種【0004】

袖海編【1859】

書札僅存【1960】

書札燼存【1925】

書林揚觶【1962】

書事七則【1859】【1901】

書法正傳【0839】

書法約言【1859】

書法離鉤【1866】

書品【1858】

書屏詩文鈔【1448】

書帶草堂詩鈔【1421】

書叙指南【1866】

書筏【1859】

書集傳【0038】

書傳補商【0043】

書經【0003】

書經地理今釋【1859】

書經衷論【0040】

書經補篇【1947】

書說【1961】

書蕉【1872】

展城或問【1924】

陸子全書十八種【1936】

陸文安公（九淵）年譜、附補【0507】

陸右丞蹈海錄【1902】

陸陳二先生詩文鈔【1696】

陸桴亭思辨錄輯要【1860】

陸象山先生全集、少湖徐先生學則辯
　　【1157】

陸清獻公日記【0526】

陸路通商章程【0563】

陸稼書先生文集【1860】

陸稼書先生松陽鈔存【1860】

陸稼書先生問學錄【1860】

陸績周易述【0014】

陸顒傳【1857】

陳比部遺集【1870】

陳少陽集【1137】

陳文忠公遺集【1912】

陳文恭公手札節要【1383】

陳司業遺書【0891】

陳克齋先生集【1860】

陳若霖年譜【0516】

陳忠裕全集、兵垣奏議、自著年譜【1277】

陳忠肅公墓錄【1905】

陳定生先生遺書三種【1901】

陳純齋點定史漢文鈔【0411】

教經堂談藪【0873】

培遠堂偶存稿【1384】

聊齋先生文集【1334】

著書餘料【1984】【1985】

菜根談【0870】

菊說【1859】

乾州小志【1859】

乾初先生文鈔、遺詩鈔【1906】

乾坤大畧、補遺【0800】

乾坤兩卦解【1935】

乾清門奏對記【1859】

乾隆府廳州縣圖志【1954】

乾道臨安志、札記【1869】

乾道臨安志【1905】

乾嘉詩壇點將錄【1891】

㲉友肟說【1888】

菰中隨筆【1873】【1932】

梵珠【1984】【1985】

桯史【0926】

梅花草盫藏器目【1888】

梅花簪【1852】

梅村詩集箋注【1286】

梅村詩話【1882】

梅谷偶筆【1859】

梅曳聞評【1961】

梅神吟館詩草【1980】

梅莊遺草【1910】

梅崖居士文集、外集【1396】

梅喜緣傳奇【1854】

梅道人遺墨【1872】

梅溪王忠文公（十朋）年譜【1145】

桴亭先生文鈔、詩鈔【1696】

梓潼傳【1984】

救文格論【1932】

救命書【1924】

救荒備覽【1911】

曹大理詩文集【1257】

曹集詮評、逸文、魏陳思王年譜【1063】

曹鄴詩集【1694】

敕建淨慈寺志【1905】

敕封河神大王將軍傳【0483】

區太史詩集【1912】

堅瓠集【0969】

戚少保（繼光）年譜耆編【0511】

帶經堂集【1319】

帶經堂集文錄【1703】

硃批鄂爾泰奏摺【0585】

瓠里子筆談【1862】

瓠落詞【1885】

匏瓜錄、校勘記【0154】

匏園掌錄【1872】

匏廬詩話【1907】

盛于埜遺著五種【1943】

盛京疆域考【1893】

雪莊西湖漁唱【1905】

雪鴻再錄【1945】

常州先哲遺書第一集三十九種附三種【1901】

常禮雜說【0105】

晨風閣叢書二十二種【1895】

野菜贊【1859】

野鴻詩的【1859】

問目【1931】

問字堂集【0009】

問答【1928】

問湘樓駢文初稿【1889】

問學錄【1936】

曼盫壺盧銘【1872】

崔清獻公集【1911】

崔煒傳【1857】

崔塗詩集【1694】

崇文書局彙刻書三十三種【1868】

崇文總目、補遺、附錄【0736】

崇本堂文集【1410】

崇百藥齋文集、續集、三集、合肥學舍札
　　記、五真閣吟稿【1506】

崇雅堂詩鈔、刪餘詩、文鈔、應制存稿、
　　駢體文鈔、定鄉雜著【1497】

崇雅堂駢體文鈔【1889】

崇睦山房詞【1814】

崇義祠志【1905】

崇福寺志、續志【1905】

崇禎宮詞【1859】

崇禎朝記事【1901】

過雲精舍詞【1814】

過墟志【1881】

笠舫詩稿、文稿【1700】

笥河文集【1418】

第一樓叢書【1984】【1985】

第十一段錦詞話【1859】

偶更堂文集、詩稿【1296】

偶書【1859】

偶然欲書【1859】

偶齋詩草【1666】

進修譜【1962】

進賢說【1859】

進藏紀程【1859】

停雲集【1758】

皐亭倡和集【1905】

從古堂款識學【0700】

從西紀畧【1859】

從野堂存稿、補遺、附錄【1901】

船山詩草【1476】

船塢論畧、附圖【1028】

斜弧三邊求角補術【0811】【0812】

魚服記【1857】

象居錄【1943】

象數論【0024】

逸周書【0359】

猗覺寮雜記【0864】

祭儀考【1955】

許丁卯詩真蹟錄【1902】

許氏說文引論語【0132】

許印林遺著【1870】

許魯齋先生集【1860】

設立長江水師章程【0353】

麻鞋紀行詩存【1687】

庾子山集、總釋、年譜【1068】

康熙幾暇格物編【0940】

康對山先生文集【1212】

康輶紀行【1968】

庸言【1859】

庸庵文編、續編、外編、海外文編【1992】

庸庵全集七種【1992】

鹿門先生漢書鈔【0411】

鹿門集、拾遺、續補遺【1895】

鹿忠節公集【1260】

鹿洲公案【1942】

鹿洲文錄【1703】

鹿洲初集【1942】

鹿洲奏疏【1942】

鹿洲藏稿【1942】

章午峯先生（邦元）年譜【0524】

章孝標詩集【1694】

章泉稿、拾遺【1159】

章碣詩集【1694】

梁谿漫志【1901】

梁谿遺稿、補遺、附錄【1901】

淥水亭雜識【1859】

淄硯錄【1859】

惜抱軒九經說【1949】

惜抱軒文集、文後集、詩集、詩後集、詩
　　外集【1949】

惜抱軒先生文選【1703】

惜抱軒全集十種【1949】

惜抱軒法帖題跋【1949】

惜抱軒書錄【0739】

惜抱軒筆記【1949】

惜抱軒漢書評點【1980】

惜陰軒叢書三十四種續編一種【1866】

惕甫未定稿【1458】

惕園外稿【1960】

惕園全集十一種【1960】

惕園初稿【1960】

惕園初稿文【1703】

惕園詩稿【1960】

寄心集【1925】

寄生山館詩賸、瘦玉詞鈔【1882】

寄園寄所寄【0963】

寄龕文存【1665】

窯器說【1859】

啓東錄【0612】

啓禎兩朝剝復錄、札記【1903】

啓禎兩朝剝復錄【0358】

啓禎宮詞【1859】

扈從西巡日錄【1859】

視學諸器圖說【1043】

晝錦集【1099】

張大司馬奏稿【0589】

張大受詩選【1767】

張子全書【0769】【1861】

張子抄釋【1866】

張太常集【1900】

張氏卮言【1859】

張文貞公文錄【1703】

張文節公遺集【1870】

張令傳【1857】

張司業樂府集【1694】

張亨甫全集【1571】

張乳伯說文審音【1884】

張南軒先生文集【1860】

張宣公全集三種【1920】

張陽和文選【1860】

張無頗傳【1857】

張蒼水全集、補遺、附錄【1279】

張楊園先生（履祥）年譜【1931】

張遵言傳【1857】

張璠周易集解【0014】

張璠漢記【0234】

張樹珊墓表【0482】

張橫渠先生文集【1860】

張龍湖先生文集、詩餘【1221】

張憶娘簪華圖卷題詠【1888】

張蠙詩集【1694】

強聒錄【1859】

隋唐兵符圖錄【1896】

隋唐刻石拾遺、關中金石記隋唐石刻原
　　目【1893】

隋書地理志考證【0303】

隋書經籍志【0730】

隋經籍志考證【1868】

將就園記並詩【1859】

陽羡名陶錄【1859】

陽羡茗壺系、洞山岕茶系【1901】

隆平紀事【1859】

隆平集【0371】

婦人集、補【1859】【1873】

婦人集注【1914】

婦人集補【1914】

婦科、圖、索引表【1050】

婦學【1859】【1862】

習苦齋畫絮【0844】

參同契【1858】

參同契註【1937】

貫虱心傳【1859】

鄉黨圖考【0009】

巢民詩集、文集【1914】

十二畫

貳臣傳【0317】

琴況【1859】

琴趣外篇【1815】

琴操、補遺【1865】

堯峯文鈔【1305】

項斯詩集【1694】

越三子集【1870】

越風【1773】

越絕書【1858】

越縵堂駢體文、散體文【1643】

揚子太玄平議【1984】【1985】

揚子法言平議【1984】【1985】

揚州十日記【0358】

揚清祠志【1905】

博物志【1858】

博雅【1858】

揭曼碩詩【1873】

彭氏二文合集【1793】

彭文思公文集【1793】

彭文敬公集五種【1970】

彭文憲公文集【1793】

彭剛直公奏稿【0592】

搜神後記【1858】

搜神記【1858】

援鶉堂全集二種【1944】

援鶉堂筆記、刊誤、刊誤補遺【1944】

援鶉堂詩集、文集【1944】

達齋春秋論【1984】【1985】

達齋書說【1984】【1985】

達齋詩說【1984】【1985】

達齋叢說【1984】【1985】

報恩論【0985】

壺東漫錄【1984】【1985】

握奇經註【1937】

握奇經解、握奇經續圖【1862】

握奇經續圖【1858】【1862】

斯未信齋文編、語錄、雜錄【1563】

斯未信齋語錄【0880】

斯馨堂古文初集、詩集、長沙劉文恪公詩集、進呈集、剩存詩草、續草、時文【1388】

黃山史概【1859】

黃山松石譜【1859】

黃子（道周）年譜【0512】

黃子發相雨書【1884】

黃氏讀禮記日抄【0088】

黃文節公（庭堅）年譜、詩派圖【0504】

黃勉齋先生文集【1860】

黃帝五書【1865】

黃帝內經素問校義【1870】

黃帝宅經【1868】

黃帝金匱玉衡經【1865】

黃帝陰符經【1924】

黃帝授三子玄女經【1862】【1865】

黃帝龍首經【1865】

黃詩全集【1123】

黃漳浦集、漳浦黃先生（道周）年譜
　　【1264】

黃堯圃先生（丕烈）年譜【1888】

黃嬭餘話【1872】

黃鵠山人詩初鈔【1628】

萑原詩說【1914】

葉戲原起【1917】

葬經內篇【1868】

葬親社約【1931】

萬山草堂詩集、續集【1685】

萬古愁曲【1891】

萬充宗先生經學五書【0008】

萬卷書屋詩存【1870】

萬卷堂書目【1897】【1898】

萬柳溪邊舊話【1901】

萬善花室文稿、續集【1885】

萬善花室文稿【1543】

萬善花室詞【1885】

萬善堂集、李石亭文集【1395】

萬壽盛典初集【0553】

萬綠草堂詩集【1530】

董公選要覽【0824】

董方立遺書八種【0811】

董方立遺書五種【0812】

董心葵事記【1881】

董華亭書畫錄【1888】

董遇周易章句【0014】

敬吾心室彝器款識【0701】

敬孚類稿【1657】

敬亭集、補遺、姜貞毅先生自著年譜、府
　　君貞毅先生年譜續編【1278】

敬肆關【1928】

敬學軒文集【1463】

敬齋古今黈【1873】

落帆樓文遺稿【1893】

落落齋遺集【1901】

朝邑縣志〔咸豐初〕、志例、志例後錄
　　【0667】

朝野僉載【1857】

朝野遺紀【1857】

朝廟宮室考、附圖【1941】

朝隱卮衍【1673】

朝鮮志【1862】

葭栩草堂集、續【1981】

喪服今制表【0105】

喪服私論【1984】【1985】

喪服或問【0105】

喪服通釋【0105】

喪服經傳補疏【1995】【1996】

喪服翼注【0105】【1859】

喪服雜說【0105】

喪服變除【0006】【0007】

喪祭雜說【0105】

喪葬雜錄、葬親社約【1931】

喪葬雜錄【0105】

喪禮經傳約【1870】

喪禮輯畧【0084】【1950】

喪禮雜說、常禮雜說【0105】

葵青居詩錄、夢蜨草【1870】

焚香錄【1950】

焚餘稿【1487】

棉陽學準【1942】

棣懷堂隨筆七種附二種【1966】

惠氏讀說文記【0169】

粟香隨筆、二筆、三筆、四筆、五筆【0892】

景仰撮書【1901】

景岳新方砭【1872】

景定嚴州續志【1884】【1889】

跋南雷文定【0783】【1962】

貴池二妙集【1785】

貴池縣沿革表［光緒］【0662】

蛟峯集、外集、山房先生遺文、外集
　　【1167】

喻林一葉【0952】

喻凫詩集【1694】

黑蝶齋詞【1907】

黑龍江外記【1884】

黑龍江述畧［光緒］【0657】【1882】

圍爐瑣憶【1982】

無邪堂答問【0921】

無名氏詩集【1694】

無事爲福齋隨筆【1871】

無著詞選【1551】【1552】

無題詩【1379】

缾水齋詩集、別集、詩話【1482】

程山謝明學先生年譜【1933】

程子香文鈔【1874】

程氏家塾讀書分年日程【1860】

程功錄【1938】

程門主敬錄【1933】

程侍郎遺集初編【1535】

程孟陽集【1254】

程墨前選【1937】

梨雲館類定袁中郎先生全集【1255】

策問存課【1420】

答臨孝存周禮難【0007】

答臨碩難禮【0006】

備忘錄【1931】

備遺錄【1857】

備邊屯田車銃議、車銃圖、倭情屯田議
　　【1862】

傅子【0767】

傅木虛集【1213】

傅光祿集【1066】

傅青主先生（山）年譜【1284】

傅忠肅公文集【1140】

傅獻簡公奏議【0583】

順安詩草【1492】

順宗實錄【1873】

集千字文詩【1984】【1985】

集世說詩【1859】

集古錄【0670】

集古錄目、原目【1885】

集美人名詩【1914】

集虛齋學古文【1367】

焦山古鼎考【1859】

焦氏易林【1858】

御批資治通鑑綱目【0329】

御批資治通鑑綱目前編、畧要、外紀
　　【0327】

御批歷代通鑑輯覽【0335】

御批續資治通鑑綱目【0332】

御定全唐詩錄、詩人年表【1730】

御定孝經衍義【0129】

御定康熙字典、總目、檢字、辨似、等韻、
　　補遺、備考【0204】

御定駢字類編【0959】

御風要術【1048】

御製數理精蘊【0815】【0816】

御撰資治通鑑綱目三編【0342】

御選唐宋文醇、詩醇【1705】

御選唐詩【1729】

御選歷代詩餘【1840】

詒穀老人（彭蘊章）手訂年譜【1970】

馮用韞先生北海集【1251】

馮秋水先生評定存雅堂遺稿【1169】

就日錄【1857】

敦孝先生（薩琅）事實【0479】

敦煌石室真蹟錄【0841】

庾詞【1859】

庾辭偶存【1976】

童山詩集、文集【1424】

童子摭談【1960】

遊明聖湖日記【1905】

遊草【1917】

遊道堂集【1451】

遊藝錄、別錄【0932】

遊藝錄【1984】【1985】

善本書室藏書志【0751】

善卷堂四六【1321】

尊前集【1835】

尊經閣募捐藏書章程、祀典錄【1884】

尊聞居士集、遺稿【1423】

道古堂文集、詩集、集外文、集外詩、軼事【1381】

道南源委【1860】

道南講授【1937】

道咸同光四朝詩史乙集【1809】

道咸同光四朝詩史甲集【1808】

道授堂詩【1789】

道統錄、附錄【1860】

道榮堂文集【1355】

遂初堂書目【1873】【1901】

遂昌山樵雜錄【1857】

曾子注釋【0009】

曾子章句【1928】

曾文正公（國藩）年譜【0520】

曾文正公事畧、附曾文正公祠雅集圖記【0486】

曾文正公奏議、補編【0590】

曾文正公雜著【0787】

曾文定公（鞏）年譜【0502】

曾季衡傳【1857】

曾惠敏公文集【1993】

曾惠敏公使西日記【1993】

曾惠敏公奏疏【1993】

曾惠敏公遺集四種【1993】

湛然居士文集【1884】

湛然居士集【1884】

湛園未定稿文錄【1703】

湛園札記【0009】

湛園題跋【1859】【1867】

湖上青山集【1905】

湖山百詠【1905】

湖山叙遊【1905】

湖山雜詠、附錄【1905】

湖山懷古集【1905】

湖北金石志【0689】

湖州詞徵【1843】

湖舫詩【1905】

湖海草堂詞【1885】

湖海詩傳、文傳【1757】

湖海樓全集【1307】

湖海樓叢書十二種【1864】

湖船錄【1859】【1905】

湖船續錄【1905】

湖墅雜詩【1905】

湖樓校書記、餘記【1976】

湖樓筆談【1984】【1985】

湖樓集【1905】

湖隱外史【0613】

尋花日記【1867】

畫友詩【1888】

畫眉筆談【1859】

畫訣【1859】

畫筌【1859】

畫語錄【1859】

畫論【1859】

畫麈【1859】

畫禪室隨筆【0825】

畫羅漢頌【1859】

遏憩山房叢拾稿【1598】

費氏古易訂文【0015】

巽隱先生文集【1907】

疏河心鏡【1859】

登西臺慟哭記註【1170】

發公羊墨守【0007】

發墨守【0006】【1862】

發墨守評【0009】

結一廬書目【1895】

絳雪山房詩鈔、詩續鈔、試帖【1526】

絳雲樓書目【0746】

絕妙好詞箋、續鈔、又續鈔【1836】

幾何原本【1873】

幾亭外書【1907】

十三畫

瑟榭叢談【1893】

瑟譜【0107】

損齋備忘錄【1857】

遠春樓四史筆存【1917】

遠春樓讀經筆存【1917】

遠遺堂集外文初編、續編【1998】

遠鏡說【1862】

鼓山志【0635】

摛文堂集【1901】

聖安本紀【0358】

聖安紀事【1932】

聖宋錢塘賦【1905】

聖雨齋詩文集、問魚篇、附錄【1275】

聖雨齋詩集【1907】

聖皇篇【0168】

聖祖仁皇帝庭訓格言【0788】【0789】

聖節會約【1859】

聖駕五幸江南恭錄【1875】

聖學宗要【1928】

聖學喫緊三關【1928】

聖諭像解【0445】

聖諭廣訓【0790】

聖諭樂本解說【1859】

勤學芻言【1986】

蓮社高賢傳【1858】

蓮坡詩話【1859】

蓮洋集、年譜、附錄【1338】

蓮鬚閣集【1912】

蓮龕尋夢記【1976】

墓銘舉例【1810】

夢中緣【1852】

夢占逸旨【1862】

夢因錄【1976】

夢草【1917】

夢奈詩稿【1597】

夢香樓集【1917】

夢華瑣簿【1974】

夢書【1961】

夢遊錄【1857】

夢粱錄【1905】

夢闌瑣筆【1859】

蒼霞草【1252】

虞書命義和章解【1911】

虞道園先生文選【1697】

虞翻周易注【0014】

當下繹【1926】

當湖文繫初編【1774】

睦仁蕳傳【1857】

愚一錄【1872】

愚山先生文錄【1703】

愚荃敝帚【1577】

愚庵雜著【1859】

照膽臺志畧【1905】

路文貞公集【1266】

路史節讀【0402】

遣戍伊犁日記【1954】

蛾術堂集十四種【1967】

蜂衙小記【1961】

農候雜占【1965】

農書【1859】

農桑輯要【1884】

蜀才周易注【0014】

蜀石經考異【0009】

蜀碑記、蜀碑記補【0691】

蜀輶日記【0645】

蜀徼紀聞【1859】【1945】

蜀錦袍傳奇【1854】

蜀檮杌【1862】

蜀難叙畧【1859】

稗販雜錄【1982】

筠清館金石文字【0699】

筠溪詩草【1700】

節錄巖下放言【1857】

節齋公集【1794】

傳忠堂學古文【1914】

傳是樓宋元本書目、附錄【1897】【1898】

傳經表、通經表【1869】【1954】

傳經表【1874】

傳樸堂詩稿、弢華館詩稿【1660】

鼠疫約編【0808】

鼠壤餘蔬【1976】

粵十三家集十三種【1912】

粵中偶記【0358】

粵西瑣記【1859】

粵詩蒐逸【1911】

粵臺徵雅錄【1911】

微尚齋詩集初編【1609】

微積溯原【1032】

鉢池山志、志餘【1914】

會昌進士詩集【1694】

會典簡明錄【0547】【1884】

會稽三賦【1864】

會稽三賦注【1866】

會錄【1928】

會講申言【1928】

愛日吟廬書畫錄、補錄、續錄、別錄
　　【0838】

愛日精廬藏書志、續志【0747】

愛吾鼎齋藏器目【1888】

愛吾廬文鈔【1870】

飴山文集【1939】

飴山全集五種【1939】

飴山詩集【1939】

飴山詩餘【1815】

詹元善先生遺集【1910】

詹言【1859】

詹詹集【1917】

解文毅公集、後集、附錄【1199】

解字小記【0009】

解春集【0009】

新吾呂君墓誌銘【1924】

新序【1858】

新門散記【1905】

新刻古杭雜記詩集【1905】

新刻張太岳先生詩文集【1236】

新法表異【1859】

新定牙牌數【1984】

新校晉書地理志【0286】

新校資治通鑑叙錄【0319】

新書【0764】【0765】【1858】

新喻梁石門先生集【1192】

新集至治條例【0545】

新斠注地理志【0249】

新嘉坡風土記【1888】

新語【1858】

新增格古要論【1866】

新論【1858】

新曆曉或【1859】

新雕徂徠石先生文集、補遺、校勘【1101】

新雕校證大字白氏諷諫【1087】

新舊唐書互證【0304】

新衡詞、外集【1829】

新釋地理備考全書【1873】

意言【1925】

意林、補遺【1868】

意林注、逸文、附編【1893】

雍州金石記、記餘【1866】

義門先生集、義門弟子姓氏錄、何義門
　　先生家書【1354】

義門弟子姓氏錄【1354】

義門題跋【1859】【1867】

義烈墓錄【1905】

義停山館集六種【1972】

煙霞萬古樓文集【1466】

煙譜【1859】

煬帝迷樓記【1857】

煬帝海山記【1857】

煬帝開河記【1857】

溝洫疆理小記【0009】

滇考【1908】

滇行日錄【1945】

滇南新語【1862】

滇南憶舊錄【1862】

滇載記【1857】【1862】

滇黔土司婚禮記【1859】

滅國五十考【1963】

溪蠻叢笑【1857】

滄洲紀事【0358】

滄浪詩話註【1803】

滄桑豔【1855】

滄溟先生集、附錄【1233】

滄螺集、補遺、附錄【1901】

滂喜齋宋元本書目【1895】

滂喜齋叢書五十種【1870】

慎守要錄【1873】

慎修堂詩集【1330】

慎疾芻言【1872】

慎盦文鈔、詩鈔【1601】

塞上吟【1590】

塞北小鈔【1859】

塞程別記【1859】

窓齋藏器目【1888】

褚堂閭史考證、附錄、校勘記【1905】

裨海紀遊【1859】

福廬遊稿【1257】

禘祫問答【1859】

禘說【1863】

羣玉樓稿【1230】

碧湖雜記【1857】

碧聲吟館談麈、硯辨【0883】

瑤石山人詩稿【1912】

搏沙錄【1859】

駁五經異義【0006】【0007】

駁五經異義、補遺【1862】

趙文敏公松雪齋全集、外集、續集【1178】

趙合傳【1857】

趙忠定奏議、宋忠定趙周王別錄、附刻
　　【0584】

趙恭毅公賸稿【1339】

嘉禾百詠【1890】

嘉定赤城志【1908】

嘉蔭簃藏器目【1888】

嘉靖以來首輔傳【0443】

嘉應平寇紀畧【1872】

臺懷隨筆【1945】

臺灣隨筆【1859】

臺灣雜記【0627】

聚星札記【1893】

聚學軒叢書六十種【1893】

慕陔堂乙稿【1642】

摹印述【1977】【1978】

蔡氏九儒書九種【1794】

蔡忠烈公遺集【1276】

蔡福州外紀、附錄【0477】

蔗尾詩集【1380】

蔗塘未定稿【1379】

蔗塘未定稿七種蔗塘外集四種【1379】

蔗塘外集【1379】

熙朝宰輔錄【0448】

熙朝新語【0390】

蔣子文傳【1857】

蔣廷錫詩選【1767】

蓼花洲閒錄【1857】

榕村全書三十二種附十種【1937】

榕村全集、續集、別集【1937】

榕村全集文錄【1703】

榕村詩選【1937】

榕村語錄【1937】

榕村講授【1937】

榕村譜錄合考【1937】

榕村韻書【1937】

榕陰日課【0922】

榕園文鈔【1971】

榕園全集五種【1971】

榕園詩鈔【1971】

榕園識字編【1971】

輔行記【1870】

監本附音春秋穀梁注疏、校勘記【0005】

監本附釋音春秋公羊注疏、校勘記
　　【0005】

爾雅【0003】【0004】

爾雅一切註音【1880】

爾雅正郭【0149】

爾雅正義【0009】

爾雅平議【1984】【1985】

爾雅匡名、爾雅補注【0148】

爾雅注疏、校勘記【0005】

爾雅注疏本正誤【1887】

爾雅音圖【0152】

爾雅校勘記、釋文校勘記【0009】

爾雅郭注佚存補訂【0151】

爾雅郭注義疏【1961】

爾雅補注【1890】

爾雅補注殘本【1871】

爾雅補郭【1880】

爾雅補註〔殘本〕【0146】【0148】

鄭氏詩譜考正【1874】

鄭志【0006】【0007】

鄭君紀年【0006】

鄭君駁正三禮考【1984】【1985】

鄭記【0006】

鄭康成（玄）年譜【1859】

鄭康成周易注、補遺【0014】

鄭敷文書說【1862】

鄭德璘傳【1857】

鄭靜菴先生文錄【1703】

鄭學十八種【0007】

鄭齋漢學文編【0923】

漢三統術【0810】

漢水發源考【1859】

漢甘泉宮瓦記【1859】

漢石經考異【0009】

漢石經殘字考【0001】

漢四分術【0810】

漢州郡縣吏制考【1987】

漢氾勝之遺書【1859】

漢志水道疏證【0252】

漢志武成日月表【1897】

漢武故事【1857】

漢武帝内傳【1858】

漢事會最人物志【1888】

漢官【1865】

漢官典職儀式選用【1865】

漢官答問【1875】

漢官解詁【1865】

漢官儀【0847】【1865】

漢故小黃門譙君之碑【0669】

漢故圉令趙君之碑【0669】

漢故涼州刺史魏君之碑【0669】

漢南春柳詞【1980】

漢幽州刺史朱君之碑【0669】

漢皇德傳【1900】

漢律考證【0213】

漢書【0411】【1944】

漢書人表考、補、附錄、校補【0248】

漢書刊詤【1959】

漢書地理志水道圖說【1977】

漢書地理志校本【0250】

漢書地理志校注【0251】

漢書西域傳補注【0253】【0254】【1869】

漢書注校補【0258】

漢書音義、補遺【1880】

漢書疏證【0257】

漢書辨疑【0255】

漢乾象術【0810】

漢孳室文鈔、補遺【1672】

漢鼓吹鐃歌十八曲集解【1888】

漢碑徵經【0719】

漢詩總說【1859】

漢儀【1865】

漢諸葛忠武侯（亮）年譜【0494】

漢學拾遺【1957】

漢學商兌【1962】

漢儒通義【1977】

漢舊儀、補遺【1865】

漢魏二十一家易注二十一種【0014】

漢魏石經考【1859】

漢魏音【1954】

漢麋水入尚龍溪考【0047】

漢禮器制度【1865】

漆室吟【1568】

漸西村人初集【1884】

漸西村舍彙刊四十四種【1884】

漱玉詞、補遺、附錄【1815】

增廣新術【1887】

穀梁古義【1859】

穀梁傳補注【1949】

穀梁廢疾申何【0009】

穀梁禮證【1911】

撰聯偶記【1976】

蕙西先生遺稿【1870】

邁堂文畧【1524】

蕉軒摭錄【0977】

蕉窗日記【1859】

樗寮先生全集【1513】

樗寮詩話【1513】

樓山堂集【1785】

樊山集、續集【1674】

樊公祠錄【1905】

樊樹山房集、續集、文集、集外詩（游仙
　　百詠）、集外詞（秋林琴雅）、集外
　　曲、又集外詩、集外詞、集外文、輓
　　辭、軼事【1378】

樊樹山房集外詩、半巖盧遺詩【1377】

樊樹山房集外詩【1882】

橢圜求周術【0811】【0812】

輪船布陣、圖【1007】

輪輿私箋、圖【0075】

甌北集、續增詩集【1416】

甌北詩鈔【1415】

甌香館集【1314】

甌鉢羅室書畫過目考【0836】

歐美政治要義【1054】

歐洲列國戰事本末【0655】

歐洲族類源流畧【0654】

歐陽文忠公文抄【1102】

賢母錄【0431】

醉鄉約法【1859】

醉盦硯銘【1872】

碻庵先生文鈔、詩鈔【1696】

匲史粹、拾遺【0951】

遼文萃【1744】

遼史藝文志補證【1744】

遼志【1857】

遼金元三史語解【0312】

遼金元姓譜【1859】

遼陽海神傳【1857】

遼詩話【1859】

震川先生集、別集、附錄【1231】

震澤龍女傳【1857】

劇談錄、逸文【0982】

劇談錄【1872】

鄴侯外傳【1857】

賞延素心錄【1859】

賞雨茅屋詩集、外集【1465】

賞菊倡和詩【1379】

賭棋山莊八十壽言【1982】

賭棋山莊全集八種【1982】

賭棋山莊筆記【1982】

賭棋山莊集文、文續、文又續、詩、酒邊
　　詞【1982】

賭棋山莊集詞話、續編【1982】

賭棋山莊餘集文、詩、詞【1982】

賜書堂楊氏家譜［江蘇無錫］【0538】

賜硯齋題畫偶錄【1872】

數馬集【1249】

數學理【1029】

數學精詳【0814】

影山草堂六種【1918】

影事詞選【1551】【1552】

影春園詞【1986】

影梅庵憶語【1859】【1914】

德意志帝國新刑律草案總則【0995】

徵刻唐宋秘本書目【1859】

徵信錄【1917】

衛公兵法輯本【1884】

衛生寶鑑、補遺【1866】

盤洲文集【1147】

盤遊日記【1379】

劍南詩鈔【1149】

貓乘【1859】

餘辛集【1616】

魯詩遺說考【0065】

魯詩遺說考叙錄【0065】

魯齋述得【1862】

魯禮禘祫義【0006】【0007】

劉子全書二十五種附二種【1928】

劉子全書抄述【1928】

劉叉詩集【1694】

劉中丞奏議【0591】

劉公旦先生死義記【0358】

劉氏遺書【0009】

劉氏遺書八種【1957】

劉氏遺箸【1870】

劉左史文集【1129】

劉先生（城）年譜【1785】

劉更生（向）年表【1887】

劉希仁文集【1911】

劉壯肅公奏議序【0593】

劉表周易章句【0014】

劉孟塗集【1531】

劉兼詩集【1694】

劉寄庵文錄【1703】

劉葆真太史遺稿【1683】

劉貴陽說經殘稿【1870】

劉給諫文集【1131】

劉滄詩集【1694】

劉駕詩集【1694】

劉豫事蹟【1859】

劉禮部集、麟石文鈔【1512】

劉瓛周易義疏【0014】

皺水軒詞筌【1859】

請纓日記【0527】

諸子平議【1984】【1985】

諸史考異【0419】

諸史拾遺【0316】

諸史然疑【1859】

諸葛武侯文集【1860】

諸皋廣志【1859】

課易存商【1958】

課餘偶錄、續錄【1982】

論文【1859】

論世約編、外編【0874】

論世約編【1963】

論印絕句、續編【1872】

論語［大篆］、許氏說文引論語【0132】

論語【0003】【0004】

論語小言【1984】【1985】

論語孔注辨譌【1871】

論語古注擇從【1984】【1985】

論語古義【1859】

論語平議【1984】【1985】

論語孝經爾雅孟子、附易林等【1944】

論語述何【0009】

論語述注【1972】

論語注【0006】

論語注疏解經、校勘記【0005】

論語後案【0134】

論語後錄【0010】

論語校勘記、釋文校勘記【0009】

練閱火器陣記【1859】
畿輔水利議【0574】

十六畫

靜修先生文集【1177】
靜軒公集【1794】
靜娛樓詩草【1691】
靜庵文集【1690】
駱文忠公奏稿【0588】
駱文忠公奏議湘中稿、四川奏議、附錄
　【0587】
駱賓王集【1694】
駢字分箋【1859】【1862】
駢雅【0230】
駢隸【1984】【1985】
駢體文鈔【1717】
熹朝忠節死臣列傳【0358】
擁書堂詩集【1450】
磬折古義【0009】
燕子樓傳奇【1854】
燕丹子【1865】
燕市集【1240】
燕居集【1959】
燕都日記【1881】
燕都識餘【1859】
燕寢考【0009】
燕魏雜記【1862】
燕蘭小譜【1891】
薛子條貫篇、續【0778】
薛文清公讀書全錄類編【0777】
薛文清公讀書錄【1860】
薛文清公讀書錄鈔【1872】
薛昭傳【1857】
薛敬軒先生文集【1860】

薛瑩後漢書【0234】
薇省詞鈔【1844】
薊門兵事【1925】
薊門塞曲【1925】
翰林記【1911】
翰林集、附錄【1693】
翰林學士集【1876】
翰馨書屋賦餘【1637】
蕭茂挺文集【1901】
樹經堂詠史詩【1428】
樹經堂詩初集、詩續集、文集、詠史詩
　【1427】
樹廬文鈔【1288】
橫山草堂叢書二集二十二種附三種
　【1902】
橫山遊記【1905】
橫橋吟館圖題詠【1905】
樸巢詩選、文選【1914】
樸樹廬剩稿【1917】
樸學齋詩稿、文稿【1353】
橋西雜記【1870】
檇李遺書二十六種【1907】
機聲鐙影詞【1954】
輶軒使者絕代語釋別國方言箋疏、校勘
　記【0233】
輶軒使者絕代語釋別國方言箋疏【1887】
輶軒博紀【0467】
賴古堂名賢尺牘新鈔、二選藏弆集、三
　選結鄰集【1798】
勵志錄【1361】
歷代石經畧【0153】
歷代史表【0392】【0393】
歷代史畧【0410】
歷代史論【0408】

學林【0865】【1864】

學易記【1866】

學易集【1128】

學治一得編【1872】

學治臆說、續說、說贅【1948】

學春秋隨筆【0008】【0009】

學校問【1862】

學圃餘力【1862】

學海堂集、二集、三集、四集【1800】

學海堂叢刻十三種【1913】

學海蠡測【1859】

學規類編【1860】

學術辨【1936】

學庸切己錄【1933】

學麻說【1859】

學蔀通辯【1860】

學詩闕疑【1872】

學福齋雜著【1862】

學語雜篇【1859】

學禮質疑【0008】【0009】

儒行述【1859】

儒林譜【1862】

衡嶽遊記【1859】

衡齋算學【1893】

錯姻緣傳奇【1854】

錢氏四種【0010】

錢氏私誌【1857】

錢氏家變錄【0358】

錢名世詩選【1767】

錢南園先生遺集【1433】

錢塘西湖百詠【1905】

錢塘百詠【1905】

錢塘先賢傳贊【1905】

錢塘湖山勝概記【1905】

錢塘湖山勝概詩文【1905】

錢塘遺事【1905】

錢塘縣誌［萬曆］【1905】

錢塘懷古詩【1905】

錫金四喆事實彙存【0458】

歈問【1859】

鮑臆園丈手札【1870】

獨山平匪記【1875】

獨孤穆傳【1857】

獨漉堂詩【1789】

獨漉堂詩集、文集、續編、陳獨漉先生年
　　譜【1313】

獨學廬二稿詩、文、花韻庵詩餘、花間樂
　　府、外集、微波詞【1959】

獨學廬三稿、晚香樓集【1959】

獨學廬五稿、補遺、燕居集【1959】

獨學廬四稿、池上集【1959】

獨學廬全稿十種【1959】

獨學廬初稿詩、文【1959】

獨斷【1858】

鴛央湖櫂歌、和韻、續【1762】

鴛央湖櫂歌【1907】

諧史【1857】

諧聲補逸【1880】

謁唐昭陵記【0692】【1882】

諺說【1859】

塵餘【1859】

親屬記【0232】

辨定嘉靖大禮議【1862】

辨釋名【0168】

龍井見聞錄、宋僧元淨外傳【1905】

龍井顯應胡公墓錄【1905】

龍沙紀畧【1859】

龍岡山人詩鈔、古今體詩鈔、古文鈔、紫

韓子粹言【1937】

韓氏三禮圖說【0102】

韓文（愈）類譜【0495】

韓文公歷官記【0495】

韓吏部文公（愈）集年譜【0495】

韓非子、識誤【0806】

韓非子平議【1984】【1985】

韓昌黎集【1944】

韓昌黎詩集編年箋注【1081】

韓門綴學、續編【1917】

韓承旨（偓）年譜【1097】

韓南溪四種【1875】

韓集補注【1085】

韓詩內傳徵、叙錄、補遺、疑義【1887】

韓詩外傳【1858】【1868】

韓詩遺說、訂譌【1888】

韓魏公集【1860】

隸古定尚書孔傳唐寫本殘卷校字記
【1896】

隸篇、續、再續、金石目、部目、字目
【0211】

隸釋、隸續、汪本隸釋刊誤【0709】

樗華館文集、駢體文、詩集、雜錄【1529】

樗華館全集【1529】

檀弓訂誤【1859】

檀園集【1259】

臨川答問【1887】

臨平記、附錄【1905】

臨平記補遺、續【1905】

臨民要署【1872】

臨江鄉人詩【1909】

臨池心解【1872】

臨安旬制紀、附錄【1905】

臨清寇署【1859】

磵村集【1917】

邇言【1859】

邇語【1859】

霜紅龕家訓【1859】

霜紅龕集、附錄、傅青主先生年譜【1284】

霜猨集【0388】

戲曲考原【1895】

戲言【1914】

嬰山小園詩集、晚年手定稿【1446】

螺江陳氏家譜［福建福州］【0536】

嶺上白雲集、瘞翁文鈔【1620】

嶺上紀行【0389】

嶺外雜言【0624】

嶺南三大家詩選【1789】

嶺南荔支譜【1911】

嶺南遺書六集五十九種【1911】

嶽雪樓書畫錄【0835】

點勘記、省堂筆記【0933】

黝山紀遊【1859】

魏三體石經遺字考【0001】【1865】

魏石經考異【0009】

魏伯子文集【1796】

魏叔子文集外篇、詩集、日錄【1796】

魏叔子文鈔【1702】

魏季子文集【1796】

魏昭士文集【1796】

魏莊渠先生集【1860】

魏書校勘記【0301】

魏陳思王年譜【1063】

魏敬士文集【1796】

魏鄭公（徵）諫錄、續錄【0474】

魏默深先生老子本義【1884】

魏興士文集【1796】

魏鶴山先生渠陽詩【1164】

繆武烈公遺集【1593】

十八畫

瓊州雜事詩【1888】

瓊花志【1859】

瓊英小錄、附錄【1905】

瓊英小錄【1984】

聶隱娘傳【1857】

藝文類聚【0943】

藝舟雙楫【1964】

藝芸書舍宋元本書目、元板書目【1870】

藝芸書舍宋元本書目【1895】

藝林學山【1927】

藝風堂文集、外集【1999】

藝風堂文續集、外集【1999】

藝風堂全集三種【1999】

藝風堂金石文字目【0722】

藝風堂題跋【1896】

藝風藏書記、續記【1999】

藝海珠塵八集一百六十四種【1862】

藝庵遺詩【1867】

藝游錄【0820】

藥房心語【1859】

藤華吟館詩錄【1659】

轉注古義考【1862】

轉徙餘生記【1905】

轉漕日記【0646】

覆瓿草【1481】

覆瓿集十三種【1976】

醪河陳氏誦芬錄【0462】

醫津一筏【1859】

豐干拾得詩【1070】

豐順丁氏持靜齋書目【0729】

豐鎬考信別錄【1951】

豐鎬考信錄【1951】

叢睦汪氏遺書十九種【1917】

蟲薈【1889】

顳顬麻考【1973】

簠齋傳古別錄【1870】

簠齋藏器目【1888】

簡易菴算稿【0822】

簡莊文鈔、續編、河莊詩鈔【1677】
【1906】

簡學齋清夜齋手書詩稿合印二種【1704】

簡學齋詩存、詩刪、館課賦存、館課試律
存、館課賦續鈔、試律續鈔【1534】

雙白燕堂文集、外集【1501】

雙白燕堂全集【1501】

雙白燕堂詩集、集唐詩【1501】

雙忠研齋詩餘【1575】

雙佩齋文集、駢體文集【1434】

雙佩齋詩集、金陵雜詠、雙佩齋文集、駢
體文集、補梅書屋詩草【1434】

雙圃氏同館賦鈔、詩鈔【1966】

雙楳景闇叢書十六種【1891】

雙槐歲鈔【1911】

雙虞壺齋印存【0724】

雙虞壺齋藏器目【1888】

雙節吟【1566】

雙節堂庸訓【1948】

雙樹幻鈔【1927】

雙藤書屋詩集、試帖【1486】

邊畧【1897】

歸庸齋詩、文【1929】

歸愚詩鈔、文鈔【1364】

歸愚詩鈔【1363】

歸震川先生文選【1697】

歸樸齋詩鈔戊集、己集【1993】

疇人傳【0009】【0437】

蠖齋詩話【1859】

嚴州圖經、校字記【1884】

嚴東有詩集【1890】

嚴陵集【1889】

嚴維詩集【1694】

羅山遺集【1975】

羅文恪公遺集【1612】

羅忠節公年譜【1975】

羅忠節公遺集【1975】

羅郢州遺文【1155】

羅浮志【1911】

羅鄂州小集、羅郢州遺文【1155】

羅鄴詩集【1694】

羅豫章先生文集【1860】

羅豫章先生集【1132】

羅整庵先生存稿【1860】

羅整庵先生困知記【1860】

犢山詩稿【1958】

犢山類稿五種【1958】

籀經堂類稿、齊陳氏韶舞樂疊通釋【1562】

牘外餘言【1859】

譚史志奇【0970】

譙周古史考【1865】

識小錄【1968】

識字續編【0215】【1963】

識物【1859】

譜雙【1892】

證人會約【1928】

證性編【1926】

證俗文【0168】【1961】

證俗音【0168】

證學雜解【1928】

譎觚十事【1932】

廬山紀遊【1859】

廬陵宋丞相信國公文忠烈先生全集【1168】

廬陽三賢集三種【1904】

龐氏家訓【1911】

韻山堂詩集、補遺【1473】

韻石齋筆談【1872】

韻府鉤沈【0223】

韻問【1859】

韻畧【0168】

韻雅【1984】【1985】

韻集【0168】

韻補、韻補正【0217】

韻補正【0217】【1932】

韻語陽秋【1901】

韻徵【0221】

甕天錄【1859】

類編皇朝大事記講義【0413】

瀟湘錄【1857】

瀘溪詩文【1134】

懷人館詞選【1551】【1552】

懷古田舍詩節鈔【1548】

懷米山房藏器目【1888】

懷沙記【1852】

懷星堂全集【1207】

懷清堂集【1348】

懷夢詞【1885】

懷舊集【1870】

懷舊褲記【1976】

懷麓堂全集【1204】

韜光庵紀遊集【1905】

嫩園觴政【1859】

繪事發微【1859】

鐵甲叢譚、圖【1008】

鐵函齋書跋【1859】

鐵香室叢刻續集六種【1894】

鐵崖逸編註【1187】

鐵崖詠史註【1187】

鐵崖詩集三種【1187】

鐵崖樂府註【1187】

鐵琴銅劍樓藏宋元本書目【0729】

鐵琴銅劍樓藏書目錄【0749】

鐵圍山叢談【1857】

鐵槎山房見聞錄【0981】

鐵橋金石跋【1893】

鐮山草堂詩合鈔【1862】

顧氏譜系考【1932】

顧亭林先生（炎武）年譜【0513】

顧亭林先生年譜、附【1932】

顧亭林先生遺書十種補遺十一種【1932】

顧嗣立詩選【1767】

顧端文公年譜【1926】

顧端文公遺書十四種附一種【1926】

鶴山文鈔、周禮折衷、師友雅言【1165】

鶴巢詩存、行述、介卿遺草【1585】

鶴鳴集【1962】

鶴徵後錄【1859】

鶴徵前錄【1859】

鶴歸來傳奇【1853】

蠡勺編【1911】

續三十五舉【1859】【1872】【1873】
　　【1913】

續小兒語【1862】

續千文【1885】

續天文畧【1946】

續五九枝譚【1984】【1985】

續方言【1859】【1862】

續方言補正【1862】

續方言疏證【1880】

續古文苑【1865】

續弘簡錄元史類編【0246】

續考古圖、釋文【0694】

續列女傳【1868】

續近思錄【1860】

續表忠記【0444】

續東河櫂歌【1905】

續東軒遺集【1600】

續修雲林寺誌【1905】

續桐陰論畫、二編、三編【0843】

續軒渠集、補遺、附錄、杏庭摘稿【1184】

續高士傳【1882】

續唐書【0369】

續詩品【1859】

續資治通鑑【0333】

續經苑三種【0012】

續疑年錄【1867】

續齊諧記【1858】

續漢書辨疑【0273】

續綸扉奏草【1252】

續墨客揮犀【1857】

續論語駢枝【1984】【1985】

續樵李詩繫【1772】

續蟹譜【1859】

二十二畫

懿安事畧【0358】

聽松廬詩畧【1913】

聽雨小樓詞稿【1823】

聽雨樓詩【1870】

聽秋聲館詞話【1847】

聽雪軒集【1917】

讀書雜誌【0009】

讀書雜識【0911】

讀書雜釋【0918】

讀通鑑綱目劄記【0331】

讀雪山房唐詩【1734】

讀許魯齋心法偶記【1931】

讀越絕書【1984】【1985】

讀畫山房文鈔【1953】

讀畫錄【1859】【1873】

讀楚辭【1984】【1985】

讀碑小箋【0714】

讀詩拙言【1873】

讀經如面【1967】

讀爾雅日記【0150】

讀說文記【1969】

讀說文雜識【0198】

讀漢碑【1984】【1985】

讀諸文集偶記【1931】

讀論質疑【1959】

讀論衡【1984】【1985】

讀潛夫論【1984】【1985】

讀戰國策隨筆【1859】

讀韓詩外傳【1984】【1985】

讀隸輯詞【1984】【1985】

讀禮小事記【0086】【0105】

讀禮志疑【1860】【1936】

讀禮問【0105】【1859】

讀禮叢鈔十六種【0105】

讀鶡冠子【1984】【1985】

讀鹽鐵論【1984】【1985】

龔定庵說文段注札記【1890】

龔定盦全集【1551】

鼇峯倡和詩【1905】

鼇峯書院志【0632】

鼇峯書院紀畧【0633】

二十三畫

曬書堂文集、外集、別集【1961】

曬書堂時文【1961】

曬書堂筆記【1961】

曬書堂筆錄【1961】

曬書堂詩鈔、試帖、詩餘【1961】

曬書堂閩中文存【1961】

顯志堂稿、夢奈詩稿【1597】

欒城集、後集、三集【1121】

欒城集、後集、三集、應詔集【1120】

變雅堂文集、詩集、補遺、附錄【1290】

癭鷗戲墨【0936】

麟石文鈔【1512】

孅窟詞【1815】

二十四畫

攬勝圖譜【1859】

觀古堂彙刻書十三種【1890】

觀自得齋叢書二十三種別集六種【1882】

觀宅四十吉祥相【1859】

觀物篇【1859】

觀象居易傳箋【1917】

觀象授時【0009】

觀感錄【1859】

觀劇絕句【1891】

觀齋集【1464】

鹽鐵論【0766】【1858】

釀蜜集【1368】

靈芬館雜著【1874】

靈峯草堂叢書十一種【1876】

靈隱書藏紀事【1905】

靈應傳【1857】

人名索引

【1744】

王仁裕【0961】

王文誥【1118】【1473】

王方慶【0474】

王心敬【1859】

王引之【0009】【0157】【0206】

王世貞【0377】【0443】【0924】【1237】
　　　【1238】

王世睿【1859】

王仕雲【1859】

王用誥【0135】

王弘撰【1304】【1867】

王式丹【1767】

王芑孫【1458】【1810】

王光承【1862】

王先恭【0474】

王先謙【0301】【0343】【0640】【0742】
　　　【0762】【1587】【1669】

王行【1810】

王兆芳【1688】

王充【1858】

王宇【0897】

王守仁【1206】【1697】

王守基【1870】

王守毅【1558】

王志堅【0939】【1866】

王志慶【0954】

王秀楚【0358】

王佐【1866】

王伯大【1083】

王希旦【1223】

王言【0676】【1859】

王沂孫【1813】

王宏撰【1867】

王良樞【1882】

王初桐【1859】【0951】

王君玉【1857】

王若虛【1173】

王杰【0697】

王尚辰【1878】【1879】

王季點【1023】

王秉恩【0001】

王命岳【1285】

王采薇【1455】

王念孫【0009】【0168】【0907】【1895】

王周【1694】

王炎午【1171】

王宗炎【1459】

王宗涑【1956】

王宗誠【1859】

王宗稷【1112】【1113】【1115】

王定安【0387】【0486】【0487】【1905】

王定保【1872】

王建【1698】

王拯【1614】

王柏【1862】

王柏心【1567】【1568】【1630】

王勃【1694】

王厚之【0696】

王星誠【1870】

王度【0358】

王奕清【1840】【1846】

王庭珪【1134】

王彥泓【1890】

王炳【0772】

王昶【0001】【0674】【1757】【1838】
　　　【1839】【1859】【1891】【1945】

王珪【1698】

王恭【1779】

王原祁【0553】【1859】

王烈【1862】

王時宇【1113】

王隼【1789】【1912】

王家文【1893】

王家仕【1567】

王恕【1866】

王通【1858】

王棻【1166】

王冕【1195】

王國維【1690】【1895】【1896】

王崧【0009】

王崇炳【1156】

王崇慶【1866】

王符【1858】【1864】

王偁【1779】

王象之【0691】

王逸【1058】

王隆【1865】

王紹傳【1905】

王紹徽【1891】

王紹蘭【0180】【0251】【0805】【1859】
　　　【1871】

王堯臣【0736】

王達【1901】

王敬之【1885】

王萱齡【1893】

王鼎【1490】

王晫【1859】

王景賢【1972】

王雋【1921】

王復【1862】

王復禮【1905】

王詒壽【1646】

王曾翼【1859】

王惲【1867】

王遐春【1693】

王弼【0002】【0003】【0004】【0005】
　　　【1858】

王聘珍【0095】【0096】

王粲【1858】

王煦【0197】【0226】

王照圓【1961】

王筠【0191】【0199】【0200】【0201】
　　　【0216】【1859】【1885】【1888】

王頌蔚【1870】

王義【0168】

王猷定【1703】

王煒【1859】

王溥【0542】【0543】

王源【1341】

王肅【0014】【0758】

王嘉【1858】

王蜆【1166】

王鳴盛【0009】【0041】【0415】【0416】

王圖炳【1767】

王稱【0305】

王銍【1857】

王廣心【1289】

王廙【0014】

王韶之【1911】

王肇晉【0135】

王維【1072】【1699】

王樑【1859】

王震元【1905】

王箴聽【1347】

王德文【1164】

王德均【1046】
王德溥【1905】
王德璘【1905】
王餘佑【0800】【1294】
王褒【1779】
王慶麟【1862】
王澍【1873】
王澐【1862】
王翬【1859】
王豫【1768】【1859】
王緯【1905】
王翰【1190】【1191】
王樹柟【0015】【0093】【0151】【0654】
　　【0655】【1060】【1680】
王樹善【1014】
王曇【1466】
王錡【0928】
王錫【1862】
王錫榮【1888】
王鋑【1859】
王澤【1464】
王隱【0235】【0289】【0290】【1863】
王穀【1859】
王懋竑【0009】【0506】【0901】【1347】
王穉登【1240】【1241】【1242】【1243】
　　【1244】【1245】【1905】
王謨【0466】【1858】
王應山【0664】
王應麟【0014】【0529】【0896】【1864】
王翼孫【1458】
王績【1069】
王闓運【0852】【1888】
王蘇【0952】
王鵬運【1831】

王瀛【1905】
王韜【0968】
王蘭芳【1882】
王譽昌【1859】
王繼香【1872】
王瓛【1865】
王懿榮【1888】
王巌叟【0476】
王麟生【1434】
王麟書【1642】
王麟趾【1859】
王觀【1914】
王觀國【0865】【1864】
王讜【1866】
天目山樵【1976】
木拂【0358】
元好問【1174】【1175】【1697】【1725】
元積【1692】
元懷【1857】
尤玘【1901】
尤侗【1859】【1862】
尤珍【1859】【1862】
尤乘【1867】
尤袤【1801】【1873】【1901】
戈直【0368】
戈載【1813】【1872】
中國國民叢書社【0987】
牛運震【0407】【1393】
毛乃庸【0990】
毛邦翰【0161】
毛先舒【0105】【1766】【1859】
毛亨【0002】【0003】【0004】【0005】
毛奇齡【0009】【0105】【1859】【1862】
　　【1905】

毛晉【1698】
毛祥麟【0978】
毛際盛【1893】
毛綸【1849】
仇遠【1180】
公孫弘【1862】
卞寶第【0576】【0620】【0621】
六十七【1859】【1862】
六承如【0596】
六嚴【0596】
文天祥【1168】【1860】【1922】
文有煥【1168】
文同【1895】
文廷式【1832】
文安禮【0495】
文昭【1728】
文廉【0666】
文震孟【0358】【0459】
文徵明【1210】
方勺【1857】【1872】
方中德【0948】
方中履【1859】
方仁榮【1884】【1889】
方以智【1859】
方世舉【1081】
方式濟【1859】
方成培【1872】
方回【1857】
方旭【1889】
方孝孺【1196】【1860】
方苞【0012】【0238】【0763】【1357】
　　【1720】
方東樹【0783】【1505】【1944】【1962】
方宗誠【0768】【1554】

方拱乾【1859】
方逢辰【1167】
方逢振【1167】
方象瑛【1859】
方凰【1169】
方愷【0286】
方殿元【1859】【1912】
方楘如【1367】【1859】
方鳳【1169】
方震孺【1263】
方履籛【1543】【1885】
方澤【1962】
方績【1962】
方瀾【1895】
方觀旭【0009】
尹文【1864】
尹耕雲【1615】
尹起莘【0328】
尹彭壽【1888】
尹焞【1860】
尹會一【0435】
尹壇【1866】
尹繼美【0019】
引田利章【0990】
孔平仲【1857】【1862】
孔安國【0002】【0003】【0004】【0005】
　　【0037】
孔尚任【1859】
孔衍栻【1859】
孔晁【0359】【1858】
孔毓圻【0552】
孔廣林【0007】
孔廣牧【0090】【0471】【0472】
孔廣陶【0835】【0944】

孔廣森【0009】【0092】【1449】

孔鮒【0226】【1858】

孔穎達【0005】【0037】

孔繼涵【1887】

五畫

甘公【1858】

甘京【1859】

左光斗【1258】

左宗植【1601】

左宗棠【1605】【1979】

左宰【1258】

左運奎【1827】

石介【1101】【1860】

石申【1858】

石渠【1870】

石嘉吉【1870】

石愨【0130】

石韞玉【1400】【1959】

石龐【1859】

申培【1858】

申涵光【1859】【1872】【1934】

申涵盼【1329】【1934】

申涵煜【1934】

田大里【1034】【1042】【1043】

田同之【1815】

田汝成【1228】【1905】

田雯【0625】【1859】【1915】

田肇麗【1915】

史山清【1272】

史可法【1272】

史册【1859】

史安之【0660】

史季温【1123】【1124】

史炤【0319】

史容【1123】【1124】

史理孟【1010】

史達祖【1813】

史游【1871】【1888】

史夢蛟【1392】

史夢蘭【0534】

史鑄【1864】

史鑑【1905】

冉覲祖【1859】

丘人龍【0475】

丘象隨【1093】

丘濬【1860】【1911】

代那【1045】

白居易【1086】【1087】【1692】【1895】

白胤謙【1929】

白愚【0358】

白爾格【1021】

白爾特【1048】

印光任【1859】

包世臣【0877】【1964】

包世榮【1880】【1964】

包拯【0581】【1904】

包慎言【1964】

玄燁【0129】【0327】【0329】【0332】
　　　【0815】【0816】【1729】【1840】

氾勝之【1859】

司空曙【1694】

司馬光【0224】【0319】【0320】【0321】
　　　【0322】【0324】【0962】【1108】
　　　【1109】【1860】【1861】【1868】
　　　【1892】

司馬相如【0168】

司馬貞【0236】【0237】

司馬彪【0234】

司馬遷【0236】

司農司【1884】

弗里愛【1047】

弘曆【0312】【1705】

皮錫瑞【0164】【0165】

六畫

邢昺【0005】【0145】

邢澍【1865】【1893】

邢璹【0003】【1858】【0002】

戎昱【1694】

朴齊家【1862】

西田直養【1870】

西清【1884】

西溪山人【1891】

百拉西【1002】

百保【1586】

成本璞【1678】

成蓉鏡【0047】【0297】

成孺【0297】

光聰諧【0886】【1521】

朱一新【0921】【1997】

朱三錫【1725】

朱士端【0679】

朱子素【0358】【1881】

朱曰藩【1234】

朱壬林【1774】

朱文懋【1905】

朱文藻【1905】

朱右曾【1868】

朱仕玠【1783】

朱仕琇【1396】

朱用純【1867】【1877】

朱百度【0719】

朱存理【1902】

朱次琦【1592】

朱長春【0804】

朱松【1141】

朱昆田【0404】【0607】

朱和羹【1872】

朱河【1892】

朱承爵【1901】

朱祖謀【1834】【1843】

朱珪【1424】

朱恩錫【1011】

朱記榮【1869】【1882】

朱海【0974】

朱彬【0009】【0156】【1451】【1889】

朱舲箋【1540】

朱象賢【1859】

朱翊清【0975】

朱清榮【1862】

朱翌【0864】

朱琦【1580】

朱琰【1905】

朱彭【1905】

朱葵之【1527】

朱楠【1870】

朱景英【0626】

朱爲弼【0698】

朱善旂【0701】

朱楓【0723】【1859】【1866】

朱軾【0427】【1356】【1703】【1861】
【1942】

朱睦㮮【1866】【1897】【1898】

朱筠【1418】【1872】

朱際虞【1859】

江漣【1442】

江標【0729】【0731】【1694】【1888】

江衡【1033】

江聲【0009】【0049】【0169】【1859】

江藩【0009】【1870】【1871】【1887】

江瀚【1895】

氾勝之【1859】

宇文紹奕【1919】

宇文懋昭【1857】

安吉【0221】

安致遠【1309】

安樂山樵【1891】

安箕【1342】

祁寯藻【1553】

阮元【0001】【0005】【0009】【0167】
　　【0437】【0457】【0685】【0698】
　　【0733】【0734】【0849】【1475】
　　【1771】【1800】【1859】【1874】
　　【1888】【1890】【1913】

阮孝緒【0168】

阮亨【1905】

阮其新【0571】

阮咸【1858】

阮常生【0517】

阮逸【1858】

阮葵生【1859】【1862】

阮福【0009】【0396】【0685】【0734】

牟庭【1893】

牟融【1865】

七畫

芮長恤【0154】

芮城【1859】

克利賴【0998】

杜本【1746】

杜甫【1076】【1077】【1078】

杜昌丁【1859】

杜宗嶽【1153】

杜貴墀【1633】

杜詔【1862】

杜登春【1859】【1862】

杜預【0002】【0003】【0004】【0005】

杜範【1166】

杜默能【1006】

杜諤【0124】

杜濬【1290】

李之芳【0358】

李之儀【1815】

李之藻【1873】

李元春【0667】

李元度【0449】【1626】

李日華【1872】【1907】

李化楠【1395】

李文田【1884】【1888】【1893】

李文安【1577】

李文炤【0105】

李文藻【1871】

李心傳【0337】【0544】

李心衡【1862】

李玉棻【0836】

李世勛【1894】

李世熊【1273】

李仙根【1859】

李白【1073】【1074】【1075】

李必恒【1767】

李幼武【0425】

李圭【1905】

李吉甫【1885】

李有【1857】【1905】
李至【1899】
李光地【0106】【0220】【0771】【1703】
　　【1937】
李光型【1859】
李光溥【1848】
李光墺【1859】
李光墍【1859】
李廷相【1897】【1898】
李向旻【1273】
李兆洛【0596】【1263】【1496】【1717】
李汝珍【0225】
李好文【1863】
李肖龍【1911】
李佐賢【1888】
李彤【0168】
李冶【0813】【1873】
李沂【1859】
李枝青【0887】【1569】
李杭【1625】
李東陽【1204】【1206】
李果【1866】
李昉【1899】
李侗【1860】
李宗文【1937】
李宗蓮【0752】
李建勳【1694】
李咸用【1694】
李星沅【1565】
李昂英【1912】
李重華【1859】
李彦章【1971】
李祖陶【0406】【1524】【1697】【1703】
李祖望【0169】

李祖堯【1901】
李祖惠【1859】
李泰【1883】
李振裕【1335】
李桓【1989】
李格非【1873】
李時行【1912】
李恩繼【0666】
李益【1900】
李流芳【1259】【1905】
李容【1859】
李盛鐸【1880】
李符【1907】
李象鵾【1966】
李商隱【1095】【1857】
李清【0358】
李清植【1937】
李清照【1815】【1882】【1892】
李清馥【1937】
李惇【0009】
李隆基【0004】【0005】
李紱【1365】
李紳【1088】
李貽德【0109】
李鼎【1859】【1905】
李遇孫【1859】【1893】
李景亮【1857】
李集【1859】
李鈞【0646】
李富孫【1474】【1820】【1859】
李賀【1092】【1093】
李登【0168】
李登雲【1685】
李遠【1694】

李概【0168】

李夢陽【1206】【1211】

李楩【1570】

李鉉【1867】

李詡【1901】

李慈銘【1643】

李煜【1895】

李槩【0168】

李遜之【0358】【1901】

李燾【1905】

李榕【1621】

李輔燿【0105】

李鳳苞【1027】【1888】

李端【1694】

李榮英【1783】

李榮陛【1703】【1947】

李綱【0372】【0373】【1135】【1873】

李璋煜【1888】

李鄴嗣【1859】

李嶠【1862】

李德裕【1091】

李銳【0810】【1859】【1893】

李調元【0691】【1395】【1424】【1738】

李虞芸【1870】

李璟【1895】

李默【1230】

李興祖【1294】

李翱【1695】【1862】

李錫齡【1866】

李龍吟【0020】

李隱【1857】

李覯【1104】

李聯琇【1887】

李嶽蘅【1002】

李翺【1089】

李鍇【0245】

李鍾珏【1888】

李鍾倫【1937】

李應昇【1901】

李鴻裔【1649】

李濤【0754】

李濬之【0653】

李顒【1859】

李蘇【1866】

李攀龍【1233】

李轍通【0515】

李黼平【0009】

李瀚章【0575】

李鼇【1857】

李鶚翀【1901】

李鶴年【0483】

李觀瀾【0571】

吾丘衍【1872】

里斯脫【0994】

呂大防【0495】

呂中【0413】

呂世宜【1870】

呂本中【0439】【0863】

呂坤【0560】【0780】【0781】【1861】
　　【1862】【1924】

呂侘孫【1870】

呂祉【1862】

呂祖謙【0334】【0412】【1115】【1156】
　　【1718】【1740】【1860】【1869】

呂飛鵬【1893】

呂培【1954】

呂得勝【1862】

呂柟【1866】

呂温【1694】

呂璜【1874】

呂履恒【1330】

呂靜【0168】

呂頤浩【1862】

吳人【1859】

吳士玉【0959】【1767】

吳士鑑【0294】

吳下逸民【0358】

吳大廷【1635】

吳大澂【0128】【0132】【0705】【0707】
　　【1888】

吳曰慎【1866】

吳仁傑【0274】【1868】

吳文英【1813】

吳玉搢【0177】【0673】

吳玉麟【1443】

吳本泰【1905】

吳可讀【1602】

吳式芬【0703】【0724】【0725】【1888】

吳存楷【1905】

吳廷華【0009】

吳廷棟【1554】

吳廷楨【1767】

吳任臣【0370】

吳自牧【1905】

吳自高【1321】

吳汝綸【0656】【1994】

吳守一【1859】

吳均【1858】

吳長元【1859】【1891】

吳炁雲【1956】

吳若【1862】

吳林【1859】

吳枋【1862】【1901】

吳卓信【0105】【1859】【1870】

吳昌綬【0519】

吳昇【1460】

吳炎【1871】

吳宗濂【1888】

吳城【1905】

吳省欽【1862】

吳省蘭【0422】【1859】【1862】

吳映奎【1932】

吳重憙【1172】【1815】

吳修【1867】【1905】

吳炯【1862】

吳祖枚【1905】

吳振械【1547】

吳苣【1656】

吳莊【1859】

吳峻【1859】

吳高增【1859】

吳海【1860】

吳陳琰【1859】【1862】

吳菘【1859】

吳桭臣【1859】【1884】

吳敏樹【1587】

吳偉業【0350】【1286】【1859】【1882】

吳翊寅【0228】【0366】

吳淑【0945】

吳淦【1905】

吳隆元【1861】

吳翌鳳【1286】【1735】【1752】【1753】
　　【1754】【1859】

吳楷【0385】

吳械【0217】

吳雲【1888】

吳雯【1338】　　　　　　　　　吳競【0368】

吳棠【1606】　　　　　　　　　吳騫【1859】【1862】【1872】【1905】

吳道泰【0045】　　　　　　　　吳繼序【0797】

吳蔭培【1354】　　　　　　　　吳鑑【0633】

吳雷發【1859】　　　　　　　　吳觀禮【1668】

吳農祥【1905】　　　　　　　　岑春榮【0488】

吳嵩梁【1485】　　　　　　　　利瑪竇【1862】【1873】

吳煊【1727】　　　　　　　　　利類思【1859】

吳福生【1905】　　　　　　　　邱煒菱【0885】

吳肅公【0105】【1859】　　　　邱嘉穗【0884】

吳嘉紀【1299】　　　　　　　　邱維屏【1281】

吳壽暘【1869】　　　　　　　　邱濬【0776】【1701】

吳銘道【0454】　　　　　　　　何元錫【1869】

吳榮光【0491】【0699】【0833】　何去非【1910】

吳蕭【1859】　　　　　　　　　何世璂【1882】

吳綺【1302】　　　　　　　　　何出光【0441】

吳鼐【1461】【1821】　　　　　何光遠【1868】

吳儀一【1859】　　　　　　　　何休【0003】【0004】【0005】【0112】

吳德旋【1488】【1874】　　　　何如璋【1894】

吳澄【0089】【1697】【1861】　何良臣【1866】

吳履敬【1589】　　　　　　　　何良俊【0869】【0924】

吳曆（歷）【1859】【1867】　　何若瑤【0113】【0256】

吳錫麒【1431】　　　　　　　　何法盛【0235】

吳穎【1859】　　　　　　　　　何治運【0876】

吳穎芳【1909】　　　　　　　　何承天【0168】

吳熾昌【0980】　　　　　　　　何是非【0358】

吳應逵【1911】　　　　　　　　何秋濤【0565】【0608】【1634】【1884】

吳應箕【0358】【0380】【0454】【1785】　何耿繩【1872】
　　　　　　　【1903】　　　　　　何杙【1616】

吳騏【1862】　　　　　　　　　何晏【0003】【0004】【0005】

吳閶生【1994】　　　　　　　　何梅【1783】

吳鎮【1872】　　　　　　　　　何異【1905】

吳懷珍【1878】【1879】　　　　何紹基【1535】【1570】

吳蘭修【1800】【1911】【1913】　何琪【1905】

何景明【1217】

何道生【1486】

何焯【0896】【1354】【1859】【1867】

何夢瑤【1911】

何楷【0022】【0052】

何蔚【0994】

何維棣【1570】

何慧生【1980】

何慶涵【1570】

何澂【0718】

何薳【1910】

何翰章【0233】

伶玄【1858】

余知古【1865】

余金【0390】

余寀【1859】

余紹祉【1872】

余集【1836】

余慶遠【1859】【1862】

余潛士【1525】

余懋檪【1905】

余闕【1904】

余懷【1859】【1891】

希理哈【1001】

谷應泰【0349】【0408】

狄子奇【0492】

狄億【1859】

亨利黎特【1016】

辛棄疾【0375】【1815】

汪士鋐【1714】

汪士鐘【1870】【1895】【0243】【1579】

汪士鐸【0243】【1579】

汪大任【1917】

汪曰楨【1869】

汪中【0009】【0163】【0611】【1438】
　　【1439】【1888】【1889】

汪文臺【0005】【0234】

汪世泰【1814】

汪世雋【1917】

汪立名【1086】【1699】

汪有典【0442】

汪光復【0358】

汪全德【1814】

汪汝謙【1905】【1917】

汪志伊【1905】

汪宗沂【1884】

汪孟鋗【1905】

汪科爵【1917】

汪科顯【1917】

汪度【1814】

汪振甲【1917】

汪振聲【1000】【1012】

汪砢玉【1905】

汪師亮【1917】

汪師韓【1859】【1917】

汪萊【1893】

汪梧鳳【1062】

汪康年【1875】

汪堃【0386】

汪淮【1859】

汪惟憲【1859】

汪琬【0105】【1305】【1702】【1859】
　　【1872】

汪喜孫【1438】

汪巽東【1870】

汪遠孫【0250】【0362】【1875】

汪褆【1882】

汪緒宜【1917】

汪賢衢【1917】

汪輝祖【0530】【0531】【0532】【1948】

汪箴【1917】

汪德容【1917】

汪縉【1411】

汪懋麟【1331】

汪應辰【1919】

汪籩【1917】

汪鵬【1859】

汪繼培【0532】【1864】

汪鶴孫【1917】

汪籛【1917】

沙起雲【1862】

沈大成【1862】

沈元欽【1859】

沈日富【1361】

沈曰霖【1859】

沈心【1859】

沈可培【1859】

沈兆霖【1576】

沈名蓀【0404】

沈辰垣【1840】

沈近思【1361】

沈彤【0009】【1859】

沈初【0738】【1871】

沈亞之【1890】

沈岸登【1907】

沈岱瞻【1932】

沈宗敬【0959】

沈宗畸【1895】

沈垚【1893】

沈括【1790】【1862】

沈荀蔚【1859】

沈思倫【1859】

沈奕琛【1905】

沈炳震【0394】【0395】【1731】

沈約【0235】【1858】【1865】【1893】

沈桂芬【0448】

沈俶【1857】

沈家本【0569】

沈紘【0993】

沈捷【1859】

沈清旭【0890】

沈清瑞【1859】

沈淑【1859】【1862】

沈朝宣【1905】

沈景脩【1655】

沈欽韓【0257】【0272】【1085】【1116】
【1117】【1150】【1511】【1871】

沈善登【0985】

沈遘【1790】

沈源深【0795】

沈銘彝【0270】

沈維鐈【1515】

沈遼【1790】

沈德符【1907】

沈德潛【1363】【1364】【1709】【1732】
【1751】【1872】【1882】

沈豫【1874】【1967】

沈練【1884】

沈皥日【1907】

沈懋憙【1859】

沈謙【1859】【1905】

沈濤【0879】【1869】【1871】【1881】
【1893】【1907】

沈鯉【1239】

沈謹學【1870】

沈蘭先【1859】

沈齡【1880】

沈瀾【1784】

沈顥【1859】

沈鑅彪【1905】

宋世良【0168】

宋世犖【1874】【1908】

宋宗元【1733】

宋珏【1106】

宋咸【1858】

宋咸熙【1869】

宋保【1880】

宋晉【1578】

宋衷【0014】【1900】

宋曹【1859】

宋敏求【1863】

宋琬【1815】

宋葆淳【1859】

宋景昌【1893】

宋翔鳳【0009】【0138】【0227】【1885】

宋弼【0935】

宋犖【1702】【1703】【1767】【1859】

宋綿初【1887】

宋濂【0378】【0463】【1697】

局中門外漢【1882】

阿桂【0352】【0609】

阿納樂德【1055】

邵長蘅【0219】【1322】【1703】【1901】

邵松年【0467】【0837】

邵晉涵【0009】【1893】

邵浩【1739】

邵遠平【0246】【1859】

邵雍【1105】

邵經邦【0246】【1222】

邵齊燾【1402】

邵懿辰【1377】【1870】【1889】

八畫

玩花主人【1856】

武億【0009】【1862】【1953】

武穆淳【1953】

青浮山人【1888】

長孫無忌【0730】

長野確【1859】

耶律楚材【1884】

苗夔【0175】

英和【1360】

英國水師兵部【1005】

英國武備工程學堂【1012】

英國製造官局【1009】

英國戰船部【1004】

范成大【1150】【1857】

范仲淹【1791】【1860】

范志敏【1905】

范長生【0014】

范坰【1905】

范承堃【1905】

范承謨【1306】

范昭逵【1859】

范祖禹【0412】

范泰恒【1859】

范致明【1867】

范家相【0055】【1911】

范純仁【1791】

范康生【0358】

范甯【0003】【0004】【0005】【0117】
　　【0118】

范當世【1681】

范壽金【1893】

茅坤【1102】

林之奇【1718】

林古度【1282】

林有席【1397】【1756】

林光朝【1146】

林兆鲲【1426】

林伯桐【1911】【1913】

林表民【1908】

林雨化【1444】

林昌彝【0915】

林佶【1305】【1333】【1353】【1859】

林侗【0671】【0692】【1882】

林春溥【0215】【0874】【0875】【0900】
　　　　【1963】

林则徐【0481】【0574】【0586】【1533】

林禹【1905】

林洪【1867】

林时益【1796】

林纾【1055】【1056】

林云铭【1859】

林慎思【1862】

林寿图【0612】【1628】

林豪【0384】

林宽【1694】

林乐知【0999】【1005】

林庆炳【0189】

林鸿【1779】

林鸿年【1548】

林蕴【1094】

来拉海得兰【1051】

来知德【0021】【0868】

松平康国【0987】

松廷【0784】

杭世骏【0001】【0009】【1381】【1859】

【1862】

杭械【1905】

东方朔【1858】

东京博文馆【0991】

卧云老人【1598】

郁文【0155】

郁永河【1859】

郁松年【1181】

叔孙通【1865】

虎伯【1049】

尚镕【1893】

明安图【0819】

易宏【1912】

易佩绅【0409】【0785】【1636】

迮朗【1859】

和珅【0606】

季悲曇【0845】

侍其瑗【1885】

岳珂【0478】【0926】【1868】

岳飞【1144】【1862】

金人瑞【1859】

金士麒【1889】

金之俊【0854】

金幼孜【1198】【1857】

金式玉【1885】

金至元【1379】

金武祥【0892】

金门诏【0311】【0730】【1859】

金昭伯【1198】

金约翰【1046】

金賁亨【1866】

金楷理【0651】【1011】【1027】【1043】
　　　　【1044】【1048】

金农【1371】【1909】

金鉉【1901】

金嘉采【1882】

金榜【0009】【1887】

金榮【1317】

金德瑛【1784】【1891】

金德純【1859】

金德嘉【1703】

金履祥【0327】

金學詩【1859】

金聲【1268】

金應麟【1555】【1905】

金蟠【0003】

金鶚【1870】

服虔【0006】【0168】

周二學【1859】

周三燮【1905】

周之琦【1885】

周天度【1859】

周日用【1858】

周文煒【1859】

周文璞【1162】

周世則【1864】

周生烈【1900】

周玄【1779】

周玄暐【1871】

周必大【0557】【1895】

周永年【1888】

周邦彥【1813】

周在浚【1797】【1798】【1859】

周成【0168】

周同谷【0388】

周行仁【1859】

周汝登【1859】

周羽翀【1857】

周作楫【1966】

周伯琦【0193】

周沐潤【1914】

周邵澧【1835】

周青【1885】

周長庚【1654】

周昂【0370】【1853】

周季鳳【1122】

周金然【1862】

周郇【1034】

周春【0986】【1859】【1862】【1890】

周拱辰【1275】【1907】

周城【0622】

周星譽【1914】

周星詒【1914】

周星讏【1914】

周保珪【0105】

周亮工【1873】

周高起【1901】

周悅修【1914】

周家祿【0295】

周容【1303】

周象明【1867】

周淙【1869】【1905】

周密【0614】【0867】【1813】【1815】
　　【1816】【1836】【1905】

周達觀【1857】

周斯盛【1859】

周敦頤【1107】【1860】

周榘【1872】

周煇【1857】

周嘉冑【1859】

周嘉猷【0391】【0400】【0405】

周壽昌【0258】【0271】【0284】【1607】

周廣業【1893】

周樂【1546】

周履靖【1882】

周璟【1905】

周懋琦【0690】

周嬰【1864】

周濟【1870】

周鎬【1958】

周璽【1904】

京房【0014】【1858】

法式善【0509】【1452】

況周儀【1844】

泗水潛夫【1905】

宗稷辰【1538】

宗懍【1858】

宗澤【1130】

房玄齡【0802】【0803】【0804】

屈大均【1312】【1789】

屈原【1057】

屈復【1859】

屈曾發【0814】

承培元【0179】【0190】

承齡【1885】

孟珙【1857】

孟浩然【1699】

孟彬【1859】

孟超然【0084】【1950】

孟喜【0014】

陔勒低【0989】

九畫

郝天挺【1725】

郝培元【1961】

郝懿行【0009】【0058】【0059】【0060】

【0298】【0299】【0420】【1961】

荀況【0760】【0761】【0762】【0763】

荀悅【1858】

荀爽【0014】

胡三省【0319】【0320】【0323】

胡天游【1382】【1869】

胡元常【0319】

胡丹【1603】

胡方【1911】

胡仔【1802】【1873】

胡匡衷【0009】【0080】【1859】

胡式鈺【0881】

胡延【1830】

胡克家【0326】

胡林翼【0801】【1603】

胡昌基【1772】

胡秉虔【1870】【1893】

胡秉虞【1870】

胡念修【1889】

胡念萱【1889】

胡居仁【1860】

胡承珙【0061】【1868】【1893】

胡浚【1372】【1889】

胡祥麟【1870】

胡培翬【0009】【1859】

胡宿【1901】

胡紹煐【1893】

胡紹勳【1893】

胡敬【0826】【0827】【0828】【1497】
【1889】【1905】

胡棠【1727】

胡渭【0009】【0046】

胡淵【1859】

胡聘之【0684】

胡煦【0013】

胡鳴玉【1859】【1864】

胡鳳丹【0846】【1630】

胡廣【1865】

胡澍【0195】【1870】

胡應麟【1927】

胡鑑【1803】

南逢吉【1866】

南園嘯客【0358】

南懷仁【1859】

柯九思【1188】

柯汝霖【1905】

柯汝鍔【1859】

柯潛【1201】

查人漢【1905】

查拉吳麟【1859】

查爲仁【1379】【1836】【1859】

查嗣瑮【1345】

查慎行【1116】【1117】【1859】

查禮【1398】【1859】

柳永【1815】

柳宗元【1090】【1699】

柳開【1100】

柳詒徵【0410】

柳榮宗【0186】

耐得翁【1905】

冒丹書【1859】【1873】【1914】

冒沅【1914】

冒春榮【1914】

冒嘉穗【1914】

冒廣生【0497】【1067】【1914】

冒篔【1914】

冒褒【1859】【1873】【1914】

冒襄【1750】【1859】【1914】

昭槤【0931】

哈司韋【1033】

秋谷老人【1891】

段公路【1857】

段玉裁【0009】【1859】【1874】【1890】

段成式【1868】

段安節【1857】

段志熙【1861】

段長基【0398】

段國【1900】

段揗書【0398】

段潁【1900】

段龜龍【1900】

皇甫枚【0960】【1857】【1885】

皇甫規【1900】

皇甫湜【1695】

皇甫謐【1858】【1868】

侯方域【1300】【1702】【1703】

侯康【0264】【0268】【0277】【0278】
　　　【1911】

侯實【1815】

侯瑾【1900】

侯鶴齡【0777】

俞大猷【1229】

俞大彰【1905】

俞正燮【0913】【0914】

俞世爵【0996】

俞汝言【1859】

俞安期【0946】【1711】

俞長城【1859】【1862】

俞宗本【1884】

俞思謙【1862】

俞蛟【1859】

俞夢蕉【0977】

俞樾【0592】【1905】【1984】【1985】

俞繡孫【1984】【1985】

弇山草衣【1870】【1872】

胤禛【0585】【0788】【0789】【0790】

計六奇【0383】【1881】

計楠【1859】

奕訢【0353】【0354】【0355】【0356】
　　【0357】

施國祁【0306】【1174】【1175】【1859】

施閏章【1703】【1859】【1897】

施補華【1667】

施璜【1859】

施樞【1902】

施諤【1905】

美以納白勞那【1020】

美國水師書院【1011】

姜安節【1278】

姜南【1862】【1857】

姜宸英【0009】【1703】【1859】【1867】

姜垛【1278】

姜紹書【1872】

姜夔【1813】

洪玉圖【1859】

洪汝奎【0229】【0496】【1147】【1163】

洪汝濂【1163】

洪希文【1184】

洪良品【1638】

洪若皐【1859】

洪佩聲【0376】

洪炎祖【1184】

洪思【0512】

洪适【0709】【1147】

洪亮吉【0056】【0057】【0276】【0599】
　　【0600】【1859】【1954】

洪咨夔【1163】

洪梧【0432】

洪符孫【1885】

洪皓【0376】【1139】

洪鈞【0309】

洪焱祖【0229】

洪飴孫【0399】【1508】【1954】

洪璟【1163】

洪邁【1148】【1726】【1886】

洪遵【1892】

洪震煊【0009】【0252】【0419】【0910】
　　【1865】【1880】

洪興祖【0495】【1058】【1866】

洪應明【0870】

洪齮孫【0300】【1581】

洛加德【1056】

恒仁【1862】

祖之望【1792】

祝允明【0929】【1207】

祝昌泰【1910】

祝洤【1859】

祝時泰【1905】

韋而司【1039】

韋更斯【1017】

韋述【1883】

韋協夢【0081】

韋昭【0168】【0360】

韋應物【1699】

姚士麟【0014】

姚之駰【0261】

姚之麟【0152】

姚文田【0169】【0174】

姚廷傑【1859】

姚宏【0363】

姚佺【1093】

姚思勤【1905】

姚信【0014】

姚彦臣【0970】

姚配中【1868】【1874】【1893】

姚晏【0688】

姚楗【1513】

姚斌桐【1828】

姚椿【1513】

姚鉉【1736】

姚寬【1872】

姚鼐【0247】【0739】【1703】【1949】
　　【1980】

姚範【1944】

姚瑩【1859】【1968】

姚燧【1697】

姚變【0956】【1588】【1759】

姚夔【1884】

挐核甫【1003】

紀大奎【1889】

紀昀【0556】【1114】【1409】【1703】

紀樹馨【1409】

紀鑑【1859】

十畫

秦松齡【1859】

秦祖永【0843】

秦朝釪【1859】

秦粵生【0957】

秦蕙田【0009】

秦緗業【1905】

秦麗昌【1859】

秦瀛【1435】

秦韜玉【1694】

秦鏷【0050】

班固【0730】【1857】【1858】

敖繼公【0077】

馬元調【1692】【1905】

馬曰璐【0495】

馬立德【1017】

馬光【0358】

馬位【1859】

馬其昶【0464】【1682】

馬明衡【1218】

馬宗璉【0009】

馬思聰【1218】

馬祖常【1183】

馬隆【1858】【1862】

馬軼羣【0658】

馬瑞辰【0063】

馬熙【1862】

馬榮【1779】

馬榮祖【1859】

馬徵麐【0596】【1627】【1983】

馬融【0014】【1858】

馬戴【1694】

馬總【1868】

袁山松【0234】

袁仁林【1866】

袁文【0895】

袁允楠【0485】

袁世紀【1884】

袁宏道【1255】【1905】

袁表【1779】

袁枚【1399】【1400】【1415】【1859】

袁炯【1775】

袁昶【1673】【1763】【1884】

袁振業【1775】

袁通【1814】【1822】

袁桷【1181】

袁康【1858】

袁堯年【0006】

袁凱【1882】

袁鈞【0006】

袁渭漁【1884】

袁說友【1158】

袁韶【1905】

袁樹【1859】

袁翼【1540】

耿湋【1694】

華允誠【1253】

華廷獻【0358】【1881】

華里司【1031】【1032】

華佗【1865】

華谷里民【1976】

華岳【1903】

華備鈺【1018】【1025】【1026】

華復蠡【0358】

華孳亨【1859】

華爾敦【1052】

華嶠【0234】

華學烈【1905】

華蘅芳【1001】【1030】【1031】【1032】
　　　　【1044】【1048】

莫友芝【0176】【1918】

莫栻【1905】

莫與儔【1918】

莫螯山人【1881】

真桂芳【1910】

真德秀【0775】【0776】【1860】【1910】

莊世驥【0214】

莊存與【0009】【1880】

莊仲方【1742】

莊亨陽【1343】

莊述祖【1447】【1869】【1871】【1885】

莊炘【1873】

莊起儔【1264】

莊師洛【1280】

莊逵吉【0856】【1865】

莊培因【1408】

莊葆琛【1408】

桂萬榮【0572】

桂榮【1871】

桂馥【0153】【0183】【1859】【1869】
　　　【1872】【1873】【1890】【1895】

桓寬【0766】【1858】

連臚聲【1921】

夏完淳【1280】【1862】

夏良勝【0779】【1215】

夏荃【1299】

夏庭芝【1857】【1891】

夏時【1905】

夏璇淵【1862】

夏燮【0341】

夏獻雲【1276】

柴杰【1905】

畢弘述【0194】

畢沅【0169】【0228】【0287】【0288】
　　　【0289】【0290】【0291】【0292】
　　　【0333】【0629】【0850】【0852】
　　　【1863】【1869】【1874】

晁公武【0742】

晁沖之【1873】

晁補之【1815】【1905】

晏嬰【0468】【0469】【0470】

恩華【1561】

俺特累【1014】

倭仁【1582】

倪朴【1142】

倪思【0259】

倪倬【1859】

倪璠【1068】【1905】

倪燦【0310】【0730】

倪瓚【1901】

倫德【1030】

息尼德【1018】

島田翰【0732】

徐乃昌【1887】

徐士怡【1882】

徐士俊【1859】

徐士愷【1882】

徐士燕【0700】

徐大椿【1872】

徐子苓【1878】【1879】

徐天麟【0540】

徐元太【0952】

徐元正【1730】

徐文靖【1940】

徐世溥【0358】

徐永宣【1767】

徐光啓【0807】【1873】

徐同柏【0700】

徐同善【1591】

徐廷華【1652】

徐如珂【0358】

徐芳【1859】

徐作肅【1296】

徐孚遠【1862】

徐沁【1170】【1859】

徐表然【0637】

徐松【0249】【0253】【0254】【1869】
　　　【1890】【1895】

徐昆【1872】

徐昂發【1767】【1859】

徐秉義【1859】

徐波【1870】

徐宗亮【0657】【1882】

徐宗幹【0880】【1563】

徐建寅【1004】【1007】【1019】【1021】
　　　【1038】【1040】【1041】【1042】
　　　【1888】

徐承禮【0381】

徐修仁【1714】

徐彥【0005】

徐炯【1859】

徐炯文【1145】

徐振【1862】

徐晉卿【0953】

徐時作【1410】

徐時棟【1862】

徐倬【1730】

徐釚【1859】【1873】

徐逢吉【1859】【1872】【1905】

徐浦【1910】

徐書受【0873】

徐乾學【1719】【1897】【1898】

徐堂【1862】

徐康【0934】【1888】

徐寅【1693】

徐階【1157】

徐朝俊【1862】

徐無黨【0244】

徐渭【1873】

徐夢莘【0347】

徐幹【1858】

徐楸【1836】

徐與喬【1859】

徐鉉【0171】【0172】【0717】【1865】

徐祺【1859】

徐溥【1202】

徐燉【0477】【0745】【1106】【1862】

徐禎稷【0782】【1862】

徐璈【0062】

徐嘉【0523】

徐壽【1013】【1020】【1024】【1035】
　　　【1036】【1039】【1047】

徐養原【0087】

徐榮【1548】

徐熥【1780】

徐增【1859】【1905】

徐鼐【0033】【0381】【0918】

徐震【1859】

徐樾【0182】

徐樹穀【1859】

徐樹蘭【0741】

徐鍇【0175】

徐應芬【0358】【1859】

徐懷祖【1859】

徐獻忠【0616】

徐灝【0182】

殷化行【1859】

殷文珪【1694】

殷敬順【1864】

殷璠【1724】

殷曙【1859】

奚岡【1909】

翁方綱【0001】【0677】【0720】【1174】
　　　【1422】【1805】

翁心存【1545】

翁白【1910】

翁承贊【1099】

翁洲老民【0382】

高士奇【0408】【1859】

高文虎【1857】

高心夔【1991】

高正臣【1895】

高似孫【0660】【0756】

高兆【1859】【1882】

高均儒【1600】

高明【1849】

高秉【1859】

高承【1866】

高拱【1897】

高彥休【1868】

高晉【0554】

高棅【1779】

高登【1860】

高愈【0796】

高誘【0363】【0364】【0856】【0857】
　　　【1858】【1863】

高澍然【0068】【0126】【0665】【1089】
　　　【1509】

高濂【1905】

高攀龍【1253】【1905】

高瀨【1226】

郭元釪【1767】

郭文誌【1448】

郭存會【1859】

郭尚賓【1911】

郭畀【1902】【1905】

郭忠恕【0209】【0210】

郭京【1899】

陸璣【1858】

陸錫熊【1425】【1862】

陸懋修【1620】

陸繁弨【1321】

陸績【0014】【1858】

陸贄【1080】【1860】

陸燿【1352】【1859】

陸隴其【0140】【0526】【1859】【1860】
　　　【1877】【1936】

陸耀遹【1501】

陸繼輅【1469】【1506】

陳一元【1256】

陳士元【1862】【1864】

陳子升【1912】

陳子壯【1911】【1912】

陳子龍【1277】

陳元靚【0594】

陳元龍【1859】

陳仁錫【1905】

陳介祺【0725】【1870】【1888】

陳公亮【1884】

陳文述【1502】【1503】【1504】【1888】
　　　【1905】

陳文蔚【1860】

陳方【1902】

陳斗初【1925】

陳心傳【0031】

陳玉璂【1332】【1901】

陳玉繩【1387】

陳本禮【1893】

陳田【1807】

陳田夫【1892】

陳昌綱【1897】

陳用光【1493】

陳立【1596】

陳弘緒【1703】

陳弘謀【0143】【0781】【1108】【1383】
　　　【1384】

陳邦直【1359】

陳邦瞻【0346】【0348】

陳廷敬【1333】【1703】【1729】

陳仲鴻【1911】

陳兆崙【1387】【1703】

陳兆麒【1755】

陳次公【1104】

陳如松【1905】

陳均【0336】【1280】【1737】【1859】

陳芳生【1859】【1862】

陳芳績【0597】

陳克【1862】

陳克恕【1872】

陳甫伸【0477】

陳沆【1534】【1704】

陳其泰【1765】

陳其榮【1882】

陳其鑣【1875】

陳若蓮【1905】

陳枚【1906】

陳東【1137】

陳郁【1857】

陳昌運【1875】

陳昌齊【1911】

陳金浩【1862】

陳念祖【1872】

陳庚煥【1703】【1960】

陳宗誼【1977】

陳定國【1859】

陳建【1860】

陳春【1864】【1873】

陳树鏞【1875】

陳貞慧【1859】【1901】

陳昱【0411】

陳矩【1876】

陳矩補【1876】

陳衍【1778】

陳奐【0061】【1870】

陳亮【1779】

陳奕禧【1867】

陳洪綬【1059】【1269】

陳洪範【0358】

陳祖范【0105】【0891】【1859】

陳祚明【1706】

陳泰交【1873】

陳振孫【0743】【1086】

陳耆卿【1908】

陳恭尹【1313】【1789】

陳真晟【1860】

陳時【1905】

陳倫炯【1859】【1862】

陳師道【1125】

陳高【1189】

陳旅【1186】

陳書【1662】

陳純齋【0411】

陳埴【0774】

陳第【1873】【1925】

陳烺【1854】

陳淳【0773】【1866】【1921】

陳深【1058】

陳悰【1859】

陳启源【0009】

陳琛【1214】

陳彭年【1857】

陳揆【1870】

陳黃中【1862】

陳雲程【0619】

陳鼎【1859】【1901】

陳遇夫【1911】

陳景元【1864】

陳景亮【0516】

陳景雲【1862】

陳景鐘【1859】【1872】【1905】

陳喬樅【0065】【0067】

陳傅良【0123】【1864】

陳敦復【1214】

陳敦豫【1214】

陳曾則【1704】

陳焯【0100】

陳湖逸士【0358】

陳榮仁【1659】【1782】

陳登雲【0441】

陳登龍【1440】

陳瑚【1696】【1867】

陳璩【0187】【0361】

陳榘【0232】【1921】

陳僅【0508】

陳愫【1093】

陳際新【0819】

陳經【0680】

陳壽昌【0983】

陳壽祺【0009】【0065】【0169】【1264】
　　【1870】

陳壽熊【1893】

陳熙晉【0111】

陳蔚【1859】

陳楗【1911】

陳霆【1866】
陳鳴鶴【0465】
陳僖【1859】
陳維崧【1307】【1308】【1819】【1859】
　　　【1873】【1914】
陳璜【1859】
陳確【1906】
陳慶年【1902】
陳慶鏞【0702】【1562】
陳毅【1669】
陳薦夫【1256】
陳學田【1355】
陳學繩【1905】
陳錫路【1872】
陳錦【0462】
陳龍正【1253】【1907】
陳澧【0482】【0855】【1599】【1977】
　　　【1978】
陳澹然【0593】
陳璨【1905】
陳薑【1862】
陳懋侯【0034】
陳懋齡【0009】【1874】
陳鍊【1859】
陳鍾英【1905】
陳鴻【1857】
陳濟生【1859】
陳璸【1350】
陳贊和【1905】
陳驁【0559】【1905】【1908】
陳鵬年【1355】
陳蘭森【0143】【0601】
陳獻章【1203】【1911】
陳寶琛【0536】

陳繼儒【1872】【1873】
陳繼聰【0452】
陳鶴【0339】
陳鱣【0006】【0369】【1677】【1869】
　　　【1906】
孫之騄【1859】【1905】
孫元培【1498】
孫光憲【1885】
孫同元【0618】
孫廷銓【1859】
孫廷璋【1870】
孫兆溎【0942】
孫衣言【1608】
孫志祖【0009】【1869】【1917】
孫甫【1862】
孫作【1901】
孫汧如【1859】
孫長熙【1498】
孫奇逢【1283】【1859】
孫岳頒【0831】
孫周【1882】
孫治【1905】
孫宗翰【1893】
孫承澤【0830】
孫星衍【0001】【0009】【0169】【0469】
　　　【1455】【1859】【1863】【1865】
　　　【1866】【1869】【1870】【1873】
　　　【1880】
孫星華【1103】【1159】
孫思邈【1865】
孫炳奎【1905】
孫桐生【1787】
孫原湘【1467】
孫致彌【1337】

孫峻【1905】

孫家鼐【0044】

孫堂【0014】

孫從添【1859】

孫雄【0923】【1808】【1809】

孫景烈【0668】【1212】

孫復【0121】

孫詒讓【0072】【0073】【0074】【0212】
　　【0686】【0851】【0920】

孫棨【1857】

孫蓀意【1888】

孫傳鳳【1888】

孫慎行【0358】

孫福清【1907】

孫嘉淦【1703】

孫榕【0423】

孫爾準【1499】

孫慧惇【0518】

孫慧翼【0518】

孫奭【0005】

孫德全【0562】

孫德祖【1665】

孫樹禮【1905】

孫樵【1695】

孫應鼇【1923】

孫濤【1801】

孫鏘【1905】

孫覲【1901】

孫鑛【0761】

陰鏗【1900】

陶方琦【0858】【1671】【1672】

陶必銓【1703】

陶弘景【1858】【1890】

陶宗儀【1865】

陶弼【1895】

陶穀【0937】【1866】

陶樑【0834】

陶澍【0645】【1457】【1516】【1517】

陶潛【1064】【1065】【1858】

桑欽【1858】

桑調元【1905】

納蘭性德【1859】

十一畫

梅文鼎【1859】【1862】

梅志暹【1905】

梅沖【0158】

梅庚【1859】

梅純【1857】

梅鼎祚【1711】

梅曾亮【1493】【1537】

梅毓【1887】

梅鷟【1865】

曹元忠【0623】【1188】【1883】

曹元弼【0159】

曹仁虎【1859】【1862】

曹秀先【1859】

曹宗璠【1859】

曹貞吉【1815】【1859】

曹昭【1866】

曹庭棟【0809】

曹植【1063】

曹載奎【1888】

曹溶【1859】

曹鄴【1694】

曹學佺【1257】

曹學詩【1859】

曹憲【0168】【1858】【1883】

曹鍾【1038】

曹鍾秀【1038】

曹應鐘【1870】

區大相【1912】

區仕衡【1911】【1912】

戚昌國【0511】

戚祚國【0511】

戚學標【0661】

盛大謨【1389】【1943】

盛世佐【0079】

盛弘之【0623】

盛百二【0009】【1859】【1907】

盛昱【0940】【1679】【1760】

盛宣懷【1901】

盛朝勛【1859】

盛朝輔【0665】

常袞【1079】

常璩【1858】

婁機【0207】【0208】

鄂敏【1905】

鄂爾泰【0585】

國史館【0317】【0318】

國學扶輪社【1761】

國學叢刊社【1896】

崔子方【0122】

崔令欽【1857】

崔述【0085】【1951】

崔華【0021】

崔致遠【1873】

崔豹【1858】

崔國因【0649】

崔朝慶【1883】

崔與之【1911】

崔塗【1694】

崔崧【0630】

崔應榴【0009】

崔鴻【0365】【1858】

崇文書局【1868】

崇恩【0681】

笪重光【1859】

符兆綸【1564】

偉烈亞力【1020】

脫脫【0730】

魚玄機【1694】【1892】

魚翼【1867】

許乃穀【1905】

許乃濟【1862】

許之獬【1862】

許令瑜【1906】

許有壬【1185】【1862】

許有孚【1862】

許旭【1859】

許汝霖【1702】

許孚遠【1859】

許奉恩【1905】

許宗彥【0009】【1491】

許宗衡【1870】

許承宣【1859】

許承祖【1905】

許貞幹【1721】

許祥光【1556】

許涵度【0347】

許棫【0198】

許開【1902】

許景澄【0564】

許善長【0883】

許渾【1902】

許巽行【0188】

許楨【1862】

許慎【0170】【0171】【0172】【0173】
　　【1865】

許瑶光【1905】

許榑【1969】

許德士【0358】

許衡【1860】

許瀚【1870】

許譽卿【1862】

許寶善【1078】

麻三衡【1859】

庾肩吾【1858】

庾信【1068】

康有爲【0116】【0131】【0840】【1684】

康海【0668】【1212】

康駢【0982】【1872】

康譽之【1857】

鹿善繼【1260】

章大來【1869】

章世溶【0473】

章世豐【1905】

章邦元【0331】【1637】

章同【0489】

章孝標【1694】

章宗源【1865】【1868】

章庭棫【1905】

章華【0489】

章家祚【0524】

章碣【1694】

章薇【1715】

章學誠【0908】【1859】【1862】【1881】
　　【1888】【1893】

章斅【1905】

章藻功【1349】

商務印書館【0566】【0567】【0568】

商輅【0332】

商盤【1773】

清溪玉塵山人【1851】

淩廷堪【0009】【0082】【1174】【1859】
　　【1893】

淩迪知【0403】【1873】

淩雪【0315】

淩揚藻【1911】

淩稚隆【1873】

淩鳴喈【1859】

淩曙【0009】【1880】

梁玉繩【0009】【0239】【0240】【0248】
　　【1869】

梁他山【1872】

梁永淳【1311】

梁同書【1859】

梁延年【0445】

梁克家【0663】

梁彣【1952】

梁佩蘭【1789】【1912】

梁恭辰【0976】

梁益【1901】

梁章鉅【0282】【0283】【1806】【1811】
　　【1812】【1910】【1965】

梁寅【1192】

梁鼎芬【0159】

梁端【0428】

梁德繩【1500】

梁履將【1826】

屠本畯【1862】

屠倬【1519】

屠寄【1769】

屠紳【0979】

屠蘇【1870】

張九成【1862】

張九齡【1071】

張大昌【1905】

張大受【1336】【1767】

張之洞【0580】【0794】【1884】

張之象【0766】【1858】

張元忭【1860】

張元賡【1859】

張仁美【1905】

張文虎【1976】

張文柱【0924】

張方湛【0155】【1859】

張丑【0829】

張玉書【0204】【1703】【1859】

張玄之【1885】

張耒【1862】

張吉【1205】

張百熙【1676】

張光烈【1905】

張廷玉【0558】【0730】【0791】【0792】
　　　【1872】

張廷濟【1492】【1882】【1888】

張延世【1859】

張行孚【0196】【1884】

張次仲【1859】

張汝霖【1859】

張守【1901】

張守節【0236】

張芹【1857】

張伯行【1107】【1109】【1344】【1860】

張良【1858】

張英【0025】【0040】【1323】【1324】
　　　【1325】【1859】【1862】【1872】

【1877】

張英監【0129】

張東烈【1883】

張尚瑗【1859】

張岳【1224】

張岱【1905】

張金吾【0747】【1745】【1874】

張庚【0456】【1859】【1862】

張炎【1813】【1817】

張泓【1862】

張治【1221】

張宗柟【1874】

張宗泰【1887】【1893】

張居正【1236】

張弧【1862】

張弨【1859】

張貞【1326】

張奐【1900】

張亮基【0589】

張度【1888】

張美翊【1875】

張炳【1905】

張炳翔【0181】

張洵【1870】

張泰來【1859】

張華【1858】

張華理【0105】

張栻【1860】【1916】【1920】

張烈【1860】

張師繹【1246】

張唐英【1862】【1873】

張海鵬【1868】

張祥河【0547】【1884】

張恕【0508】

張能鱗【1859】

張統【1866】

張堅【1852】

張問陶【1476】

張敏同【1863】

張商英【1858】

張望【1429】

張渼【0894】【1857】【1873】

張深【1523】

張紳【1507】

張紹南【1455】

張琦【1710】【1885】

張堯同【1890】

張揖【0168】【1858】

張敬修【1236】

張萱【1911】

張惠言【0009】【0027】【0028】【0853】
　　【1468】【1864】【1874】

張雲璈【1905】

張開福【0720】【1859】

張景【1100】

張景祁【1640】【1641】【1829】

張巂【1267】

張敦仁【0009】

張敦頤【0610】

張道【1905】

張曾望【1639】

張湛【0984】【1864】

張愉曾【1859】

張裕釗【1631】

張瑋【0551】

張載【0769】【1860】【1861】

張蔭榘【1905】

張暐【0550】

張榘【1902】

張煌言【1279】

張溥【0346】【0348】【0408】

張福僖【1888】

張際亮【1571】【1572】

張經【1225】

張壽榮【1874】

張榜【0803】

張爾岐【0078】【1859】

張爾嘉【1905】

張鳴珂【1988】

張養浩【0539】

張漸【1859】

張維屏【0450】【0484】【1518】【1800】
　　【1913】

張德輝【1175】

張慶長【1859】

張澍【0528】【1900】

張潮【1859】【1872】

張潤貞【1859】

張履祥【0105】【1859】【1931】

張璠【0014】【0234】

張燕昌【0678】【0716】【1859】

張樹聲【0815】【0816】【1904】

張穆【0513】【0514】【0608】【1174】
　　【1589】

張錫瑜【0242】

張錫蕃【0571】

張錫爵【1376】

張誠【1446】

張增【0414】

張憲和【0114】【0115】

張聰咸【1893】

張燮【1866】

張應昌【0404】

張鴻桷【1874】

張璿華【1450】

張鵬翀【1373】

張鵬翮【1862】

張瀚【1905】

張蠙【1694】

張籍【1694】

張體乾【1338】

張鑑【0517】【1871】【1878】

張鷟【1857】【1864】【1873】

陽休之【0168】

陽瑪諾【1862】

參寥子【1868】

十二畫

項以淳【1837】

項名達【0812】

項斯【1694】

揚雄【0233】【1858】

博明【0906】

揭傒斯【1873】

揭暄【1889】

彭士望【1288】【1703】

彭元瑞【0001】【0740】【1420】【1869】
　　　【1873】【1897】【1898】

彭玉麟【0592】

彭兆蓀【0912】【1498】【1867】【1872】
　　　【1889】

彭希涑【1873】

彭良敞【0205】

彭定求【1340】

彭思眷【1221】

彭泰來【1544】

彭華【1793】

彭時【1793】

彭乘【1857】

彭孫貽【0389】【1875】

彭孫遹【1907】

彭紹升【1411】【1432】【1703】【1859】

彭堯諭【1859】

彭端淑【1703】

彭篤福【1793】

彭蘊章【0919】【1970】

彭鵬【1327】

黃士珣【0615】【1905】

黃大華【0397】

黃之雋【1358】【1359】【1859】

黃子高【1911】【1913】

黃子雲【1859】

黃子發【1884】

黃中堅【1859】

黃公度【1098】

黃公紹【0218】

黃以周【0098】

黃允中【0757】

黃本驥【0710】【1893】

黃丕烈【0307】【0360】【0364】【0709】
　　　【0938】

黃石公【1858】

黃玄【1779】

黃永年【1703】

黃邦寧【1144】

黃式三【0134】

黃百家【1859】

黃休復【1886】

黃任【0635】【1370】

黃汝成【0898】

黄志述【1445】
黄克纘【1249】
黄見三【0110】
黄佐【0104】【1911】
黄伯思【0893】
黄易【0669】【1437】
黄周星【1859】
黄宗炎【1859】
黄宗羲【0024】【0453】【1703】【1810】
　　【1859】【1867】【1868】【1873】
　　【1928】
黄定宜【0492】
黄省曾【1858】【1905】
黄俊苑【0786】
黄庭堅【1122】【1123】【1124】
黄彦【1867】
黄桐孫【0624】
黄逢昶【0627】
黄衷【1911】
黄淳耀【1092】【1274】【1862】
黄彭年【0431】【1644】
黄植亨【1132】
黄景仁【1445】
黄景昉【0434】
黄蛟起【1859】
黄舒昺【0793】
黄鈞宰【0967】
黄道周【1264】【1873】
黄道敬【1249】
黄瑜【1911】
黄楙材【1888】【1894】
黄虞稷【0730】【1859】
黄煜【0358】
黄滔【1098】

黄榦【1860】
黄維玉【1936】
黄標【1857】
黄震【0088】
黄魯曾【1868】
黄遵憲【0652】
黄㽮【1122】【1123】
黄憲【1858】
黄憲清【1907】
黄爕清【1848】
葉大莊【1995】【1996】
葉大慶【1872】【1873】
葉方靄【0129】
葉申薌【1824】【1842】
葉永盛【1905】
葉廷秀【1265】
葉廷琯【1870】【1919】
葉向高【1252】
葉名灃【1870】
葉志詵【1888】
葉抱崧【1859】【1862】
葉昌熾【0713】【1888】
葉金壽【1872】
葉奕苞【1859】
葉時【0012】【0069】
葉盛【0927】
葉隆禮【1857】
葉紹袁【0358】【0613】
葉紹翁【1910】
葉鈞【1911】
葉爲銘【0845】
葉裕仁【1696】
葉夢得【0582】【1857】【1919】
葉鳳毛【1862】

葉適【1161】

葉樞【1897】

葉德輝【0584】【1890】【1891】【1892】
　　　　【1919】

葉爕【1859】

葉應震【0480】

葉觀國【1405】

萬光泰【1859】

萬希槐【0896】

萬青銓【0004】

萬斯大【0008】【0009】【1859】

萬斯同【0011】【0392】【0393】【1859】

萬樹【1315】【1850】【1859】

葛元煦【1872】

葛立方【1901】

葛金烺【0838】【1660】

葛洪【0168】【1858】【1865】

葛剛正【1901】

葛郯【1901】

葛勝仲【1901】

葛嗣浵【0838】

葛嗣濚【1660】

葛嘉【0003】

葛澧【1905】

董士錫【1885】

董天工【0638】

董文驥【1859】

董以寧【1859】

董用威【0658】

董仲舒【1858】【1868】

董兆熊【1741】

董夰【1889】

董沛【0461】【0617】【1990】

董其昌【0825】【1888】

董恂【0643】【0644】

董祐誠【0811】【0812】

董遇【0014】

董楊【1928】

董嗣杲【1905】

董說【1859】

董醇【0647】

董潮【1862】

董潛【0824】

辜滰【1627】

棣麼甘【1029】

惠士奇【0009】【0070】【0125】

惠周惕【0009】【0053】【1859】

惠棟【0009】【0011】【0014】【0026】
　　　【0099】【0169】【0266】【0267】
　　　【0902】【0903】【1318】【1859】
　　　【1863】【1873】【1888】【1893】
　　　【1323】

甦庵道人【1895】

閔齊伋【0004】【0194】

閔麟嗣【1859】

景星杓【1859】

單鍔【1901】

喻鳧【1694】

喻歸【1900】

嵇含【1858】

程大中【1873】

程大昌【1857】【1862】

程文榮【1893】

程正揆【0358】

程本立【1907】

程石鄰【1859】

程廷祚【1862】【1893】

程名世【1414】

鄒柏森【1893】

鄒炳泰【1859】【1862】

鄒漢勳【1973】

鄒漪【1859】

鄒樞【1859】

馮可賓【1859】

馮志沂【1609】

馮武【0839】

馮枏【1862】

馮班【1859】

馮桂芬【0578】【1597】【1859】【1893】

馮焌光【1695】

馮琦【0346】【1251】

馮景【0009】【1859】

馮舒【1870】

馮登府【0001】【0009】【0727】

馮夢龍【1881】

馮溥【1287】

馮經【1911】

馮贄【1862】【1872】

馮繼先【0002】

斌椿【0648】【1894】

曾恒德【1859】

曾紀澤【1993】

曾釗【0071】【1911】

曾益【1096】

曾國荃【1603】

曾國藩【0590】【0787】【1722】

曾極【1890】

曾愷【1857】【1862】

曾鞏【0371】

曾燠【1465】【1759】

勞乃宣【0570】

勞史【1859】

勞孝輿【1911】

勞格【0296】【0911】【1103】

勞潼【1911】

湛若水【1911】

湯右曾【1348】

湯用中【0973】

湯若望【1859】【1862】【1873】

湯球【0235】【0285】【0366】【0367】

湯麥斯【1050】

湯斌【0435】【1703】【1859】【1860】
　　【1935】

湯運泰【1542】

湯傳楹【1859】

湯鵬【0882】

湯顯祖【1248】

湯顯業【1542】

湯顯榦【1542】

溫承志【1859】

溫庭筠【1096】

溫肅【1313】

游光繹【0632】

游酢【1126】

惲格【1314】【1859】【1872】

惲敬【1462】

富里西尼烏司【1035】【1036】

強汝詢【1987】

強至【0476】

費氏【1698】

費而奔【1013】

費廷璜【1883】

費利摩羅巴德【0996】【0997】

費直【0015】

費信【1857】

費袞【1901】

費錫璜【1859】
賀宿【0358】
賀貽孫【1703】【1930】
賀裳【1859】
賀稦圭【1930】
賀濤【1994】

十三畫

載瀅【1686】
靳治荆【1859】
蒯德模【1872】
蒲而捘【1019】
蒲松齡【1334】
蒲陸山【1038】【1041】
蓉溪外史【1787】
楊一清【1206】【1902】
楊于果【1441】
楊士奇【1197】
楊士美【1859】
楊士勛【0005】【0118】
楊大鶴【1149】
楊太后【1698】
楊中訥【1859】
楊文杰【1905】
楊甲【0161】
楊光輔【1862】
楊同桂【1893】
楊汝敬【1197】
楊廷樞【0358】
楊廷麟【1271】
楊仲良【0345】
楊名時【1859】【1938】
楊守敬【0117】【0303】【0689】
楊芳燦【1456】【1700】

楊希閔【0493】【0494】【0498】【0499】
　　　　【0500】【0501】【0502】【0503】
　　　　【0504】【0505】【0507】【0510】
　　　　【0537】【0642】【0765】【0922】
　　　　【1481】【1598】
楊孚【1911】
楊英燦【1823】
楊知新【1905】
楊岳斌【1632】
楊宗吾【0222】
楊承慶【0168】
楊思堯【1197】
楊泉【1865】
楊炳南【1873】
楊炯【1694】
楊時【1127】【1860】【1916】
楊倞【0760】【0761】【0762】
楊浚【0951】【1647】【1860】
楊通佺【1815】
楊基【1895】
楊晨【0541】
楊衒之【0631】【1858】
楊象濟【1905】
楊淮【1859】
楊紹和【0729】【0750】
楊萬里【0016】【1151】
楊復吉【1859】
楊遂甫【0538】
楊榮【1895】
楊瑄【1857】
楊載【1910】
楊椿【1366】
楊傳第【1885】
楊漣【1860】

楊慎【0222】【0897】【1857】【1862】

楊模【0458】

楊鳳苞【1905】

楊齊賢【1074】

楊榮【1857】

楊榮緒【1913】

楊賓【1859】

楊維楨【1187】【1905】

楊樞【1862】

楊億【1910】

楊德亨【1554】

楊慶生【1602】

楊慶琛【1526】

楊潛【1882】

楊履泰【1893】

楊樹【0555】

楊懋建【1974】

楊鍾羲【0906】【1760】【1845】

楊諝【1882】

楊繩武【1859】

楊繼盛【1235】【1860】

楊夔生【1814】【1872】

賈公彥【0005】【0076】

賈步緯【0812】【0817】【0818】【0823】

賈思勰【1884】

賈密倫【1007】

賈棠【1701】

賈敦臨【1859】

賈嵩【1890】

賈鳧西【1891】

賈誼【0764】【0765】【1858】

雷浚【0223】

雷琳【0964】

雷學淇【0101】【1893】

雷鐏【0101】

虞山逸民【0358】

虞世南【0944】

虞荔【1858】

虞淳熙【1905】

虞集【1697】

虞翻【0014】

路振【1873】

路振飛【1266】

路德【1529】【1874】

圓嶠真逸【1905】

奧斯吞【1015】

詹步魁【0044】

詹秀林【0044】

詹體仁【1910】

解縉【1199】

該惠連【1047】

廉布【1857】

溥良【1883】

褚人穫【0969】【1859】

褚華【1859】【1862】

福慶【1862】

十四畫

瑪高溫【1045】

瑪姬士【1873】

趙一清【0640】【0641】【0642】【1905】

趙九成【0694】

趙士楨【1862】

趙士麟【1311】【1905】

趙之俊【1859】

趙之壁【0628】

趙之謙【1645】

趙子櫟【1077】

蔡道憲【1276】

蔡焯【1901】

蔡淵【1794】【1862】

蔡發【1794】

蔡戡【1901】

蔡夢弼【1077】

蔡模【1794】

蔡質【1865】

蔡龍孫【1901】

蔡襄【1106】

蔡權【1794】

熙時子【1862】

蔣士銓【1412】【1413】【1703】【1716】

蔣大鴻【1862】

蔣之翹【1859】

蔣子正【1857】

蔣元【0798】

蔣弘任【1859】

蔣光弼【0011】

蔣光煦【1314】【1885】

蔣先庚【0020】

蔣廷錫【0009】【1767】【1859】

蔣廷黻【1687】

蔣坦【1905】

蔣春霖【1885】

蔣重光【1841】

蔣堂【1901】

蔣敦復【1594】

蔣湘南【0666】【0932】

蔣衡【1362】

厲荃【0955】

厲鶚【0440】【1377】【1378】【1836】
【1859】【1882】【1905】

臧庸【0009】【0147】【1864】【1880】

【1888】

臧琳【0009】

臧壽恭【1870】

臧榮緒【0235】

臧懋循【0348】

臧鏞堂【0147】【1864】

裴士騏【0523】

裴庭裕【1867】

裴駰【0236】

墅西逸叟【1881】

聞人倓【1708】

圖理琛【1859】

管世銘【1430】【1734】

管同【1520】

管仲【0802】【0803】【0804】

管檜【1767】

管嗣復【1520】

管學洛【1469】

管繩萊【1530】

管鶴【1875】

鳳應韶【1862】

廖文炳【1725】

廖文錦【0402】

廖廷相【0551】

廖瑩中【1857】

廖燕【1859】

廖騰煃【1330】

端木國瑚【【0029】

端方【0706】【0992】【1054】

齊召南【0009】【0396】【1390】【1391】

齊毓川【1391】

鄭大謨【0421】

鄭小同【0006】【0007】

鄭王臣【1781】

鄭元祐【1857】

鄭日奎【1703】

鄭方坤【0446】【0447】【1380】【1804】

鄭玄【0002】【0003】【0004】【0005】
　　【0006】【0007】【0014】【1858】
　　【1862】【1864】【1868】【1876】
　　【1888】

鄭廷沴【1421】

鄭旭旦【1859】

鄭守廉【1833】

鄭伯熊【1862】

鄭杰【0745】【1777】【1778】

鄭昌梭【0998】【1003】【1005】【1008】
　　【1009】【1010】【1015】【1016】
　　【1050】

鄭知同【0075】

鄭岳【1208】

鄭定【1779】

鄭珍【0075】【0083】【0210】【0232】

鄭邲【0023】

鄭晉德【1859】

鄭剛中【1138】

鄭焜【1905】

鄭景璧【1857】

鄭敦【1603】

鄭善夫【1219】

鄭鄪【1862】

鄭福照【1505】【1962】

鄭瑤【1884】【1889】

鄭澐【1076】

鄭德懋【1867】

鄭樵【1862】

鄭奮揚【0808】

鄭還古【1857】

鄭獻甫【0144】【1872】

翟元【0014】

翟思忠【0474】

翟雲升【0211】

翟鼉【1862】

翟灝【0009】【1880】【1905】

熊三拔【0807】

熊禾【1860】

熊廷弼【1262】

熊守謙【0205】

熊克【0338】

熊伯龍【1703】

熊忠【0218】

熊朋來【0107】

熊賜履【1859】

熊德基【0007】

鄧文原【1179】

鄧苑【1862】

鄧實【0375】【0877】

鄧鏛【1053】

鄧顯鶴【1276】【1788】

綺石先生【1872】

十五畫

摯虞【1900】

樗園退叟【0386】

樓卜瀍【1187】

樊廷枚【0141】

樊恭【0168】

樊景升【1885】

樊綽【1884】

樊增祥【1674】

歐大任【1911】

歐陽修【0244】【0670】【0730】【1102】

【1885】

歐陽泉【0933】

歐陽棐【1885】

歐陽詹【1693】

歐陽詢【0943】

歐潑登【0999】

震鈞【0455】【1097】

墨翟【0850】

黎士弘【1301】【1859】

黎民表【1912】

黎吉雲【1559】

黎特【1008】

黎庶昌【0520】【1661】

黎遂球【1859】【1905】【1911】【1912】

黎應南【0810】

黎簡【1092】

樂史【0601】

樂鈞【0972】

德國國司法院【0995】

衛宏【0168】【1865】

衛泳【1859】

魯一同【0658】【1583】【1584】

魯訔【1077】

魯賁【1650】【1651】

魯駿【0438】

劉一止【1133】

劉一清【1905】

劉大紳【1703】

劉大櫆【1385】【1386】【1703】

劉子翬【1143】

劉叉【1694】

劉文淇【0598】【0659】【1541】【1868】

劉心源【0712】

劉允鵬【1864】【1873】

劉玉麐【0009】【0146】【0148】【1871】

劉世珩【0380】【0662】【0758】【1785】
　　　　　【1893】【1903】

劉可毅【1683】

劉永松【0636】

劉台拱【0009】【1957】

劉存仁【1764】【1986】

劉因【1177】

劉向【0428】【1858】【1868】【1961】

劉沄【1928】

劉安【0856】【0857】【1858】

劉安上【1131】

劉安節【1129】

劉延和【1471】

劉孝標【0924】【1866】【1868】

劉克莊【1895】

劉辰翁【0259】

劉佑【1934】

劉希向【0917】

劉希孟【0330】

劉邵【1858】

劉青芝【1872】

劉表【0014】

劉坤一【0580】

劉若愚【1873】

劉郁【1857】

劉尚文【0687】

劉昌【0930】

劉欣期【1911】

劉攽【0847】【1862】【1876】

劉宗周【1868】【1928】

劉承寵【1512】

劉珍【0260】

劉城【1785】

劉咸榮【1691】

劉昞【1858】

劉星煒【1404】

劉昫【0730】

劉冠寰【1176】

劉師峻【1859】

劉逢祿【0009】【1512】【1893】

劉兼【1694】

劉家謀【1610】【1611】

劉書年【1870】

劉恕【0325】【0326】

劉堅【1872】

劉跂【1128】

劉啓發【0139】

劉晝【1858】

劉喜海【0693】【0708】【1880】【1888】

劉軻【1911】

劉敞【0120】【1103】【1862】

劉開【0430】【1531】

劉敦元【1510】

劉蓉【0591】【1617】

劉暐澤【1388】

劉嗣綰【1471】【1814】【1874】

劉義慶【0924】【1866】【1868】

劉滄【1694】

劉壽眉【0965】

劉壽曾【1887】

劉熙【1858】

劉毓崧【0659】

劉銘傳【0593】

劉鳳【1058】

劉鳳誥【1470】

劉肇隅【0731】【1890】

劉摯【1111】

劉暹【1905】

劉德麟【1137】

劉遵陸【1882】

劉履恂【0009】

劉駕【1694】

劉勰【1858】【1868】

劉璣【1866】

劉錫鴻【1888】

劉凝【1176】

劉羲仲【0319】

劉禧延【1870】

劉壎【1176】【1873】

劉績【0802】【0803】【0804】【1857】

劉彝程【0822】

劉瀚【0690】

劉獻廷【1871】

劉寶楠【0231】

劉權之【1388】

劉爔【1160】

劉體仁【1291】【1859】

劉瓛【0014】

劉鑾【1859】

諸可寶【1869】

諸葛亮【1858】【1860】

諸錦【1859】【1862】

諾格德【1024】

談修【1862】

潘之淙【1866】

潘世恩【0448】

潘世璜【0832】

潘仕成【1873】

潘永季【1859】

潘耒【1932】

潘任【0160】

潘松【0989】

潘昂霄【1810】

潘政明【1143】

潘衍桐【0149】【1771】【1905】

潘奕雋【1893】

潘祖蔭【0704】【1870】【1871】

潘眉【0281】【1859】

潘殖【1910】

潘曾沂【1549】【1550】

潘曾瑩【1595】

潘德興【1536】

潘頤福【0343】

潘諮【1557】

潘樨章【1871】

潘鍾瑞【1870】

十六畫

駱秉章【0587】【0588】

駱賓王【1694】

駱騰鳳【0820】【0821】

薛仲邕【1074】

薛收【1858】

薛尚功【0695】

薛季宣【1154】【1893】

薛春藜【1461】

薛炳【0761】

薛時雨【1461】

薛雪【1859】

薛寀【1901】

薛瑄【0777】【0778】【1860】【1872】

薛虞畿【1911】

薛傳均【0178】

薛福成【0591】【0744】【1992】

薛熙【1749】【1859】

薛瑩【0234】【1857】

蕭士贇【1074】

蕭子雲【0235】

蕭子顯【0235】

蕭吉【1901】

蕭雄【1888】

蕭道管【0429】

蕭統【1901】

蕭嵩【0549】

蕭該【1880】

蕭綺【1858】

蕭震【1859】

蕭曇【1859】

蕭穆【1657】

蕭穎士【1901】

蕭繹【0168】【1883】

頤道居士【1905】

薩大文【1623】

薩大年【1624】

薩大滋【1573】

薩玉衡【0137】【1487】

薩英額【1884】

薩都剌【1182】

薩琦【1182】

薩嘉曦【0479】

薩察倫【1472】

薩龍田【1539】

薩龍光【1182】

橋本奇策【1023】

盧文弨【0009】【0166】【0310】【0359】
　　【0730】【0764】【0860】【0904】
　　【1401】【1868】【1869】【1874】
　　【1893】

盧仝【1694】

盧存心【1859】

盧見曾【1081】【1375】【1786】【1810】

盧宜【0444】

盧柟【1220】

盧宣旬【0005】

盧象升【1270】

盧照鄰【1694】

盧演【1196】

盧憲【0659】

盧辯【0091】【1858】【1861】

閻若璩【0009】【0039】【0105】【0141】
　　【0896】【1859】

閻敬銘【1529】

閻詠【0039】

穆翰【1872】

衛宏【1883】

錢乙【1866】

錢大昕【0009】【0169】【0275】【0307】
　　【0308】【0313】【0316】【0401】
　　【0418】【0496】【0721】【0730】
　　【0860】【0896】【0905】【0949】
　　【1422】【1703】【1859】【1867】
　　【1869】

錢大昭【0255】【0262】【0263】【0265】
　　【0269】【0273】【0279】【1859】
　　【1887】

錢中諧【1859】

錢文瀚【1905】

錢世昭【1857】

錢世楨【1882】

錢邦芑【0358】

錢兆鵬【1436】

錢名世【1767】

錢杜【0842】

錢佃【1886】

錢良擇【1859】

錢坫【0010】【0249】【1873】【1880】

錢林【0451】

錢東垣【0736】

錢昊之【1868】

錢秉鐙【1292】

錢侗【0313】【0736】

錢受徵【1905】

錢保塘【1576】【1869】

錢泰吉【1869】

錢振倫【1618】

錢孫愛【0358】

錢棻【1859】

錢國祥【0997】

錢惠尊【1506】

錢景星【0515】

錢曾【1873】【1897】【1898】

錢恂【1857】

錢載【1394】【1859】

錢塘【0009】【0162】【0859】【1868】
　　【1869】

錢儀吉【0280】【0293】【1527】

錢德洪【0510】

錢德蒼【1856】

錢澄之【0358】【1292】

錢謙益【0358】【0746】

錢濤【1859】

錢繹【0233】【1887】

錢寶琛【0460】

錢灃【1433】

鮑昌熙【0682】

鮑桂星【1477】【1478】【1479】【1480】

鮑倚雲【1893】

鮑康【1870】

酈露【1872】

龍仁夫【0019】

龍廷槐【1463】

龍起濤【0064】

龍啓瑞【1884】【1980】

十七畫

戴延年【1859】

戴名世【1346】

戴叔倫【1694】【1902】

戴侗【0203】

戴咸弼【0686】

戴家麟【1878】【1879】

戴望【1664】

戴凱之【1858】

戴復古【1908】

戴鈞衡【0043】

戴敦元【1495】

戴楫【0778】

戴熙【0844】【1872】

戴震【0009】【1062】【1859】【1874】
　　【1893】【1946】

戴德【0091】【1858】【1861】

戴鴻【1862】

戴鴻慈【0992】【1054】

戴禮【0094】

鞠履厚【1859】

藍仁【1193】

藍鼎元【1703】【1859】【1942】

藍智【1194】

韓元吉【1857】

韓邦靖【1867】

韓非【0806】

韓保徵【1883】

韓信同【0102】

韓泰華【1871】

韓菼【0129】【0358】【1328】

韓崇【1354】【1870】

韓偓【1097】【1693】

韓康伯【0002】【0003】【0004】【0005】

韓琦【1860】

韓超【1875】

韓愈【1081】【1082】【1083】【1862】
　　【1873】【1937】

韓霖【1873】

韓嬰【1858】【1868】

檀萃【1859】

魏了翁【1164】【1165】

魏于雲【1859】

魏之琇【1909】

魏世傚【1796】

魏世儼【1796】

魏仲舉【0495】【1082】

魏伯陽【1858】

魏易【1055】【1056】

魏校【1860】

魏理慈【0995】

魏象樞【1297】【1859】

魏源【0066】【1560】【1704】【1884】

魏際瑞【1796】【1859】

魏標【1905】

魏徵【0730】

魏錫曾【0711】

魏禧【1702】【1796】【1859】

魏禮【1796】

儲嗣宗【1694】

儲瓘【1174】

鍾于序【1859】
鍾天緯【1026】【1028】
鍾文烝【0119】
鍾晉【0030】
鍾惺【1712】
鍾嶸【1858】【1886】
謝士驥【1351】
謝元淮【1532】
謝文洊【1933】
謝世南【1795】
謝沈【0234】
謝良【1857】
謝良佐【0770】【1860】
謝枋得【1860】
謝明謙【1933】
謝承【0234】
謝振定【1457】【1703】
謝家禾【0812】
謝國珍【1872】
謝章鋌【0192】【1508】【1982】
謝墍【0848】【0966】
謝啓昆【0302】【0755】【1123】【1427】
　　【1428】
謝朝徵【1878】
謝榛【1873】
謝肇淛【0573】【0630】
謝震【1483】
謝濟世【1374】
謝翺【1170】【1910】
謝曦【1351】
謝靈運【0235】【1067】【1914】
應劭【0528】【1858】【1865】【1900】
繆沅【1767】
繆昌期【1901】

繆荃孫【0551】【0722】【1188】【1885】
　　【1886】【1896】【1999】
繆梓【1593】
繆楷【1883】
繆福照【1862】
繆德葇【1905】
繆鑑【1885】
繆襲【1858】

十八畫
聶心湯【1905】
聶欽【0639】
瞿玄錫【0358】
瞿昂來【0999】【1006】
瞿源洙【1298】
瞿頡【1853】
瞿鏞【0729】【0749】
闕縫【1566】
簡朝亮【1592】
邊大綬【1859】
歸有光【1231】【1697】
歸玠【1231】
歸莊【1231】【1867】【1891】
鎖綠山人【0358】
顏之推【0168】【0860】【1858】【1861】
顏光敏【1873】
顏延之【1883】
顏師古【0730】【1862】【1868】

十九畫
蘇士琨【1859】
蘇天木【1911】
蘇天爵【1747】
蘇廷玉【1528】

蘇拯【1694】

蘇象先【0862】

蘇惇元【1357】【1931】

蘇舜欽【1857】

蘇軾【1112】【1113】【1114】【1115】
　　【1116】【1117】【1118】【1119】
　　【1120】【1123】【1124】【1857】
　　【1862】

蘇頌【1110】

蘇輿【0127】【0470】【0889】【1669】

蘇轍【1120】【1121】

蘇鶚【1857】【1862】

蘂珠舊史【1974】

闞駰【1900】

關朗【1858】

關槐【0955】

嚴元照【0148】【0909】

嚴可均【0001】【0169】【0174】【1880】
　　【1890】【1893】

嚴羽【1803】

嚴辰【1629】

嚴武順【1905】

嚴長明【1890】

嚴萬里【1880】

嚴傑【0009】

嚴遂成【1867】

嚴粲【0051】

嚴嵩【1216】

嚴榮【1945】

嚴維【1694】

嚴觀【1888】

羅士琳【1887】

羅天尺【1911】

羅天益【1866】

羅元煥【1911】

羅以智【0595】【1905】

羅正鈞【0521】

羅有高【1423】

羅汝蘭【0808】

羅亨利【1006】

羅泌【0402】

羅振玉【0675】【0683】【0714】【0715】
　　【0726】【1069】【1895】【1896】
　　【1897】【1898】【1899】

羅從彥【1132】【1860】

羅惇衍【1612】

羅欽順【1860】

羅榘【1905】

羅頌【1155】

羅鄴【1694】【1857】

羅澤南【1975】

羅隱【0861】

羅願【0229】【1155】

譚吉璁【1762】【1907】

譚廷獻【1461】

譚希思【0340】

譚宗浚【1675】

譚嗣同【1998】

譚儀【1888】

譚瑩【1574】

譚獻【1653】【1878】【1879】【1889】

譙周【1865】

龐元英【1857】

龐尚鵬【1247】【1911】

韜盧子【1884】

二十畫

覺顯祿斯【1025】

顧道稷【1859】

顧湘【1867】

顧祿【1872】

顧蒓【1484】

顧敏憲【1700】

顧嗣立【1096】【1713】【1767】【1859】

顧與沐【1926】

顧福仁【1663】

顧壽楨【1585】

顧廣圻【0185】【0806】【1893】

顧樞【1926】

顧复【1857】

顧翰【1814】【1825】

顧憲成【1867】【1926】

顧鎮【1867】

顧懷三【0314】

顧敦愉【1700】

顧觀光【0812】

聾道人【0358】【1859】

龔元玠【1859】

龔玉晨【1503】

龔用卿【1227】

龔立本【1867】

龔自珍【1551】【1552】【1870】【1890】

龔易圖【0888】【1658】

龔鼎臣【1862】

龔鼎孳【1295】

龔景瀚【1868】【1955】

龔賢【1859】

龔橙【1878】

龔璛【1902】

龔顯曾【1782】

附錄

閩縣螺洲陳氏賜書樓書目

叢　書

百川學海　陶氏景宋本　三十二本

四部叢刊　石印　二千一百本

[增] 四部叢刊本廿四史　二百〇八本

粤雅堂叢書　三百三十八本

岱南閣叢書　四十本

借月山房叢鈔　石印　一百二十本

知不足齋叢書　三十集　二百四十本

士禮居叢書　石印　四十本

經韻樓叢書　二十本

蔣刻鐵華館叢書　十二本

潘刻五种　十二本

雅雨堂叢書　三十本

讀畫齋叢書（附南宋羣賢小集　江湖後
　　集三十二本）　六十四本

方柏堂遺集　六十本

顏李遺書　二十三本

結一廬叢書　十五本

榆園叢刻　十六本

江都汪氏叢書　石印　二十本

行素草堂金石叢書　四十本

託跋廛叢刻（附牧牛圖頌一本）　八本

百川書屋叢書（附搗搉集一本）　四本

仰觀千七百二十九鶴齋叢書　四十二本

集虛草堂叢書　四十二本

范聲山雜著　四本

[補] 殷禮在斯堂叢書　石印　十二本

雲窻叢刻　十本

藕香零拾　三十二本

美術叢書　鉛印　八十本

風雨樓叢書　鉛印　五十四本

吳氏松鄰叢書　十二本

當歸草堂叢書　七本

涵芬樓秘笈　石印　八十本

適園叢書　鉛印　二十本

船山遺書　一百本

古逸叢書　六十本

古今說部叢書　鉛印　六十本

說郛（正續）　一百六十七本

津逮秘書　一百六十八本

影宋秦刻白文八經　石印　六本

十三經注疏　阮刻　一百六十本

[增] 監本十三經　金陵書局刻　五十本

古經解彙函　粤刻　六十六本

內府影刻宋淳祐本四書　十本

怡府本四書集注　六本

影宋大字本孟子　石印　七本

影宋紹熙本禮記正義　二十四本

影宋百衲本史記　石印　二十四本

劉刻影宋蜀大字本史記　三十二本

劉刻影宋鷺洲書院本前漢書　一經堂本
　　後漢書　九十二本

古香齋本史記　粤刻　二十四本

王刻前後漢書補注　六十四本

[補] 漢書補注補正　鉛印　一本

[補] 漢書藝文志講疏　一本

滄趣樓校本前後漢書　三十二本

賭棋山莊校本四史　六十六本

[增] 晉書斠注　劉氏　六十本

賭棋山莊校本資治通鑑　一百本

影宋百衲本資治通鑑　石印　八十本

資治通鑑補　八十本

（彭劉）合注五代史　四十本

士禮居影宋本國語國策　六本

［增］欽定外藩蒙古回部王公功績表　鈔本　三十本

古今治平畧　三十本

紀錄彙編　明刻　五十八本

古香齋本春秋夢餘錄　粵刻　二十四本

錢氏碑傳集、繆氏碑傳續集、閔氏碑傳集補　九十六本

秦漢印統　明刻　八本

遯盦秦漢印選　十六本

金石索　十八本

［增］山左金石志　十六本

劉氏金石苑　足本　八本

百一廬金石叢書　石印　十二本

牛氏金石圖　八本

二銘草堂金石聚　十六本

曾文正公手書日記　石印　四十本

李文清公日記　石印　十六本

翁文恭公日記　石印　四十本

越縵堂日記　石印　五十一本

湘綺樓日記　鉛印　三十二本

李文忠公尺牘　石印　三十二本

全上古三代六朝文　一百本

彙輯申報館所印書　二百四十九本

七朝紀事本末　粵刻　九十六本

佩文韻府　內府本　一百十九本

世德堂六子　石印　二十本

十子全書　謝刻　三十本

二十二子　浙江書局刻　七十九本

影宋南華真經　石印　五□本（剝蝕）

黃氏日鈔　三十□本（剝蝕）

羣書集事淵海　明正德黑口本　四十□本（剝蝕）

影元刻困學紀聞　石印　八本（"八"剝蝕，補筆）

［增］巾箱本王氏困學紀聞　顧氏日知錄　石印　十二本

影宋皇朝事實類苑　十二本

子史精華　三十二本

朱子全書　內府刻　二十六本

宋元明儒學案　三十二本

皇朝續文獻通考　八十八本

太平廣記　明仿宋刻　五十六本

（閔明）刻世說新語、語補　十六本

劉氏仿宋本五燈會元　十二本

足本一切經音義　東洋刻本　五十五本

中國本雲棲法彙　三十五本

影宋本昌黎先生文集附考異　石印　四十本

古香齋本施注蘇詩　內府本　十六本

查初白蘇詩補注　李南澗批本　二十四本

［增］李梁谿集（居敬堂鈔本）　李忠定公文集　李忠定公奏議（明閩刻本）　三十六本

陳左海前後集　七十二本

玉臺新詠　仿宋巾箱本　八本

唐詩品彙　明刻本　二十本

原板宋詩鈔　二十本

宋百家詩存　二十本

元詩選（附癸集）　五十本

皇元風雅　鈔本　四本

錢選列朝詩集　十六本（剝蝕，補筆）

初學集有學集　十二本

帶經堂詩話 靜志居詩話　二十四本

宋六十名家詞　汲古閣本　三十本

元曲選百種　鉛印　四十本

冠悔堂依王惕甫校本唐文粹　明本
　　十六本

賭棋山莊依王校本唐文粹　明本　二
　　十本

古文辭前後集　十六本

正續古文雅正　二十一本

楊選駢文軌　鈔本　二十三本

涵芬樓古今文鈔　鉛印　一百本

內府本歷代賦彙　五十本

［删］四明叢書　二十八本　二集四十
　　八本

［删］敬鄉樓叢書　六十本

［删］故宮藏本宛委別藏（原漫漶，據
　　書後補全）　一百五十本

［删］安徽叢書（初二三集）　八十六本

［删］遼海叢書（初二三四五集　附黑
　　龍江圖全冊）　五十本

［删］太崑先哲遺書　初集　十八本

［删］粟香室叢書　五十二本

［删］邃雅齋叢書　石印　十本

［删］西夏書事　石印　八本

唐四名家集　唐六名家集　五唐人詩
　　集　元人十種詩　眾香詞　石印
　　四十一本

詩紀　明刻　三十二本

陶註陶靖節集　滄趣樓校本　四本

莊子故　滄趣樓校本　一本

錢註杜工部集　滄趣樓校本　六本

古籀篇　東洋本　六十二本

關中兩朝詩文賦鈔　三十二本

曾文正公全集　一百十二本

周慤慎公全集　三十六本

詞話叢編　二十四本

貫華堂原本水滸傳　影印　二十四本

龍泓山人印譜　八本

［删］晉書斠注　劉印　六十本（按前
　　已收）

［删］山左金石志　十六本（按前已收）

仁和吳氏雙照樓刊宋元本詞　二十本

武進陶氏續刊宋金元明本詞　二十本

［删］欽定外藩蒙古回部王公功績表
　　舊鈔本　三十本（按前已收）

［删］李梁谿集（居敬堂鈔本）　李忠
　　定公文集　李忠定公奏議（明閩刻
　　本）　三十六本（按前已收）

［删］金陵書局刻十三經　五十本（按
　　前已收）

［删］香艷叢書　八十本

［删］皇朝掌故叢編　六十本

［删］學海類編　一百二十本

［删］學津討原　一百二十本

［删］巾箱本王氏困學紀聞　顧氏日知
　　錄　石印　十二本（按前已收）

［删］明代邊防史乘十二種　七十本

經　　部

周易疏　謝校汲古閣本　四本

周易傳義音訓　祝刻　八本

古易匯詮　四本

周易集義　四本

易理匯粂臆言　二本

書傳音釋　祝刻　六本

書經衷論　一本

禹貢通釋　四本

禹貢註節讀　一本

詩集傳音釋　四本

詩毛氏傳疏　謝校　十二本

毛詩重言　一本

毛詩後箋　二十本

毛詩復古錄　六本

詩經申義　四本

周禮鄭注　仿宋刻本　六本

周禮注疏　謝校　十六本

明仿宋刻本周禮　殘本　二十二本

儀禮正義　二十本

儀禮經傳通解　二十本

儀禮節畧　十六本

撫本禮記　張刻　六本

禮記訓纂　六本

司馬書儀　一本

禮經校釋　十二本

大戴禮記孔氏補注　四本

校正大戴禮記孔氏補注　四本

舊鈔本春秋集傳　十本

春秋左傳杜注校勘記　一本

孟子外書補注　一本

左傳讀本　十四本

春秋氏族圖　二本

左傳輯釋　東洋本　二十一本

四書集注　六本

四書章句集注　七本

四書便蒙　六本

監本四書　六本

監本四書　一經堂本　六本

四書纂疏　八本

四書反身錄　二部　八本

四書改錯評　六本

四書考異　三本

四書恒解　八本

四書隨見錄　十六本

四書翼注　六本

論語注疏解經　二本

論語正義　六本

蘇批孟子　二本

孟子正義　謝校　十本

七經孟子考　阮刻　二十本

論語集註述要　三本

孟子要畧　一本

三經誼詁　一本

孔孟志畧小兒書輯　八本

儒先訓要女兒書輯　八本

爾雅正義　謝校　十本

爾雅義疏　謝校　八本

爾雅郭注　顧刻　一本

影宋刻本方言　梁文忠題字　二本

埤雅　明仿宋黑口本　九本

埤雅　顧刻　二本

拾雅　八本

駢雅　八本

別雅　五本

疊雅　四本

通雅　十四本

廣雅疏證　八本

說文解字羣經正字　八本

說文解字段注　二十本

桂氏說文義證　十六本（原作五十二本）

王冊山說文（釋例繫傳校錄）　謝校
　　十五本

說文繫傳　謝校　八本

說文分韻易知錄　十本

稿本說文蒙求　手鈔　四本

字說　一本

說文古籀補　二本

說文古籀補補　四本

古籀拾遺　二本

古微書　六本

復古篇　五本

續復古篇　四本

九經三傳沿革例　一本

經傳釋詞　四本

經詞衍釋　四本

羣經宮室圖　一本

盛柚堂叢書五種　四本

讀易劄記　一本

六藝綱目　二本

五經補綱　一本

皇清經解題要附經典集林　淵源錄　鉛
　　印　三本

經義雜記敘錄　八本

春秋小學　石印　四本

助字辨畧　三本

秦刻隸韻　六本

汪刻隸釋隸續　十二本

顧刻隸辨　八本

羣經音辨　謝校　二本

玉篇廣韻　六本

楷法溯源　十四本

通藝錄　二十本

石經彙函　十本

四書圖考　四本

爾雅啓蒙　四本

佩觿　一本

羣經音辨　一本

史　部

影宋百衲本史記　石印　二十四本

史記　楊希閔批校　十二本

歸方合評史記　二十本

史記（殘本）　林鹿原批校　二本

史記評林　二十五本

［補］史記舊注平義　鉛印　一本

後漢書　明汪刻　二十二本

後漢書　批本　十六本

三國志　裴注本　二十本

三國志世系表　一本

史通通釋　六本

硃批史記菁華集　六本

硃批史通削繁　四本

讀史漫筆　二本

晉書補表　舊鈔本　十本

［補］南朝史精語　一本

歐陽五代史記鈔　明閔刻本　十本

國語正義　謝校　十本

高氏戰國策　六本

戰國策校注　八本

胡刻通鑑正文校宋記（述畧一本）
　　六本

列女傳　阮刻本　四本

世本輯補　秦刻本　四本

歷代小史摘編　八本

錢武肅王敷治吳越功德史　一本

萬曆野獲編　十本

明史本紀　石印　四本

國史唯疑　鈔本　八本

明史竊　十八本

萬曆三大政考　一本

聖安本紀　一本

明宮史　二本

甲乙之際宮闈錄　二本

明季潮州忠逸傳　二本

宣德別錄　二本

［增］山中聞見錄　一本

［增］東江遺事　石印　一本

［增］嘉靖禦倭江浙主客軍考　鉛印
　　一本

甲行日注　一本

疑年錄彙編　八本

［刪］歷代名人生卒錄　八本

人表考　四本

辛壬春秋　十六本

合璧避暑山莊圖詠　石印　四本

合璧庭訓格言　內府本　四本

藍印宋元科舉三錄　四本

宋李明仲營造法式　石印　八本

御製養正圖解　六本

原板聖諭像解　十本

大清通禮　內府本　十二本

皇朝謚法考　一本

倫書　一本

杭氏七種　四本

詞科掌錄　六本

洗冤錄集證　五本

吾學錄初編　四本

禮議　二本

海防成案　袁太常校鈔本　五本

南北史捃華　四本

王壬秋湘軍志　謝校　二本

湘軍志平議　一本

太平天國起義記　鉛印　一本

［補］太平天國史事論叢　鉛印　一本

李秀成供狀　鉛印　二本

中興將帥別傳　十本

東陵盜案彙編　一本

清宮史畧　一本

光宣小記　一本

梅陽江侍御奏議　二本

康熙政要　十二本

天逸道人存稿　一本

勸堂日記類鈔　一本

使閩日錄　祥符沈公稿本　一本

使豫日記　使閩日記　一本

蘇常日記　一本

渤海國志長編要删　一本

南歸志　一本

中州人物考　四本

永康人物記　一本

東南紀事　西南紀事　二本

開天傳信記　南唐近事　朝鮮琉球安南
　　　圖說　二本

平叛記　二本

［補］北平風俗類徵　鉛印　一本

新校天津衞志　二本

天津縣人物新志　四本

親屬記　一本

廣志繹　二本

泰山小史　一本

黔記　一本

洪經畧奏對筆記　一本

大統歌　一本

景定建康志　二十本

輿地紀勝　二十四本

問影樓輿地叢書　八本

歷代輿地沿革險要圖　一本

滿洲源流考　四本

遼陽縣志　十二本

黑龍江述畧　四本

邊事彙鈔　八本

［增］兩淮勘亂記　西伯利亞東偏紀要
　　　　鉛印　二本

［補］夷氛記聞　一本

西陲要畧　二本

西域聞見錄　一本

廬山志　十四本

上方山志　三本

古今遊名山記　十四本

［增］山海經存　石印　六本

［增］鄭開陽雜著　石印　四本

水經注釋　趙刻　二十二本

蜀水考　二本

海錄　一本

烏石山志　四本

西湖志　二十本

西湖遊覽志餘　十本

揚州北湖小志　二部　四本

閩中錄　一本

［增］福建文化　一本

［增］鄭和七次下西洋年月考證　一本

［增］海南雜著　一本

福州西湖志　八本

螺洲志　鈔本　一本

嘉慶庚辰重修家譜　十二本

壬申三修家譜　二十四本

文誠公出身履歷大畧　年譜五本　一本

先刑部公行述　一本

津門客話　鈔本　一本

［增］歷代名人生卒錄　石印　八本

　　（按前删）

昭明太子年譜　一本

宋程純公明薛文清公合譜　一本

張宣公年譜　二本

宋孫莘先生年譜　二本

廣元遺山年譜　二本

黃石齋先生年譜　一本

碧血錄　二本

［增］孤忠錄　一本

查東山年譜　一本

黃梨洲先生年譜　一本

王船山先生年譜　二本

顧亭林年譜　一本

顧閻合譜　四本

湯忠愍公年譜　一本

邵二雲先生年譜　一本

李申耆年譜　一本

屬樊榭年譜　一本

敝帚齋年譜　一本

王靖毅公年譜（列傳行述）　二本

丁松生先生百年紀念集　一本

李文忠公事畧　一本

王湘綺年譜　二本

［增］李蒪園年譜　一本

玉池老人自叙　一本

旗陽林氏三先生行畧　一本

閩縣忠義孝悌傳　一本

甬上族望表　一本

南海康先生傳　一本

嘯堂集古錄　一本

寶刻類編　四本

積古齋鐘鼎款識　四本

薛氏鐘鼎款識　劉影宋鈔本　四本

金石例　四種　六本

金石三例　三本

金薤琳琅　林鹿原手鈔本　二本

三希堂法帖釋文　四本

閣帖考正　四本

蒼玉洞宋人題名　一本

雪堂所藏金石文字簿錄　一本

增訂碑別字　二本

楚器圖釋　一本

新鄭古器圖錄　二本

清儀閣所藏古器物文　十本

鳧氏爲鐘圖說補義　一本

瘞鶴銘考補　一本

金石圖說　四本

唐元和譜照寺畫像真蹟　一本

欽定元承華事畧補圖　二本

景印永樂大典　一本

内封藏器著錄表　一本

宣德彝器圖譜　三本

萬年少墨表　一本

鑑古齋墨藪　三本

知白齋墨譜　二本

宋蔡忠惠公自書詩真蹟　一本

南宋槧皇朝文鑑殘帙　一本

聊齋志異原稿　一本

東京夢華錄　一本

影宋本古今註　一本

金石契　四本

［增］甲骨文字理惑　一本

［增］積微居小學金石論叢　一本

［增］甲骨書錄解題　一本

［增］金文世族譜　二本

［增］金文續編　二本

集拓新出漢魏石經殘字　七本

歷代石經考　三本

漢熹平石經殘字集錄　四本

漢石經殘石集　一本

小蓬萊閣金石文字　五本

宜都楊氏鉤刻各種碑版　二十七本

石塔碑刻記　一本

藤花亭鏡譜　二本

游藝巵言　一本

藏書十約　一本

會典簡明錄　一本

通志堂經解提要　二本

書目答問　一本

書目答問補正　一本

書目舉要　一本

士禮居藏書題跋記　四本

士禮居藏書題跋記續錄　一本

士禮居藏書題跋記補錄　一本

蕘圃藏書題識　十本

嘉業堂叢書總目　一本

永樂大典現存卷目表　一本

玄賞齋藏書目　一本

鑒止水齋藏書目　一本

天祿琳琅排架圖　四庫薈要排架圖
　　一本

［補］清軍机處檔案目錄　鉛印　一本

東方文化學院京都研究所漢籍簡目
　　一本

行素草堂目覩書錄　十本

朱氏彙刻書目　二十本

續彙刻書目　十一本

四庫目畧　四本

中國藏書家考畧　一本

叢書書目彙編　四本

叢書目錄拾遺　四本

國立北平圖書館善本書目　四本

尊經閣文庫漢籍分類目錄　一本

崇雅堂書錄　崇雅堂碑錄　十本

中國雕板源流考　一本

賭棋山莊書目稿本　一本

江蘇省立國學圖書館圖書總目　十四本

骨董瑣記　骨董續記　六本

墨林今話　六本

小蓬萊閣畫鑑　一本

歷代著錄書目　六本

江村銷夏錄　三本

愛日吟廬書畫錄　六本

禮塔龕考古偶編　一本

宋遺民類集序例總目　一本

東陽記拾遺　一本

天全石錄　一本

國朝未刊遺書志畧　一本

［補］書法闌宗　二本

［補］藏書紀事詩　四本

子　部

老子道德經古本集注　二本

老子道德經　一本

老子道德經集解　一本

南華經解選讀　二本

沖虛至德真經　復堂校　二本

列子　秦刊本　二本

莊子集解　二本

莊子郭註　十本

［增］華南發覆　二本

鬼谷子　秦刊　一本

明板楊註荀子　六本

文中子中說　陳氏景宋刊　二本

揚子法言　秦刊　一本

孔子家語　明刊　二本

顏氏家訓　枚校本　二本

王刻世說新語　二本

唐語林　二本

酉陽雜俎　四本

白虎通疏證　四本

自警編　六本

儒學警悟　十本

論衡　明刊　十本

景宋本世說新語（附解題一本）　五本

皇明世說新語　高麗板　四本

南村輟耕錄　十本

古訓粹編　四本

日知薈說講義　一本

緯學原流興廢考　一本

史緯舉例　一本

勸學淺語　鈔本　一本

古今學變　三本

［增］李見羅先生南中問辨錄　鈔本　一本

陳定齋明辯錄　一本

思辨錄疑義　一本

朱子性理吟注釋　二本

御製小學集解　三本

小學集解　三本

邵刻近思錄　六本

內本性理精義　五本

學案小識　八本

餘師錄　十六本

砭經　一本

景金刊本銅人針灸圖經　二本

註解傷寒論　二本

［增］天文經度立成　鈔本　四本

［增］月令粹編　四本

明本法藏碎金錄　十本

楞嚴經宗通　十本

閱藏隨筆　二本

法苑珠林　二十四本

性相通說　一本

竹窗隨筆　三本

揀魔辨異錄　四本

維摩詰所說經註　一本

金剛經次詁　一本

指月錄　十本

續指月錄　六本

顧氏文房四十家小說　石印　十本

夷堅志　鉛印　二十本

容齋五筆　十四本

夢溪筆談　六本

陳后金鳳外傳　鈔本　一本

羅湖野錄　石印　一本

清異錄　表異錄　二本

南吳舊話錄　鉛印　六本

王仁孝先生俟後編　一本

于文定穀山筆麈　四本

于文定讀史漫錄　六本

[增]餘冬序錄　十本

水東日記　六本

明刻留青日札　十六本

何氏語林　六本

祝京兆野記　二本

廣東新語　八本

井觀瑣言　明刻本　一本

翰林記　四本

典故紀聞　四本

少室山房筆叢　七本

東城紀餘　二本

玉劍尊聞　四本

媿林漫錄　二本

雕丘雜錄　四本

人譜類記　二本

鴻苞節錄　十本

說鈴　二十四本

尋樂堂日錄　八本

困學紀聞箋注　四本

翁注困學紀聞　十二本

日知錄集釋（附菰中隨筆一本）　十二本

癸巳類稿　八本

癸巳存稿　六本

潛邱劄記　六本

湛園札記　四本

鍾山札記　二本

陔餘叢考　十二本

無邪堂答問　五本

庭立記聞　二本

蒿菴閒話　一本

物詮　四本

通俗編　十本

舊聞隨筆　一本

船山師友記　二本

王西莊蛾術編　十六本

竹垞小志　四本

義門讀書記　十六本

無罪草　二本

文獻徵存錄　十本

魯岡或問　二本

娛親雅言　二本

昨非錄　一本

黃學廬雜述　一本

榆巢雜識　四本

舊學盫筆記　一本

舒藝室隨筆　六本

傅氏家訓　一本

海天琴思錄續錄　六本

鶴場漫志　一本

塗說　四本

[增]拜鴛樓校刻四種　六本

[刪]左氏兵謀兵法　一本

覓燈因話　二本

史亭識小錄　一本

野棠軒獻酬集　游戲集　一本

吹網錄　鷗陂漁話　四本

明齋小識　四本

增删堅瓠集　四本

庸閒齋筆記　六本

［删］鄭開陽雜著　石印　四本（按前已增補）

不得已　石印　二本

此木軒雜著　四本

小滄琅筆談　二本

閱微草堂筆記五種（約選二本）　十二本

定香亭筆談　四本

阮盦筆記五種　三本

廣陽雜記　二本

南漘楛語　二本

味餘書室隨筆　二本

五種遺規　十二本

竹葉亭雜記　二本

藤陰雜記　二本

清秘述聞　八本

槐廳載筆　六本

麓濵薈錄　爽鳩要錄　窺豹集　九本

夢園叢記　四本

蕉軒隨錄　八本

謝疊山卜硯集　一本

瓠膡　十本

履園叢話　八本

柳南隨筆　四本

郎潛紀聞　十二本

物理小識　六本

荷牐叢談　鉛印　二本

水曹清暇錄　四本

榕堂續錄　二本

東山談苑　二本

昭陽述舊編　四本

懷小編　六本

客座贅語　傅刻紅印字　四本

松窗夢語　二本

呫畢叢談　六本

淡墨錄　四本

起黃質顧廣王三種　二本

查浦輯聞　二本

初學廬柳下恖聞北行紀程　一本

徐霞客遊記（附圖）　二本

張亨甫所著四種　四本

石步山人遊記　一本

舊京瑣記　一本

提牢備考　一本

病榻述舊錄　一本

名教罪人　一本

宦海浮沈錄　一本

趨庭隨筆　一本

陶拙齋求己錄　辛卯侍行記　四本

莧園雜說　四本

楹聯叢話　四本

稱謂錄　八本

［增］燕山史外　二本

［删］兩淮勘亂記　二本（按前已增補）

［删］西伯利亞東偏紀要　二本（按前已增補）

寄庵雜著　二本

丹泉海島錄　一本

賭棋山莊筆記　四本（按原作九）

石渠餘紀　硃印　六本

石渠餘紀　六本

竹間十日話　三本

益智編　六本

錫金識小錄　六本

斯陶說林　六本

庸盦筆記　六本

得一錄　八本

漢口叢談　四本

瀛壖雜志　二本

白下瑣言　四本

宋豔　六本

醫方叢話　四本

潛廬隨筆　潛江舊聞　九本

伊園談異　二本

松筠閣鈔異　六本

桂山錄異　四本

洞靈小志　二本

賭棋山莊選備忘雜錄　抄本　十二本

秋坪新語　十二本

七修類稿　十六本

正續老殘遊記　一本

兩般秋雨盦隨筆　八本

遯窟讕言　六本

山海漫談　二本

銅琶金縷　四本

［删］山中聞見錄　一本（按前已增補）

天咫偶聞　四本

瞑庵雜識　二本

［删］旅譚　一本

［增］詹詹言　二本

半螺盦雜誌　一本

海南雜著　一本（按前已增補。重收）

詒謀隨筆　二本

方氏隨筆四種　二本

草堂之靈　二本

行素齋雜記　一本

穆勒名學　八本

質直談耳　八本

妄妄錄　六本

正續見聞隨筆　八本（按八原作十四）

庚子西狩叢談　一本

藏密齋書牘　一本

惜抱軒尺牘　五本

兩疊軒尺牘　三本

左文襄公書牘節要　十二本

他山謄簡　二本

道咸同光名人手札　四本

昭代名人尺牘小傳　二本

昭代名人尺牘續集　十二本

翁松禪家書　石印　一本

別　集

<table>
<tr><td>錢杲之離騷集傳　影宋本　一本</td><td>影宋本郡齋讀書志　八本</td></tr>
<tr><td>影宋洪興祖補注楚辭　四本</td><td>唐人三家集　秦刻本　十本</td></tr>
<tr><td>楚辭箋注　汲古閣本　四本</td><td>黃御史集　四本</td></tr>
<tr><td>蕭尺木繪圖離騷經　一本</td><td>知稼翁集　二本</td></tr>
<tr><td>姚平山注楚辭　一本</td><td>歐陽四門集　四本</td></tr>
<tr><td>山帶閣注楚辭　四本</td><td>笠澤叢書　二本</td></tr>
<tr><td>影宋箋注陶淵明集　四本</td><td>賈浪仙長江集　明刻本　一本</td></tr>
<tr><td>蘇寫刻本陶淵明集　二本</td><td>温飛卿詩集　二本</td></tr>
<tr><td>影宋本陶詩　石印　一本</td><td>白香山詩集注　十本</td></tr>
<tr><td>陶詩析義　二本</td><td>韓翰林集注　一本</td></tr>
<tr><td>六朝四家詩文集　明刻本　四本</td><td>硃批李義山詩集　四本</td></tr>
<tr><td>元次山集　二本</td><td>姚刻李義山詩集　六本</td></tr>
<tr><td>影宋本李翰林集　六本</td><td>徐刻李義山文集　八本</td></tr>
<tr><td>李太白詩集　繆刻本　四本</td><td>樊南文集補編　四本</td></tr>
<tr><td>翰林學士集　一本</td><td>杜樊川文集　四本</td></tr>
<tr><td>杜詩集評　六本</td><td>玉川子詩註　五本</td></tr>
<tr><td>讀書堂杜詩注解　十二本</td><td>影印宋世綵堂本韓昌黎集　八本</td></tr>
<tr><td>杜工部集　五家評本　十本</td><td>影印宋世綵堂本柳河東集　十本</td></tr>
<tr><td>錢注杜工部集　一匣　六本</td><td>明東雅堂本韓昌黎集　八本</td></tr>
<tr><td>錢注杜工部集　邵青門批本　十二本</td><td>明濟美堂本柳河東集　十本</td></tr>
<tr><td>仇注杜詩　十四本</td><td>韓昌黎集箋正　鉛印　四本</td></tr>
<tr><td>杜詩鏡銓　謝校　八本</td><td>盧刻韓昌黎集箋注　四本</td></tr>
<tr><td>舊鈔本杜詩注解　二本</td><td>顧刻韓昌黎詩集注　四本</td></tr>
<tr><td>杜工部草堂詩箋　四本</td><td>韓昌黎集增注証訛　四本</td></tr>
<tr><td>陸宣公翰苑集　八本</td><td>明本曾南豐集　八本</td></tr>
<tr><td>陸宣公集　年刻本　十二本</td><td>儲選曾南豐先生文鈔　一本</td></tr>
<tr><td>陸宣公奏議　六本</td><td>蘇斜川集　二本</td></tr>
<tr><td>影宋本劉夢得詩文集　八本</td><td>林和靖詩集　二本</td></tr>
<tr><td>影宋本草窗韻語　一本</td><td>梅宛陵集　八本</td></tr>
</table>

明本王臨川全集　二十本

王荊公詩集註　八本

王荊公詩集註　石印　八本

蘇老泉集　八本

東坡禪喜集　一本

秦淮海集　六本

晁具茨詩集　二本

蘇學士集　六本

歐陽文忠公大全集　三十六本

姜白石詩詞集　二本

孫明復小集　一本

玉瀾集　一本

影宋本李丞相詩集　一本

友林乙稿　一本

拙稿千百　二本

黃山谷詩集　二十本

［增］頤堂先生文集　二本

陳後山集　四本

江湖長翁集　四本

陳簡齋集　二本

韓饒二家詩　二本

宋中興羣公唫稿　四本

何太虛文集　四本

劉後村詩集　十本

孫仲益內簡尺牘　六本

陸放翁全集　四十八本

蔡文莊公集　四本

鐔津文集（已贈用剛兄）　四本

永嘉詩人祠堂叢刊　六本

朱子全集　四十本

瀯水集　舊鈔何義門校本　十二本

元遺山詩集　汲古閣本　八本

新編翰林珠玉　二本

道園遺稿　三本

友石山人遺稿　一本

吳魯客聞過齋集　二本

吳淵穎集　十本

宋潛溪集　明刻本　八本

宋文憲公潛溪集　六本

高青邱詩集　八本

太白山人漫稿　舊鈔本　六本

宜秋集　鈔本　一本

遜志齋全集　十八本

于忠肅公全集　四本

王遵巖全集　明刻本　十二本

王陽明三錄　明刻本　十本

文甫田集　四本

［增］明張文忠公全集　八本

夏桂洲全集　十二本

震澤王先生集（附別集）　十八本

焦氏類林　明刻本　八本

張卿子遺集　二本

正氣堂集　石印　十二本

楊忠烈公文集　八本

沈青霞集　六本

左氏雙忠全集　八本

黃漳浦全集（附石齋逸詩一本）　二
　　十本

江峯漫稿　石印　四本

詠懷堂詩　鉛印　二本（按二原作四）

徐文定公集　鉛印　一本

侯忠節公全集　鉛印　六本

明代千遺民詩詠（附洪範微）　五本

錢田間文集　四本

李二曲先生全集　六本

［增］張揚園全集　八本

李寒支初二集　附史感 物感一本
　　十四本

李寒支錢神志　七本

[增]朱舜水　鉛印　一本

[增]石司徒文鈔　鉛印　一本

[增]林涵齋詩　一本

顧仲恭炳燭齋文集　二本

汪子中詮　六本

葛中翰遺集　四本

唐子潛書　二本（按二原作四）

薛子條貫篇　二本

天備子集　十本

孫文定公全集　八本

青箱堂詩文集　十六本

胡石莊詩集　六本

陳確庵先生詩文鈔　日記　六本

汪雙池年譜　四本

汪雙池文集　六本

安雅堂未刻稿　六本

茹經堂文集　二本

帶經堂全集　二十四本

漁洋感舊集　八本

漁洋精華錄　林寫刻本　四本

漁洋居易錄　八本

池北偶談　八本

香祖筆記　四本

古懽錄　二本

蜀道驛程記　一本

秦蜀後記　一本

賴古堂集　三本

周亮工同書　四本

周亮工書影　三本

[增]砥齋集（附山志 北行日札）　十
　　二本

顧亭林詩集箋注　四本

顧亭林詩集　一本

曝書亭詩注　八本

曝書亭詩錄箋注　六本

曝書亭集箋注　十本

曝書亭詞注　四本

顧亭林遺書十種　八本

顧亭林遺書補遺十種　八本

松桂堂全集　十六本

吳詩集覽　十四本

董刻吳梅村家藏稿　八本

遂初堂全集　十二本

詞苑叢談　六本

南洲草堂全集　十二本

白茅堂全集　十六本

孫溉堂全集　十二本

壯悔堂文集　趙穀士批本　四本

畏壘山人詩集　一本

鄭白麓文鈔　一本

刁用六集　四本

紡授堂全集　十本

敬業堂集　謝校　十本

[增]敬業堂文集　鉛印　二本

韓門綴學　四本

宋綿津山人詩集　四本

筠廊偶筆　一本

梁園風雅　四本

西陂類稿　十六本

晴江閣文鈔　石印　一本

沈果堂集　四本

湛園未定稿　四本

施愚山全集　二十本

香樹齋全集　二十四本

弱水詩集　四本

計改亭詩文集　十本

徐儋園文集　十二本

受祺堂詩文集　二十本

蘋羅庵遺集　六本

靈芬館全集　二十八本

南江文鈔　四本

戴東原集　四本

劉端臨遺書　四本

汪氏述學　二本

樊榭山房集　四本

二林居士集　八本

［增］二林居士集　四本

勞餘山先生遺書　一本

居易居小草　一本

甘泉鄉人稿　七本

衎石齋紀事稿　十二本

魯山木文集（附外集）　九本

梅崖居士全集　十二本

陰靜夫遺集　賜硯齋詩鈔　經笥堂詩文
　　鈔合刻　六本

抱犢山房文集　一本

澹靜齋詩文集　十二本

何氏學　二本

內自訟齋集　八本

復初齋詩集　十四本

桂氏遺書　六本

桂氏札樸　四本

有正味齋吳氏一家集　十六本

有正味齋駢體文箋注　六本

愛吾廬文鈔　一本

卞徵君遺書　一本

亦有生齋詩文集　二十本

兩當軒詩鈔　六本

積石文稿　詩存　八本

嶺南外集　二本

空山堂集　九本

孫文定公文集　八本

孫淵如先生集　八本

藍鹿洲全集　二十本

三松堂集　八本

雙桂堂全集　二十本

尊聞居士集　四本

槃邁集　四本

石笥山房詩文集　四本

玉井山館詩文集　五本

凝齋先生遺集　五本

寫禮廎遺著　二本

小言集　三本

頤道堂文鈔　六本

聽松廬詩鈔　四本

拌湖詩鈔　文集（附釣者風）　八本

奇觚廎詩文集　四本

已畦集　十本

耐庵文集　十二本

桂榴山房詩集　八本

伏敔堂詩錄　四本

賜葛堂文集　四本

瀼源堂詩集　二本

鑫園詩集　一本

［增］滑疑集　四本

［增］翁文端知止齋詩集　四本

［增］仲實類稿　四本

［增］通甫類稿　十本

頤綵堂文集　七本

彭氏一家集　四十八本

恥不逮齋文集　二本

待隱堂遺集　四本

［增］南雲書屋文鈔　一本

朱駿聲文集　一本

邵位西遺稿　一本

微尚齋文集　一本

敦藝齋外集　一本

冠悔堂稿　抄本　一本

昨非集　一本

巢經巢所著書　九本

巢經巢詩鈔　四本

名山詩文集（附三集　良心書）　六本

陽湖錢氏家集　四本

林文忠公政書　十六本

胡文忠公遺集　三十本

蒼莨集（附畬堂芻論）　八本

南村草堂集　十本

綠漪草堂文集　十本

敦艮齋遺書　六本

西漚全集　十八本

〔删〕薛子條貫篇　二本（按前已收）

此君園文集　八本

〔增〕西垣詩鈔附黔苗竹枝詞　一本

〔增〕東洲草堂詩文鈔　八本

〔增〕使黔草　一本

〔增〕何詩孫手書詩稿　一本

賀松坡先生文集　四本

序巽齋文集　四本

食古齋詩文錄　四本

澗于全集　十六本

一山文存　四本

王章詩存合刻　六本

寒香館遺稿　二本

〔删〕何詩孫手書詩稿　二本（按前已
　　增補）

澹勤室詩　一本

芋香館詩　一本

讀書堂集　八本

沈觀齋詩　二本

秋蟪吟館詩鈔　五本　又一部四本

金粟齋集　八本

小三吾亭詩　一本

圭盦詩錄　二部　三本

無夢軒遺書　六本

清寂堂詩錄　二本

蕙襟集　二本

知非亭詩稿　一本

石巢詩集　二本

道腴室遺詩　一本

慶庵詩集　一本

捊搯集　二部　二本

延壽客齋遺稿　四本

大鶴山人詩　一本

蓼園詩鈔　二本

匏廬詩存　八本

〔删〕東洲草堂詩文鈔　八本（按前已
　　增補）

海藏樓詩　二本

古詩源　二本

宛鄰書屋古詩錄　二本

舊鈔本源詩　一本

硃批文心雕龍　四本

篋衍集　八本

才調集補註　四本

詩人玉屑　十本

詩比興箋　二本

謝鈔本唐四家詩　二本

唐人選唐詩八種　汲古閣本　八本

郭樂府詩集　汲古閣本　十本

備廬唐詩三百首新評　一本

唐詩三百首　四本

丙子消夏錄　四本

林鹿原手錄唐宋人詩五種　五本

南宋詩選　四本

南宋雜事詩　二本

本事詩　四本

八家閒適詩選　六本

古今謠諺　四本

瀛奎律髓刊誤　八本

中州集　汲古閣本　十本

柳亭詩話　八本

全浙詩話　二十本

鐙窗瑣話　一本

廣陵事詩　二本

白初庵詩評（附詞評）　三本

養一齋詩話　四本

粵嶽草堂詩話　一本

潮州耆舊集　十六本

［增］國朝名家詩鈔小傳　一本

［增］漢饒歌釋文箋正　一本

［增］童蒙養正詩選　一本

［增］東南嶠外詩話　一本

雪橋詩話　四十本

南野草堂筆記　鉛印　四本

［增］旅譚　鉛印　一本（按前删）

越縵堂詩話　鉛印　二本

古文苑　四本

古文辭類纂　十二本

唐宋八大家古文選　八本

文章軌範　二本

曾文正　四本

經國文鈔　鉛印　二本

古文詞畧　五本

硃批文選　十六本

文選補遺　十二本

文選音義　四本

文選旁證　十二本

文選纂注　明本　六本

西漢文　東漢文　二十本

六朝文絜　二本

陳太僕批八家古文　五本

劉選唐宋八家文　六本

屠緯真先生選訂鉅文　十二本

［增］楊誠齋文節先生錦繡策　一本

元明七大家古文選　六本

明文海　鈔本　一本

［增］重訂西河文選　四本

切問齋文鈔　十本

鳴原堂論文　二本

求志集　二本

湖海文傳　十六本

左傳文法讀本　三本

賦鈔箋畧　六本

康刻七十家賦鈔　四本

南北朝四六文鈔　四本

四六法海選注　六本

八家四六文注　六本

宋四六選　十二本

八家四六文鈔　二本

四六叢話　十二本

萬氏詞律　十二本

小檀欒室彙刻閨秀詞（八集）　十六本

唐五代詞選　四本

古今詞選　四本

明刻草堂詩餘　四本

古香岑草堂詩餘　四本

辛稼軒長短句　鉛印　四本

影宋本陸放翁詞　一本

影宋本岳珂棠湖詩稿　一本

影宋本可齋詞　二本

影明本草堂詩餘　二本

蒼梧詞　四本

歷朝詞綜　十本

歷朝詞綜補遺　八本

白香詞譜箋　篋中詞　五本

閩詞徵　六本

詩詞雜俎　石印　四本

詞學叢書　十二本

宋元名家詞　四本

東坡樂府　二本

後村長短句　一本

明史樂府　一本

花外集　一本

閩詞鈔　八本

清綺齋詞選　四本

張惠言詞選　二本

詞名集解　三本

詞林紀事　十本

賭棋山莊詞話　六本

景元本平話三國志　三本

雜劇西遊記　一本

新編五代梁史評話　二本

曲苑　石印　十本

傳奇彙考　四本

碧山樓傳奇　一本

傳奇畫譜　一本

蔣苕生九種曲　十二本

納書楹曲譜　二十本

［刪］頤堂頤堂先生文集　二本（按前
　　　已增補）

［刪］石齋逸詩　一本（按前已增補）

［刪］陰靜夫遺文　一本

［刪］留春草堂詩鈔　二本

［刪］二林居集　四本（按前已增補）

［刪］砥齋集　附山志　北行日札　十二

本（按前已增補）

［刪］滑疑集　四本（按前已增補）

［刪］使黔草　一本（按前已增補）

［刪］國朝名家詩鈔小傳　一本（按前
　　　已增補）

［刪］童蒙養正詩選　一本（按前已增
　　　補）

［刪］漢鐃歌釋文箋正　一本

附

（疑此有闕葉）

五禮通考（讀書通考四十二本） 一百二十本

十一經音訓 三十一本

廿一史緯 一百二十本

皇朝三通 二百四十本

漢魏別解 三十二本

［刪］學津討原 一百六十本（按前叢部亦刪）

乾坤正氣集 一百六十本

八代文粹 四十八本

焦理堂遺書（附焦學三種三本） 五十四本

趙甌北七種 六十四本

潛研室叢書 五十四本

章實齋遺書 四十本

孔巽軒所著書 十本

瓶花書屋醫書三種 十二本

竹柏山房十五種 四十本

西清王氏四種（王蘇州遺書一本） 十六本

侯官郭氏家集 十六本

賭棋山莊所著書 三十二本

寄龕雜著五種 十本

揚州叢刻 八本

歷代聖哲學粹前編 六本

師古堂叢刻八種 八本

桐城方氏七代遺書 十本

彊村遺書 十二本

方柏堂志學錄 輔仁錄 二本

乙亥叢編 四本

雲在山房叢書 四本

雲在山房類稿 六本

東萊趙氏楹書叢刊 十二本

［增］上海掌故叢書 鉛印 十本

［增］古今文藝叢書 鉛印 十七本

李文清公日記 十六本

隸辨 八本

雅雨堂零種 十七本

抑快軒文集 底本 十九本

［刪］四部叢刊廿四史 二百零八本（按前已增補）

三閭楚辭 四本

福建新通志（泉山沿革紀畧一本 福建方志考畧一本） 九十六本

［增］閩都記 六本

［刪］賜硯齋詩鈔

經笥堂文鈔 石印 一本

王章詩存合刻 六本（按前已收。原注：重）

郭樂府詩集 汲古閣本 十六本（按前已收，本數不同）

唐宋詩舉要 六本

唐宋文舉要 甲乙編 十二本

佛學大辭典 十六本

澂秋館藏古封泥 五本

漢銅印叢 石印 四本

尊古齋古鉥集林 六本

西京職官印錄　二本

歷朝印史　六本

影明本三國志演義（缺首本）　二十
　　三本

詳注聊齋志異圖詠　八本

皆大歡喜　四本

敏求軒述記　八本

蘭笤館外史　五本

寄蝸殘贅　二本

聊攝叢談　二本

春泉見聞錄　二本

人海記　一本（按原作二）

［刪］蜃階外史　二本（按後文收錄）

戊辰搢紳　四本

鼠疫約編　二本

明季稗史彙編　六本

夜譚隨錄　二本

唐人說薈　八本

清人說薈　十二本

清朝野史大觀　十二本

［刪］大平天國史事論叢（按原漫漶，據
　　前文補齊缺字）　一本（按前已收）

中國小說史　一本

小說叢考　二本

小說枝譚　二本

小說考證續編　拾遺　六本

新俄回想錄　一本

李笠翁行樂秘術　一本

此中人語　一本

鍾伯敬合集　二本

晚香堂小品　二本

李氏焚書　一本

吳騷集　一本

葉天廖四種　一本

王季重十種　二本

納蘭飲水詞　側帽詞　一本

池北偶談　二本

香祖筆記　一本

艷異編　二本

留仙外史　一本

聊齋誌異拾遺　一本

諸國考證　一本

崑崙及南海古代航行考　一本

交廣印度兩道考　一本

蘇門答剌古國考　一本

元代白話碑　一本

景教碑考　一本

楊么事迹考證　一本

古今典籍聚散考　一本

廣笑府　一本

孽海花　一本

寄園寄所寄　二本

新智囊　二本

增廣智囊補　二本

夢厂雜著　一本

蘭笤館外史　一本

浪蹟叢談續談　二本

南滆桔語　一本

香草談薈　一本

棗林雜俎　二本

吹網錄　一本

鷗陂餘話　一本

駭癡譋談　一本

鏡中花月　一本

清嘉錄　一本

舌華錄　一本

拍案驚異記　一本

蜃階外史　一本（按前刪）

蕉軒摭錄　一本

我佛山人筆記　一本

夜談隨錄　一本

挑燈新錄　一本

金壺七墨　一本

庸簡齋筆記　一本

庸盦筆記　一本

三異筆談　一本

甕牖筆談　一本

解人頤　一本

春在堂隨筆　一本

鸝砭軒質言　一本

韜園筆記　一本

宋人話本八種　一本

梅花草堂筆談　一本

蘽園春燈話　二本

尤西堂雜俎　二本

錢梅溪叢話　二本

高僧山居詩　一本

緇林警策　一本

唐絕句選　二本

何典　一本

枕廬所聞錄　一本

西清散記　一本

西清筆談　一本

陶廬夢憶　一本

浮生六記　一本

史泰林治下之蘇俄　一本

袁小修日記　一本

折獄新語　一本

談往　一本

懺因筆記　一本

尺牘蘭言　一本

平等閣筆記　五本

平等閣詩話　一本

宗門武庫　一本

續世說　三本

園冶　（已贈林希實）　一本

［删］李□□譜　一本

［删］東江遺事　一本

書林藻鑑　（書林紀事）　五本

近代湘賢手札　一本

燕都叢考　三本

東遊甲乙稿　一本

東遊日記（沈翊青）　一本

東遊日記（周肇祥）　一本

壬申南北漫遊日記　一本

游山專號　一本

遼居雜著丙編　二本

庚子都門紀事詩　一本

碧棲詩詞　二本

禺生四唱　一本

詞真書屋詩存　一本

廣雅堂詩集　一本

［增］曉齋遺稿　一本

散原精舍詩別集　一本

身雲室詩錄　四本

淨名軒駢驪錄　二本

虞淵集　一本

倚山閣詩　一本

正道居集　一本

泰山石堂老人文集　一本

南湖集　一本

含嘉堂詩集　二本

悔餘生詩集　四本

人境廬詩草　四本

罔舊聞齋調刁集　二本

恐高寒齋詩　二本

對華基礎的觀念　一本

[增] 宣統大政紀　十六本

執政起居紀要　一本

即位大典紀念寫真册　一本

篆隸萬象名義　四本

吉祥圖案解題　一本

邵村壽言二集　一本

哈同先生榮哀廬　十二本

蘄水湯先生遺念錄　一本

吳興周夢坡先生訃告　四本

叢書集成初編目錄　三本

叢書書目續編　一本

官書局書目彙編　一本

考古學社社刊　一本

中日著者號碼表　一本

別集索引　一本

全國文化機關一覽表　一本

英國國立圖書館藏書源流考　一本

引得說　一本

[刪] 清軍機處檔案目錄　一本

全國圖書館調查表　一本

國立北平圖書館館刊　一本

近衛霞山公　一本

日本帝國主義與中國　一本

掀天動地的蘇俄革命　一本

[刪] 嘉靖禦倭江浙主客軍考　一本
　　（按前已增補）

長安史蹟之研究　二本

海錯百一錄　二本

閩產錄異　三本

吉林省通志　四十九本

東三省政畧　四十六本

[增] 雲南備徵志　十二本

[增] 西征自錄　□本

[增] 滇南本草　一本

[增] 滇南山水綱目　一本

[增] 益龍山紀要　一本

皇朝詞林典故　二十四本

樊樊山全集　二十四本

緣督廬日記鈔　十六本

[增] 杭州府志（風俗　物產）　二本

[增] 左氏（兵謀　兵法）　一本

[增] 講史兵畧　二本

五雜俎筆記　二本

媚幽閣文娛　一本

琅嬛文集　一本

漱冥卅前文錄　一本

應麒三十以前文錄　一本

[刪] 通甫類稿　一本（按前已增補）

[刪] 仲實類稿　四本（按前已增補）

翼駉稗編　四本

大清律例彙輯便覽　三十二本

[刪] 軍統政紀　十六本

瓶廬叢稿　十本

蟫香館使黔日記　九本

讀書紀數畧　十二本

增補紀事珠　十本

唐子潛書　二本

遜志齋集拾遺　四本

中國內亂外禍歷史叢書　十二本

人生指津　一本

史姓韻編　二十四本

王仁安集　六本

文琳綺繡五種　六本（按又作文林綺
　　繡）

詩藪　一本

荷廊筆記　四本

三垣筆記　三本

貴池二妙集　十本

古今滑稽聯話大觀　二本

豈有此理　一本

文社詩拾　一本

集宋四家詩聯　一本

理窟　四本

經濟革命救國論　一本

東萊博議删本　（二部）　八本

南亭筆記　四本

讀史集聯　一本

說頤　一本

雪濤小事　一本

金陵瑣事　二本

羣芳清玩　二本

珂雪齋近事　二本

天下名山遊記　三本

青樓韻語　二本

美人詩　一本

黃山謎　一本

紫桃軒雜綴　二本

六硯齋筆記　三本

名媛詩選翠廔集　一本

石點頭　一本

譚友夏合集　一本

買愁集　一本

白石樵真稿　二本

華陽散稿　一本

尺牘新鈔　一本

［删］詹詹言　二本（按前已增補）

躬厂文稿　二本

聖遺先生詩　一本

石遺室詩續集　一本

嶺雲軒瑣記　二本

又

監本十三經　金陵書局刻（按前已增補）

又

學海類編　一百二十本（按前删）

學津討原　一百二十本（按前删二處）

四明叢書　七十六本（按前删）

敬鄉樓叢書　六十本（按前删）

故宮藏本宛委別藏　一百五十本（按
　　前删）

安徽叢書（初二三集）　八十六本（按
　　前删）

遼海叢書（初二三四五集　附黑龍江圖
　　全冊）　五十本（按前删）

太崙先哲遺書（初集）　十八本（按前
　　删）

粟香室叢書　五十二本（按前删）

邃雅齋叢書　石印　廿本（按前删）

西夏書事　石印　八本（按前删）

皇朝掌故叢編　六十本（按前删）

明代邊防史乘十二種　七十本（按前删）

後　記

今年夏間,學校徵集建校一百一十週年紀念活動的選題,鄭家建副校長以書目題跋二書相囑,並慨允以個人經費資助出版。嗣後又得到圖書館領導的全力支持。師長齊裕焜先生、張善文教授、方寶川研究館員、江向東教授、涂秀虹教授給予悉心指導,眾多同事、親友以及學弟學妹也予熱心幫助。二書雖留心已久,積累多年,今能較快編纂完成,順利出版,實賴諸君共襄其成。

金雲銘先生是我素爲尊敬的前輩。十餘年來,陸續在書庫中發現其手書題跋二十餘篇,其中多有未經見者。或揭示書籍的内容、價值,或交代傳抄轉錄的緣由、經過,除了具有學術參考價值,更可見老一輩圖書館人的職業操守以及一心爲公的奉獻精神。數年前參編《金雲銘文集》時,因故未能收錄,遂有另編《寧齋序跋集》的打算,以表彰金雲銘先生在本館古籍典藏方面所作的貢獻,並突顯他的古典文獻學成就。

編纂陳氏五樓舊藏書目錄的想法,則始於十多年前。當時與友人相商,承告其中難處:中國近現代百餘年來動蕩播遷,舊家藏書或燬於戰火,或焚於愚昧,幸運能藏於公家單位者,則多散編於書庫中,鮮有專室庋藏;流落私人之手者,則秘不示人,稽考無從。具體而言,今福建省内如福建省圖書館、福建師範大學圖書館、廈門大學圖書館等單位,均存陳氏舊藏,僅此三家即有六七十萬册古籍,如何得以通檢?若僅根據題跋、藏章爲斷,百不及一,有何意義?若是胡編亂造,又如何取信於人?至於散落外省乃至境外者,如上海圖書館藏宋咸淳間吳革刻本《周易本義》,北京大學圖書館藏明嘉靖刻本《涇野先生周易說翼》,清華大學圖書館藏明萬曆間張一鶚刻本《國語》,美國國會圖書館藏明萬曆間刻本《淮陰實紀》、《海防圖議》,日本大倉文化財團藏明初刻本《新箋決科古今源流至論》等,均有陳氏藏書題記或鈐章,確知爲其經眼或曾藏,外此則不知還有幾許。掛一而漏萬,明智之人不爲。由此畏難而止,但於平日仍多加注意。

二〇〇七年,本館參加全國古籍普查,至今大體完成普查登記工作。以協和大學圖書館登記的陳氏捐贈圖書目錄爲線索,整理出版《螺洲陳氏五樓見存書目初編》,不僅可視爲本館普查工作的階段性成果,於建校一百一十週年之際,以此紀念首任校長羨庵先生,並弘揚陳氏化私藏爲公藏,佳惠士林之仁心義舉,尤顯意義重大。

編竟,細述與事諸君襄助詳情,並署及本人用力之所在,凡:

《寧齋序跋集》整理出版,得到金館長哲嗣金章嶽先生的全權委託,林林博士亦提供諸多方便。全書由池小容女士錄文,黃曦師兄通讀一過,並校正部分譌誤。《螺洲陳氏五樓見存書目初編》所收錄書目原始數據,主要爲鄭輝主任、同事邱文瑛、趙輝、李曉花及本人原編。擬定收錄原則後,再次入庫覈查,剔除誤收,增補遺漏,校正譌奪,得邱文瑛、趙輝、李曉花、肖書銘助力爲多。藏書鈐章由我統一識讀,時與黃曦師兄相商,並得蔡飛舟博士指正。書名、人名索引,由黃曦與我共同編纂。附錄《閩縣螺洲陳氏賜書樓書目》,由池小容錄文,詹青青學妹校覈。書影的採集,承劉思得主任、同事張毅、肖書銘協助完成。最終由我負責二書的編排、校對及出版相關事宜。此外,方挺、劉繁、沈斌、胡順傑、伍茜、林錦、馮子航、陳藝菁、方靖昀、高清遠、李佩璇、溫美媛、張楚涓、張斯雅、鄭麗璇諸學弟學妹,陳藝玲、陳志鵬、盧曉燕、沈智娜、王燕萍、葉雲婷、陳曉雲、陳曉梅諸小友,多有助益。沈錫麟先生細緻審讀二書,責任編輯詹素娟編審認真編校,並提出寶貴意見。

二書的編纂出版,誠如沈錫麟先生所言,乃是"發潛德之幽光,酬鄉賢之宿願"。十餘年來矻矻不懈,僅是盡後來者之責任而已。而所謂得道者多助,信然矣。尚需說明者,由於學殖淺薄,書中錯譌在所難免,祈請專家識者不吝指正爲幸!

最後,謹此向弢庵、寧齋二先生致以崇高的敬意,向諸位師友致以衷心的感謝!

陳旭東

二○一七年十月十六日初稿

二○一八年九月三十日改定

於福建師範大學圖書館三○七室

責任編輯:詹素娟
特邀編輯:沈錫麟
裝幀設計:東方天地

圖書在版編目(CIP)數據

螺洲陳氏五樓見存書目初編/陳寶琛原藏;陳旭東主編. —北京:人民出版社,
　2018.9
ISBN 978－7－01－019884－2

Ⅰ.①螺…　Ⅱ.①陳…②陳…　Ⅲ.①私人藏書-圖書目録-中國　Ⅳ.①Z842

中國版本圖書館 CIP 數據核字(2018)第 226844 號

螺洲陳氏五樓見存書目初編
LUOZHOU CHENSHI WULOU JIANCUN SHUMU CHUBIAN

陳寶琛原藏　　陳旭東主編

人民出版社 出版發行
(100706　北京市東城區隆福寺街 99 號)

北京中科印刷有限公司印刷　　新華書店經銷

2018 年 9 月第 1 版　2018 年 9 月北京第 1 次印刷
開本:710 毫米×1000 毫米 1/16　印張:32.75　插頁:8
字數:580 千字

ISBN 978－7－01－019884－2　定價:199.00 元

郵購地址 100706　北京市東城區隆福寺街 99 號
人民東方圖書銷售中心　電話 (010)65250042　65289539

版權所有·侵權必究
凡購買本社圖書,如有印製質量問題,我社負責調換。
服務電話:(010)65250042